圖說

烙印歷史的頂尖人物

彩色圖解版

曹操

Cao Cao

章映閣——著

目錄 CONTENTS

前言

千古興亡說曹操

一

漢獻帝建安二十五年（二二〇年）春正月，魏王、丞相曹操病逝於洛陽。這位度過六十六個春秋，在中國歷史上最為人們熟稔的歷史人物，千百年來，對他在歷史上的功過是非，引起了眾多的歷史學家、文學史家的矚目，翰墨相爭，議論橫生，至今也未得出一個令人信服的圓滿結論。

對於曹操，姑且不必先用現代的話給他下個結論，說他是中國歷史上少有的政治家，非凡的軍事家，或者又是一個風格別具的文學家，等等。我們不妨尋幽探源，溯古追蹤，從歷史上對曹操的品論中，看看他在歷代人們心目中究竟是怎樣的一個人？歷代人們到底是怎樣看待曹操的？

當然，首當其衝要提到的是遠至一千七百年前給曹操立傳的晉代史臣陳壽。這位《三國志》的作者，不光把曹操當皇帝來立傳，連他的廟號一起稱他為「太祖武皇帝」，並尊他的傳為〈武帝紀〉，而且在傳末還給他寫了一個實在不能算低的評語。評語說：

漢末，天下大亂，群雄並起，而袁紹虎視四州，強盛莫敵。太祖運籌演謀，鞭撻宇內，攬申、商之法術，該韓、白之奇策，官方授材，各因其器，矯情任算，不念舊惡，終能總御皇機，克成洪業者，惟其明略最優也。抑可謂非常之人，超世之傑矣。

從這段評語不難看出，陳壽以漢戰國時代的申不害、商鞅、白起，以及漢初的韓信來比喻曹操，說曹操身當漢末三國亂世，是一位具有非凡政治、軍事才能的雄傑，他不僅「運籌演謀，鞭撻宇內」，好似當年韓信敗楚、白起坑趙，收拾了當時天下動亂的局面；而且他又效法申不害、商鞅厲行法制，撥亂反正，終於克成了「洪業」。尤其是陳壽在末尾稱道曹操「明略最優」，說他是「非常之人，超世之傑」，簡直把曹操捧到了無以復加的地步。

應該說，陳壽從大處落筆對曹操的這個評語是允當的。然而，人們常說：時間是公正的審判官。或者說，要經得起時間的考驗。這本身就道出了一個真理，任何一個歷史人物，不管在他所處的那個時代風格多麼高尚，建樹多麼偉大，功動多麼顯赫，若過幾十年，幾百年，乃至幾千年之後，人們仍然堅持那麼認爲，那他就眞正是了不起的了。今天在一千七百多年之後，以此論曹操，儘管大多認爲曹操在漢末三國之世確實是一位了不起的歷史人物，但他在人們心目中卻並不怎麼高尚。難道這眞是小說和戲劇長期影響的結果嗎？

固然，小說和戲曲的影響所致僅是問題的一個方面，而主要的一方面，還得實事求是地從曹操一生在歷史上的具體活動中去找。前幾年有人寫文章直率地指出，五十年代末針對歷史小說《三國演義》刮起的那股「替曹操翻案」的風，只翻出一個「隱惡揚善」的結局來。很明顯，那次的所謂「翻案」把歷史和小說混爲一談了，影響不太好。確乎是，今天我們來爲曹操寫傳，這個「隱惡揚善」的結局實在不可取。善就是善，惡就是惡，有血有肉，才是歷史上的曹操。任何一個歷史人物也不是完美無缺的，何況曹操。

曹操這個人物除陳壽爲他寫傳外，魏、晉、南朝間人寫漢末三國故事和專記曹操事蹟的著述不少，輾轉流傳，到南朝宋人裴松之爲《三國志》作注時，鳩集來作注引的書竟達兩百多種，恐怕還不止此。其中「治世能臣，亂世奸雄」這個著名評語，就是裴注所引晉人孫盛《異同雜語》中漢末名士許劭給曹操下的。值得一提的是，胡三省在《資治通鑑》注上卻認爲這個評語是稱讚曹操「其才絕世」的，並說「天下治則盡其能爲世用，天下亂則逞其智爲時雄」。看來，胡三省對曹操的智能是極其欽佩的。但是，他卻忽略了許劭對曹操下的這個評語，是在「鄙其爲人」的前提下說出的。很明顯，許劭對曹操的智能是不懷疑的，關鍵在於曹操的「爲人」。

說起曹操的「爲人」，自然使他在當世以及後世的聲譽並不怎麼高尚，這卻是一個耐人尋味而引人思索的問題。在當世，陳琳在他爲袁紹寫的討曹檄文中，不但罵了曹操的三代祖宗，說曹操是「贅閹遺醜，本無令德」，而且還說他「歷觀古今書籍，所載貪殘虐烈無道之臣，於操爲甚」。看來，後世把曹

武帝紀

「紀」是司馬遷開創記傳體史書專記帝王略的傳記。儘管曹操本人並未稱帝，但其子曹丕代漢稱帝建立魏朝後，追尊他為「武皇帝」，故陳壽修史沿襲舊例，尊他的傳為〈武帝紀〉。又連魏文帝曹丕給他定的廟號「太祖」一起稱他本人為「太祖武皇帝」。

操當成一個亂世的大奸臣來對待，陳琳這篇文章無疑是開了先河的。

其實，曹操在早年因錯殺呂伯奢家小而宣稱的那個「寧我負人，毋人負我」的人生信條，更引起了後世人們的非議。他在兗州時，曾因做過九江太守的邊讓「譏議」過他，發了幾句牢騷，他一怒之下，不但殺了邊讓本人，「並（罪）及妻、子」，還把邊讓一家老小統統殺光。這件事由於邊讓「素有才名」，使兗州士大夫「皆恐懼」，心不自安，以致引起了一場叛亂。邊讓到底還因說了幾句牢騷話而被曹操殺害，可是見之於晉人裴啓《語林》中記載的那個曹操身邊的近侍，卻連甚麼話也沒說過，只是爲了印證他所宣稱的在夢中可殺人的荒唐鬼話，無端的送了命，死得眞夠不明不白的了。

南朝宋人劉義慶在《世說新語．假譎篇》中也記載了這麼一個曹操虐殺無辜的荒唐故事，故事說：

魏武常言：「人欲危己，己輒心動。」因語所親小人曰：「汝懷刃密來我側，我必說心動，執汝使行刑，汝但勿言其使，無他，當厚相報。」執者信焉，不以為懼。遂斬之，此人至死不知也。左右以為實，謀逆者挫氣矣。

由此可見，這個所謂心動殺人的故事，和前面那個夢中殺人的故事如出一輒，眞不愧是曹操的一大發明。像這類故事，陳壽是不便寫進《三國志》中去的。不過，陳壽到底不失爲一個忠實於客觀事實的史家，儘管他在〈武帝紀〉中對曹操的治世才能和他所開創的事業給予了較高的評價，但他卻情不自禁地在〈崔琰傳〉中一針見血地指出：

太祖性忌，有所不堪者，魯國孔融，南陽許攸、婁圭，皆以恃舊不虔見誅，而（崔）琰最為世所痛惜，至今冤之。

這裡提到的孔融字文舉，許攸字子遠，婁圭字子伯，以及崔琰字季珪，他們都和曹操是老朋友，並且又都以才名顯世而遭忌於曹操，先後被曹操殺掉。特別是陳壽對崔琰之死極抱同情，他不但直率寫出崔琰被害時就「最爲世所痛惜」，而且還揭示出直到他修志時人們還在談論這件事。所謂「至今冤之」，反映了晉代的人們還在爲崔琰鳴冤叫屈，寄與同情。問題是，崔琰和孔融、許攸、婁圭雖然事各有異，但都同樣冤死於曹操之手，何以陳壽單單爲崔琰立傳，而其他三位僅僅是附名於此呢？仔細考察起來，陳壽修志確有內心矛盾的難言之苦，要是把孔融、許攸、婁圭被害的事實都寫出來，實在與他寫在〈武帝紀〉傳末上曹操「不念舊惡」的評語不相稱，出入太

陳壽著《三國志》塑像
攝於四川省南充市西山風景區。

大。看來要消除這個矛盾，陳壽當時還辦不到。直到陳壽死後約一百三十餘年之後，裴松之爲《三國志》作注時，這個矛盾才得到解決。從裴注〈崔琰傳〉所引的大量史料中，可以看到曹操忌殺孔融、許攸、婁圭的眞實情況，從中也反映了魏、晉至南朝間人們對曹操疑忌虐殺士人的態度。不過，陳壽之所以單單爲崔琰立傳，大概是因崔琰與司馬氏有舊，並曾稱譽和舉薦過晉宣王司馬懿，不會遭致麻煩。陳壽正是充分利用了這一點，不僅爲崔琰寫了傳，而且還把孔融、許攸、婁圭也附上一筆，由此也可見其用心之良苦了。陳壽到底是忠於史實的，他對曹操性格中的兩重性是頗有認識的。有這麼兩件事很能說明這個問題，一是官渡之戰結束後，搜檢出那麼多私通袁紹的書信，按理說，曹操會把這些通敵的人通通殺掉，當時也有人這麼建議，可是曹操卻不然，陳壽在史傳上只說他把這些書信「皆焚之」，一火燒掉，並沒有多發議論。倒是在裴注所引的《魏氏春秋》中記載了當時曹操對這件事的態度，他說：「當（袁）紹之強，孤猶不能自保，而況眾人乎？」顯然這是曹操安撫「眾人」的一種表示，但也點出了問題的癥結所在，若曹操當時眞要解決這許多通敵的「眾人」，恐怕也就不成其爲曹操了。何況袁紹當時還沒有死，對曹操的威脅還存在，以曹操之智，豈能在那時來做這種蠢事。

再一件事，就是張繡納賈詡之計來投歸曹操時，曹操不但隻字不提他過去征張繡時長子曹昂、姪兒曹安民遇害，以及典韋身死，他自己也險遭不測的這類不快的事，而且還親熱地拉著張繡的手，並爲張繡舉行「歡宴」，又爲他的兒子曹均求娶張繡的女兒，以致張繡在官渡之戰中爲他盡力，所謂「力戰有功」。後來張繡隨曹操從征烏桓未至柳城時就死去了。看來張繡似乎是善終的。見之於陳壽史傳上記載的僅此而已。可是，在裴注所引的《魏略》上卻記載了張繡受到曹丕的面責，說張繡殺了他的哥哥，不願再和他見面，以致張繡「心不自安，乃自殺」。從這兩種截然相反的記載比較看來，陳壽之記似在爲曹操諱。試想，若曹操眞的那麼誠心優待張繡，曹丕怎敢胡來，何況張繡還與他結成了兒女親家。不過，陳壽也並沒有完全爲曹操遮羞，他在〈張繡傳〉中揭示出曹操死的前一年，張繡的兒子張泉也因被牽進魏諷謀反案裡而被曹操殺掉了。據說，魏案「連坐死者數千人」，一下子殺掉了這麼多，恐怕那些在官渡之戰中與敵通書的人這次也難倖免了。這大概是曹操臨死之前誅除「異己」的一次大清洗，張繡的兒子如何得免。

由此可見，陳壽在傳評上說曹操「不念舊惡」，是有鮮明的時間概念的，甚麼時候「念」，甚麼時候「不念」，從曹操在歷史舞臺上的活動來看，雖然一目瞭然，不過，眞要洞察其奸，還得動一番腦筋才行。儘管陳壽主觀上想盡量把曹操這方面的表現寫得隱諱一點，事實上又難以辦到。在錯綜複雜的歷史事實面前，陳壽要迴避也迴避不了。但是，有些數字陳壽無論如何是不便寫進去的。像上面說的那個牽涉殺了「數千人」的大案子，這麼大的清洗，當時深得曹操父子信賴的司馬懿弟兄參與了沒有呢？很難說。即便陳壽不爲曹操諱，也得爲晉帝諱嘛！

說起數字，曹操爲報父仇在徐州一次就在泗水邊上「坑殺男女數萬口」。而曹操這次征徐州一共殺掉了「男女數十萬人」。這類數字在《三國志》史傳中是看不到的，只能見之於裴注，或在范曄《後漢書》裡可以看到。就拿官渡之戰來說，陳壽在史傳上也未寫出曹操殺了多少人，倒是在裴松之注引的《獻帝起居注》中，說曹操自己上言給漢獻帝，稱他在這次戰爭中「凡斬首七萬餘級」，這個數字實在不能算少了。可是范曄在《後漢書・袁紹傳》中不僅點出曹操在官渡之戰中「前後所殺八萬人」的總數，而且還揭示出他殺人的心理狀態和殺人的方式，說他以「餘眾僞降」，認爲投降的袁軍是假投降，「盡阬（坑）之」，統統活埋掉。

值得一提的是，儘管陳壽寫了曹操在兗州追趕青州黃巾軍至濟北，「受降卒三十餘萬，男女百餘萬口」，卻也沒有寫出究竟殺了多少人。會不會這次曹操對民軍格外開恩呢？絕不會。從《後漢書》中他早年追隨皇甫嵩、朱儁在潁川鎮壓黃巾軍，一次就「斬首數萬級」的記載來看，曹操對民軍絕不會講仁慈的。況且這次青州黃巾軍在兗州和他爭戰得十分激烈，儘管陳壽史傳記載甚略，但從裴注所引《魏書》記述曹操「披甲嬰胄」，親臨前線指揮，「晝夜會戰」的情況看來，曹操這次鎮壓青州黃巾軍殺人絕不會少。

身當漢末三國亂世，曹操正是靠殘酷鎮壓農民軍起家的，他和同時代的幾個風雲人物比較起來，他所取得的成就最大，他一次就收降三十餘萬人，從而建立起另一支號爲「青州兵」的勁旅，成爲當時一個最有前途的割據者。確如清代學者何焯指出：「魏武之強自此始。」在以後逐鹿中原的火併廝殺中，他敗袁術，除呂布，收張繡，逐劉備，滅袁紹，一統中原，從而成爲最大的勝利者。儘管他以其功動顯赫名震當世，但他卻也給後世留下了不少令人不寒而慄的殘忍紀錄。無怪乎在曹操死後過了六七十年之後，晉人陸機〈辨亡論〉還感嘆地說：「曹氏雖功濟諸夏，虐亦深矣，其民怨矣！」這充分反映了魏晉時期人們對曹操的愛憎之情。

自魏晉下至南朝，人們從記錄時人「言語應對之可稱者」的所謂六朝小說中，確乎使人感受到曹操在人們心目中的形象實在不高尚。除了前面提到的夢中殺人和心動殺人的故事外，同時並見之於《語林》、《世說新語》及殷芸《小說》中的那個他把自己裝扮成

崔琰雕像
武漢龜山三國城崔琰雕像。

「床頭捉刀人」，卻給匈奴使者認出他是個「英雄」，因而這個匈奴使者遭忌被殺的故事，也很能說明這個問題。直到北宋時期，蘇軾在《東坡志林》中記載說：「塗巷中小兒薄劣，其家所厭苦，輒與錢，令聚坐聽說古話。至說三國事，聞劉玄德敗，頻蹙眉，有出涕者；聞曹操敗，即喜唱快。」看來，民間對劉備、曹操這種愛憎分明的思想感情，絕非一朝一夕所能培育起來的，以致使蘇東坡在《志林》中感慨嘆息道：「以是知君子、小人之澤，百世不斬。」無怪乎元代的楊維楨等人在爲蜀漢爭正統時提出理由說，這是「天理人心之公，閱萬世而不可泯者也」（《輟耕錄・宋遼金正統辨》）。經過宋、元民間說三國，特別是元代雜劇的加工創造，直到明代《三國演義》問世以後，曹操這個歷史上的所謂奸雄就更深入人心了。這明顯反應出魏、晉以來人們對曹操的態度是一脈相承的。

由此看來，要改變人們長期形成的對曹操的態度確乎是很困難的。五十年代末那次爲曹操翻案把矛頭指向《三國演義》的作法固然不可取，但是如果說那次由著名歷史學家郭沫若、翦伯贊等人發起的爲曹操恢復名譽的討論還有積極的一面的話，那就是它引人去認眞思索曹操在歷史上到底有多大功績？如何看待他的功過是非？爲甚麼他在後世人們心目中不那麼高尚？這和他同時代的諸葛亮相比就格外鮮明。直到今天，人們仍在這些問題上思考。

二

關於曹操這個歷史人物，魯迅先生非常坦率地說了這麼一段話，他說：

> 我們講到曹操，很容易就聯想起《三國演義》，更而想起戲臺上那一位花面的奸臣，但這不是觀察曹操的真正方法。……其實，曹操是一個很有本事的人，至少是一個英雄。（《中國小說史略》）

英雄妒才

《世說新語・輕詆篇》劉孝標注引檀道鸞《續晉陽秋》說：「晉隆和中，河東裴啓撰漢魏以來迄今時言語應對之可稱者，謂之《語林》。」據裴啓《語林》記載說：「魏武將見匈奴使，自以形陋，不足雄遠國，使崔季圭（崔琰字）代當座，乃自捉刀立床頭。坐既畢，令人問曰：『魏王何如？』使答曰：『魏王信自雅望非常，然床頭捉刀人，此乃英雄也。』魏王聞之，馳遣殺此使。」

從這段話來看，魯迅從歷史的角度，指出小說和戲劇舞臺上的曹操，與歷史上的曹操是不同的兩個人，這無疑是正確的。值得注意的是，魯迅早就看到了小說和戲劇對曹操產生的影響，從而提出了正確認識的方法問題，並且指出曹操在歷史上「是一個很有本事的人，至少是一個英雄」。魯迅雖不是歷史學家，但他是一位傑出的文學家、很有見地的思想家，他對曹操的這個認識，應該說對我們研究曹操，給曹操以應有的歷史地位是頗有啓發的。但極應說明的一點是，魯迅雖然肯定了曹操在歷史上「很有本事」，是個「英雄」，但他在這裡卻並沒有涉及到曹操在歷史上的消極因素，即就是曹操的爲人處世對當時以及後世產生的深刻影響。顯然，魯迅是從曹操對歷史的貢獻，從積極方面來肯定曹操的。

當然，我們今天來認識曹操，確如魯迅所說，絕不能拿小說和戲劇舞臺上的曹操來看待歷史上的曹操，再不要重履過去曾經走過的那段彎路了。但我們在充分肯定曹操歷史功績的同時，也不能對曹操身上的消極因素視而不見。若拿曹操和諸葛亮相比，諸葛亮贏得了後世「名垂宇宙」（杜甫〈詠懷古蹟〉五首之五）的崇高稱譽，而曹操卻褒貶不一，毀譽有加。唯因曹操身上有著一些非同尋常的消極東西，使他長期以來成爲一個有爭議的歷史人物。這大概是不言而喻的吧！歷代統治者和傳統文人在曹操身上沒有少做文章。文章有褒有貶，而褒貶的內容，在一定的歷史時期又有所不同；即便在同一個時期或同一個人身上，也會產生絕然相反的兩種意見。

官渡之戰

寶墨園《三國演義》故事「官渡之戰」大型圓雕瓷壁畫。廣州番禺。

看來，像曹操這個在後世引起長期爭議的人物，其涉及之廣，影響之大，在中國歷史上是絕無僅有的。

總體來說，過去長期在曹操身上爭論不休的癥結所在，還是一個用甚麼觀點來看待曹操，力圖對曹操作出公正評價的問題。不過應該看到，歷來對曹操有毀有譽，是歷史的客觀存在，而不是後世哪個史家或權威學者說了算。在這一點上，連《三國志》作者陳壽主觀上想迴避也沒有迴避了的。

按理說，晉朝人以晉承魏祚，應該多爲曹操說點好話，其實也不盡然。更奇怪的是，同是司馬氏統治，但到了東晉偏安江左，處境類似蜀漢，習鑿齒著《漢晉春秋》就以蜀爲正，尊蜀黜魏了。可見在司馬氏統治的晉朝前後兩代，歷史上的所謂正統與不正統，就已經完全打顛倒了。既然這時司馬氏已經轉變到尊蜀黜魏的立場上來了，當然也就用不著再去查考他祖宗「創業」的歷史淵源了。要是眞的查考起來，恐怕自己也不能自圓其說了。有一次，東晉的晉明帝問王導：「前世（指西晉）的天下是怎麼得來的？」王導就老老實實地向他陳述司馬懿父子的所謂「創業之始」，一直講到司馬昭弑殺魏少帝高貴鄉公曹髦，晉明帝不禁轉過臉去，連連擺手叫王導不要再說下去了，並感嘆地說：「若如公言，晉祚復安得長遠！」（《晉書．宣帝紀》）可見晉明帝眞是多此一舉，抓屎糊臉，這種不光彩的歷史管它做啥。說實在的，東晉尊蜀漢爲正統，倒可以爲他祖宗那段不光彩的歷史掩飾一下。不過，晉明帝顯然不是因關心這個「正統」問題而去查考他祖宗歷史的，他擔心的是依樣畫葫蘆，災難輪到司馬氏頭上倒

曹操

明代《三國演義》問世以後，曹操這個歷史上的所謂奸雄就更深入人心了。

是眞的。

其實說穿了，歷史上的所謂正統，是歷代統治階層在一定歷史時期內，爲維護其統治利益而製造的一種觀念。誰正誰不正，在不同的時期卻有不同的解釋。但也不能認爲，凡歷史上推尊曹魏的時代，就對曹操善惡不分，好壞包涵。說實在的，歷代的有識之士，並不囿於所謂正統觀念，他們對待曹操，既看到他才略過人，功勳顯赫的一面；同時也譴責他虐殺無辜，殘暴奸詐的另一面。這種對曹操有毀有譽的態度，應該是客觀的，是實事求是的態度。

唐代的開國之君唐太宗李世民，他對曹操可謂是英雄惜英雄，他親自寫下了〈祭魏太祖文〉，極讚曹操「以雄武之姿，當艱難之運，棟梁之任」，這雖說的是曹操，但這和他掃除狼煙，開大唐之基的時代和際遇相彷彿，不言而喻，這裡面有他李世民自己的影子。進而他說曹操「匡正之功，異於往代」，顯然這是稱讚曹操非同尋常的政治才幹。至於他說曹操的軍事才能，則說是「臨危制變，料敵設奇，一將之智有餘」。由於他和曹操相比，自己登上了皇帝的寶座，所以他也飄飄然地稍壓一下曹操，說他「萬乘之才不足」。但是，李世民到底耳聰目明，頗能聯想，他一針見血地指出曹操「觀沉溺而不拯，視顚覆而不持，秉鈞國之情，有無君之跡」。若說是正統觀的話，這就是李世民的正統觀。他正是從維護大唐江山永不變色的統治利益出發，以古鑑今，訓誡臣下，特別是元老重臣不要去學曹操「有無君之跡」，永遠忠於唐王朝。從李世民這種對待曹操有毀有譽的態度來看，在歷代統治者中倒

唐太宗

唐太宗李世民對曹操可謂是英雄惜英雄，他親自寫下了〈祭魏太祖文〉，極讚曹操「以雄武之姿，當艱難之運，棟梁之任」。

是頗有代表性的。

在帝王時代，英明有如唐太宗尚且如此謹防曹操的「無君之跡」，恐怕大多數帝王也會和唐太宗一樣，雖佩服曹操的軍事政治才能，但對曹操眼裡沒有君上也是會持否定態度的。正如翦伯贊先生曾經指出：「只要提起曹操，皇帝們就會感到自己的皇冠有滾到地下的危險。」（〈應該替曹操恢復名譽〉）這就道出了帝王心中的「祕密」，把問題說得夠明白的了。

值得一提的是，大概由於唐太宗對曹操「有無君之跡」的批評，在唐一代卻很少有人在詩文中正面稱道曹操的，相反卻有大量的詩文是頌揚劉備和稱道諸葛亮的。尤其是諸葛亮，從唐太宗開始就對他推崇備至。唐太宗曾多次對臣下談到諸葛亮，要臣下學他的忠勤治國，爲政「至公」，並稱諸葛亮爲「賢相」，這和他批評曹操「秉鈞國之情，有無君之跡」，形成多麼鮮明的對比。在詩人杜甫寫的大量詩歌中，除了那首〈丹青引贈曹將軍霸〉，說畫家曹霸祖上魏武當年是個「割據英雄」外，幾乎再沒有甚麼詩作提到曹操了。可是杜甫卻有不少讚嘆諸葛亮、劉備的著名詩作流傳至今。大詩人李白幾乎沒有一首詩談到曹操，相反卻也有詠讚諸葛亮、劉備的名篇傳誦至今。至於晚唐詩人杜牧在〈赤壁〉詩中寫下了「東風不與周郎便，銅雀春深鎖二喬」的著名詩句，顯然這是對曹操諷勝於頌。而元稹卻在〈董逃行〉詩中直率指出：「劉虞不敢作天子，曹瞞篡亂從此始。」毫不客氣譴責曹操的篡亂惡行。

過去有一種觀點，認爲凡是建都中原、一統天下的時代，都尊曹魏爲正統，而偏安一隅的朝代卻一般都推蜀漢爲正統，因而曹操、諸葛亮等人的身價也隨著正統地位的變更而浮沉。其實，這種觀點表面上一般說說還可以，但具體探討起來又未必站得住腳。唐王朝可算是大統一的時期了，李世民也稱曹操爲魏太祖，並親自著文來弔念他，據此，我們能說李世民是打心眼裡是喜歡曹操的嗎？從前面介紹的情況來看，在唐一代到底是推崇曹操還是諸葛亮，不是已經很清楚了嗎！再拿北宋來說，司馬光編纂《資治通鑑》，不僅以曹魏爲正統，並且還爲曹氏政權辯解，說它「是奪之於盜手，非取之於漢室也」（〈萬代論〉）。但是，司馬光也和唐太宗一樣，他對曹操欺君罔上、「暴戾強伉」很擔心，他在《資治通鑑》中論「教化」時指出曹操「蓄無君之心久矣」，建議北宋皇帝要對臣下進行「教化」，不要去學曹操。看來，司馬光在以曹魏爲正統的問題上，也是在做表面文章，並非出自眞心。

北宋真宗
宋真宗請當時著名學者穆修撰寫了一篇〈亳州魏武帝帳廟記〉，頌揚曹操「建休功，定中土」的「盛大之業」。

引人思索的是，在北宋一代民間對曹操是十分憎惡的，這從前面提到的蘇軾《東坡志林》上小孩聽說三國故事很動感情的記述中可以看出。連蘇東坡自己也很受感染，把曹操視之爲「小人」，而稱劉備爲「君子」。不過，蘇軾還是從歷史的角度把曹操和諸葛亮作過一番比較，他認爲諸葛亮「言兵不若曹操之多，言地不若曹操之廣，言戰不若曹操之能，而有以一勝之者，區區之忠信也」（〈諸葛亮論〉）。看來，蘇軾對曹操的才幹和他取得的成就是給予了充分肯定的；但從道義上講，卻對曹操持否定態度，而讚賞諸葛亮的忠誠信義。所以，蘇軾更在〈孔北海贊〉上說：「曹操陰賊險狠，特鬼蜮之雄者耳。」由此可見，在尊曹魏爲正統的北宋，從民間到士大夫也沒有少說曹操的壞話。

但也有一個例外，北宋皇帝宋眞宗對曹操是很欣賞的。在他一次經過亳州（曹操的故鄉譙縣，宋時稱亳州）的時候，看見城東祭祀曹操的廟宇太舊了，於是下詔由左丞相張知白主持重修，完畢之後還請當時著名學者穆修撰寫了一篇〈亳州魏武帝帳廟記〉，頌揚曹操「建休功，定中土」的「盛大之業」。這篇〈帳廟記〉文收在《穆參軍集》內。可是到了清代編纂《四庫全書》時，乾隆帝一看見這篇文章，不禁大怒，認爲穆修「獎篡助逆」，豈可「貽玷汗青」，於是命令「刊除此文，以彰袞鉞」。由此可見，同是大一統的時代，同在對待曹操的問題上，北宋和清代的正統觀就絕然相反，宋眞宗和清高宗的態度就大相逕庭。

曹操在歷史上的地位陡然下降，以致把曹操弄得面目全非，一臉抹黑，莫過於偏安臨安的南宋時期。這時的趙宋政權和當時東晉司馬氏政權的處境差不多，因而在對待曹操的問題上，也不管他上代祖宗的態度如何，一反舊規，由尊曹抑劉，改爲帝蜀黜魏，以致朱熹在《通鑑綱目》上把原來以曹魏繫年的體制也改爲了「以章武之元繼漢」。與此同時，由於北方金朝女眞統治者承襲北宋，仍推曹魏爲正統，而把推尊蜀漢的南宋朝廷斥之爲「構竄江表，僭稱位號」的僞政權。再加之臨安的趙氏子孫在奸相秦檜等人的蠱惑下，不事中興，反向金主稱臣稱姪，希圖苟安。這大大刺激了南宋的廣大愛國臣民，出於民族的義憤，發出了聲討北方推尊曹魏爲正統的女眞統治者的強烈呼聲，這當然包括譴責一切漢奸賣國賊在內。無怪乎南宋愛國大詩人陸游寫下了「邦命中興漢，天心大討曹」這一千古名句。顯然這是把曹操當成現實中的漢奸和異族侵略者來對待了。這實在是把歷史上那個曾經征服烏桓、威服匈奴的曹操弄得面目全非，一臉抹黑了。

自北宋開始，在整個南宋、金、元時期，從民間說三國，到元代雜劇興起把三國故事搬上舞臺，以及成書於元代的《三國志平話》的流傳，直到明初《三國演義》問世以前，曹操在民間的影響的確很糟糕。這些經過當時富於愛國民族感情的文人精心加工的說唱作品，全都是宣揚擁劉貶曹（還包括孫權一方）的思想傾向，竭力拔高蜀漢集團中人物，不是表現他們的智慧超群，就是渲染他們的英勇無比。在諸葛亮的計謀面前，奸詐如曹操，多智如周郎，都顯得蒼白無力，毫無辦法。特別是曹操，無處不表現他是一個大大的奸臣，譬如《三國志平話》中寫曹操殺馬騰一事，說馬騰在朝堂上當面罵曹操不是忠臣而被殺，從而引起馬超反西涼爲父報仇。顯然這與歷史事實完全不符。後來《三國演義》完全照襲了《平話》中這個情節，近世根據《演義》改編上演的京劇《反西涼》，或川劇《戰潼關》，都是這麼來表現曹操的。

不難想像，正是由於這類罵曹操是奸賊或奸臣的小說和戲劇的長期影響，使曹操作爲一個粉板板的形象早就在人們心目中生了根。所以，魯迅指出：講到曹操，人們「很容易就聯想起《三國演義》，更而想起戲臺上那一位花面的奸臣」。當然，也正如魯迅所說，「這不是觀察曹操的眞正方法」。

三

今天我們怎樣來看待曹操，如何恢復曹操在歷史上的本來面目，這的確又是一項細緻而艱巨的研究任務，也是一件十分有意義的工作。拿曹操和諸葛亮相比，的確耐人尋味，又引人思索。這兩位身當漢末三國亂世的歷史人物，在各自的條件下，都以其卓越的智慧和才能，處非常之世，創非常之業，建非常之功。比較而言，曹操克成的「洪業」，對歷史的貢獻比諸葛亮大，可是長期以來，曹操的聲譽卻遠遜於諸葛亮。非但曹操，連曹操集團中的謀臣武將也遠不如蜀漢集團的人物身價高。從三國一代歷史的影響來看，這的確又是一個絕無僅有的現象。固然這種情況的出現，無疑是由於長期受小說和戲曲的影響，起了推波助瀾的作用。

然而，歷史是公正的，也是無情的，凡有遺愛於後世的歷史人物，人民絕不會忘記他，歷史絕不會虧待他的。想想至今成爲勝跡的武侯祠、昭烈廟，以及關帝廟、張飛廟、趙雲廟、龐統廟等等，能全都說成是小說和戲曲的影響所致嗎？事實上有些祠廟卻是在宋代以前就早已建立了。而紀念曹操的祠廟，除了見之於記載爲宋真宗去過的那座建於曹操故鄉譙縣的祠廟外，還沒有聽說過哪裡還有曹操廟保存了下來。當然，建立祠廟來紀念歷史上有貢獻的人物僅是一種方式。不過在帝王時代能以這種方式來作紀念也殊非易事，尤其是這種紀念性建築能長期保存下來，那就最能說明這個人物在人們心目中的地位歷久不衰，確實是一位值得紀念的民族之英了。固然曹操沒有諸葛亮那麼幸運，他在歷史上的浮沉太不幸了，盛世要謹防他，亂世要抨擊他，然而千古興亡說曹操，這對他也算一種紀念了。

我們今天來爲曹操寫傳，固然首先要尊重歷史，實事求是依循他在歷史上留下的腳印，從他當時所處的歷史環境中去具體考察他一生的活動。但是，對於像曹操這麼一位有毀有譽、長期有爭議的歷史人物，我們不能不從他在歷史上的具體活動中，探討一下他何以會對後世產生那麼一些影響。歷史是由個人的行爲寫成的。後世怎麼說姑且不必論它，還是用曹操自己在歷史上的行爲來說話吧！

治世能臣，亂世奸雄

《三國志．魏志．武帝紀》裴注引孫盛《異同雜語》中許劭評曹操之語。而《後漢書．許劭傳》則稱許劭評曹操是「清平之奸賊，亂世之英雄」，未知孰是。若按《三國志集解》引胡玉縉說「二語恐孫盛因晉承魏祚，有所避忌，加以竄改」云云，果真如此，那麼曹操當時的名聲就更不佳。但從曹操一生行為來看，裴注孫書所記是為恰當，故《通鑑》因之。至於《世語．識鑑篇》所記橋玄稱曹操「實亂世之英雄，治世之奸賊」云云，姑不說與本紀載橋玄讚曹操為「命世之才」相牴牾，而從當時橋玄和曹操的關係來看，更屬謬然。

第一章 家世與出身

一、青少年時代的曹操

曹操，字孟德，又名吉利，小字阿瞞，沛國（豫州所屬封國，相當郡，治相縣，在今安徽濉溪縣西北）譙（今安徽亳州市）人。東漢桓帝永壽元年（一五五年）出生在一個大官僚家庭裡。他的父親曹嵩，本姓夏侯，因做了宦官中常侍曹騰的養子後才改了姓的。據稱，曹氏乃西漢開國功臣、繼蕭何做過相國的曹參之後。史書上說，曹操祖父曹騰在宮中用事三十餘年，「歷事四帝，未嘗有過」，而且又好舉薦人才，「進達賢能」。看來，曹騰在當時宦官中還是一個有德行的佼佼者。漢桓帝即位後，以曹騰是先帝舊臣，「加位特進」，封費亭侯。曹騰死後，曹操父親曹嵩承襲爵位。後來魏明帝於太和三年（二二九年）追尊其高祖曹騰爲高皇帝。宦官得皇帝名號，這在中國歷史上是絕無僅有的一例。

曹操父親曹嵩，先後做過司隸校尉及「九卿」之一的大司農、大鴻臚等官職。漢靈帝開西園賣官時，曹嵩官迷心竅，竟花錢一萬萬買了個「三公」之一的太尉官位。後來陳琳在代袁紹寫的討曹檄文中羅列曹操「罪狀」並罪及其父曹嵩時所說的「因贓買位」、「竊盜鼎司」（鼎司指「三公」之位），指的就是這件事。

少年時代的曹操，喜好的是飛鷹走狗，圍獵比武；不喜的是談經說道，拘守禮俗，正是由於他「不治行業」，不在個人品行學業方面下工夫，而又「遊蕩無度」，自然一般士大夫沒把他看上眼，所謂「世人未之奇也」，沒有看出他有甚麼特出的地方。史傳上雖說他「少機警，有權術」，可沒有具體

曹騰墓陵

安徽亳州曹操祖父曹騰墓陵。

事實。倒是在劉昭《幼童傳》及《世說新語·假譎》篇中記載的兩個有關曹操少年時代的故事，頗能說明這一點。前一個故事說：

太祖幼而智勇。年十歲，常浴於譙水，有蛟逼之，自水奮擊蛟乃潛退。浴畢還，弗之言也。後有人見大蛟，奔退。太祖笑之曰：「吾爲蛟所擊而未懼，斯畏蛇而恐邪！」眾問乃知，咸驚異焉。

後一個故事則說是：

魏武少時，嘗與袁紹好爲游俠，觀人新婚。因潛入主人園中，夜叫呼云：「有偷兒賊！」青廬中人皆出觀。魏武乃入，抽刃劫新婦，與紹還出，失道墜枳棘中，紹不能得動，復大叫云：「偷兒賊在此。」紹遑迫，自擲出，遂與俱免。

從這兩個故事看來，曹操在少年時確有過人之處，既智勇機警，又善於權詐應變。尤其從後一個故事可以看出，曹操在少年時候就已行爲不正，放蕩不羈了。由於他的叔父很看不慣他的這些越軌行爲，曾多次告訴他的父親，叫他父親管教他。大概曹操挨了父親的訓，感到有些不自在。當他得知是叔父在他父親面前說了他的壞話後，不禁心生一計來對他叔父進行報復。

有一天，他迎面碰見他的叔父，故意倒在地上，口吐白沫，扭歪著嘴臉，裝出一副病容。叔父見狀，忙問是怎麼回事，他回答說：「恐怕是中了惡風了。」叔父一聽，急忙跑去告訴曹嵩。等曹嵩慌慌張張趕來時，曹操好像甚麼事也沒發生過似的，「口貌如故」。曹嵩感到奇怪，私下問曹操：「你叔父剛才說你中了惡風，怎樣這樣快就好了呢？」曹操巴不得父親這麼一問，早有準備地回答說：「我從來就沒有中過甚麼風，可能是我平素對叔叔孝敬不夠，他大概不大喜歡我，或許有時候難免在您老人家面前說我的壞話，我也只好受點冤枉了。」這麼一來，曹嵩就不再相信他兄弟反映的情況了。自此以後，曹操「益得肆意」，再也沒人管他了。

不過，曹操在青少年時代雖然行爲放蕩，但頗留心世事。稍長，他有感於宦官弄權，大興黨獄，清正之士被誣枉搆陷，奸慝之徒受拔擢重用，眼看朝廷衰弱，國家將

曹氏親族關係表

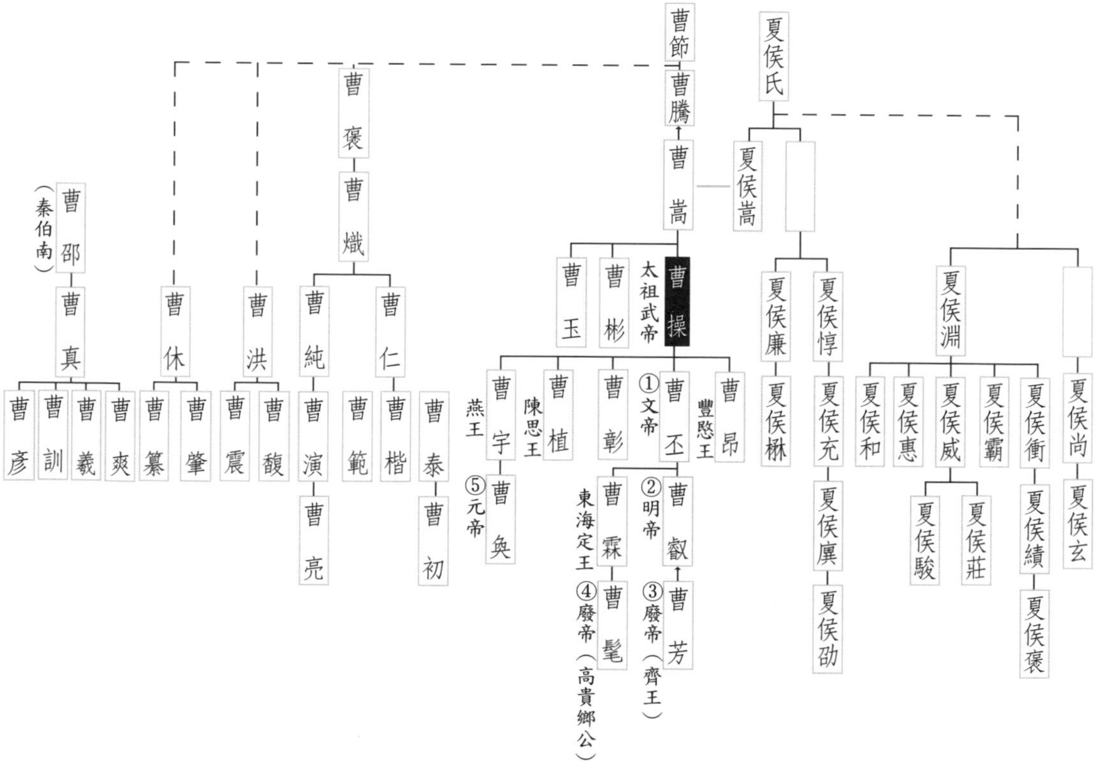

亂，已露端倪。他在一次登上華山時，不禁感慨寫下了「不戚年往，憂世不治」（〈秋胡行〉之二）這樣的詩句，來表白立志用世的抱負和決心。面對他在〈薤露〉詩中所寫的「惟漢廿二世，所任誠不良」的客觀現實，他決心盡自己最大的努力去做一番撥亂反正、救時補偏的事業。

曹操爲了準備用世，在加緊習武建身，鍛鍊好一副強壯的軀體的同時，他又博覽群書來豐富學識才幹。他深知治亂征伐必用武，學好兵書戰策才能做出一番大事業來。爲此，他廣泛搜羅並抄寫了諸家兵法，擇其精要，匯輯成冊，題名《接要》。與此同時，曹操還旁徵博引爲《孫子兵法》十三篇作了注。他在〈孫子兵法序〉中說：「吾觀兵書戰策多矣，孫武所著深矣。」可見他在研究兵法戰史方面確實下了不少工夫，尤其對古代軍事家孫武極爲欽佩。再從曹操一生「自作兵書十萬餘言」，他不僅爲《孫子兵法》作注，而且還自撰《續孫子兵法》二卷這一點看來，足見他對古代軍事家孫武的兵法戰術不僅很有研究，通過實行還有所創造、發展。

這期間，曹操並沒有與世隔絕，在博覽群籍，潛心研究兵書戰策的同時，無時無刻不在關注著朝廷的動向，時局的變化。曹操聽說漢靈帝身邊那些宦官中常侍們一個個都封了侯，貴寵無比，驕橫跋扈，日甚一日，他們不但在京師把持朝政，而且還把父兄子弟都「布列」在州郡去做官，「所在貪殘，爲人蠹害」，以致弄得路人側目，人心沸怨。特別是那個中常侍頭兒張讓，更是威權煊赫，不可一世，每天到他府前「求謁」的車輛，竟達「數百千輛」，擺起像一條長龍似的。當年輕氣盛的曹操瞭解到這些情況後，不禁暗自發狠，打算一試身手，製造一樁爆炸的奇聞來提醒人們的耳目。

一天晚上，曹操趁著月黑風高，輕裝潛入張讓府中，可是在他正要闖進張讓居室下手時，就被張讓「覺之」，高呼拿賊。曹操仗著平時的功夫，「乃舞手戟於庭，踰垣而出」。此事見之於孫盛《異同雜語》上。從這件事看來，曹操雖未成功，其膽量倒眞不小，他的武

十常侍

《後漢書· 張讓傳》指張讓、趙忠、夏惲、郭勝、孫璋、畢嵐、栗嵩、段珪、高望、張恭、韓悝、宋典十二人，皆為中常侍。《三國演義》以張讓、趙忠、封諝、段珪、曹節、侯覽、蹇碩、程曠、夏惲、郭勝十名宦官為「十常侍」。

藝雖不是孫盛所說的「才武絕人，莫之能害」，但他平時習武防身的收穫不小倒是眞的。

曹操在這次刺殺張讓未獲成功之後，心中憤憤不平，一方面繼續學習兵書，並博覽群籍。與此同時，他廣泛接觸社會名流賢達，希望得到他們的賞識，爲他登上仕途，進而施展抱負，作好必要的準備。在這期間，先後結識了兩位對他後來頗有影響的大名士：一個是梁國睢陽（今河南商丘市）人橋玄，字公祖；一個是南陽襄鄉（今河南南陽市）人何顒，字伯求。

說起橋玄，曹操對他非常欽敬。他年少時做過縣功曹，因自薦審理陳相羊昌贓罪，不避權貴而顯名。後爲漢陽太守，又收考上邽令皇甫禎贓罪，髡笞鞭死，以致「一境皆震」。桓帝末年，四府共舉橋玄爲度遼將軍，一舉擊破胡虜，「在職三年，邊境安寧」。靈帝初年徵入爲河南尹。後升司空，轉任司徒，又當過尙書令，還做過太尉。橋玄一生行事，舉賢不避仇，執法不徇情。即便和他素有仇隙的南陽太守陳球，他也因才而舉薦爲廷尉。哪怕與天子「有舊恩」的太中大夫蓋升，犯了贓罪，他也絕不講情面而奏請免官。可是這一次，他卻沒有達到目的，蓋升不但沒有免官，漢靈帝反而任他爲侍中。橋玄一怒之下，憤而「託病」辭去官職。這時橋玄已深感宦官弄權，「國家方弱」，自己年紀老了，「自度力無所用」，再也無能爲力了。（《後漢書·橋玄傳》）大概正是在這個時候，曹操去拜見橋玄的。

橋玄一見曹操，雖見他「姿貌短小」，但卻「神明英發」，心中甚感驚異。再經一番交談之後，橋玄倒眞打心眼裡佩服這個青年的學識見地非同凡響，不禁脫口而出讚嘆道：「今天下將亂，安生民者其在君乎！」自此，橋玄和曹操成了忘年之交。過了些時，在和曹操幾經接觸之後，橋玄深感曹操要顯露頭角，施展抱負，還得有一個過程。這時他想起了汝南的許子將。由於當時在士大夫中品評人物的風氣很盛行，而許劭每月初一在汝南主持的「月旦評」影響最大，凡是經過他稱讚過的人物，身價就會大大提高。因此，橋玄決定介紹曹操去汝南和許劭交談一下。一天他對曹操說：「現在你還沒有甚麼名氣，你可到汝南去見見許子將，或許他對你很有幫助。」曹操雖也聽說過許劭的大名，但他心裡卻感到有點疑惑，未必這個許子將還比橋公強；既然橋公這麼說了，他只好去試一試，看看這個許子將到底有何高見。

經橋玄介紹，曹操在汝南會見

了許劭。去時還帶上了一份「厚禮」，並用很謙卑的言詞向許劭述說抱負。許劭在把曹操上下打量了一番之後，雖也從他的談吐中有和橋玄初見曹操時的一些感受，但總感到在曹操身上缺少點甚麼東西，一時難以給他下個恰當的評語，於是閉目沉思起來。曹操在旁不禁感到有些詫異，轉念一想，既然來了，不妨問個究竟，於是曹操直截了當問道：「請教先生高明，不知先生到底視我為何人？」許劭正陷入沉思之中，經他未及睜目開口時，曹操又催

市樓畫像磚
東漢　28×48cm
四川省廣漢縣出土，中國國家博物館藏
東漢市肆必須設在城內的固定區域，有垣牆圍繞，與居住區隔開，一市設有一門，限制出入時間。本畫描繪了漢代縣城市內商肆的設置、交易情況。在畫中左方標記有「東市門」，右方有市樓，是一市中最高的建築，用以監視市內活動。

問了一句，於是許劭一下睜大眼睛，帶著「鄙其為人」的神色，斬釘截鐵說道：「你麼，治世之能臣，亂世之奸雄。」曹操一聽，禁不住大笑而去。看來，曹操到汝南這一趟沒有白走。不管曹操當時對許劭之評有何理解和想法，反正達到了橋玄的期望，使他由此而「知名」了。再加上橋玄又稱他為「命世之才」，他的名聲就愈來愈響了。

值得一提的是，歷史上的橋玄當時對曹操的獎掖，確如《後漢書》中所稱：「橋公識運，先覺時

雄。」是說橋玄慧眼獨具，首先發現了曹操這個當世英雄。《魏書》上還有橋玄將身後之事連妻子家屬也託付給曹操照管的記載。後來橋玄死後，曹操在一次經過橋玄墓時，「輒悽愴致祭」，追念橋玄對他的「知己」之情，表達他對橋玄的敬重。這些記載說明歷史上的橋玄和曹操的關係非同尋常。

奇怪的是，在小說和戲劇舞臺上，橋玄卻成了曹操的對立面，把橋玄作爲東吳元老重臣，積極促成孫、劉聯姻，共同對抗曹操的一個藝術典型。不僅如此，還把橋玄和江東二喬也拉上關係，說曹操下江南是爲了收娶二喬置於銅雀臺上，要是二喬果係歷史上橋玄之女，以曹操和橋玄的深厚情誼，恐怕也不會做此非分之想。顯然這些藝術加工和歷史上的橋玄不沾邊，尤其在時間上也對不上。橋玄死於靈帝光和六年（一八三年），終年七十五歲。而歷史上孫策、周郎同娶「喬公二女」時，這已是橋玄身後十六年的事了。這個「喬公」和橋玄顯然是兩個人無疑。要是孫、劉聯姻時橋玄未死，尚在江東的話，已是過百歲的壽星了，豈非笑話。

再說對曹操在青少年時代頗有影響的另一個大名士何顒。這個何顒，曹操把他和橋玄比較起來看，卻有著另一方面的感受。如果說橋玄的剛正不阿，謙儉下士使他欽佩之至，那麼何顒的助人高義、扶危濟困卻使他讚嘆不置。何顒年少時游學洛陽，「顯名太學」。一天，他因好友盧偉高父病將終，前去問候，不料偉高向他訴說父仇未報，泣不成聲。何顒「感其義」，爲他復了仇，並把仇人的頭拿來在他父親的墓前祭奠。這是一件使曹操讚嘆的事。

再一件是，何顒因和太傅陳蕃、司隸校尉李膺相善，在陳蕃、李膺先後被宦官殺害後，也遭到了宦官的搆陷，有被拘捕的可能，於是他改變姓名，逃往汝南郡（治平輿，在今河南平輿縣北）。袁紹久慕其名，私與往來，結爲至交。這時黨獄大起，天下洶洶，士人多蒙其難。何顒常潛入洛陽與袁紹計議，對窮困禁錮的給以救濟，對被掩捕的設法使之逃匿。大概正是這期間曹操與何顒結識的。何顒私下對人談到曹操時，不禁感慨說：「漢家將亡，安天下者必此人也。」由此曹操在士人中的名聲就更大了。曹操年少時就與袁紹相交，及至袁紹、袁術的母親死後歸葬汝南時，曹操和好友汝南人王儁一道去參加葬禮。由於袁家「四世三公」，連續四代都有人登上「三公」高位，做過司徒、司空或太尉的官職，家世寧赫，「門生故吏遍天下」，因而袁家這次葬禮極其隆重而奢侈，趕來參加者竟達三萬

第一次黨錮之禍

桓帝永興元年（一五三年），朱穆任冀州（今河北中南部）刺史，懲處貪官和權貴，又以宦官趙忠葬父僭越規制為由，挖墳剖棺查實，並逮捕其家屬治罪。桓帝聞訊大怒，將朱穆判作苦役。由此，引發了中國歷史上第一次大規模的學生請願運動。太學生劉陶等數千人到宮闕上書，為朱穆喊冤。他們指責「中官近習，竊持國柄，手握王爵，口含天憲」，顛倒是非，濫用職權。朱穆忠心憂國，是難得的賢臣。如要判刑，則我等願代他受刑。桓帝只得赦免了朱穆。

延熹五年（一六二年），皇甫規本平羌有功，因宦官徐璜、左悺向其索賄不遂，被誣侵貪軍餉，判罰苦役。於是太學生張鳳等三百餘人發起第二次請願，為皇甫規鳴冤，皇甫規因得赦免。一些中下級正直官吏受到鼓舞，剛正執法，制裁宦官及其親朋。如南陽太守成瑨、功曹岑晊誅殺與宦官勾結的商人地主張訊；山陽太守翟超與督郵張儉沒收宦官侯覽老家財產；東海相黃浮逮捕射殺太守李暠之女的下邳令宦官之姪徐宣一門老幼，並將徐宣斬首示眾；司隸校尉李膺親率吏卒到宦官張讓家，將貪殘暴虐的張讓之弟逮捕治罪等。

此時發生了張成事件。史載結交宦官的河內豪強張成善觀天文，他算準近期將要大赦，乃指使兒子殺人。李膺收捕其子欲治極刑，卻正逢大赦當免。李膺不顧大赦令憤而斬之。懷恨已久的宦官侯覽指使張成弟子上書，誣告李膺等「養太學游士，交結諸郡生徒，更相驅馳，共為部黨，誹訕朝庭，疑亂風俗」。

桓帝下詔逮捕黨人，結果，李膺、范滂等二百多人被捕，「有逃遁不獲者，皆懸金購募。使者四出，相望於道」。太尉陳蕃力諫桓帝，指出這種做法「杜塞天下之口，聾盲一世之人，與秦焚書坑儒何異」？桓帝竟找藉口將陳蕃一併罷免。李膺等在獄中受審時，故意牽扯部分宦官子弟，使宦官懼怕牽連。

竇皇后父親竇武不滿宦官專權，同情太學生反宦官運動，上疏切諫。最終桓帝將黨人二百餘名全部罷官歸家，書名三府，終身禁錮不得為官。此為第一次黨錮之禍。

李膺

李膺，字元禮，東漢潁川襄城（今屬河南）人。「黨錮」之禍時「八俊」之首。出身世宦，祖父李修是漢安帝時太尉，父李益為趙國相。初舉孝廉，後經策試遷任青州刺史，歷漁陽、蜀郡太守，烏桓校尉、度遼將軍、河南尹、司隸校尉。性格簡亢，為官清廉，剛正不阿，任刺史時，貪贓的郡守、縣令畏其威嚴，皆棄官而逃。任烏桓校尉、度遼將軍時，常披堅執銳，親率步騎臨陣交戰，負傷不下戰場，士卒爭相效命，入侵鮮卑望風懼服，請和好如初。任直隸最高行政長官河南尹時，屢與宦官、奸吏對抗，朝野肅然，譽以「天下楷模李元禮」。門生弟子踰千人。士人一旦為之接納，頃刻即名聲大噪，時人稱為「登龍門」。後任司空的「碩儒」荀爽，曾為之駕趟車而喜不自禁，逢人便說：「今日得御李君矣。」

朝廷以其名重，徵為司隸校尉。桓帝寵幸宦官張讓之弟縣令張朔貪贓枉法，無惡不作，乃至慘無人道虐殺孕婦。他便親率吏卒入張府捕殺之。眾宦官「鞠躬屏氣」，甚至不敢出宮門一步。桓帝問何故，眾宦官叩頭流涕，稱：「畏李校尉。」

以李膺、陳蕃、杜密等為首的一批正直的士大夫，為反對宦官專權，聯合京師太學生郭泰等，經常與宦官集團發生衝突，雙方勢同水火，終於釀成「黨錮」之禍。先被禁錮終身不准為官，後被捕入獄，備受酷刑，拷打致死。妻子徙邊，門生、故吏及其父兄並遭禁錮。

人之多。曹操對此不禁感慨萬分，私下悄悄對王儁說：「眼看天下將亂，倡亂者必此二人。要想安濟天下，爲百姓消災，不先除掉這二個人是不行的。」王儁聽了，也很有感觸地說道：「你說得對，然安濟天下者，除了你還有誰呢？」說罷之後，兩人都相對笑了起來。

這個王儁，史稱其爲人「外靜而內明」，但他終身不仕，避居武陵以壽終。官渡之戰時，王儁曾勸過劉表與曹操聯合，劉表不從。後來曹操聽說王儁死了，「哀傷」不已。及至下荊州那年，曹操親自「臨江迎喪」，改葬江陵，並表爲「先賢」。

曹操微時，還有一個人對他也很賞識，那就是李膺之子東平相李瓚。李瓚臨死時，對兒子李宣說：「大亂將至，天下英雄要數曹操。張孟卓（張邈字）雖與我相好，袁本初（袁紹字）和你又是外親，儘

第二次黨錮之禍

黨人雖然被罷官歸田，禁錮不得為官，卻得到了比當官更為榮寵的社會敬仰。范滂出獄歸鄉，迎接車輛多達數千。名將皇甫規乃西部豪傑，認為自己未能列名黨人是一種恥辱。他們共相標榜，「上曰三君，次曰八俊，次曰八顧，次曰八及，次曰八廚」（以竇武、陳蕃等為三君，「君」指受世人共同崇敬。以李膺、王暢等為八俊，「俊」指人中英雄。以郭泰、范滂等為八顧，「顧」指品德高尚而及於人。以張儉、劉表等為八及，「及」指能引導人追行受崇者。以度尚、張邈等為八廚，「廚」指能以財富救助他人），與朝廷權宦的對立情緒、對抗意志更為強烈。

桓帝死後，靈帝繼立，宦官權勢更大，侯覽、曹節、王甫等人與靈帝乳母及諸女尚書相互姦姘，穢亂宮廷，操弄國柄。太傅陳蕃、大將軍竇武謀誅宦官事洩，反被誅殺。由此宦官有恃無恐，向黨人舉起了屠刀。

建寧二年（一六九年），侯覽使人誣告督郵張儉結黨，圖危社稷。曹節趁機示意有司將上次黨錮者牽扯進去，製造了「鉤黨」之獄，捕殺李膺、范滂等一百多人，並將「天下豪傑及儒學有行義者」都指為黨人，「有怨隙者，因相陷害，睚眥之忿，濫入黨中。州郡承旨，或有未嘗交關，亦罹禍毒，其死、徒、廢、禁者又六、七百人」。唯張儉外逃出境得以倖免，然官府沿途追查掩護者，上百人受牽連家破人亡。又下詔州郡，查黨人門生故吏、父子兄弟在位者，全部免官禁錮，波及五屬。此為第二次黨錮之禍。

此後萬馬齊喑，社會陷入一片黑暗和混亂，終致黃巾之亂爆發。漢靈帝意識到若黨人與黃巾軍結合後果不堪設想，於是中平元年（一八四年）宣布大赦黨人，准流放者返回故里。黨錮之禍得以終結。

管如此，你切不可去依附他們，要投奔就一定去投奔曹操。」（《後漢書・李膺傳》）看來，曹操經過多方交結士人，名氣實在不小了。在二十歲那年，他就開始登上仕途去實現他「治世」的遠大抱負了。

二、初入仕途

漢靈帝熹平三年（一七四年），曹操二十歲上，被地方推舉為孝廉，又以孝廉選為郎。當時司馬懿之父，任尚書右丞、京兆尹的司馬防（字建公）早就看中了曹操，經過一番考慮之後，舉薦他做了洛陽北部尉。因洛陽是帝京所在的一個大縣，負責查禁盜賊、維持治安的縣尉不止一人，實行分部管轄，各負其責。

北部尉曹操雖然官卑職小，倒眞有點氣派，鑑於洛陽城內權貴麕集，奸宄橫行，不拿點顏色出來是不行的。所以他一上任，首先修繕好所管轄的四道城門，並造了五色棒數十條，在每道門的左右兩邊各掛上十多條。然後，出告示申明禁令：「有犯禁者，不避豪強，皆棒殺之。」這麼一來，數月之間倒眞無人敢犯。

可是就在這個當兒，偏偏闖來了一個不怕死的煞星。說起此人，倒也眞有點來頭，他是漢靈帝身邊寵幸的宦官小黃門蹇碩的叔父，他哪把小小的北部尉曹操放在眼裡，當獄卒拿住他時，他還桀驁不馴口吐狂言：「看你們敢把我怎麼樣！」

漢靈帝西邸鬻爵

漢靈帝於西園設邸舍，如市店一般，鬻賣官爵。官有大小，則納錢有差等。出自明張居正《帝鑒圖說》。

也是這個煞星該當命絕，時逢曹操那晚親自查禁路過，恰好給碰上了，他正愁無人開棒，一經問明情況不禁心中暗喜，立即下令將他活活打死。這一下，官紳哄傳，「京師斂跡，莫敢犯者」，曹操在仕途上邁出了堅定的第一步，顯示出了他非同凡響的膽識和才能，從此曹操倒眞出了名。

值得一提的是，曹操對他初

登仕途取得的這個成功，一直難以忘懷。直到他後來當了魏王時，還在欣賞他仕途上的這第一個「傑作」。他禁不住把當初舉薦他的司馬建公（司馬防字）召請到鄴城，與他痛飲抒懷，並非常感慨地問建公：「你看我今天還可以再去做尉否？」司馬建公搖了搖頭，風趣回答說：「當初我薦舉大王時，大王是正適合做尉的呵！」曹操聽了，不禁朗聲大笑起來。這個時候曹操固然開心述懷，豈知他當時還眞是擔了一番風險的。

曹操在棒殺蹇碩叔父之後，那些在漢靈帝身邊的宦官莫不對他咬牙切齒，所謂「近習寵臣咸疾之」。儘管如此，但他們也不敢公開把曹操怎麼樣。由於曹操有令在先，事做在明處，朝廷中的輿論多是向著曹操的，或許還有個別不怕死的言官直臣藉著這個題目做文章，認爲曹操才可大用，還望靈帝提升。這麼一來，曹操倒成了當時的一個新聞人物了。無怪乎他對此終身忘懷不了。確如史書上說，儘管當時那些宦官對曹操「咸疾之」，恨之入骨，「然不能傷」，拿他眞沒辦法。可是最後宦官倒從沒有辦法中想出了個辦法，來個一百八十度的大轉彎，轉而接受輿論的要求，他們共同「稱薦」曹操爲尉有聲，升遷他去做頓丘（今河南清豐縣西南）令，讓他離開京城，一走了之。

漢靈帝熹平六年（一七七年），二十三歲的曹操懷著憤憤不平的心情離開洛陽去頓丘做縣令，他明知這是宦官搗的鬼，但又無可奈何。他初登仕途雖然嘗到了甜頭，但也嚼出了苦味。兵書上講「以詭詐爲道」，官場上又何嘗不是如此呢！大概朝中卻也有人爲曹操鳴不平，替他說了話，所以曹操在頓丘當縣令不久，又被朝廷徵還拜爲議郎。議郎雖是閒職官，無一定具體職務，但可參與議論時政。不料曹操仕途多舛，就在他做議郎的第二年，即光和元年（一七八年），又因事免官了。到底是怎麼一回事呢？

原來，這年漢靈帝聽信宦官的誣諂，不僅廢掉宋皇后，致使宋皇后憂鬱而死，而且還把宋皇后的父親宋酆及幾個兄弟統統殺掉。大概曹操的堂妹夫隱彊侯宋奇因和宋皇后是同宗之故，亦被誅。這麼一來，宦官搜風捕影，牽絲連線，倒眞把曹操也牽連上了，致使其「從坐免官」。次年，曹操回故鄉譙縣去了一趟，娶了倡家女（歌伎）年僅二十的卞氏爲妾，後來繼爲曹操的夫人，並做了王后。這期間，曹操經常和議郎蔡邕在一起切磋學問，又常出入橋玄府第，與之研討時局，談笑古今。這樣過了一年多，光和三年（一八〇年），朝廷

陳蕃

陳蕃， 字仲舉。汝南平輿(今河南汝南)人。桓帝時任太尉，樂安、豫章太守。為官清廉，名重當時。李膺治政威嚴，屬轄守令輒望風引去，唯其以清廉之績仍留樂安太守任上。性格方峻，嫉惡如仇，大將軍梁冀派人捎信託辦私事，拒不見來人，後來人「以詐求謁」，怒而令人笞殺於庭。並諷桓帝放還宮女五百餘人，時人譽為「不畏強禦陳仲舉」。後因與李膺等聯合反對宦官被免職。靈帝即位後起為太傅，封高陽鄉侯，食邑三百户，委以國政。陳蕃與外戚大將軍竇武合謀翦除宦官曹節、王甫，事敗，竇武被殺，陳蕃率官屬太學生八十餘人攻入承明門，欲解救竇武，被王甫所殺。

又以曹操「能明古學」，復起用再拜爲議郎。

曹操第二次做了議郎後，不禁想起靈帝初年大將軍竇武與太傅陳蕃謀誅宦官集團，反被宦官「矯詔」殺害的這件舊案，再看而今宦官仍然把持朝政，擅操威權，連皇后、國丈也不能倖免，這麼下去，國家如何能安，社稷如何得寧。曹操到底是初生之犢不畏虎，他置個人安危於不顧，上書直陳竇武、陳蕃冤情，書中有「武等正直而見陷害，奸邪盈朝，善人壅塞」這麼一些刺耳的話，儘管「其言甚切」，漢靈帝如何聽得進去，乾脆來個置之不理。曹操等於吃了個閉門羹。

當時朝廷中一些做三公高位的大官，也投靠宦官中常侍來保全和鞏固自己的地位，以致弄得朝政日亂，所舉非人，豺狼當道，怨聲滿朝，因而災難迭現，謠言頻傳。對此，漢靈帝不得不虛應一下故事，下詔以所謂「災異」博問得失。議郎曹操滿以爲機會來了，於是又上書「切諫」，紮紮實實寫了一大篇，中心點落在「三公所舉奏專回避貴戚之意」上。意思是說，三公上言舉奏，處處按宦官貴戚的意思做例行文章，盡說好聽的話，蒙蔽「聖聽」，絲毫起不到資政濟時的作用。漢靈帝看了，眼珠骨碌碌轉了一下，他也眞會做戲，表面上好像眞有所「感悟」似的，可是在他把曹操上的書「以示三府責讓之」，訓斥一番之後，也就作罷了；至於「貴戚」，正如曹操書中所示，漢靈帝自己也只有「迴避」了事。議郎曹操久等沒有下文，等於又吃了一個閉門羹。

自此，曹操慢慢悟出了一個道理，漢帝國已經是一座快要倒塌的大廈了，「知不可匡正」，用不著他再嚕嗦了。

　就在曹操被免官的那一年，漢靈帝初開西園賣官。這位在中國歷史上數得上的昏庸之主，倒是一個貪財如命的豺狼。他在這方面動腦筋不比任何人差，鑑於朝中賄賂公行，所舉非人，倒眼紅起那些被曹操所指責的「貴戚」來了，乾脆以手中無上的權力，來做個無本萬利的大買賣。他在西園設邸舍，因邸舍開在西園，所以史書上叫西邸，其實說穿了就是賣官所，凡買官的就在西邸辦交涉。他把自關內侯、虎賁、羽林等官爵全都標價出售，又把「二千石」相當於太守的官職定爲二千萬錢，而把「四百石」相當於縣令的官職定爲四百萬錢。他唯恐「生意」不興隆，又提出「優待」條件，所謂「以德次應選者半之」，或許還可以根據情況再優惠些，只給「三分之一」。他還私下鼓勵左右的人買「公卿」，給以特別優待，一千萬錢就可買個「三公」官位，五百萬錢就可買個「九卿」職銜。

　顯然中央朝官要比地方官便宜得多，可能是朝官——尤其是「三公」、「九卿」，要講點身分或所謂聲望。當然，主要還是因爲地方官是直接撈錢的，而且這是主要的大量經營項目。況且漢靈帝做這個無本生意很懂「竅門」，稱得上是行家，他對於那些指名要當某地縣令、長的，就要抬高價錢，所謂「豐約有賈」，賈就是價，隨地方的好壞來估價。這樣一平衡，他也並不吃虧。

　不過，無論買朝官或是地方官，都得講點門道或關係，否則就要花不少的錢。譬如，後來冀州名士崔烈因宮中有關係，僅用錢五百萬就買了司徒，相當於官價的一半。而曹操父親曹嵩買個太尉則用錢「一億萬」，顯然大大超過了西邸牌價，大概一則是因曹嵩在曹騰死後和宦官的關係疏遠了，恐怕主要還有曹操對宦官「大不敬」的原因。特別值得一提的是，只要善於

朱儁

朱儁，字公偉，東漢上虞人。幼年喪父，靠母販絲為生。輕財好義，解人急難，以孝聞名。初為縣書佐，後任會稽主簿。太守徐圭推薦為孝廉，升蘭陵縣令。靈地光和元年（一七八年）為交州刺吏，封都廳侯，後任諫議大夫。黃巾之亂時任右中郎將，與左中郎將皇甫嵩鎮壓穎州、汝南、陳國等地黃巾軍，以功進封為西鄉侯，升鎮賊中郎將。後圍攻南陽趙弘、韓忠、孫夏等黃巾軍，任右軍騎將軍，封錢塘侯。黃巾後，升任城門校尉、河南尹。曾發兵討伐董卓。後郭汜、李傕互相攻殺，漢獻帝派儁至郭營勸和，被留作人質。儁素剛烈，即日發病，死於郭營，卜葬洛思山。

走宦官的門道，有錢的固然現錢交易，沒有錢的也可以賒賬，到任後加倍償還就行了。當然不言可知，這些官吏一上任就千方百計加緊搜刮，個個都是「視民如寇仇，稅之如豺虎」的貪官污吏。漢靈帝倒不管老百姓的死活，反正他的無本生意做「活」了，他在西園「立庫以貯之」，收聚天下之財據爲己有。眞可謂是財源茂盛聚西園，生意興隆亂天下了。

漢靈帝想起他當皇帝以前居河間爲侯時「常苦貧」，手邊不活動。及至登上皇位之後，他又經常嘆息前代皇帝——漢桓帝不會「作家居」，不懂得收聚錢財來振興家業，所以他要「賣官聚錢以爲私藏」。按理說，古時「普天之下莫非王土，率土之濱莫非王臣」，作爲家天下的家長——最高統治者的帝王本人，實屬沒有收聚錢財以爲己有的必要。當時尚書盧植眼看漢靈帝賣官鬻爵鬧得太不像話了，也正是根據這個道理在上書中諫言指出：以「天子之體，理無私積，宜弘大務，蠲除細微」（《後漢書．盧植傳》）。希望漢靈帝不要失大體，不要忘了他的身分，要把眼光放在國家大事上，要蠲除細微，不要老是糾纏在「私積」之類細微末節上。漢靈帝如何聽得進去，無怪後來他還親自派人到河間去「買田宅，起第觀」。漢靈帝又何嘗想過，國將不存，「私積」何在？在這一點上，恐怕歷史上的昏庸貪殘之主大都如此，他們是不會去認眞思考這個「皮之不存，毛將焉附」的簡單道理的。既然漢靈帝連國都不想要了，這個漢帝國還能維持多久呢？

在曹操登上仕途的第十個年頭上，大概也就是漢靈帝開西園賣官的六七年間，這個在曹操眼裡「知不可匡正」的東漢帝國終於危機四起，爆發了鉅鹿（今河北平鄉縣南）人張角領導的、以「黃巾」爲標識的民間動亂。從漢靈帝中平元年（一八四年）春天二月爆發，一開始就顯示出巨大威力，「旬日之間，天下響應，京師震動」。到了這個時候，漢靈帝見了棺材才落淚了，一面以外戚何進爲大將軍統率大軍拱衛京師，一面急忙召集群臣開緊急會議，要大家出主意想辦法。或許只有這個時候，漢靈帝才感到政權比起「私積」來似乎重要得多，否則連命也保不住了。在這次會議上，北地太守皇甫嵩站出來出了主意，提出三條具體意見：一是解除黨禁，起用「黨人」。二是拿出錢，以充軍餉。三是放西園廏馬裝備軍隊。到這時，漢靈帝眼看要國破家亡，只好忍痛接受了皇甫嵩的這三條意見。

在這次會議之後，漢靈帝急不可待立即任命皇甫嵩爲左中郎將，而以朱　爲右中郎將，各領一支兵馬

黃巾之亂

靈帝中平元年（一八四年），張角審時度勢，及時用讖語形式提出了「蒼天（指東漢王朝）已死，黃天（黃太一神，即指太平道）當立，歲在甲子，天下大吉」的戰鬥口號，派遣大方首領馬元義往來於洛陽和各州之間，調集荊、揚兩州道徒數萬人潛赴鄴城，並積極聯絡洛陽皇宮中的宦官信徒充當內應，預定三月五日在洛陽和各州同時發動，一場在披著宗教外衣的民間運動即將爆發。

此時，太平道叛徒濟南人唐周突然向朝廷上書告密，計畫全部洩露。朝廷即行嚴厲鎮壓，收捕領導人物。張角為扭轉被動局面，當機立斷，決定提前於二月發起，星夜派人通告各方以黃巾纏頭為標誌（因稱黃巾軍），同時行動。一時間，「內外俱起」，「八州併發」。張角自稱「天公將軍」，其弟張寶稱「地公將軍」，張梁自稱「人公將軍」，率領黃巾軍主力戰於冀州地區，形成北部中心。張曼成自稱「神上使」，率領黃巾軍戰於南陽地區，形成南部中心。波才、彭脱等將率領黃巾軍戰于潁川、汝南、陳國地區，成為東部中心。各路黃巾軍攻城略地，焚燒官府，捕殺官吏，進擊各地塢壘，沒收地主財物，有如狂飆驟降，大火燎原，「遐邇搖蕩」，「煙炎絳天」，「天下響應，京師震動」。

張角

張角，冀州鉅鹿（今河北平鄉西南）人。初得于吉所傳《太平經》，依據其中部分內容創「太平道」，自稱「大賢良師」。以畫符誦咒行醫治病，在貧苦人民中宣傳原始道教的平等思想，並派遣信徒到各地發展，聚集力量，鼓動民眾起來反抗，經過十餘年的祕密宣傳和組織，擁有徒眾數十萬，遍佈於青、徐、幽、冀、荊、揚、兗、豫八州，按地域分為三十六方，大方萬餘人，小方六七千人，各設「渠帥」，統一節制，做好了思想和組織的準備。

首先前去鎮壓潁川（郡治陽翟，在今河南禹縣）黃巾軍，以解除對京師洛陽的威脅。與此同時，他想起了曾經勸諫過他少點貪財私心的尚書盧植，召他拜爲北中郎將，持節，率領大軍討伐冀州（州治鄴，在今河北臨漳縣西南）黃巾軍，直接進攻張角。可是事情並不簡單，當時還剩下個南陽（郡治宛，在今河南南陽市）地區的黃巾軍，一時還派不出兵馬鎮壓，漢靈帝只好寄希望於皇甫嵩、朱儁，待他們把潁川黃巾軍解決之後，再移兵南陽鎮壓。然而事與願違，不但潁川黃巾軍在波才的領導下，打敗了朱儁，還把皇甫嵩包圍在長社（今河南長葛東）。而南陽黃巾軍在張曼成的指揮下，不但攻下了宛城，更殺掉了南陽太守褚貢。漢靈帝得知消息，不禁爲之膽寒，急忙命大將軍何進加強京師的防衛，同時任命議郎曹操爲騎都尉，率領一支兵馬前去支援皇甫嵩、朱儁。

當騎都尉曹操領兵到長社時，正值皇甫嵩計燒敵營，從城中「鼓躁而出」，奔擊敵陣，曹操縱兵配合，打了個大勝仗。這是曹操一生用兵之始。接著，曹操與皇甫嵩、朱儁合兵一起，乘勝追擊，「斬首數萬級」，以極其殘忍的手段把潁川黃巾軍鎮壓下去了。然後，朱儁奉詔移兵南陽。朝廷因北邊盧植、董卓先後討伐張角無功，這時命皇甫嵩領兵前去接替董卓進討張角。直到這年十一月，皇甫嵩、朱儁才先後鎮壓了冀州、南陽兩處黃巾軍，東漢王朝才暫時轉危爲安，得以苟延殘喘。

雖然黃巾軍在第一年就遭到了東漢王朝動員全部力量，再加上各地結寨自保的地方武裝，進行了血腥的鎮壓，暫時失敗了。但戰爭並沒有結束，在以後長達二十年間彼起此伏，連續不斷，從根本上動搖了東漢王朝的統治基礎。繼之而來的是，在鎮壓各地亂事中膨脹起來的地方割據勢力，他們火拚廝殺，弱肉強食，帝國皇帝形同擺設，最後出現了三分鼎立的局面，東漢帝國也就隨之壽終正寢了。

這年三十歲的曹操，在追隨皇甫嵩、朱儁鎮壓了潁川黃巾軍之後，以功升遷做了濟南相（治東平陵，在今山東歷城縣東）。這在曹操的仕途上揭開了新的一頁。

三　濟南相

曹操自二十歲登上仕途以後，轉瞬十年間，從北部尉、頓丘令、議郎，到做騎都尉領兵鎮壓黃巾之亂，直至現在出任濟南相，這期間的宦海沉浮，仕途艱辛，使他對現實有了更深刻的認識和體會。作爲帝國官吏的曹操，他對這個帝國的前途不能不感到擔心和憂慮。雖說黃巾軍被暫時鎮壓了，漢帝國從此

曹操官職表

官秩 \ 年齡	20	25	30	35	40	45	50	55	60	65
西元		180		190		200		210		220
										魏王
									魏公	
								丞相		
萬石					司空 建德將軍 鎮東將軍 錄尚書事					
中二千石			東郡太守		東郡太守 兗州牧	兗州牧		冀州牧		
二千石			騎都尉 濟南國相	典軍校尉 奮武將軍			司隸校尉			
比二千石										
千石										
比千石	洛陽北部尉 頓丘縣令									
六百石		議郎								
比六百石										
	孝廉・郎									

就會振作起來了嗎？這在曹操的心上打了個大大的問號。

曹操一想起北中郎將盧植的遭遇，就感到憤慨。當盧植統軍進討張角，連戰皆勝，把張角圍困在廣宗（今河北威縣東）時，眼看「垂當拔之」，廣宗很快就要被拿下了。可是就在這個節骨眼上，漢靈帝派了小黃門左豐前來「視軍」，表面上是觀察和瞭解前線軍情，實際上是作爲皇帝的耳目，負有暗中監視的任務。盧植左右的人都勸盧植送點禮物給左豐，以免他找岔子製造麻煩。盧植不肯這麼做。

果不出所料，左豐回京後對漢靈帝說：「廣宗賊易破，奈何盧中郎息軍不戰，大概是等待老天爺去消滅他們吧！」漢靈帝一聽，不禁大怒，立即下詔「檻車」把盧植徵還，並任隴西臨洮（今甘肅岷縣）人董卓爲東中郎將取代盧植。董卓一去就被張角打得大敗。皇甫嵩領軍趕到，才解救了董卓。皇甫嵩對此頗有感受，在鎮壓黃巾後，立即上書爲盧植辯冤，不但盛稱盧植「行師方略」，而且還說他正是資用了盧植的「規謀」而取得成功的。這麼一來，漢靈帝逼於輿論，才不得不恢復盧植的尚書官職。可是不久，皇甫嵩卻也遭到了宦官的迫害。

順便先提一下，後遭董卓之亂，盧植棄官「逃隱」而去，老死林下。後來曹操北征烏桓路過涿郡時，想起了盧植，告訴當地的太守、縣令說：「故北中郎將盧植名著海內，學爲儒宗，士之楷模，國之楨幹也。」並派遣官員到墓上祭掃。足見曹操對盧植之敬重。就是這麼一位文武兼備的「楨幹」之材，身當亂世而得不到重用，反而一再遭害，最後落得個棄官而逃，憂憤而死。

盧植

盧植（？—192）字子幹，涿郡涿縣（今屬河北）人，性剛毅有大節，常懷濟世志，年輕時與鄭玄師從馬融，通古今學，為當時大儒。公孫瓚，以及劉備都盧植之門下弟子。

再說皇甫嵩，曹操也深爲他的遭遇憤憤不平。這位鎮壓黃巾立下大功，官拜左車騎將軍領冀州牧、封槐里侯的著名將領，當時也遭到了宦官的誣陷。原來，皇甫嵩討伐張角路過鄴城時，看見中常侍趙忠的府宅「逾制」，上表奏請沒收，這是一件事。再一件是，張讓私下向皇甫嵩求索五千萬錢，遭到斷然拒絕。於是張、趙二人狼狽爲奸，聯合起來向漢靈帝進讒言，妄稱皇甫嵩「連戰無功，所費者多」，應把他從冀州調回來。漢靈帝不但把皇甫嵩徵還，而且還收繳了他的左車騎將軍印綬，要不是輿論沸揚，恐怕還要把他下獄論罪。看來，在昏庸統治之下，鷹犬也是難當的。

特別值得一提的是，和朱儁一起領兵鎮壓黃巾的護軍司馬傅燮深有感慨，在上疏中開門見山向漢靈帝諫言說：「天下之禍不由於外，皆興於內。」他在疏中舉出了虞舜先除四凶而後用十六相的故事，來說明「惡人不去，則善人無由進」的道理，並直截了當向漢靈帝指出黃巾是「釁發蕭牆而禍延四海」，都是「閹豎弄權，忠臣不進」所造成的惡果。他語重心長請求漢靈帝宜思虞舜誅「四凶」之舉，「速行讒佞之誅」，若能如此，則「善人思進，奸凶自息」了。

好一個傅燮，這等於是叫漢靈帝把他左右進讒害賢的中常侍統統殺掉，要是這樣，漢靈帝就不成其爲漢靈帝了。不要說漢靈帝連想都不敢去想，就拿他平時掛在嘴上的「張常侍是我公，趙常侍是我母」這些話來說，要除掉張讓、趙忠這般惡狼，豈不等於是要他殺掉他的親爹親娘了嗎？漢靈帝也感到傅燮確實是一個忠臣，但和他的親爹娘比起來又算不了甚麼，無怪乎他還把傅燮之疏拿給趙忠看，以表示對他們的信賴。這麼一來，儘管傅燮鎮壓黃巾，「功多當封」，不但得不到封賞，要不是漢靈帝還手下留情的話，趙忠等人難免要把他下獄論罪。

奇怪的是，使漢王朝危而復安的將軍得不到應有的封賞，相反，那些在漢靈帝身邊胡弄威權、專擅自恣的宦官中常侍待黃巾一平定倒論起「功」來了。漢靈帝還眞把張讓、趙忠等十二人全都封爲列侯，以示榮寵。更引人思索的是，這年十二月，漢靈帝改元中平，是否意味著是中常侍居中樞策劃鎮壓了黃巾之亂呢？

有這麼一件事最能說明張讓等人之「功」，功在哪裡了。豫州刺史太原人王允和皇甫嵩、朱儁在潁川鎮壓黃巾時，從張讓賓客身上搜得張讓「與黃巾交通」的書信，人證物證俱在，王允把書呈送給漢靈帝。漢靈帝忍不住了，不禁怒責張讓，張讓只得認罪。然而不可理喻的是，漢靈帝「竟亦不能罪也」，仍不敢把張讓怎麼樣，這除了他把張讓當親爹一樣來看待，還能作何解釋呢？與之相反，張讓卻把王允誣陷下了獄。待黃巾平定之後，王允遇赦復職，不出十天，張讓又以其他罪名把王允再次投入獄中，要不是大將軍何進出面干預，上疏請免，王允恐怕連命也難保。時人產生了這樣一個問題：漢帝國到底還能維持多久呢？很難說。

濟南相曹操正是帶著這種疑慮心情來到濟南上任的。濟南是封國，國相相當於郡太守的職位，是中央王朝派到王國管理政事的官吏。曹操這時取得了郡太守的職位，在他一生中應該說是一個新的起點了。屬濟南相管轄的有十個縣。曹操一上任，就發現這些縣令、長大多依附權貴，盡是些魚肉鄉里的貪官污吏，而前幾任的濟南相又明知這些地方豪強爲非作歹，也不敢管。壯年氣盛的曹操，面對濟南國這個「贓污狼藉」的現實，一時倒顧忌不了許多。他在經過一番調查瞭解之後，「咸皆舉免」，一下子就把縣令、長奏免了八九個。這一來，嚇得那些有劣跡惡行的大小官吏個個膽戰心驚，以致「奸宄遁逃，竄入他郡」。經過曹操這一番整治之後，濟南國「政教大行，一郡清平」了。這是濟南相曹操走馬上任後燒的第一把火。

與此同時，曹操燒了第二把火。他瞭解因漢初朱虛侯劉章誅除諸呂有功，後人爲他立祠奉祀，青州諸郡轉相仿效，修祠祭祖成了風氣，而尤以濟南地區爲盛，光祠堂竟有六百多座。這原本是一件紀念功臣的好事，可是後來卻成了一些商人或地方官吏作爲迎神賽會、詐騙錢財的場所，以致「奢侈日甚，民坐貧窮」，他們倒過著花天酒地的生活，卻把老百姓整得愈來愈窮困了。而歷任的國相也不敢禁絕這種濫損民財的惡俗。曹操倒不管這些，他一到任，就下令把那些祠堂統統拆除掉，禁止官吏民眾不得再舉辦所謂「祠祀」的活動了。值得一提的是，及至他後來「秉政」之後，繼續推行其「除奸邪鬼神」的政策，致使「世之淫祀由此遂絕」。

大概曹操這兩把火燒過之後，遠近出了名，他雖然取得了「禁斷淫祀，奸宄逃竄，郡界肅然」的治績，可是卻因此而給他帶來了不快，甚至可以說是危險。在他還未燒第三把火的時候，朝廷調任他爲東郡太守的命令到了。這時，曹操深感在「權臣專朝，貴戚橫恣」的情況下，要想按意願做一番事業是不可能的。而且這時他想得更多，也想得更遠，既不能「違道取容」去迎合權貴，與之同流合污，也不能不聯想到自己爲官以來，多次「干忤」貴戚之意，這麼下去，將會給自身帶來不堪設想的惡果，甚至還會給他的整個家庭帶來禍害。曹操經過一番慎重考慮之後，決定暫時辭官不做了。於是曹操上書「稱疾」，辭掉東郡太守的官職，回到故鄉譙縣去了。

曹操辭官歸鄉之後，在譙縣城東五十里的地方，蓋了一所極其幽靜雅致的「精舍」作爲居處。史書上說他這期間過著「春夏習讀書傳，秋冬弋獵，以自娛樂」的生活。其實，這期間曹操並未置身世外，時時都在關注著朝廷的動向，等待時機重登仕途，去實現他「治世」的宏大抱負。儘管後來他在一

綠釉陶水亭

東漢　陝西西安新築鎮三里西村出土

陶水亭位於陶製圓形水池之中，環繞池周塑有人物、馬、鵝等。陶亭高二層，下層置梯，以登頂層；上層平座欄杆之內，四角各塑有張弩控弦的武士，是當時普遍存在的部曲家兵的一種寫照。

篇令文中追述他這時的想法是，打算過二十年等天下太平後再出仕，可是事實並非如此。在曹操辭官回到譙縣的這一年（中平四年，西元一八七年）冬天，卞氏生下了曹丕。

曹操在故鄉住了一年多。第二年，即漢靈帝死的前一年（中平五年，西元一八八年），大臣太常劉焉鑑於王室多故，向漢靈帝建議說：「四方兵寇接連不斷，皆因刺史威權太輕，既不能及時令行禁止，且又用非其人，以致離叛之事經常發生。現在宜改置牧伯，選用清名重臣以居其任。」其實，劉焉這個建議表面上在爲王室著想，實際上完全是爲自己打算。他眼看「京師將亂」，想找個避禍之所。他本想遠避到交阯去做交阯牧，有人私下告訴他，說「益州有天子氣」，他又改求益州牧。看來，劉焉避禍是假，想當土皇帝稱霸一方是眞。不管怎樣，漢靈帝確實有鑑於近幾年兵禍不斷發生，他採納了劉焉的建議，除了任命太常劉焉爲益州牧外，還以太僕黃琬爲豫州牧，宗正劉虞爲幽州牧。州牧權重，自此開始。就在這一

廢立，天下之至不詳

伊尹：名摯。佐成湯滅紂建商朝後，尊為阿衡。湯死後，其孫太甲繼位，因太甲無道，伊尹將他放逐於桐。三年後，因太甲悔過，伊尹又將其迎歸復位。霍光：字子孟，河東平陽（今山西臨汾市南）人。受漢武帝遺命輔佐昭帝。昭帝死後，因其無子，霍光迎立昌邑王劉賀。由於昌邑王荒淫無道，霍光將其廢掉，再立武帝曾孫劉詢，是為宣帝。

年，曹操忽然得到冀州刺史王芬派人來告訴他一個極爲機密的消息。曹操聽後，先是一驚，接著連連搖頭。這到底是怎麼一回事呢？

原來這年六月，冀州刺史王芬聯合南陽人許攸、沛國人周旌等，打算趁漢靈帝北巡河間（今河北獻縣東南）舊宅之機，用武力劫持廢掉靈帝，誅除宦官，另立合肥侯爲帝。王芬把這個密謀計畫告訴曹操，當然是希望曹操也參與一起。曹操聽了，如何不驚。他根據當時的情況和條件，請來人帶話給王芬，他分析說：

夫廢立之事，天下之至不祥也。古人有權成敗、計輕重而行之者，伊尹、霍光是也。伊尹懷至忠之誠，據宰臣之勢，處官司之上。故進退廢置，計從事立。及至霍光受託國之任，藉宗臣之位，內因太后秉政之重，外有群卿同欲之勢，昌邑即位日淺，未有貴寵，朝乏讜臣，議出密近，故計行如轉圜，事成如摧朽。今諸君徒見曩者之易，未睹當今之難。諸君自度：結眾連黨，何若七國？合肥之貴，孰若吳、楚？而造作非常，欲望必克，不亦危乎！

從曹操這一番分析看來，他的確讀了不少「書傳」，他以古鑑今，權衡利弊，在這一篇拒王芬的辭中說明了這麼幾點意思：一是首先指出廢立之事是不得已而行之的，是非常之人行非常之事，在古代只有伊尹、霍光那樣的人才行得。二是具體分析伊、霍的權勢、地位、條件，他們行廢立能想到做到，「計從事立」，「事成如摧朽」，完全是駕輕就熟的。三是以此警戒王芬等人，要他們衡量輕重。再以「七國之亂」的故事作對比，最後指出他們這麼做是很危險的。由此可見，這時的曹操，他對世事和時局的認識與處理已經老練得多了，他絕不會去做危及自身或把握不大的蠢事。事實又果如曹操之所料，王芬最後落得個事機敗露，棄官潛逃而畏罪自殺的結局。

這一年，朝廷因涼州兵亂日久，金城人韓遂在上一年擁兵十餘萬進圍隴西（郡治狄道，在今甘肅臨洮縣），隴西太守李相如不戰不

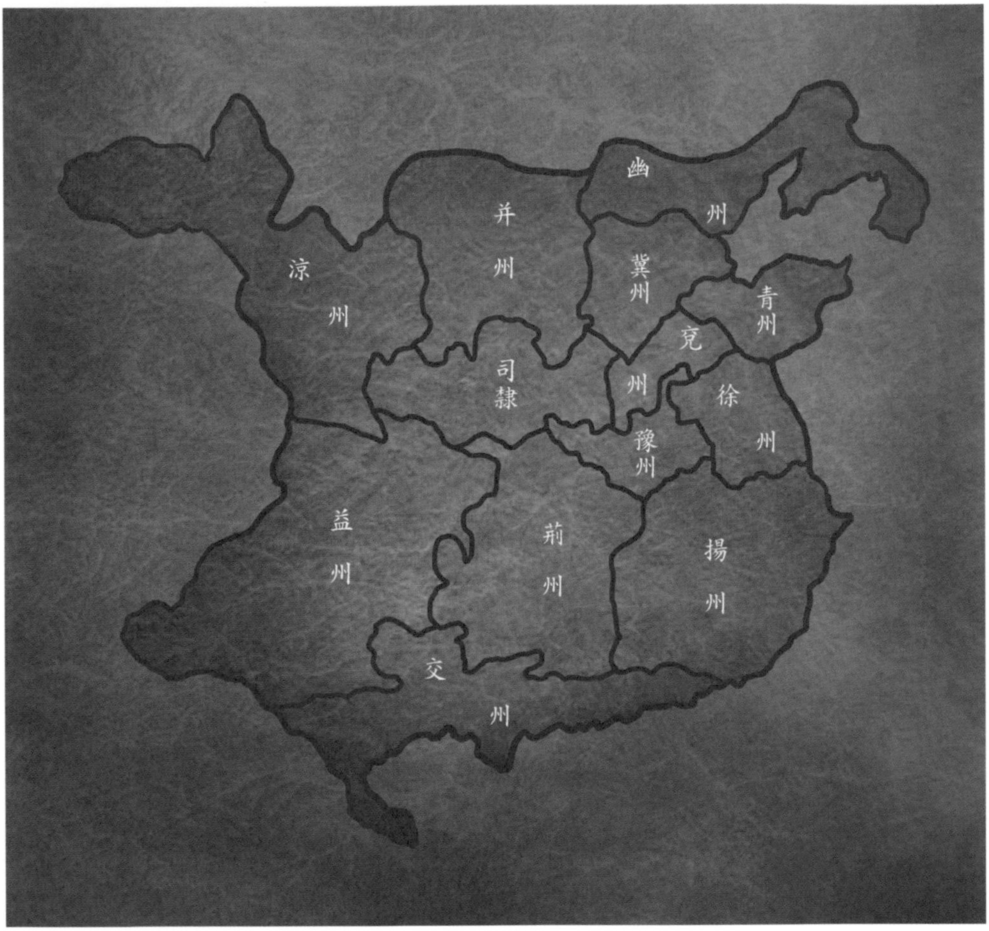

東漢末年地方行政區域圖

守，反與韓遂連和，涼州刺史耿鄙率兵進討，反遭殺害。耿鄙司馬扶風人馬騰又擁兵反，與韓遂相連，共推狄道人王國爲主帥，寇掠三輔（即京兆、右扶風、左馮翊，泛指今陝西渭水流域一帶地區），天下爲之騷動。漢靈帝爲拱衛京師，直接掌握禁軍，這年八月在西園成立了一個新軍統帥部，設置八校尉。曹操被任命爲西園八校尉之一的典軍校尉。

作爲京城禁軍首領之一的曹操，這年以軍職重登漢末風雲變幻的歷史舞臺，開始了他在政治上角逐的新階段。當然，前途多艱，不過在殘酷的現實面前，曹操總是以強者自負的。唯其是這樣，時代熔鑄出他那奇特的個性和爲人。

第二章 從討董卓

一、洛陽變亂

曹操於這年（漢靈帝中五年，西元一八八年）秋天帶著卞氏離開譙縣，興致勃勃來到洛陽出任典軍校尉。原來，他的老朋友袁紹也被任爲西園八校尉之一的中軍校尉，地位僅次於漢靈帝的親信上軍校尉蹇碩。這個蹇碩，正是曹操做北部尉時懲辦了他的叔父的那個宦官，漢靈帝以他「壯健而有武略」，任爲西園八校尉之首，統管京師全部禁軍，一時炙手可熱，權勢寧赫，連大將軍何進也讓他三分。對此，曹操不能不處處小心，暗中提防著他加害自己。

這年十一月，王國進圍陳倉（今陝西寶雞市東）。朝廷再起用皇甫嵩爲左將軍，統督前將軍董卓，各率兵二萬擊討王國。到第二年（漢靈帝中平六年，西元一八九年）春二月，董卓逞能無功，而皇甫嵩謀定計成，獨獲全勝。對此，董卓又羞又惱，由是與皇甫嵩結了怨。王國戰敗後，韓遂等人把他廢掉，隨之又起內訌，相互攻殺，於是涼州兵叛逐漸衰弱下去。

四月間，漢靈帝一病不起。蹇碩揣知漢靈帝之意，擔心大將軍何進在皇位的繼承問題上不合，於是和其他中常侍串通一氣向漢靈帝建議，乾脆派遣何進前去西征韓遂。漢靈帝無可奈何同意了，並下了詔命給何進。可是何進在口頭上答應著，卻並不動身。這到底是怎麼一回事呢？原來，何進之妹何皇后生子劉辯，這年已十四歲了，靈帝以劉辯「輕佻無威儀」，打算立王美人所生的這年才九歲的小兒子劉協，但又擔心何進從中作梗，因此猶豫不決。而何進豈肯在這個時候離開京師，他在接到詔令後，表面

八校尉

漢武帝初置中壘、屯騎、步兵、越騎、長水、胡騎、射聲、虎賁（音奔）等八校尉，專掌特種軍隊，地位略次於將軍，後來通稱將佐為八校。東漢光武帝初，改屯騎為驍騎（音消寄），建武十五年（三九年）回復舊制。東漢省中壘，胡騎併入長水，虎賁併入射聲，成五校尉，掌京師宿衛。西園八校尉是漢靈帝為了分散外戚大將軍何進的兵權，於中平五年（一八八年）八月，在洛陽西園設立的軍事組織。宦官蹇碩為上軍校尉，虎賁中郎將袁紹為中軍校尉，屯騎校尉鮑鴻為下軍校尉，議郎曹操為典軍校尉，趙融、馮芳為助軍校尉，夏牟、淳于瓊為左右校尉。蹇碩擔任元帥，總管各軍，直接受命皇帝。

上不動聲色，奏請派遣袁紹前去徐、兗二州調集兵馬，須待袁紹回來再行西征，以此稽延行期。然而就在這個月內，漢靈帝把劉協託付給蹇碩後駕崩了。

漢靈帝一死，蹇碩本欲先除掉何進而後立劉協，誰知陰謀敗露，何進擁兵觀變，蹇碩不得已而改立劉辯即位，封劉協爲陳留王，尊何皇后爲皇太后，並以何太后臨朝，又以大將軍何進參錄尚書事掌管朝政。何進秉政後，依袁紹、袁術兄弟爲腹心爪牙，著手解決東漢後期爲「天下所疾」的宦官問題。首先下令將蹇碩收而誅之，把西園禁軍接收過來。繼之袁紹以竇武故事勸說何進痛下決心，徹底解決宦官問題，他對何進說：「中官親近至尊，出入號令，今不悉廢，後必爲患。」好一個袁紹，這等於是勸何進斬草除根，把宦官統統殺掉。

可是就在這個節骨眼上，何進卻感到有些爲難了。關鍵還在於何太后的態度，她不答應，何進如何敢動。一計未成，二計又生，袁紹

東漢帝系表

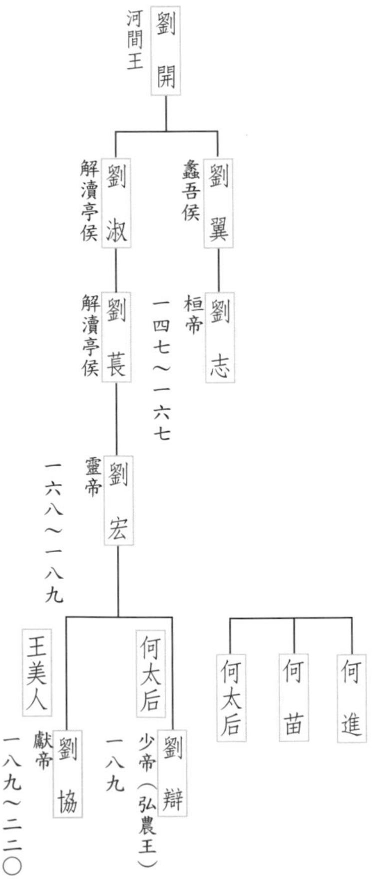

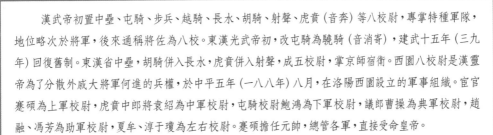

董卓

董卓，字仲穎，涼州隴西臨洮（今甘肅岷縣）人，出身豪富，父曾為潁川郡輪氏縣尉。

「性粗猛有謀」，有膂力，能左右馳射。「少好俠，嘗游羌中」，與羌人豪帥相結，享有「健俠」之名。桓帝永康元年（一六七年），以六郡良家子任羽林郎，統管元郡（漢陽、隴西、安定、北地、上郡、西河）羽林軍。旋升軍司馬，隨中郎將張奐征討并州叛羌。積功歷升郎中、廣武（今山西代縣）令、郡守北部都尉、西域戊己校尉、并州刺史、河東太守，任中郎將後，敗於黃巾軍，貶回隴西。

靈帝中平元年（一八四年），邊章、韓遂殺金城（今甘肅蘭州西北）太守陳懿，翌年以討伐宦官為名，率軍「入寇三輔，侵逼園陵」。重起中郎將，拜破虜將軍，大敗邊章、韓遂，封臺鄉侯，食邑千户。中平三年（一八六年）韓遂再起，聯合馬騰、王國等人進攻三輔。五年（一八八年）攻至陳倉（今陝西寶雞市），危及長安、洛陽。董此前拜前將軍，與左將軍皇甫嵩大敗韓遂、馬騰，共解陳倉之圍。拜并州牧。拒交兵權不赴任，率軍進駐河東，以隴西為勢力範圍。

靈帝死，少帝劉辯繼位。奉外戚何進密招進京，時外戚宦官已同歸於盡，遂盡收兵權，挾天子以令諸侯。進而廢殺少帝，立獻帝，鴆何后，自封太尉、郡侯、國相，躍居三公之首，掌宰相權，享有「贊拜不名，入朝不趨，劍履上殿」等特權。且封己母為池陽君，地位同公主，拜弟董旻為左將軍，封雩侯，封幼孫女為渭陽君，「侍妾懷抱中子，皆封侯，弄以金紫」。

據有武庫甲兵，國家珍寶，威震天下。脅迫獻帝將都城從洛陽遷至長安。為防官員人等逃回故都，將洛陽城及附近一百里宮殿、宗廟、府庫等全部焚毀。昔日繁華的洛陽，轉瞬變為焦土。於己封地修築高厚七丈，與長安城牆相等的塢堡，公然命名「萬歲塢」。用各種卑鄙手段控制中央和地方的主要政治力量，對反對派狠下辣手，斬草除根，威懾朝野。

時洛中貴戚室第相望，家家殷積，縱放兵士，淫掠婦女，剽擄資財，謂之「搜牢」。曾遣軍到陽城，搶劫正在鄉社集會的百姓，殺死全部男子，凶殘地割下頭顱，血淋淋並排在車轅上，擄走大批婦女和財物，稱攻賊大獲，呼萬歲。一次，邀朝中文武赴宴，以當場殘殺幾百名北方反叛者俘虜佐酒，先剪掉舌頭，後斬斷手腳，挖掉眼睛。另一次，將幾百名俘虜用布條纏綁全身，頭朝下倒立，澆上油膏，點火燒死。

國家制度朝令夕改，法律刑罰混亂無度。以嚴刑脅眾，睚眥之隙必報，人不自保。派司隸校尉登記所謂「為子不孝，為臣不忠，為吏不清，為弟不順」的臣民，冊上有名者均處死，財產沒收。民怨沸騰，冤獄遍地。為聚斂鉅額財富，橫徵暴斂，洗劫皇家陵墓和公卿墳塚，盡收珍寶。毀壞通行的五銖錢，鎔天下銅人、銅鐘、銅馬，重鑄粗製濫造的小錢，不僅重量比五銖錢輕，且無紋章，無輪廓，不耐磨損。貨幣貶值，物價猛漲，一石穀約需數萬錢。百姓到處傳唱《千里草》的歌謠，咒其早死。

其倒行逆施引起各方征討，終被王允、呂布謀殺，並誅連三族。被殺之時，文武將士高呼萬歲，長安百姓載歌載舞。死後被暴屍東市，守屍吏將點燃的捻子插入肚臍，因其腸肥脂滿，「光明達曙，如是積日」。

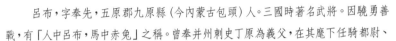

呂布

呂布，字奉先，五原郡九原縣（今內蒙古包頭）人。三國時著名武將。因驍勇善戰，有「人中呂布，馬中赤兔」之稱。曾奉并州刺史丁原為義父，在其麾下任騎都尉、主簿。漢靈帝死後，丁原進京與大將軍何進勾結，把持朝政。受董卓收買，襲殺丁原，又與董卓誓為父子，任中郎將，封都亭侯。獻帝初平三年（一九二年），受司徒王允挑撥，誅殺董卓。封將軍，假節鉞，儀比三司，進封溫侯，故又稱「呂溫侯」。後董黨李傕攻入長安，倉皇出逃，曾投靠袁術、袁紹、張楊、張邈、劉備等。性情剛愎自用，輕狡反覆，唯利是圖，無謀而多猜忌，於下邳被曹操、劉備聯軍圍困三月，其軍上下離心，部將侯成、宋憲、魏續縛陳宮，率其眾降。呂布亦就縛，與陳宮、高順被戮於白門樓。

又向何進出點子，勸他乾脆召外兵入京脅迫太后答應。何進認爲這倒是個辦法，可是他的主簿陳琳聽了，連連擺手，勸他千萬不可這麼去做。陳琳感嘆說：「將軍您大權在握，只要您速發雷霆之怒，行權立斷，何事不可爲！今反召外兵，授人兵柄，成功是很難預料，恐怕只會帶來一場禍亂呵！」（《資治通鑑》卷五十九靈帝中平六年，西元一八九年）何進接受了袁紹的建議，對陳琳的忠告就再也聽不進去了。

典軍校尉曹操聽說何進要召外兵入京，本想勸說幾句，但覺得陳琳已經把話說得夠明白了，再說也無益。眼看一場災難就要降臨了，他深爲何進如此行事而感到遺憾。無怪乎他後來在〈薤露〉詩中追述這件事時，說何進等人是「沐猴而冠帶，知小而謀彊」，諷刺他們是猴子硬充人樣，智才短缺還妄圖做一番大事業。曹操當時在私下對人議論起這件事，不禁冷笑著說道：「宦官從古至今都是有的，只要皇帝不寵用他們，何至於此。今天既要治他們的罪，也該有個區別對待，依我看，不過是殺掉幾個爲首的凶犯就行了。要辦這件事，叫一個獄吏執行就得了，何必大動干戈，紛紛召來外兵做啥！眞要這麼做，要想把所有的宦官都斬盡殺絕，必定要走漏風聲，恐怕別人也沒有睡大覺，成功很難說，失敗或許有可能。不信走著瞧吧！」

事實果如曹操之所料。何進所召駐屯河東觀變的并州牧董卓的兵馬還未至，中常侍張讓、段珪等人就趁何進入長樂宮見太后之機，伏武士於宮門外，何進一出來，張讓率其黨羽數十人一擁而上，將何進團團圍住。張讓大言不慚數落何進說：「天下亂糟糟的，也不全是我等之罪吧！先帝曾和太后翻臉，是我等各出家財千萬送禮，勸得先帝與太后重新和好，我們圖的是啥？今天你恩將仇報，要把我們滅族滅種，你不覺得太過分了嗎？你常言我們穢濁，請問公卿以下忠清者是誰？」張讓這一席話問得何進目瞪口呆，無言以對，武士一擁而上，將何進殺死。

何進被害的消息一傳出，袁紹兄弟勒兵圍宮，悉誅宦官二千多人。與此同時，張讓、段珪等將太后、少帝和陳留王劫持出逃。尚書盧植趕至北宮救出太后，與河南中部掾閔貢乘夜追至小平津趕上了。閔貢手斬數人，張讓、段珪等被迫投河而死。

就在第二天，董卓的兵馬到了洛陽，他在北邙山下迎上了少帝和陳留王。董卓入京的第一件大事，是收編何進的部曲來增強他的軍隊。特別是他派人誘使五原郡九原（今內蒙古五原縣）人呂布殺其主執金吾丁原而收併其眾，使他的兵眾更加壯大。他還把勇武善戰的呂布收為義子，如虎添翼，使他格外稱心。緊接著他要辦的第二件大事，是行廢立以樹身威，這是為他獨攬朝政採取的一個重要步驟。董卓也真會聯想，他自以為與靈帝母親董太后是同族，陳留王少為董太后所養，其母王美人與董太后

指揮作戰圖

山東莒縣東莞村出土石闕闕身背面畫像（局部）

又先後死於何太后手中，他打算先廢少帝而立陳留王，然後再和何太后母子算賬。在這件事上，他本想取得袁紹對他的支持，誰知他和袁紹一談就破裂了，以致一個按劍，一個橫刀，聲色相抗，袁紹當即就棄官奔往冀州去了。

這年九月，董卓大會百官，再次提出廢立之事時，卻遭到了尚書盧植的抗議，董卓不禁大怒，準備把盧植來個殺一儆百，侍中蔡邕爲之說情，議郎彭伯亦提醒董卓說：「盧尚書海內大儒，很有名望，今先害之，天下震怖。」儘管董卓怒氣未息，也只好把盧植免官了事。盧植隨之逃隱而去，再也不做官了。

董卓氣走了袁紹，逼走了盧植，再也忍不住了，他乾脆把這件大事交給袁紹的叔父太傅袁隗辦理。袁隗擔心董卓下毒手，也只得依了他。於是立陳留王劉協爲帝，這就是東漢朝最後一位皇帝──漢獻帝。廢少帝爲弘農王。接著，董卓酖殺了何太后。這一下，董卓如願以償了，自爲太尉，再自爲相國，獨斷朝政，威福日加了。董卓也眞有兩下子，他在京師一方面放縱士兵，淫掠婦女，收聚財寶，奸亂宮廷，無惡不作。但同時他也懂得收買人心，尤其是收買士人之心，所謂「擢用天下名士以收眾望」，今日封個太守，明日拜個刺史，甚至連袁紹，他也聽人勸說，表示寬宏大量，送個勃海太守給他。而把袁術也拜爲後將軍，竭力加以籠絡，可是袁術擔心董卓面不似心，悄悄離開洛陽出奔南陽了。

至於典軍校尉曹操，董卓久聞其名。董卓在任曹操爲驍騎校尉的同時，還打算把他收爲心腹，「欲與計事」，讓他參預機要。可是這時的曹操，卻不是董卓所能拉攏得了的。曹操自到京師的這一年多來，他親身經歷了宦官之禍，何進之變，董卓之亂，特別是近半年之間，董卓入京之後的種種表演，他全都看在眼裡，記在心頭，他認爲董卓無非是豺狼得勢，逞一時之凶，終將是沒有好下場的。於是，在這年冬天十二月，曹操改名換姓，離開了洛陽，「間行東歸」，打算聯絡四方豪傑，共同起兵討伐董卓。

值得一提的是，小說《三國演義》上，說曹操是因謀刺董卓未遂而逃出洛陽的，這在史書上卻是沒有記載的。但是，曹操在逃奔途中殺掉故人呂伯奢一家，史籍中雖有所記，卻又和小說的渲染甚有出入。不管怎樣，曹操在這次逃亡途中製造的這個殺人事件，對他一生影響頗大。長期以來，人們從小說中，特別是從舞臺上，根據小說而進行藝術再創造的川劇《殺伯奢》或京劇《捉放曹》中，活生生感受到曹操是一個疑生心重、濫殺無辜的亂世奸雄。那末，歷史記載的眞實情況到底是怎樣的呢？

首先，從《三國志》曹操「出關，過中牟，爲亭長所疑，執詣縣，邑中或竊識之，爲請得解」這一段記載來看，是說曹操逃出洛陽後，在中牟（今河南中牟縣東）縣境內出了事，先被亭長捕送到縣上，後因縣中有人認識他，幫了忙才放他去的。這裡沒有指明是誰認識他，誰給他幫了忙。而在裴松之注引的郭頒《世語》中卻說曹操「見拘於縣」時，縣中「亦已被卓書」，已經收到了董卓通緝曹操的文書，並指出「唯功曹心知是太祖，以世方亂，不宜拘天下雄俊，因白令釋之」。這就說清楚了，救曹操的是縣上管文書的功曹小吏，而且這位功曹還把曹操視爲匡時濟世的「天下雄俊」，以此向縣令說情才放了他的。不過這也沒有點明這位功曹究竟是誰，縣令又是何人？可是在小說和戲曲中卻抹去了功曹，保留了縣令，而把縣令派給了後來和曹操有著一段不平常交往的陳公臺（陳宮字）。顯然歷史上的陳宮當時並沒有「捉放」過曹操，當然也就沒有親眼看見曹操「殺伯奢」了。何況「殺伯奢」其事還應發生在曹操「過中牟」之前，這在時間上也顛倒了。那末，歷史上的曹操「殺伯奢」到底又是怎麼一回事呢？

先要說明的是，大概曹操這次殺人殺得太不光彩了，陳壽修志

袁紹

袁紹，字本初。河南汝陽（今河南周口西南）人。出身名門大族，自曾祖起四代五人位居三公。史載姿貌威容，折節下士。官至司隸校尉。靈帝死，與大將軍何進合謀誅殺宦官，事洩，何進被殺，率軍盡誅宦官，任大將軍，封鄴侯。董卓專權，以政見不同，逃奔冀州，董卓拜其為勃海太守。獻帝初平元年（一九〇年），關東諸侯聯合起兵討董，被推盟主，自號車騎將軍。後關東諸侯聯軍分裂混戰，互相兼併。奪取冀州牧韓馥地盤，自領冀州牧，又奪青州、并州。獻帝建安四年（一九九年）消滅幽州公孫瓚。據黃河下游四州，領眾數十萬，成為當時最大勢力。同年欲搗許都，攻曹操，劫奪漢帝。五年（二〇〇年），發布討曹檄文，率十萬大軍進軍黎陽。當年與曹操決戰官渡，大敗，七萬多主力被殲，只與長子袁譚帶八百多騎敗回河北。兩年後慚憤病死，諸子亦敗滅，所據之地盡併於曹操。

「爲太祖諱」沒有把它寫上去。儘管早於《三國志》的王沈《魏書》也多爲曹操說好話，但到底記下了這件事。不過，從裴松之注引後來《世語》和孫盛《雜記》對這件事的記載來看，卻與《魏書》所記在性質上迥然不同。很明顯，小說是取材於後者的。但前後史籍所記，均無曹操殺了呂伯奢本人的記載。

從《魏書》曹操「逃歸鄉里，從數騎過故人成皋呂伯奢；伯奢不在，其子與賓客共劫太祖，取馬及物，太祖手刃擊殺數人」這段記載來看，顯然性質不同，這是說曹操自洛陽逃出，在成皋（今河南滎陽縣西）呂家莊是因遭劫而自衛殺人的，而所殺的是呂伯奢的兒子和他的賓客。但《世語》卻記載說：「太祖過伯奢，伯奢出行，五子皆在，備賓主禮。太祖自以背卓命，疑其圖己，手劍夜殺八人而去。」不難看出，這是說曹操受到呂家子弟的盛情款待，他自己因離開董卓出逃，疑心生暗鬼，把別人的厚情美意看成是圈套，出其不意，攻其不備，竟然乘夜殺了別人一家八口而去。

耐人尋味的，倒是孫盛《雜記》補充說：「太祖聞其食器聲，以爲圖己，遂夜殺之。既而悽愴曰：『寧我負人，毋人負我！』遂行。」這就點明了曹操是因人家爲他準備酒席搬動杯盤之聲而引起疑心的，這雖與舞臺上因捆豬磨刀之聲起疑有點出入，但意思一樣。問題卻在於，曹操當時在明知錯殺人之後，還假惺惺的自我安慰說出了那麼極其損人自私的話：「寧教我對不起人，休教別人對不起我！」無怪乎當世以及後世有人把他看成是一代奸雄的典型。所不同的是，戲曲中是曹操出莊在路上又殺了呂伯奢之後說這個話的，而歷史上曹操顯然沒有殺呂伯奢本人。可見戲曲是出於渲染氣氛和充分揭示曹操疑忌殘忍的性格而這麼安排的。

那麼，《魏書》中關於曹操自衛殺人的這個記載是否可信呢？姑且不談做過魏臣的王沈撰寫《魏書》爲曹操避諱是可以理解的，就拿這個記載的事實內容本身來說，實在太含糊不清了。曹操既然在亡命途中，有何可搶？若聯繫曹操後來在中牟縣僅一個亭長就將之拿獲，就說明曹操的自衛能力實在有限。況且曹操與呂家又是世交故人，即便呂伯奢不在，能否搶他？若是呂家兒子不顧信義，存心搶劫，他們和賓客數人又如何能輕易被曹操殺死？這些眞實的答案王沈當時是不便寫的，只有後來的郭頒、孫盛等人來替他回答了。

不管怎樣，曹操經過一番磨難之後到了陳留（郡治在今河南開封市東南），開始招兵買馬，做討伐董卓的準備工作了。可是卻有消息說，曹操在這次亡命途中已經遇害了。當時逃往在南陽郡的袁術，還把這個消息通知在洛陽的曹操家屬。這一下，連原來跟隨曹操到洛陽的左右心腹都想作鳥獸散了。倒是卞氏對此卻十分冷靜，她沉著鎮定對大家說：「曹君吉凶尚未確知，要是今天大家散了，若他並沒有死，後來有何面目再見他呢？即使大禍臨頭，我和大家一起死就是了，有何可怕！」卞氏這一席話說得大家面呈愧色，表示願意聽從她的安排。後來曹操「聞而善之」，對卞氏讚嘆不已。

二、陳留起兵

曹操到陳留時，正好碰見他父親曹嵩也在陳留。原來，用錢買做太尉的曹嵩，在中平五年（一八八年）曹操去洛陽出任典軍校尉之前就罷官回家了。因陳留郡己吾（今河南寧陵縣西南）地方曹家也有一份產業，次年曹嵩到陳留來是爲了清理財產。原因是，曹嵩鑑於豫州地處天下四戰之地，沛國家鄉歷經戰亂，身家難保，打算把家搬遷到稍微偏遠的徐州琅邪去。曹操見著他父親後，對於搬家到徐州表示贊同，但希望父親拿出相當一部分家財出來幫助他興兵討伐董卓。他父親也表示同意了。

陳留郡是屬兗州（州治昌邑，在今山東金鄉縣西北）管轄的一個大郡，陳留太守張邈與曹操和袁紹都是老朋友。而兗州刺史劉岱這時也正在聯合四方豪傑共同來反對董卓，他寫信給冀州治中從事劉子惠，信中稱說「（董）卓無道，天下所共攻，死在旦暮，不足爲憂」，希望劉子惠去做冀州牧韓馥的工作。看來，曹操能在陳留郡招兵買馬，興兵舉事，是得到了張邈、劉岱對他的支持的。

值得一提的是，曹操在陳留不僅得到郡太守、州刺史的支持，而且還得到當地一位大財主孝廉衛茲（字子詳）的襄助。衛茲初見曹操後，就私下對人說：「平天下者，必此人也。」足見他對曹操的器重。而曹操在和這位衛孝廉交談之後，亦感到他也是個非同凡響的人物。曹操在陳留首先和衛茲約定同盟，「計興武事」。衛茲對曹操說：「天下造亂已久，只有用武力才能解決問題了。」又說：「稱兵舉事的人，從現在起一天天多起來了。」曹操聽了，連連點頭。衛茲「深見興廢，首贊弘謀」，他不僅口頭上這麼說，而且不惜以家財盡力資助曹操，很快就爲曹操建立起一支有五千人的隊伍了。

這期間，先後投奔到曹操帳下來的有好幾位重要人物，後來成爲曹魏集團的著名將領。譬如夏侯惇、夏侯淵兄弟，曹仁、曹洪兄

十三諸侯討董卓

《三國志》中討董諸侯共十三家，袁紹自號車騎將軍，與河內太守王匡屯河內（治所在今河南武陟西南）；冀州牧韓馥留鄴城（今河北臨漳西），供應軍糧；豫州刺史孔伷屯潁川（治所在今河南禹州）；兗州刺史劉岱、陳留太守張邈、邈弟廣陵太守張超、東郡太守橋瑁、山陽太守袁遺、濟北相鮑信等屯酸棗（今河南延津北十五里）；後將軍袁術屯魯陽（今河南魯山）；曹操屯陳留、酸棗之間。其軍多者數萬，少者數千。共推勃海太守袁紹為盟主。

《三國演義》列舉了十七家諸侯，加主角曹操，號稱十八諸侯討董卓。如下：

後將軍南陽太守	袁術
冀州刺史	韓馥
豫州刺史	孔伷
兗州刺史	劉岱
河內郡太守	王匡
陳留太守	張邈
東郡太守	喬瑁
山陽太守	袁遺
濟北相	鮑信
北海太守	孔融
祁鄉侯渤海太守	袁紹
廣陵太守	張超
烏程侯長沙太守	孫堅
徐州刺史	陶謙
西涼太守	馬騰
北平太守	公孫瓚
上黨太守	張楊

而事實上，十三諸侯也罷，十八諸侯也好，真正與董卓交手的只有曹操、孫堅兩人。滎陽汴水之役曹操遭伏失敗，孫堅幾經挫折獲勝，兵進洛陽。

袁紹聯軍多數諸侯外慕勤王戡亂美名，內則畏敵怯戰，沒有決敵致勝的勇氣、韜略和能力。據載，陳留太守張邈為「東平長者，坐不窺堂」；豫州刺史孔伷惟「清談高論，噓枯吹生」；冀州牧韓馥本係「恇怯庸才」；青州刺史焦和「入見其人，清談干雲；出觀其政，賞罰淆亂」。袁氏三人累世公卿，袁遺是袁紹堂弟，學問淵博然無軍旅之才；袁術無德無才，卻野心勃勃，驕奢狂妄；袁紹身為盟主，既不能部署諸將有效攻打董卓，又未能親接一仗，發一矢，只熱衷兼併地盤，擴充實力。曹操後來以詩描繪：「軍合力不齊，躊躇而雁行。勢力使人爭，嗣還自相戕！」而當時，曹操即鄙夷而悲壯地拋下了一句堪稱為里程碑的話：「豎子不足與謀！」

論者以為，以上諸侯是東漢王朝菁英中的菁英。十三或十八諸侯起而討董，使所有的諸侯乃至天下都意識到：舊王朝的秩序已不復存在，亂世真正開始了。諸侯聯軍解散後，天下立刻開始了毫無秩序的弱肉強食。以上諸侯中，除馬騰活得長一點，數年間，韓馥、王匡被袁紹併吞，公孫瓚死於袁紹，陶謙三讓徐州，孫堅死於劉表。袁術不自量力，竟一度稱帝，後窮困潦倒，嘔血而亡。其餘多數被曹操排擠、壓制或吞滅，幾乎是土崩瓦解。

十三或十八諸侯起而討董，是東漢王朝實際崩潰的標誌。

弟，這四位都是沛國譙人，是曹操的族兄弟。另外，還來了個陽平衛國（今山東范縣西）人樂進，字文謙，此人雖然「容貌短小」，卻以「膽烈」著稱，被曹操選爲帳下吏，統管侍衛親兵。曹操還派他回到本郡去招兵，一下子就帶來一千多人。曹操大喜，立即就任命他爲軍假司馬、陷陣都尉。

夏侯惇，字元讓，漢初夏侯嬰之後裔。十四歲時，他才開始拜師習學經史。一次他見有人侮辱他的老師，憤而殺之，由此以「烈氣」著稱於世。夏侯惇的堂兄弟夏侯淵，字妙才。曹操年少在家時，有次犯了案，夏侯淵代他領受重罪，曹操又設法把他救了出來，得免於難。那年兗、豫大亂，又遭飢荒，夏侯淵爲養活他死去的弟弟留下的孤女，不惜把自己親生的小兒子拋棄了。這時，曹操見他哥兒倆到來，格外感慨，相待非同一般。

曹仁，字子孝，年少時就好弓馬，喜弋射。他眼看天下將亂，豪傑並起，暗地結納了一批少年，總共有一千多人，輾轉周旋於淮、泗之間。這時他帶領這支隊伍，和曹子廉（曹洪字）一起投奔到曹操帳下來了。這眞使曹操喜不自禁，自家兄弟，分外相親。

此外，還有曹家兩個小字輩的人物也趕來了。一個是曹休，字文烈。他聽說曹操舉義兵，改名換姓從江東輾轉至荊州，間行北歸，來投奔曹操。曹操一見，對左右說：「此吾家千里駒也。」待之如子，使領「虎豹騎」宿衛。一個是曹眞，字子丹，因其父曹邵爲曹操回本州郡募兵遇害，曹操哀憐曹眞少孤，把他收養起來，當親生兒子一樣看

袁術

袁術，字公路，河南汝陽（今河南周口西南）人。出身名門大族，袁紹之同父異母弟。少時以任俠聞名。董卓時官至河南尹、虎賁中郎將、後將軍。畏董之禍出奔。逃占南陽之地，受劉表之薦為南陽太守。薦孫堅為豫州刺史。後袁紹派周喁奪孫堅豫州之地，助孫擊敗周喁。袁紹欲立劉虞為帝，袁術不同意。兄弟生隙，各結私黨以相圖謀。公然宣稱：「袁紹是吾家奴也，非吾袁氏子！」獻帝初平三年（一九二年），遣孫堅擊劉表，孫堅戰死。與劉備合謀共擊袁紹，敗於袁紹、曹操，引餘眾奔九江，奪揚州刺史陳溫，自領刺史之銜。獻帝興平二年（一九五年），郊祭天地，稱帝。自稱仲家。遣使告呂布，並聘呂女為兒媳。呂布不應，怒而征討。窮奢極侈，搜刮無度，盡失民心。後大敗於曹操，無處藏身。焚毀宮殿復歸袁紹，袁紹不留。欲去青州袁譚，曹操派劉備阻之。不得過，只得復還袁紹處，憤怨結病而死。

待。曹眞勇武善射，曾爲虎逐，回身一箭，把虎射死。曹操壯其「鷙勇」，命他和曹休一起統管「虎豹騎」。

曹操正和衛茲在己吾加緊操練兵馬的時候，陳留太守張邈派人轉來了東郡太守橋瑁（字元偉）討伐董卓的文書，曹操一看，心中大喜。原來，曾做過兗州刺史、現任東郡太守的橋瑁，借用朝廷三公的名義移書給州郡，歷數董卓罪惡，稱說三公現被「逼迫，無以自救，企望義兵，解國患難」，號召州郡起兵討伐董卓。張邈通知曹操做好準備，屆時和他齊頭並進。

與此同時，勃海太守袁紹也在招兵買馬，加緊練兵，做進討董卓的準備。勃海郡（治南皮，在今河北南皮縣東北）屬冀州管轄。冀州牧韓馥，他因自己由尚書出任方面，是董卓推舉的，要反對董卓，一時還打不破情面。爲此，他多次派人到勃海去監視袁紹，防備袁紹輕舉妄動。在他得到東郡太守橋瑁移送的文書後，再加之兗州刺史劉岱授意劉子惠的勸說，使他不能不認眞對待這件事了。於是韓馥召集屬官會商，在把情況介紹之後，情不自禁地問大家：「我們是幫助袁氏好，還是幫助董氏好？」治中從事劉子惠正色回答說：「我們今天起兵是爲了國家，怎麼能說是爲袁氏或董氏呢？」這句話說得韓馥耳根發燒，面呈愧色。劉子惠把話鋒一轉，又爲韓馥出點子說：「仗打起來沒完沒了，千萬不可領頭。現在最好派人去其他州郡看看動靜，若有人首先發難，我們跟著就行了。比較而言，我們冀州並不弱於其他州，事成之後，他人之功未必能超過我們。」好一個劉子惠，稱得上老奸巨滑，他倒眞是爲韓馥著想的。不管怎樣，這麼一來，韓馥也就不再干預袁紹了，並且還寫信

袁氏親族關係表

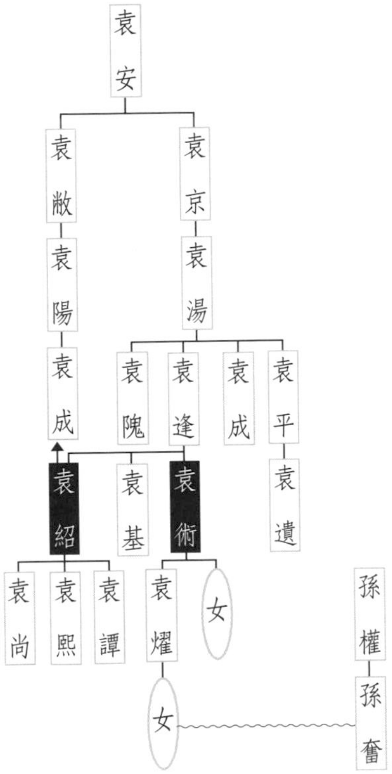

給袁紹，數董卓之惡，聽其舉兵。

袁紹在得到橋瑁的移書之後，喜出望外，感到起兵有了題目。繼又得到頂頭上司韓馥的支持，膽更壯了，乾脆派人四出到各地聯絡，約請大家一同起兵征進。這些在各地鎮壓黃巾中發展起來、擁兵自重的地方豪強，早就躍躍欲試了。早先他們不滿宦官、外戚專擅朝政，等到宦官、外戚自相攻殺而同歸於盡之後，半路裡又殺出個西涼土霸董卓出來，他廢去少帝，逼死太后，作威作福，獨攬朝政，禍國殃民，真是罪不容誅。這些身任太守或刺史的豪傑都想乘此機會有所作為，顯露頭角，在政治上爭取更大的利益，借以鞏固自己的地位。所以當袁紹派人來聯絡時，他們無不歡欣鼓舞，個個表示贊同。而且鑑於袁紹的地位和聲望，又都表示願意服從袁公的指揮。

這年年底，袁紹首先率領兵馬到了河內（郡治懷縣，在今河南武陟縣西南），與河內太守王匡（字公節）合兵一處，暫時屯兵河內。冀州牧韓馥駐兵鄴城，提供兵餉，接濟軍糧。袁紹的異母兄弟後將軍袁術把軍隊駐紮在魯陽（屬南陽郡，在今河南魯山縣）。豫州刺史孔伷（字公緒）屯兵於潁川。

陳留太守張邈在袁紹派人與他聯絡之後，馬上通知曹操和衛茲率兵到酸棗（屬陳留郡，在今河南延津縣西南）與他聚合。於是，曹操和衛茲立即就從己吾起兵，正式舉起了討伐董卓的旗幟，率領五千兵

張邈

黨人雖然被罷官歸田，禁錮不得為張邈，字孟卓，兗州東平壽張（今山東壽張）人。少以俠聞名，振窮救急，傾家蕩產，士多歸心。曹操、袁紹皆其友。以高門大姓拜騎都尉，遷陳留太守。董卓之亂，與曹操首舉義兵。汴水之戰，將己軍交曹操指揮。袁紹為盟主後，有驕矜色，正議責袁紹。袁紹派曹操殺之，曹操拒絕，說：「孟卓是親友，今天下未定，不宜自相殘殺。」更加尊敬曹操。曹操征徐州前，交代家小：「我若不還，往依孟卓。」後歸來，垂泣相對。呂布捨棄袁紹投靠張楊時，路過，把手共誓。袁紹大恨。時曹操與袁紹交好，怕曹操為袁紹擊己，心不自安。曹操二征徐州時，聽曹操部將陳宮游說，共謀叛曹，迎呂布為兗州牧，據濮陽。曹操引軍還，與呂布戰於濮陽，不利，相持百餘日。翌年，曹操盡收諸城，於鉅野擊敗呂布。從呂布投靠劉備。曹操屠其家。赴袁術求援途中，被部下所殺。

眾向酸棗開拔了。到酸棗聚會的有兗州刺史劉岱、陳留太守張邈、張邈弟弟廣陵太守張超、東郡太守橋瑁、袁紹堂兄山陽太守袁遺，以及濟北相鮑信等六路兵馬。漢獻帝初平元年（一九〇年）春正月，袁紹、王匡、韓馥、袁術、孔伷等人至約定日期都到酸棗來參加同盟會議了。長沙太守孫堅、右北平太守公孫瓚因路遠沒能來，以及北海太守孔融和徐州刺史陶謙等因對付本地黃巾軍無暇顧及，還有荊州刺史王睿因內政不穩未能脫身來不了，因此，到酸棗會盟的只有十一路兵馬，即是：後將軍袁術、冀州牧韓馥、兗州刺史劉岱、豫州刺史孔伷、陳留太守張邈、廣陵太守張超、河內太守王匡、山陽太守袁遺、東郡太守橋瑁、濟北相鮑信、勃海太守袁紹。

曹操這次是作爲陳留太守張邈的部屬參加的。不用說，在這次會議上，大家都慷慨陳詞地說了一番話，中心意思無非是，表示決心要討伐董卓，扶助皇室。會上正式公推袁紹爲盟主，並約定了盟誓。袁紹也就當仁不讓，自號車騎將軍，兼領司隸校尉，並以盟主的身分任命曹操爲奮武將軍。袁紹又以盟主的名義正式發出通告，號召各地起兵共同討伐董卓。經過一番安排之後，盟主袁紹等人仍回到各自駐地去了。

這時，濟北（國治盧縣，在今山東長清縣南）相鮑信經過細心觀察，儘管大多擁戴袁紹，但他卻傾心曹操，他私下獨自對曹操說：「就才略而論，能撥亂反正者，閣下也。照我看來，不是這樣的人，雖強必斃，不信您等著瞧吧！」

就在這個月，董卓眼看關東兵起，留著弘農王終究是個禍胎，乾脆命郎中令李儒給他送去一杯毒酒，把他了結，以絕後患。這時，董卓忽然想起了那個鎮壓黃巾立了大功、頗有聲望的皇甫嵩，這個曾經做過他上司、現在屯兵扶風的左將軍，要是和關東那些造反的諸侯私通起來，對他將是很不利的。於是，他打算把皇甫嵩調回洛陽來殺掉了事。哪知董卓卻和皇甫嵩的兒子皇甫堅壽很有交情，在他把皇甫嵩調來後，聽了堅壽的勸告，也就改變了主意，只好算了。接著下一個月，董卓下令挾持獻帝遷都長安。臨行前，他使呂布焚燒宮廟，發掘帝陵，收其珍寶，並同時將洛陽地區幾百萬人口統統驅趕到長安去。這麼一來，把個洛陽近周二百里內，幾乎「室屋蕩盡，無復雞犬」，一片荒殘景象。

這年三月，漢獻帝車駕入長安後，董卓乾脆下令把袁紹叔父太傅袁隗和袁術兄長太僕袁基，連同兩家無論老小五十餘口統統殺掉。他把朝政皆委之於司徒王允去辦理，而他自己這時還帶著呂布擁重兵留在洛陽，準備給關東那些敢於和他作對的諸侯一點顏色看看，讓他們知道董相國的厲害。

說起董相國，關東諸侯倒眞有點畏懼他，「莫敢先進」，都不敢去打第一仗。當然，並不全都是這樣，眞正不怕董卓的，也有那麼一、兩位。首先一個就是曹操。可是曹操當時僅作爲陳留太守張邈的部屬，連一路諸侯的號也沒排上。唯其如此，曹操心中大爲不滿，尤其對諸侯眼睜睜看著董卓焚帝京，劫天子，殺大臣，驅百姓，竟然無動於衷，按兵不動，使他實在忍無可忍，禁不住發出一通議論，振振有辭對大家說：「我們好不容易舉義兵以除暴亂，大家聚會在一起了，難道還有甚麼可猶豫的！要是眞使董卓倚仗王室，占據長安，東向以臨天下，儘管他倒行逆施，還是夠麻煩的。今天他居然焚燒宮室，劫遷天子，致使海內震動，人心惶惶，弄得民不聊生，天怒人怨，這正是消滅他的最好時機，一戰就可成功，千萬不可錯過這個機會呵！」

曹操說完這番話後，那些諸侯面面相覷，你看著我，我看著你，也不說好，也不說壞。曹操知道和這些人再也不可理喻的了，他一氣之下，決心整頓隊伍，準備向西獨自去進擊董卓，拿點膽量出來給這些老爺們看看，同時也不能讓董卓太猖狂了。哪知曹操這一去，倒眞是出乎他的意外。

三、汴水之役

當曹操帶著夏侯惇、夏侯淵、曹仁、曹洪、樂進等率兵向西去進攻董卓的時候，陳留太守張邈到底在名義上是他的上司，擔心曹操有失，他派遣衛茲率領三千人馬尾隨去策應曹操。濟北相鮑信深爲曹操的勇氣所感動，也親自和他兄弟鮑韜率領一支兵馬，和曹操一道去進討董卓。曹操有了衛茲和鮑信這兩支兵馬的配合，膽氣更壯了。曹操從酸棗出發，直搗成皋。在曹操一舉打下成皋之後，進至滎陽（今河南滎陽縣東北）汴水，就和董卓的大將徐榮遭遇上了。

中郎將徐榮奉董卓之命，帶著好幾萬兵馬氣勢洶洶巡邏在潁川、汝南一帶，這時碰上了曹操，恨不得一口把曹操吞掉。曹操以數千之眾，面對十倍以上的敵人，一點也不驚慌，他擺開陣勢，身先士卒，沉著指揮，衛茲、鮑信分左、右側擊，和徐榮在汴水邊上展開了一場惡戰。從晨至晚，力戰終日，鮑信弟弟鮑韜陣亡，鮑信也受了傷，衛茲亦戰以身殉了。曹操在鮑信受傷、衛茲戰死之後，眼看左、右兩側遭挫，敵人馬上就要分進合擊圍攻上來，再難支撐下去了。在這處境十分險惡的時刻，天也漸漸暗了下來，曹操當機立斷，下令徹退。可是就在這個當兒，曹操卻爲「流矢所中」，連他所乘的戰馬亦「被創」受傷，曹操從馬上栽了下來，要不是曹洪眼快，奮力來救，幾乎險遭不測。曹洪在殺退敵軍後，下馬扶起曹操，並將所乘戰馬讓給曹操。曹操辭謝說：「賢弟無馬，如何能戰。」曹洪毅然說道：「天下可以沒有我，實在是少不了您。」一邊說著，一邊就把曹操扶上了馬，曹洪徒步跟從，順著汴水奔走。水深過不去，曹洪好不容易找來一艘小船，又攙扶曹操上了船，先保護著曹操過了河，再用船把跟上來的夏侯惇、夏侯淵兄弟以及曹仁、樂進等人渡過河去。曹操一看，兵馬全完了，好在幾個弟兄都還在，不禁長嘆了一聲。大夥計議了一下，別的道路被切斷了，只好連夜往家鄉譙縣奔去。

回到故鄉譙縣後，曹操把各家家丁、佃客統統武裝起來，湊合成一支兩、三千人的隊伍。曹洪家裡富有，光家兵就有一千多人，他不但拿出錢來作爲兵餉，而且還向曹操建議，說他與揚州刺史陳溫素來友善，願意帶一千兵眾到揚州募兵，保證組織一支像樣的隊伍來。曹操聽了，非常高興，立刻就同意了。於是曹洪帶著兵馬暫時離開曹操，到揚州募兵去了。

曹洪去後，曹操在譙

縣住了幾天，把剩下的隊伍整頓了，心中煩悶，實在呆不下去了。這時，他愈想愈氣，酸棗諸公有兵眾十餘萬之多，天天置酒高會，紙上談兵，一點不思進取，會盟時他們是怎麼說的，現在他們又是怎麼做的，像這麼下去，董卓何日能滅，國家何日能安？我曹操到底不是孬種，這次能以數千之眾，去進擊數萬之敵，雖然失敗了，總算給了董卓一點教訓，讓他知道關東軍不全都是畏怕他的。這一點倒被曹操估準了，徐榮正是因曹操「所將兵少」，而竟能「力戰盡日」，他打聽到酸棗還有十多萬人馬，認爲「未易攻也」，這才收兵回去的。

這時，曹操又想起了鮑信兄弟，自然也就想到了衛茲，不禁激動起來。鮑信弟弟鮑韜、衛茲這次爲他犧牲，離開了這烽煙遍地的人間，死了倒還安靜，活著還要苦惱，可是濟北相鮑信受了傷，生死不明，這不能不使他格外感傷，他決心到酸棗去一趟，或許鮑信生還也未可知。當然，曹操去酸棗也不僅是爲了察訪鮑信的下落，他心中已經想好了一個謀劃，準備向酸棗諸公再進說詞，希望他們務必協力同規，對董卓採取大規模的行動。若能如此，他個人的這次失敗也就算不了甚麼。

當曹操離開譙縣，帶著夏侯惇等人率領一千多人馬回到酸棗時，酸棗諸公不僅感到驚奇，而且感到意外，這些天天開宴席養得肥肥胖胖的諸侯們，除了對曹操表示感嘆一番，慰問幾句，說一些不著邊際的應酬話外，再也沒有甚麼可談的了。眞正使曹操感到欣慰而意外的，倒是他有幸再見到了濟北相鮑信。兩人互相感嘆了一番之後，曹操首先把他心中的謀劃告訴鮑信。可是鮑信聽了，點了點頭，接著又搖了搖頭，不言而喻，這大概是對曹操的謀劃雖好，恐怕未必能付諸實現的一種表示。從鮑信的這種神情示意，倒給了曹操啓示，反正來都來了，不妨試試看，實在不爭氣，就各走各的路，大不了就不顧了。

曹操趁大家爲他舉行接風酒宴的機會，在宴席上，曹操道了幾句客套話後，把手一拱，正色說道：「敬請諸公聽吾一計，若能請袁車騎引河內之眾兵臨孟津（關名，在今河南孟縣南），我們酸棗諸將守住成皋，占據敖倉（在滎陽西北山上，臨黃河之大倉名），堵住轘轅、太谷（兩關名，一在今河南偃師縣東南，一在今洛陽市東南），把險要的地方全都控制掌握。再使袁後將軍率南陽之軍向丹、析（即丹水縣和析縣。丹水縣在今河南淅川縣西，析縣在今河南西峽縣），入武關（在今陝西商縣東），以威脅三輔。全都深溝高壘，愼勿與戰，益爲疑兵，示以天下形勢，以順誅逆，可以收到不戰而能屈敵之兵的效果，大局可立定也。」曹操說到這裡，看見諸公搖頭晃腦的樣子，似理非理的神態，不禁提高聲音吼道：「得罪諸公，今天我們興兵是為了伸張大義，猶豫而不進，甚失天下之望，我眞為大家感到羞恥！」

這些養尊處優的太守、刺史等人聽了，和上次一樣，好壞不說，也不哼聲，反正給你個不答應。當然，曹操這一番謀劃，等於是要把各路聯軍統統都拉進，全力對付董卓。不要說他們沒有那份膽量，也沒有那份心思，萬一眞要落得個和曹操這次一樣的下場，那就沒法再在這個亂世間混下去了。曹操算是白費了一番唇舌，好在他早有思想準備，各走各的路算了。自此，曹操離開了酸棗，也正式脫離了張邈。

曹操離開酸棗，鑑於自己兵眾太少，因曹洪正在揚州招募，於是他帶著夏侯惇等人去揚州與曹洪會合。到了揚州（州治壽春，在今安徽壽縣），聽說曹洪已招得兩千甲士，又東到丹楊（郡治宛陵，在今安徽宣城縣）招得數千人，已經帶著隊伍離開了。揚州刺史張溫、丹楊太守周昕因曹操向他們陳說了一番討伐董卓伸張大義的言辭，面上過不去，只得又給了曹操四千兵眾。萬沒料到曹操興高采烈帶著這支隊伍往回走到龍亢（今安徽懷遠縣西），就發生了叛變。一夜之間放火燒了曹操的內帳，曹操親率諸將立殺數十人，才把叛兵驅散了，剩下只有五百多人沒有參加叛變。第二天一早，曹操驚魂甫定，忽聽報告，說西北方向有一支兵馬奔殺過來了。曹操慌與諸將出營一看，不禁大喜，用手一指，但見為首一員青年將軍離隊飛馬跑了過來。來者不是別人，正是曹洪。曹洪跳下馬來，拜見過曹操後，眾兄弟一擁而上，拉著他的手問長問短。原來，曹洪招兵回到譙縣，聽說曹操到酸棗去了，派人前去探

陶塢堡
東漢
1956年廣東州東郊麻鷹崗出土
這是模擬豪強地主的塢堡，高墻圍繞、四隅設角樓。

聽，又說到揚州去了，曹洪只好帶著兵馬往揚州路上來迎曹操，萬沒想到會在這裡碰上了。

曹操因曹洪歸來轉憂為喜，與諸將計議後，決定不再回酸棗依附張邈了，乾脆渡過黃河，到河內跟從袁紹。一路上又在銍（今安徽宿縣西南）、建平（今河南永城縣西南）二縣收得兵眾一千多人，加上曹洪招來的一共也有好幾千人馬了。曹操就是帶著這支兵馬到了河內投奔袁紹的。

曹操一到河內，就聽說酸棗諸公軍糧耗盡，作鳥獸散了。不僅散夥，還互相攻殺了起來。兗州刺史劉岱竟把首倡義兵的東郡太守橋瑁也殺掉了，而任用他的心腹王肱為東郡太守。按理說，劉岱這麼做是撕毀盟約，不把盟主袁紹放在眼裡，無視盟主的權威。可是作為盟主的袁紹，他卻不管這些，只要誰有力量，愛怎麼做就怎麼行好了。似乎在這一點上，袁紹倒頗為明智，他明知自己管不了，偏要去管，最後必然落個費力不討好。袁紹豈止不管這些事，就是他盟主份內的事也得慎重又慎重。他明知董卓兵強，偏要去碰硬，豈不是自討苦吃，曹操不就是個明顯的例子嗎？哪怕董卓殺了他的叔父和弟兄，也不能感情用事啊！做大事的人總得要做點犧牲的。但千萬不可

劉虞

劉虞，字伯安，徐州東海郯（今山東郯城）人，漢宗室。少舉孝廉，後升幽州刺史。黃巾之亂時拜甘陵相，綏撫荒餘，遷宗正。中平四年（一八七年），中山相張純自稱「彌天將軍安定王」，太山太守張舉自稱「天子」，與烏桓大人連盟叛亂，聚眾十幾萬，聲稱欲代漢朝。翌年，再任幽州牧，行分化瓦解之策，平息叛亂，升太尉，封容丘侯。董卓專權，派使者授大司馬，進封襄賁侯。初平元年（一九〇年），封太傅，招回朝任職，因道路阻塞，任。命不能到達。在幽州發展經濟，安撫百姓，懷柔少數民族，政寬人和，青、徐州士族百姓為避亂來投者一百餘萬，皆安插。崇尚簡樸，破帽舊衣，食不兼肉。二年（一九一年），冀州刺史韓馥、勃海太守袁紹及山東諸將議立為新帝，堅拒不從。又請領尚書事，以便眾人封官，再次拒絕。與公孫瓚搆怨，攻打之，大敗，被俘。公孫瓚拜前將軍，封易侯，假節督幽、并、青、冀四州，誣陷其與袁紹合謀稱帝，脅迫朝廷使者段訓將其斬首。首級送京都途中，被故吏尾敦劫走安葬。

把手邊這一點點兵馬損失了。盟主袁紹要做的大事，既然不是討伐董卓，那就很難說出口了。

所以曹操在河內，只要和盟主袁紹一提起討董的事，總是很不對勁，不是推說力量不夠，得慢慢來，就是顧左右而言他，支吾其詞。曹操不得要領，眞後悔跑到河內來。可是不到河內，又到哪裡呢？這時曹操倒眞感到天地之大，竟難容身，不禁憤憤不平，自己不惜身家性命，爲的是啥，難道不是爲了討董以平天下。好不容易建立起來的討董聯盟，討董不討，反倒自夥兒火拚起來。今年初，諸侯會盟討董時，荊州刺史王睿和長沙太守孫堅亦同時起兵響應，不料孫堅乘機襲殺王睿，朝廷任命劉表做了荊州刺史。接著，孫堅又爲軍糧糾葛誘殺了南陽太守張咨，而與駐屯魯陽的袁術聯合。袁術進占南陽後，上表孫堅爲破虜將軍，領豫州刺史，趕走了孔伷。現在劉岱又殺了橋瑁，天下紛紛，各行其是。曹操感慨萬端，只恨自己力量太小，實在是心有餘而力不足呵！

到了第二年，即初平二年（一九一年）春初，盟主袁紹不討董卓而要做的大事，也終於提出來和曹操商量了。這大大出乎曹操的意料，原來竟是袁紹與冀州牧韓馥謀立幽州牧劉虞爲帝的這麼一件大事。他們提出的理由是，所謂「朝廷幼沖，迫於董卓，遠隔關塞，

關羽酒溫斬華雄

《三國志．吳志．孫堅傳》稱孫堅初戰董卓，「大為卓軍所敗，堅與數十騎潰圍而出。……堅復相收兵，合戰於陽人，大破卓軍，梟其都督華雄等」云云。可見歷史上斬華雄的並非關羽，實乃孫堅。《演義》中著力渲染的關羽「酒尚溫時斬華雄」，卻查無史據。值得一提的是，據《三國志．蜀志．先主傳》裴注引《英雄記》云：「靈帝末年，（劉）備嘗在京師，後與曹公俱還沛國，募召合眾。會靈帝崩，天下大亂，備亦起軍從討董卓。」若劉備果於中平六年（一八九年）與曹操一同東歸起兵討董，想必史籍上會大書特書的。可是這條史料既不見於陳壽史傳，亦不為范書所採，也不為司馬溫公《通鑑》所取，大概有些靠不住。儘管歷史上除此一條，別無劉備參與討董的記載，而《演義》卻以此為據，更把關羽、張飛也拉上，不僅虛構了關羽「酒溫斬華雄」的動人情節，而且還創設了「三英戰呂布」的酣鬥場面，為討董立下了赫赫戰功，為小說上後來劉、關、張的活動作為很好的鋪展作用。這倒是耐人尋味的。

不知存否」，並稱劉虞是「宗室賢俊」，堪爲人主。對此，曹操非常嚴肅向袁紹表明他的態度，說：「董卓之罪，天下盡知，我們同盟舉兵，遠近響應，就是因爲我們主張正義。今天主上幼弱，受制於奸臣，並沒有昌邑王那樣的罪過，而一旦把他廢掉，天下就會更不安定了。眞要這麼做，那就請諸君向北（劉虞在北），我自向西（漢獻帝在西京長安）好了。」袁紹在曹操這裡碰了釘子，又寫信給袁術，希望得到袁術的支持。不料他這位異母兄弟自己心想當皇帝，表面上卻以維護所謂「公義」冠冕堂皇地給予回絕了。關鍵還在於劉虞本人的態度堅決，寧死也不從。這麼一來，袁紹要做的這件大事失去了對象，也就只好趁早收場了。

這年二月，已經做了相國的董卓，再自爲太師，位居諸侯王之上。就在這個月，盤踞南陽的後將軍袁術爲了提高自己的威望，爲他當皇帝作準備，命孫堅率軍進擊董卓。這是關東聯軍繼曹操之後再一次對董卓發起的主動進攻。由於孫堅得到袁術的支援，雖然一開始也被董卓的大將徐榮挫敗，但他很快收聚散卒，重振旗鼓，進屯陽人（今河南臨汝縣西），一舉擊殺了

薤露 蒿里

樂府曲調名，原為送葬的挽歌。薤是多年生草本植物，葉細長，莖和葉可吃，古人以薤上露水容易消失來比喻人生的短暫。蒿里是地名，在泰山之南，據說古代人死後魂歸蒿里。曹操藉以寄情敘事。

薤露

惟漢二十二世，所任不良。（二十二當作廿二）
沐猴而冠帶，知小而謀強。（知同智）
猶豫不能斷，因狩執君王。
白虹為貫日，己亦先受殃。
賊臣持國柄，殺主滅宇京。
蕩覆帝基業，宗廟以燔喪。（燔同焚）
播越西遷移，號泣而且行。
瞻彼洛城郭，微子為哀傷。

蒿里

關東有義士，興兵討群凶。
初期會盟津，乃心在咸陽。
軍合力不濟，躊躇而雁行。
勢利使人爭，嗣還自相戕。
淮南弟稱號，刻璽於北方。
鎧甲生蟣虱，萬姓以死亡。
白骨露於野，千里無雞鳴。
生民百遺一，念之斷人腸。

董卓都督華雄。孫堅派人向袁術報功，正要乘勝進兵洛陽時，忽然糧

孫堅

孫堅，字文臺，吳郡富春縣（今浙江富陽）人，自稱孫武子之後。性闊達，好奇節。十七歲即單挑群盜，以勇敢「見重於州郡」，歷任校尉、縣丞。鎮壓黃巾軍中升任別部司馬、朝廷議郎，靈帝中平四年（一八七年）任長沙太守，始建己軍。後升豫州刺史，封破虜將軍，人稱「孫破虜」。諸侯討董卓時，為聯軍中少有的堅戰決勝之師。獻帝初平二年（一九一年）年，攻入洛陽。在與劉表爭奪荊州的戰役中，被劉表部下黃祖的軍士射殺身亡。孫權稱帝後，追謚「武烈皇帝」。子孫策、孫權、孫翊、孫匡。

草中斷了。孫堅知道這其中有鬼，連夜馳還百餘里，趕回魯陽去見袁術。他一見袁術，怒氣不息對袁術說：「我生死不顧是爲了誰？說得好聽點，上爲國家討賊，說得不好聽，下爲將軍報家仇。老實說，我孫堅和董卓並沒有甚麼私怨，而將軍卻受人挑撥，對我也嫌疑起來，這到底是怎麼一回事呢？」（《三國志・吳志・孫堅傳》）

孫堅這一席話眞說到袁術的心病上了。原來正是有人向袁術挑撥，說孫堅要是打下洛陽，袁術就管他不住了，好比趕走一隻狼又換來了一隻虎，以此勸袁術不要再給孫堅運糧了。現在被孫堅當面揭穿了，袁術十分尷尬，不得不向孫堅賠禮道歉，並答應立即調發軍糧。

於是，孫堅重返前線，乘勢進擊，連戰皆勝，收復了洛陽，逼走了董卓。

看來，在這次討董戰爭中，曹操和孫堅先後主動出擊，表現了驚人的勇氣，不愧是當時出類拔萃的人物，總算給熱鬧一場的關東聯軍爭了口氣。很明顯，曹操沒有像孫堅那麼幸運，得到必要的支援，因而沒能取得成功。不過這期間，曹操所走的這一段曲折備至的道路，對他個人的成長來說，認明形勢，總結教訓，拓展未來，頗有直接的關係。從他後來寫的兩首史詩〈薤露〉和〈蒿里〉中，充分反映出他對這段親身經歷的深刻認識。

但在當時，曹操面對「蕩覆帝基業，宗廟以燔喪」的客觀現實，還得在「勢利使人爭，嗣還自相戕」的嚴酷挑戰中，繼續行進一段坎坷的道路，周旋於豪強割據之間，直到他在兗州立住腳跟之後，才取得了一塊地盤，從而奠定了他「克成洪業」的初步基礎。

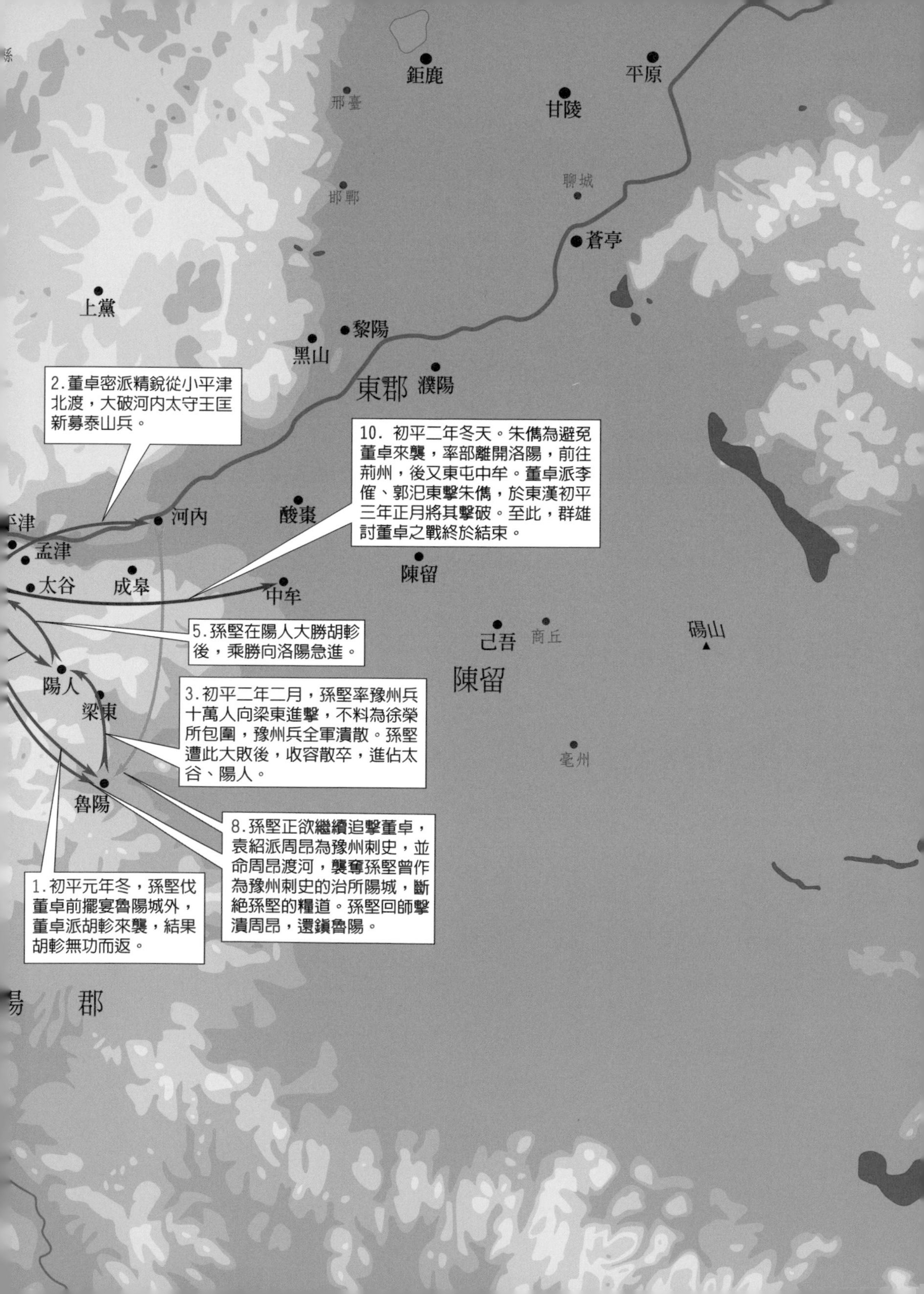
鉅鹿
平原
邢臺
甘陵
聊城
邯鄲
蒼亭
上黨
黎陽
黑山
東郡
濮陽
2.董卓密派精銳從小平津北渡，大破河內太守王匡新募泰山兵。
10. 初平二年冬天。朱儁為避免董卓來襲，率部離開洛陽，前往荊州，後又東屯中牟。董卓派李傕、郭汜東擊朱儁，於東漢初平三年正月將其擊破。至此，群雄討董卓之戰終於結束。
平津
河內
酸棗
孟津
太谷
成皋
中牟
陳留
5.孫堅在陽人大勝胡軫後，乘勝向洛陽急進。
己吾
商丘
碭山
陳留
陽人
梁東
3.初平二年二月，孫堅率豫州兵十萬人向梁東進擊，不料為徐榮所包圍，豫州兵全軍潰散。孫堅遭此大敗後，收容散卒，進佔太谷、陽人。
亳州
魯陽
8.孫堅正欲繼續追擊董卓，袁紹派周昂為豫州刺史，並命周昂渡河，襲奪孫堅曾作為豫州刺史的治所陽城，斷絕孫堅的糧道。孫堅回師擊潰周昂，還鎮魯陽。
1.初平元年冬，孫堅伐董卓前擺宴魯陽城外，董卓派胡軫來襲，結果胡軫無功而返。
陽
郡

孫堅討董卓之戰
(西元190年~192年)
孫堅
朱儁
董卓
袁紹
宛城
古地名
宜陽
今地名
漢
水
河流
湖泊
熊耳山
山脈
6.孫堅拒絕董卓求和，並另遣一部兵向新安、澠池挺進，以阻截董卓西退之路。董卓親率諸軍與孫堅交戰，遭到孫堅重創，便留呂布在洛陽掩護西撤，自己轉守澠池和陝城等險要。
7.孫堅進至洛陽，再破呂布於宜陽門，獲得東漢王朝的傳國玉璽。
4.董卓派胡軫、呂布率步騎數萬出廣成迎擊。胡、呂內鬨，董軍慘敗孫堅。
9.董卓於洛陽西撤後入鎮長安，命董越屯守澠池，段煨屯守華陰（今潼關以西），牛輔屯守安邑，朱儁進據洛陽。
北
6000
5000
4000
3000
2000
1500
1000
500
200
100
0
山城
安塞
通天山
鎮原
崇信
汧
寶雞
故道
長安
新豐
華陰
潼關
陝城
城固
赤阪
漢中
西城
安康
錫縣
十堰
武當

第三章 初定兗州

一、弱肉強食

曹操在河內聽說孫堅收復了洛陽，心中甚爲感嘆。同時他也想到，在孫堅收復洛陽、逼迫董卓去了長安之後，這給關東州郡的諸侯進一步爭權奪利，爾虞我詐，弱肉強食，搶占地盤，在客觀上創造了條件，眼看天下將要更加大亂了。

對此，曹操深感不安，他密切注視著形勢的演變，以期在這動盪的時局中爲謀求自身的生存而尋找出路。

首先使曹操感覺到的是，作爲盟主的袁紹，他對孫堅取得收復洛陽的這一重大勝利，一點也不感興趣，相反，他卻因此而感到不安。顯然這是因孫堅收復洛陽而使袁術勢力大爲發展，給他帶來了威脅。說穿了，他是擔心他這位異母兄弟的勢力膨脹直接危及到他的盟主地位。其實，前些時候在謀立幽州牧劉虞爲帝的這件事上，他就對他這位異母兄弟不支持他而耿耿於懷了。爲此，他決心要採取行動來擴大影響，鞏固自己的盟主地位，絕不能讓袁術來超過他。於是，袁紹在繼謀立幽州牧劉虞的計畫流產之後，有鑑於孫堅收復洛陽後的形勢發展，他鼓起了勇氣決心要做另一件他認爲非做不可的大事了。

誰也料想不到，盟主袁紹急於要做的這另一件大事，竟是仿效去年兗州刺史劉岱火拚東郡太守橋瑁的做法，而且還把矛頭指向了支持他起兵並爲他提供軍餉的冀州牧韓馥。看來，劉岱吞併的是一個太守，而盟主袁紹卻拿一個州牧開刀，眞是小巫見大巫，後來居上了。在這件事上，開初盟主袁紹還有點過意不去，覺得韓馥沒有甚麼對不起他的地方，可是在他聽了他的謀士逄紀的一番話後下決心了。逄紀鼓動他說：「將軍舉大事而仰人資給，不據一州，無以自全。」是呀，做大事哪能顧及小恩小惠，不能再猶豫了。經過一番密謀之後，決定利用盤踞幽州的公孫瓚，請他從北面進攻韓馥，然後乘機下說詞，使韓馥乖乖把冀州讓給他。

公孫瓚

公孫瓚，字伯珪，幽州遼西令支（今河北遷安）人。書佐出身，官至北平太守，中郎將，作戰勇猛，威震邊疆。與主張懷柔少數民族的幽州牧劉虞不和，挾持朝廷使者殺死劉虞，獨霸幽州，得到總督北方四州的授權。與袁紹相爭，初期占據優勢，後逐漸失去人心和部下的信任，被袁紹擊敗，自焚，勢力被袁紹吞併。

袁紹這一手果然奏效，不費一兵一卒就取得了冀州，並自領了冀州牧。

值得一提的是，韓馥丟了地盤，跑到兗州去投靠陳留太守張邈。這個時候，盟主袁紹倒也眞果斷，他乾脆派人帶話給張邈，請張邈代一下勞，相機處理了事。韓馥可沒等張邈動手，就用書刀割了喉嚨。由此可見，盟主袁紹討伐董卓不行，而在做這類大事上，倒頗有膽有識，做得乾淨俐落，連血都不沾一點的。

袁紹取得冀州後，要做的大事太多了。不過事有緩急，這時他回過頭來，打算先教訓教訓他那個不聽話的異母兄弟了。本來孫堅在去年已被袁術發表爲豫州刺史，駐屯陽城（屬潁川郡，在今河南登封縣東南），這時袁紹卻又以盟主的身分任命會稽人周昂去做豫州刺史。周昂在袁紹的授意下，趁孫堅尙在洛陽未返，乘機襲奪了陽城。當袁術派人去通知孫堅回兵自救時，孫堅感嘆說：「大家都同舉義兵，爲救國家，董卓剛被趕走就彼此相攻，我究竟給誰賣力呵！」孫堅一怒之下，回兵擊走了周昂。周昂倒

韓馥輕易讓冀州

《三國志・魏志・袁紹傳》稱：「（公孫）瓚遂引兵入冀州，以討卓為名，內欲襲馥。馥懷不自安。」袁紹乘機派高幹、荀諶下說詞，勸韓馥「舉冀州以讓袁氏」，並說「袁氏得冀州，則（公孫）瓚不能與之爭，必厚德將軍。冀州入於親交，是將軍有讓賢之名，而身安於泰山也」云云。韓馥「素恇怯（膽小怕事）」，不聽部下勸阻，還說：「吾，袁氏故吏，且才不如本初，度德而讓，古人所貴，諸君獨何病（責難）焉！」就這麼輕而易舉地把冀州讓給了袁紹。

被趕跑了，可是袁術派去支援孫堅的公孫瓚的弟弟公孫越卻爲「流矢所中」，死了。爲此，袁術派人去告訴公孫瓚，並給公孫瓚寫了一封親筆信，他在信中竟自說袁紹「非袁氏子」，不是袁家的後代。袁紹得知大怒。這一下，兄弟倆的怨恨就更深了。

公孫瓚一得知消息，不禁憤怒說：「吾弟死，禍起於袁紹。」公孫瓚本來就對袁紹上次欺騙他爲自己謀取冀州不滿，這次又主使周昂射殺了他的弟弟，這口氣實在嚥不下去。於是公孫瓚出兵磐河（即鉤磐河，今山東陵縣東有盤河店），並上書數落袁紹十大罪狀，從追述袁紹給何進出餿主意，「招來董卓，造爲亂根」開始，進而說他不討董卓，專爲謀私，恩將仇報，強占冀州，孫堅有功，反被奪位，以及罵袁紹是使婢生的，算不得袁家正宗，等等。特別是末尾這一點，把個袁紹氣得七竅生煙，怒不可遏。幾經交鋒，公孫瓚初戰獲勝，最後還是被袁紹打敗了，迫使公孫瓚兵敗北還。這一下，盟主袁紹更是趾高氣揚了。

可是公孫瓚敗還薊城（今北京市西南）後，卻把一肚子氣發洩在他的上司，忠厚老實的幽州牧劉虞身上。後來公孫瓚竟在用兵把劉虞打敗之後，抓了起來，乾脆誣告他私通袁紹，「欲稱尊號」，加他個妄想當皇帝的罪名，把他殺掉了。於是幽州全部落入了公孫瓚之手。

當袁紹在與公孫瓚對壘交鋒的時候，他很擔心袁術從南面來進攻他，形成南北合擊的態勢。要是這種情況出現，這對他是極不利的。爲此，他派人去連合荊州牧劉表，使劉表從背後牽制住袁術。劉表倒眞爲袁紹幫了這個大忙，出兵把袁術給牽制住了。劉表這麼做，固然是爲了討好袁紹，但卻得罪了袁術。因此，袁術派孫堅移兵去進攻劉表。萬沒想到這位收復洛陽、趕走董卓的破虜將軍，就在這一年被劉表部將黃祖射殺於襄陽城南的峴山，享年才三十七歲。孫堅死後，他哥哥的兒子孫賁率領部眾歸附了袁術。孫堅長子十七歲的孫策卻帶著母親吳太夫人到丹楊投奔他舅舅丹楊太守吳景去了。

曹操在河內，親眼看見袁氏兄弟以及公孫瓚等人爾虞我詐、弱肉強食的種種表演。由於袁紹在兼併中獲勝，他的勢力範圍逐漸擴大，因而投靠他的人也一天天增多，所謂「豪傑多附於紹」。這卻因此而引起了袁術在南陽情不自禁地怒罵道：「群豎不從吾，反從吾家奴！」可是袁術自己也不想想，自他占領南陽後，據有戶口數百萬，而他卻過著「奢淫肆欲」的糜爛生活，派款派糧，「徵斂無度」，致使「百姓苦之」。在這種情況下，他還要圖謀不軌，一心想當皇帝，別人怎麼敢去投靠他呢？這麼一比較，似乎袁紹要比他這位異母兄弟多少高明一點。

曹操在這期間，雖然身處河內，卻另有打算，他對袁紹只不過是在表面上敷衍而已。儘管袁紹對曹操不支持他謀立劉虞而心存芥蒂，但卻因曹操提出的理由光明正大，也使袁紹抓不著辮子，奈何他不得。又一次，袁紹在和曹操閒談中，他問曹操：「如果我們討董不成功，你看哪裡可以作爲我們發展力量的根據地呢？」曹操聽了，心想袁紹根本就不想討董，看來他是一心在爲自己圖謀了。對此，曹操不動聲色反問他：「足下的意思打算怎樣呢？」果然袁紹驕橫而又自負地說：「我南據大河（指黃河），北占燕、代（泛指今河北北部及山西東北部一帶地區），兼領戎狄（指烏桓）之眾，南向以爭天下，總可望成功了吧！」

孫策

孫策，字伯符，揚州吳郡富春（今浙江富陽）人。破虜將軍孫堅長子。少居江淮間，頗有聲望。父死，投袁術，不得志。興平二年（一九五年），率其父所部千餘人渡江，轉戰江東。攻揚州刺史劉繇、會稽太守王朗諸部。美姿顏，為人闊達，善於用兵用人，軍紀嚴明，得周瑜、張紘等地方勢力支持，先後攻占吳、會稽等郡。建安二年（一九七年）袁術稱帝，奉漢帝詔與曹操等共討之，拜討逆將軍，封吳侯，領會稽太守，以親族分守諸郡。四年（一九九年），攻敗廬江太守劉勳，得袁術、劉勳兵兩萬餘，盡納江東六郡，割據東南，為後來吳國的建立奠定堅實基礎。五年（二〇〇年），曹袁官渡之戰，密謀襲許昌，迎獻帝，兵未發，於丹徒被吳郡太守許貢門客刺殺，終年二十六歲。臨終囑弟孫權繼承其事業。弟孫權稱帝後，追謚長沙桓王。

孫策妻大喬，弟孫權、孫紹、孫奉、孫朗，二妹。

論者以為：孫策平定天下的大志和素質，不亞於操、備。他極具軍事才能，攻城拔營有楚霸王之風，謀略更勝霸王，趁曹袁決戰，欲迎獻帝，居大義，在戰機、戰略把握上均為上乘。孫策能以極短的時間平定江東，除正確的戰略戰術外，其以領袖風采和魅力，深得軍民擁戴也是重要條件。

曹操針對袁紹這個據占險要迷信用武力解決問題的態度，像似很隨意地提出自己不同的意見說：

「依我的想法是，任用天下的智能之士，以正道統御他們，使其充分發揮作用，怎麼都行。」曹操窺見袁紹表情有些不自然，接著又補充說道：「成湯起事於亳，周武興起於岐，其所以能成就王業，豈是因同樣優越的地理環境而取得成功的嗎？若單純強調以險固的地勢爲其資助條件，則不能適應變化多端的客觀形勢。」

大概也正是由於袁紹對曹操的卓識才幹很瞭解，他總希望曹操能眞心歸附他，因此他對曹操竭力加以籠絡。袁紹使人試探地對曹操說：「今袁公勢盛兵強，兩個公子亦長大了，天下群英之中，有誰能超得過他呢？」曹操聽了，不置一言，他雖不動聲色，但卻由此而更加看不起袁紹了，要是有可能的話，他眞想起兵誅滅他。

這期間，曹操的好友濟北相鮑信也在河內。一天，鮑信對曹操說：「袁紹身爲盟主，不討董卓，專以權謀私，這麼下去，不出亂子才怪。說實在的，袁紹的所作所爲，和董卓並沒有甚麼兩樣。若是將軍現在要制約他吧，則力量還很不夠。我爲將軍思謀，不如暫時回到大河（黃河）以南去，待觀其變，等條件成熟了，再來收拾他。將軍您以爲如何？」曹操聽了，連連點頭。

濟北相鮑相的這一番話倒眞說到了曹操的心坎上了。恰好這時，河北黑山軍首領于毒、白繞、眭固率部十餘萬進入東郡（治濮陽，在今河南濮縣西南），兗州刺史劉岱所任命的那個東郡太守王肱抵擋不住，臨陣脫逃，棄城而去。袁紹認爲機不可失，正好趁此機會把他的勢力再伸入到兗州去。於是他想起了曹操，若用曹操去准能成功。在對待民軍的問題上，曹操和袁紹的態度倒是一致的。當袁紹請他帶兵到東郡鎭壓黑山軍的時候，曹操眞是喜出望外，他巴不得早點擺脫袁紹，當即就慨然應允了。於是，曹操帶著夏侯惇、夏侯淵、曹仁、曹洪、樂進等率兵向東郡進發。

曹操進入東郡，勢如破竹，一直進抵濮陽，和白繞率領的一支黑山軍遭遇上了。經過一場惡戰之後，曹操打敗了白繞，占領了濮陽。當曹操派人去向袁紹報功時，袁紹喜不自禁，他以盟主的身分，上表任命曹操爲東郡太守。曹操把郡治設在東武陽（今山東莘縣南）。儘管這時曹操還沒有把黑山軍全部趕走，還沒把東郡完全收復，但他到底在這弱肉強食的亂世間取得了一塊地盤，名義上也做了東郡太守。不過這時，曹操心裡很明白，他在一定程度上還得依靠袁紹對他的支持，否則他在東郡是站不住腳的。

當時不僅東郡沒有完全收復，

而且整個兗州地區也是亂哄哄的，很不安定。因前些時候袁紹與公孫瓚交鋒對壘，都來拉攏兗州刺史劉岱。袁紹爲表示他對劉岱的信任，還把妻、子家屬託付給劉岱，請他照看。而公孫瓚卻直接派兵前來幫助劉岱，以固其心。可是，公孫瓚在開初取得一點小勝利之後，竟然託人帶話給劉岱，要他遣還袁紹的家屬，否則就要把兵抽調回去，並揚言等他解決了袁紹之後，就要來找他算賬。劉岱夾在當中，日子很不好過，與幕僚商議，連日不決。後來有人向劉岱建議，說東郡人程昱，字仲德，很有智謀，何不召請他來問問。於是劉岱派人請了程昱來，程昱對他說：「你若放棄了近處的袁紹支援而求助於遠處的公孫瓚，就好比去南方請會泅水的越人來救身邊落水的人。何況公孫瓚根本不是袁紹的對手，不要看他現在暫時取得一點勝利，終歸是會被袁紹打敗的。」這一下劉岱才定了心，他採納了程昱的意見，捨公孫瓚而專與袁紹連合。後來的情況又果如程昱之所料。

而這時的劉岱，日子卻更不好過了。他眼睜睜看著袁紹不顧同盟，把手伸進了兗州，不經他同意就任命曹操來做東郡太守，哪把他這個刺史放在眼裡，實在欺人太甚。可是這時，劉岱與袁紹相比，實在是好比小巫見大巫，他又能把袁紹怎麼樣，不但他把袁紹拿著沒辦法，就是被袁紹派到兗州來搶占地盤的曹操，他也奈何不了。不管怎樣，曹操幫他對付黑山軍總是好事，還得在表面上客氣點。或許此時，劉岱倒眞後悔殺掉那個首倡義軍的東郡太守橋瑁，而抱怨起這個不爭氣的棄城逃跑的王肱來了。常言說，害人害己，自食其果。現在看來，這個惡果劉岱是無論如何也得吞下去的。

劉岱豈止吞下這個惡果。自酸棗諸公一散夥，正是劉岱在同盟內部首開兵釁，火拚不休，好不容易孫堅收復洛陽，趕跑董卓，卻在袁氏兄弟爾虞我詐、爭權奪利的分合之爭中，致使孫堅喪身於荊州牧劉表之手。也正是董卓在長安得知孫堅死了，大爲振奮，立即派遣他的女婿中郎將牛輔統兵東出，分遣校尉李傕、郭汜、張濟率步騎數萬之眾，在中牟一舉擊敗再次興起的由車騎將軍朱　率領的討董聯軍，並趁機在陳留、潁州一帶大肆搶掠，所過之處，「殺虜無遺」，使兗、豫兩州都遭到了巨大的損失。

固然這一惡果的造成不能由劉岱一人負責，作爲盟主的袁紹應負更大的責任。不管怎樣，面臨目前兗州地區的混亂狀況，不僅使兗州刺史劉岱傷盡腦筋，同時也使剛剛來到兗州出任東郡太守的曹操感到頭痛。

不過，曹操由於有袁紹的支持，他原本就是到兗州來搶占地盤、拓展未來的，不管道路如何曲折艱難，都是充滿了信心的。他在取得了打敗黑山軍的初步勝利之後，就在第二年（初平三年，西元一九二年）春天，經過一番補充休整之後，準備採取大規模的軍事行動來掃除東郡境內的黑山軍，要做就做一個名副其實的東郡太守了。

二、東郡太守

曹操雖然去年在濮陽打敗了白繞率領的一支黑山軍，可是另外兩支黑山軍在于毒、眭固的統領下，還很有力量，不僅在東郡，而且在魏郡（屬冀州，治鄴）展開活動，殺貪官，打土豪，轟轟烈烈。還有一支於夫羅率領的匈奴兵乘天下大亂，與西河的白波軍聯合起來，也向魏郡、東郡這邊過來了。面對這種情況，曹操決心大展身手，這是關係到他能否立足東郡的一個嚴重問題。

今年春天一開始，曹操留下一部分兵馬守住東武陽，他親自率領主力軍前去征討，在他進駐頓丘時，忽然得到報告，說于毒等率軍圍困了東武陽。爲此，諸將都建議曹操回兵自救。可是曹操卻下令進攻西山，前去攻打于毒的大寨。曹操看見諸將迷惑不解，他笑了笑，對大家說：「昔年孫臏救趙而攻魏，耿弇欲走西安（在臨菑西北）而攻臨菑，這都用的是聲東擊西之計。今天我們去進攻敵人的西山大寨，敵人必定會撤兵回救，武陽之圍不救而自解了。即使敵人不還，等我拿下西山大寨，他們也絕不會打破武陽的。請諸位放心好了。」

果然，于毒得知曹操進攻他的老窠，急忙撤圍回救。殊不知曹操是早就安排好了的，於路上攔腰一擊，把黑山軍打得大敗，于毒落荒而逃，眭固去向不明，後來投歸了河內太守張楊。曹操率諸將乘勝追擊，於內黃縣（屬魏郡，在今河南內黃縣西北）又大破於夫羅帶領的匈奴兵。這一下，曹操才在兗州眞正有了立足點，他收復了全部東郡，做了名副其實的東郡太守，從而把兗州地區的局部形勢暫時穩定了下來。

曹操收復東郡，遐邇聞名。山陽鉅野（今山東巨野縣南）人李典，字曼成，就是在這時隨叔父李乾糾合賓客數千家來投奔曹操的。著名勇將陳留己吾人典韋也在這時從張邈那裡跑來投奔了夏侯惇，後來成爲曹操的親隨校尉。特別值得一提的是，曹操手下的第一號謀士荀彧，也是在這時從袁紹那裡前來投奔曹操的。

荀彧，字文若，潁川潁陰（今河南許昌市南）人。年輕時，那位

救命之計

《三國志·魏志·賈詡傳》：「卓敗……校尉李傕、郭汜、張濟等欲解散，間行歸鄉里。詡曰：『聞長安中議欲盡誅涼州人，而諸君棄眾單行，即一亭長能束君矣。不如率眾而西，所在收兵，以攻長安，為董公報仇，幸而事濟，奉國家以征天下，若不濟，走未後也。』眾以為然。……（後）傕等欲以功侯之，詡曰：『此救命之計，何功之有！』固辭不受。」

識拔過曹操的南陽名士何顒就稱他有「王佐之才」。他被舉爲孝廉，做過縣令。董卓亂起時，他棄官歸家，告訴父老鄉親，說潁川是「四戰之地」，請大家盡早離開，以免戰禍。可是鄉親大多「懷土猶豫」，不願離開。果不出荀彧所料，後遭董卓洗劫，「留者多殺略」。而當時荀彧獨率宗族遷居冀州，前去投奔冀州牧韓馥。殊不知他到冀州時，冀州已換了主人。袁紹待他以「上賓之禮」。儘管他的弟弟荀諶和同郡人辛評、郭圖等都在袁紹幕中共事，但他經過一段時間的細心觀察，覺得袁紹「終不能成大事」，乾脆離去投奔頗有才能的東郡太守曹操。

曹操初見荀彧，一番交談之後，情不自禁地說：「眞吾之子房也。」固然曹操當時確實忘記了自己的身分，不過，他以高祖謀士張良來比譬荀彧，足見他對荀彧之器重。不管怎樣，曹操得荀彧甚喜，立即任他爲奮武司馬，參與軍機大事。這年荀彧才二十九歲。曹操鑑於董卓「威淩天下」，以此請荀彧談談他的看法，荀彧坦率指出：「董卓暴虐到了極點，必以亂終，一定沒有好下場，用不著擔心，他是無能爲力的。」

這倒被荀彧說準了。這年四月，正是在曹操收復東郡之後不久，殘暴不仁的董卓就在長安被司徒王允用計、聯絡他的義子呂布等人刺殺於未央殿前，北掖門內。消息傳來，關東州郡莫不彈冠相慶，舉杯稱賀。可是沒過多久，形勢卻發生了意想不到的變化。原來，董卓部將李傕、郭汜等人納謀士賈詡「救命之計」，死裡求生，聚兵十餘萬進圍長安，司徒王允殉職，呂布戰敗後，將董卓之頭繫於馬鞍下，率數百騎東出武關，投奔南陽袁術去了。於是朝權落入李、郭之手，接著就殺大臣，誅異己，任親信，把個長安城鬧得烏煙瘴氣，天愁地暗，因而天下更加混亂了。與此同時，由於關東州郡長期火拚廝殺，戰禍連綿，民不聊生，貧苦百姓被迫挺而走險，奮起反抗。這年青州黃巾軍復起，眾至百萬，使鄰近州郡莫不爲之震恐。

呂布殺董卓

呂布初為并州刺史丁原手下親信將領。靈帝死，大將軍何進召董卓、丁原進京。董卓欲專兵柄，誘呂布殺丁原而併其眾。呂布善騎射，膂力過人，號稱「飛將」，得董卓寵信，誓為父子。董自知怨己者眾，常令呂布衛護左右。然董暴急寡慮，一次呂布因細事惹惱董卓，董卓即將手戟向呂布擲去，呂布身手敏捷，躲閃過去，慌忙向董請罪，事始息。呂布未免耿耿於懷。

後呂布與董卓侍婢私通，恐被發覺，心不自安。他與王允同為并州人，一日，忍不住將擲戟一事吐露給老鄉。王允當即抓住時機，勸呂布殺董卓，為朝廷建立奇功。呂布以同董卓曾誓為父子為慮，王允說：「君自姓呂，本非骨肉，今憂死不暇，何謂父子？擲戟之時，豈有父子情邪？」於是呂布決心乃定，一口應承了殺董之事。

獻帝初平三年（一九二年）夏四月，獻帝有病初癒，群臣於未央殿朝賀。董卓乘車入朝，步騎夾道，戒備森嚴。呂布派同郡騎都尉李肅率親信勇士十餘人，偽著衛士服，伏於北掖門內。

董卓一進門，李肅即挺戟刺董，董衣內披甲，未能刺入，傷臂墜車。董卓大呼：「呂布安在？」呂布厲聲道：「有詔討賊臣！」董卓大罵：「庸狗，敢如是邪！」呂布眼都不眨，以矛刺董，令兵斬董首，從懷中取出詔書以令吏士：「詔討卓耳，餘皆不問！」吏士皆稱萬歲。百姓歌舞載道，市酒肉以相慶賀，填塞街市。

王允使皇甫嵩往郿塢攻卓弟旻，殺卓母妻宗族。「塢中有金二三萬斤，銀八九萬斤，錦綺、奇玩堆積如山」。

就在曹操鎮壓黑山軍收復東郡後不久，也就是在長安計殺董卓的下一個月，即這年五月間，青州黃巾軍以百萬之眾進入了兗州，一舉攻下了任城（今山東濟寧市），殺掉任城相鄭遂。當青州黃巾軍進至東平（今山東東平縣）時，兗州刺史劉岱正要和黃巾軍見個高下，出出他一肚子的怨氣。就在這個節骨眼上，濟北相鮑信諫阻他說：「我們今天面對百萬之敵，不可掉以輕心，況且老百姓又都向著他們，我們的士氣也不高，千萬不可在這個時候去硬拚。不過，據我的觀察，

董卓

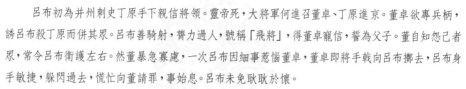

這麼多的敵人聚合在一起，缺糧少吃，也是很難持久下去的。我們不妨先固守城池，養精蓄銳，這樣使敵人戰不能戰，攻不能克，日子一久，勢必離散。然後選精銳之兵，占據險要，乘機出擊，一戰就能成功。」遺憾的是，儘管鮑信根據兵書上「知己知彼」的原則，爲劉岱出的這個「以逸待勞」之計，周到詳明，著實厲害。可是劉岱正在氣頭上，一點也聽不進去，致使鮑信白費了一番唇舌。何以劉岱當時會有那麼大的氣呢？他究竟怨恨誰，是怨他自己，還是恨別人？

說起劉岱的怨氣，顯然和人民軍有著直接的關係。他恨黑山軍進入兗州把他的東郡太守王肱趕跑，致使袁紹派遣曹操乘虛而入。他既恨人民軍使他丟了東郡，也怨袁紹不講信義把勢力伸入到兗州來。特別是今年春天曹操把東郡境內的黑山軍全部鎮壓下去了，使袁紹在兗州有了一個根據地，因此他也怨恨曹操。他怨這恨那，最後也怨恨起自己來了，他抱怨自己過去用人不當，給了別人以可乘之機，這能全怪別人嗎？這麼一反躬自省，倒鼓起了勇氣，他面對這次青州黃巾軍自己找上門來，決心全力應付，再不能讓別人來插手了。曹操能打敗民軍，他劉岱未必就不行，難道一個刺史還不如一個太守！要是照鮑信的話去做，等到啥時候啊！他這口氣能憋得住嗎？所以鮑信的話就算是白說了。

正是由於兗州刺史劉岱不聽鮑信的勸告，自以爲是認爲黃巾軍盡是些烏合之眾，不堪一擊。哪知他親自領兵上陣，和黃巾軍一交鋒，就被從四面八方湧來的無數敵兵團團圍住了，殺喊之聲，驚天動地，這時劉岱不慌也慌了，要逃也沒法逃了，竟被黃巾軍活活斬殺於陣上。劉岱一死，兗州頓時大亂起

王允

王允，字子師。太原祁（今山西祁縣）人，出身官宦世家。「少好大節」，素有名譽。十九歲始任公職，官至豫州刺史。因與宦官張讓爭鬥失敗，被迫去官隱居。靈帝中平六年（一八九年），外戚何進掌權，任河南尹。董卓入京，以為守尚書令。獻帝初平元年（一九〇年），進司徒，仍領尚書事。獻帝西遷長安、董卓留鎮洛陽期間，主持朝政。對董佯為尊重，得其信任，獻帝、朝廷因得以粗安。後設計聯呂殺董，與呂布共執朝政。居功自傲，措置失當。董卓餘黨攻破長安，被處死，時年五十六歲。

來，青州黃巾軍乘勝向壽張（今山東東平縣西南）進兵。

這時正練兵於濮陽的東郡太守曹操，當他得知劉岱被斬於陣上的消息，不禁心中暗喜。自青州黃巾軍一進入兗州後，曹操就密切注視著局勢的發展。開初，曹操本想率兵前去支援，但他深知劉岱之爲人，去了反而會引起他的疑懼。於是只好按兵不動，待觀其變。現在劉岱死了，兗州無主一片混亂。要是這麼長久下去，民軍的力量會更加壯大起來，這對他曹操來說，也是很不利的，甚至是很危險的。這麼一想，曹操又暗自擔心起來。然而就在這時候，他的部將東郡人陳宮，字公臺的，站出來給他出點子了。

這個陳宮，極有智謀，他大概窺測到曹操當時的心思，胸有成竹地向曹操獻策說：「現在劉岱已死，州中無主，和朝廷也失去了聯繫，我打算前去說服州中的幕僚，共同擁戴明府（指曹操）主持州事，先平黃巾，再收復天下，以此成就霸業，明府以爲如何？」陳宮這一席話說得曹操心上愁雲頓散，滿心歡喜，但他在外表上卻不動聲色，只是微微地點了點頭。

於是，陳宮去向兗州的別駕治中從事說：「今天下分裂而州中無主，曹東郡是個治世之才，要是我們推舉他出任州牧，必能使人民安生，地方安寧。」再加之濟北相鮑信又從中撮合，經過一番協商之後，大家取得了一致的意見，並公推鮑信和州吏萬潛等人到東郡迎請曹操。這樣，曹操做了兗州牧。

這年三十八歲的曹操，由東郡太守出任兗州牧，取得了方面的地位，掌握了治理一州的軍政大權。統治區域包括今天的山東省中部和西部，以及河南省的北部一帶地區。這在曹操一生中是一個轉折點。但是，擺在他面前的任務，是夠嚴重而艱巨的。當務之急，是如

陳宮

陳宮，字公臺，兗州東郡（今河南濮陽西南）人，性情剛直，深具謀略，被譽為擁有王佐之才的名軍師。少與海內知名之士相連結。曹操任東郡太守時從之，出謀並助曹操取兗州以為霸業之基。後於曹操征伐徐州時，與陳留太守張邈等叛亂，迎呂布入兗州為主。曾助呂布數度擊敗曹操，然呂布卻「每不從其計」，最終被迫與呂布逃往徐州投靠劉備。曹軍圍攻下邳（今江蘇睢寧古邳鎮），曾獻計呂布屯兵城外，與下邳互為犄角，呂布不納。兵敗被曹操所俘，拒不告饒，唯求速死，從容就戮。曹操泣而送之，終養其母，嫁其女。

何把百萬青州黃巾軍鎮壓下去，使兗州地區的局勢盡快安定下來，從而不辜負兗州士大夫的重託。曹操是從來不示弱的，他一上任就開始行動了。

三、兗州牧

曹操出任兗州牧後，立即調集軍隊，竭盡全力去著手解決黃巾軍的問題。他很清楚，這是關係到他能否立足兗州，進而爭雄天下的一個起點。這一步要是走不好，其他也就不用再說了。曹操也更明白，要對付這支人數眾多的人民軍，還得好好動一番腦筋才行。

出兵之前，曹操和濟北相鮑信仔細研究了號稱百萬之眾的青州黃巾軍的具體情況，認爲這支黃巾軍人數雖眾，卻是一盤散沙，沒有良好的紀律，沒有像樣的首領，更沒有甚麼謀劃，只知到處攻打，不知據地治理。因此，曹操根本不把這支人數眾多的青州黃巾軍放在眼裡，他滿懷信心和鮑信一道率軍進討，在壽張東邊就和黃巾軍遭遇上了。

曹操恨不得一戰成功，他鼓動士氣，厲兵奮擊，和黃巾軍展開了一場惡戰。曹操萬沒料到這支黃巾軍打得很勇猛，使曹軍將士傷亡不少。曹操眼看這麼打下去得不償失，犧牲太大，於是當機立斷，下令收兵紮寨，固守以待。曹操靜下心來，細細一想，胸中有數了。對於人數這樣眾多而又屢經戰勝之敵，不可硬拚，只可智取。曹操再和鮑信等人商議之後，針對敵人「恃勝而驕」的情況，確定了設奇制勝的作戰方案。

不料曹操在把一切安排就緒之後，他親自和鮑信率領隨從親騎到前線察看地形時，卻被黃巾軍發現了。後邊的步軍還未跟上來，黃巾軍的大隊兵馬就猝然而至，曹操和鮑信只得以身邊的少數親騎匆忙應戰，鮑信處處護著曹操，殊死格鬥。這個意外的遭遇，曹操依賴鮑信出力死戰，他最後倒衝出重圍了，而年僅四十一歲的濟北相鮑信卻被黃巾軍擊斃，連屍首也丟下了。

正是由於鮑信平素間「寬厚愛人」，他和部下相處的關係特別好，史稱其「治身至儉，而厚養將士」，他寧可自己節儉，也要讓將士飽飯穿暖，由此而深得將士的愛戴。鮑信死後，大家都請求曹操要把他的屍首找回來。不用說，曹操也深爲失去這麼一位志同道合的好友而非常痛惜，他立即懸賞派人尋找。實在找不著，沒有辦法了，曹操只好命工匠照鮑信的形狀刻了一個木像，然後舉行了隆重的祭祀儀式，曹操領著頭哭祭了一番。這麼一來，倒把將士的情緒激發了起來，大家都願意爲他出死力效命，去爲鮑信報仇。

曹操趁此機會，重新佈設奇兵，他「披甲嬰冑」親臨前線，督率將士，嚴明賞罰，和黃巾軍展開了一場決戰。這一仗，曹軍將士人人奮勇，個個當先，打得勇猛異常，對青州黃巾軍來說，自入兗州以來算是第一次硬仗，遇到了這麼強勁的官軍。經過一番激烈的爭戰之後，黃巾軍漸漸支撐不住了。曹操趁黃巾軍一鬆懈，乘勢出奇兵突襲，終於把黃巾軍擊退了。

值得注意的是，黃巾軍戰敗後，經過一番瞭解，知道曹操過去做濟南相時的一些情況，於是給曹操送去了一封書信，說他過去在濟南「毀壞神壇」，和他們的主張差不多，並向曹操宣揚「漢行已盡，黃家當立」，還說這是「天之大運」，不是曹操「力所能存」的，希望曹操能迷途知返，棄暗投明。這簡直等於是對曹操談和了。哪知曹操得書大怒，出其不意，攻敵不備，設奇置伏，晝夜會戰，終於把青州黃巾軍打垮了。

這年十二月，曹操緊追青州黃巾軍至濟北，迫使民軍向他投降了。曹操收得降兵三十餘萬之多，又得男女一百多萬人。他選拔其中強壯的組成一支生力軍，號稱「青州兵」。自此，曹操身價日高，不僅身任方面之重，而且手握重兵，成爲名副其實的一鎮諸侯了。後來成爲曹魏集團五良將之一的泰山鉅平（今山東泰安市南）人于禁，字文則，就是在這期間投奔到他帳下來的。

在曹操剛把兗州的局勢安定下來，正要著手於內政的整頓和建設的時候，萬沒料到朝廷竟派了個名叫金尚的京兆人來做兗州刺史，曹操不禁大怒，他花了半年多的時間，好不容易討平黃巾軍才把兗州的局勢穩定下來，他豈能白費功夫

毛玠

毛玠，字孝先，陳留平丘（今河南封丘東）人。少時為縣吏，廉而不貪，公正無私，被譽為「清公」。曹操於兗州辟為治中從事，獻著名的立國二策：「奉天子以令不臣」，占據政治上的有利地位；「修耕植，蓄軍資」，增強經濟實力。曹操深表讚許，並很快付諸實施。官拜東曹椽，與尚書崔琰共同負責選舉，所舉用皆清正之士。居顯位，常布衣蔬食，撫育孤兄子，賞賜賑貧族，家無所餘。官至右軍師、尚書僕射，任中「拔敦實，斥華偽，進遜行，抑阿黨」。後被誣告「傲世怨謗」下獄，經桓階、和洽等援救免罪，不久卒於家。

再把兗州拱手讓給別人。曹操趁金尚一到邊境，就給他來個迎頭痛擊，把金尚趕跑到南陽袁術那裡去了。可是當曹操再回過頭來整頓內政的時候，盤踞南陽的袁術又出兵攻打他來了。這麼一來，曹操只得暫時放下，集中精力來對付袁術了。

原來，袁術對曹操坐得兗州，十分惱怒。在他看來，曹操勢力的發展，就等於袁紹力量的增強，這對他是一個嚴重的威脅。因此，他積極聯絡公孫瓚從南、北兩面同時向曹操和袁紹發動進攻。與此同時，並請徐州牧陶謙從東面進逼兗州。這年年底，袁紹在龍湊（今山東平原縣附近）擊敗了公孫瓚，又和曹操聯兵在發干（今山東舊堂邑縣西南）擊走了陶謙。

第二年（初平四年，西元一九三年）春天，曹操屯兵於鄄城（今山東鄄城縣北）。袁術進兵陳留，收羅了一些曾被曹操打敗過的黑山軍餘部和於夫羅的南匈奴殘兵。殊不知曹操提兵匡亭（今河南長垣縣西南），一戰大破袁術軍，這時荊州牧劉表又切斷了袁術的糧道，迫使袁術丟了南陽，倉皇南逃到九江（郡治壽春，今安徽壽縣）去了。這一仗，袁術既損兵折將，又丟失了南陽地盤，從此再也無力向北爭衡了。

曹操收拾了袁術，算是安下心來了。在他把州治遷到鄄城後，他想起了去年底在平定黃巾之後治中從事陳留人毛玠向他建議的兩件事，應趕緊辦理。當時毛玠對曹操說：「現在天下分崩，朝廷失勢，生民廢業，饑饉流亡，公家連一年的儲備糧也沒有，老百姓得不到救濟，如何能安定下來，這麼下去是很危險的。固然用兵打仗要講正義，師出有名，但也要講實力，才能取勝。我建議將軍宜奉天子以令不臣，修耕植以蓄軍資，要是這兩件事辦好了，則霸王之業就可望成功。」曹操當即就採納了毛玠的這兩條建議。前一件尊奉天子，派遣使者到長安朝貢，他已照辦了。至於後一件廣修耕植，儲備軍資，得根據條件，逐步推行，付諸實現，但也得緊張。看來，曹操後來辦的迎天子

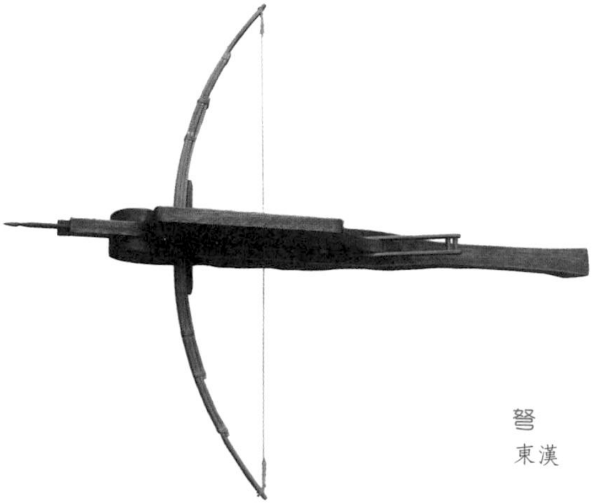

弩
東漢

都許，屯田積穀這兩件大事，首倡其謀的應是毛玠。這是曹操翦除群雄，統一北方的兩條根本大計。

可是，曹操在打敗袁術、解除了南顧之憂後，他卻打算教訓東邊的徐州牧陶謙。不用說，曹操之所以這麼急於對徐州用兵，一則是因陶謙與公孫瓚結成同盟，和他與袁紹相對抗。二則是陶謙上次出兵幫助袁術進逼過兗州，此仇不能不報。這時曹操自然想起了他父親曹嵩還居住在徐州琅邪（郡治開陽，在今山東臨沂縣北），要對徐州用兵，還得先把他父親接回來。萬沒料到這年夏天曹操派人去接他的父親，在回來的路上卻遭到陶謙別將張闓的搶劫，不但一百多車財物被搶光，而且還把他的父親和他的弟弟曹德一併殺死了。這一下，可把曹操氣炸了，他也不管是不是陶謙主使的，非找陶謙拚命不可。

這年秋天，曹操留陳宮守東郡，命夏侯惇屯濮陽，並請荀彧和程昱兼守鄄、范（今山東范縣東南）、東阿（今山東陽谷縣東北）三城。他親提大軍，以曹仁督率騎兵為先鋒，直撲徐州，一連打下十多個城池，直抵彭城（今江蘇徐州市），和陶謙帶來的主力軍相遇。曹操厲兵奮擊，一場惡戰。陶謙戰敗後，急忙引著敗殘人馬退保郯城（今山東郯城縣西南），再也不敢出來了。曹操圍攻郯城不下，他把復仇的盛怒情緒轉向找徐州老百姓去出氣。於是縱兵掃蕩，進行了慘無人道的大屠殺，光一次在泗水邊上就「坑殺男女數萬口」，頓使泗水為之不流。

值得注意的是，當時徐州在曹兵未到之前，還是一個比較安定的

報父仇曹操興師

繡像插畫—報父仇曹操興師。東漢末，曹操之父曹嵩攜家眷自琅琊赴兗州，途經徐州時，被徐州牧陶謙部下張闓謀害。曹操為報父仇，遂舉兵討伐徐州。

關羽

關羽，字雲長，原字長生，河東解良（今山西運城解州）人。《演義》中說他因在家鄉殺了仗勢欺人的土豪逃難江湖，流落到涿郡（今河北涿州），遇劉備圍攻黃巾軍召集人馬，便跟張飛一起追隨劉備。

《三國演義》裡描寫的關羽，是與劉備、張飛桃園三結義的生死兄弟。他身長九尺（二〇七公分），鬚長二尺，面如重棗，唇若塗脂，丹鳳眼，臥蠶眉。手使一把重八十二斤的青龍偃月刀（又名冷豔鋸），跨下日行千里的赤兔馬，威風八面，義薄雲天，如同天神下界，是三國第二大猛將。有「溫酒斬華雄」、「三英戰呂布」、「賺城殺車胄」、「斬顏良文醜」、「千里走單騎」、「過五關斬六將」、「古城斬蔡陽」、「華容道義釋曹操」、「水淹七軍」、「刮骨療毒」、「單刀赴會」等精采篇章，令人熱血沸騰。也有走麥城等英雄末路的遺恨和悽涼，令人扼腕太息。

歷史事實較演義有較大出入：斬華雄的是孫堅，「殺車胄」、「斬蔡陽」的是劉備，「單刀赴會」的是魯肅，「三英戰呂布」、「千里走單騎」、「過五關斬六將」、「華容道義釋曹操」不存在等。但關羽與劉備、張飛確實「情同手足」，關羽確實義字當先，忠於劉備。被曹操所俘後，不為高官厚祿所動，萬馬軍中斬殺袁紹大將顏良。得知劉備音訊以後，置封漢壽亭侯而不顧，立即離開曹操，回到劉備陣營。

建安二十四年（二一九年），劉備自立漢中王，封關羽前將軍（《演義》中也是那時關羽被封為五虎上將之首）。關羽長期在荊州獨當一面，多立戰功。但關羽沒有遵照諸葛亮「東和孫權，北拒曹操」的方針，如拒絕孫權聯姻，大言「虎女焉能嫁犬子」，惹孫權大怒等。同時因「善待卒伍而驕於士大夫」，使南郡太守糜芳、將軍傅士仁心生忌恨，勾結孫權襲取關羽後路。關羽攻打樊城，曹操派大將徐晃增援守將曹仁，關羽失利回軍，江陵被孫權所占，關羽軍潰散，關羽及其義子關平被孫權斬於臨沮，終年五十八歲。蜀漢後追諡關羽壯繆侯。

關羽三子一女。義子關平。次子關興，字安國，受諸葛亮器重，北伐時任龍驤將軍。三子關索，諸葛亮平定南蠻時曾用為先鋒。女關鳳，孫權為其子求婚未果。

關羽以「義」登上中國歷史上武將的巔峰。宋元時關羽被尊為「真君」、「武安王」，明清時尊為「大帝」，廟宇香火遍天下。相關詩聯無數。《演義》引有：

漢末才無敵，雲長獨出群：神威能奮武，儒雅更知文。天日心如鏡，《春秋》義薄雲。昭然垂萬古，不止冠三分。人傑惟追古解良，士民爭拜漢雲長。桃園一日兄和弟，俎豆千秋帝與王。氣挾風雷無匹敵，志垂日月有光芒。至今廟貌盈天下，古木寒鴉幾夕陽。赤面秉赤心，騎赤兔追風，馳驅時無忘赤帝。青燈觀青史，仗青龍偃月，隱微處不愧青天。

張飛

張飛，字益德（訛傳字翼德），早年與關羽共追隨劉備參與鎮壓黃巾軍的戰爭。劉備投奔昔日同窗公孫瓚，被封為平原相後，張飛與關羽任別部司馬，分統部曲。劉備依曹操打敗呂布後，張飛與關羽任中郎將。後跟隨劉備先後依袁紹、劉表。曹軍南下，張飛率二十騎斷後，在當陽長　據水斷橋，瞋目橫矛，大呼道：「身是張益德也，可來共決死！」曹軍無人敢上，劉備等得以脫險。劉備平定江南後，張飛為宜都太守、征虜將軍，封新亭侯，後轉南郡太守。

劉備入益州，圍攻劉璋。張飛與諸葛亮等溯流而上，分定郡縣。張飛所向披靡，俘巴郡太守嚴顏，呵斥嚴顏為何不降。嚴顏答：「我州但有斷頭將軍，無有降將軍也！」張飛怒令左右牽去砍頭，顏面不改色，張飛壯而釋放，引為賓客。

益州平定後，劉備賜諸葛亮、法正、關羽、張飛各金五百斤，銀千斤，錢五千萬，錦千匹，以張飛領巴西太守。曹操打敗張魯，留夏侯淵、張郃守漢川。張郃在巴西與張飛相拒五十餘日。張飛率精卒萬餘人，從小道智取瓦口隘，襲擊張郃，張郃大敗，棄馬爬山，與麾下十餘人逃回南鄭。

建安二十四年（二一九年），劉備自立漢中王，拜張飛為右將軍，假節。後升車騎將軍，領司隸校尉，進封西鄉侯。出守閬中。

關羽善待卒伍而驕於士大夫，張飛愛敬君子而不恤小人。關羽麥城兵敗後，章武元年（二二一年）劉備討伐東吳，張飛奉命帶兵到江州會合，臨出發，因鞭打士卒，被部下張達、范強所殺，終年五十六歲。張、范持張飛之首順流奔獻孫權。劉備追謚張飛「桓侯」。

《三國演義》裡描寫的張飛，是與劉備、關羽桃園三結義的生死兄弟。他身長八尺（一八五公分），豹頭環眼，燕頷虎鬚，勢若奔馬，性如烈火，聲如巨雷，手持丈八蛇矛，有萬夫不擋之勇，與關羽同稱「萬人敵」。三國第三大猛將，蜀漢五虎上將第二。

而實際上，張飛一手好書法。破張郃後，張飛設宴歡慶勝利，乘酒興用長矛在石壁上鑿下兩行隸書：「漢將軍飛，大破賊首張郃於八蒙，立馬勒銘。」即現存川東渠縣八蒙山的摩崖石刻《張飛立馬銘》真跡。張飛又善畫，清代《歷代畫徵錄》載：「張飛，涿州人，善畫美人。」相傳今存涿州鼓樓北牆上的《女媧補天圖》、張飛故里附近房樹村萬佛閣壁畫，均出自張飛筆下。清人紀曉嵐有一詩讚道：

慷慨橫戈百戰餘，桓侯筆札定然疏。哪知榻本摩崖字，車騎將軍手自書。

張飛二子。長子張苞早夭，次子張紹官至侍中尚書僕射。長女嫁劉禪為妃，後立為皇后，延熙元年（二三八年）卒，葬南陵，號敬哀皇后。次女亦嫁劉禪，其姊敬哀皇后死後，當年立為皇后，是為張皇后。蜀漢滅亡後，隨劉禪到洛陽。

地區。由於關中和中原地區橫遭董卓之亂，人民「流移東出，多依徐土」，紛紛避難到徐州來。曹操的父親不是也因此而遷來徐州的嗎？這次遇著曹操算遭了殃，所謂「百姓流移依（陶）謙者皆殲」，幾乎斬盡殺絕。即使有倖免的，也只得再顛沛流離了。連家居在徐州琅邪的諸葛亮，也正是在經過曹操這次糟蹋徐州之後，一家人分開了。他隨叔父諸葛玄離開了故鄉，後來輾轉奔走到了荊州。

神獸紋青銅鏡
三國 魏
1987年河南洛陽出土
銅鏡是漢代室內一種很重要的陳列品，從漢代銅鏡的數量就可窺見一斑。四神、禽獸、五靈是漢代銅鏡中最主要的紋飾。

史書上還說，曹操這次用兵徐州，「所過多所殘戮」，前後「凡殺男女數十萬人」。有的城池「無復行跡」，連一個人影子也找不到了。不但人沒有了，「雞犬無餘」，連雞犬也消滅光了。不用說，經過這次徐州的大屠殺，更使曹操以其殘忍而聞名於世了。

曹操在徐州折騰了一個秋冬，到下一年（即漢獻帝興平元年，西元一九四年）春天，才暫時收兵回到兗州。經過一番休整之後，夏天又再次進攻徐州。由於陶謙向公孫瓚告急，這次得到公孫瓚的支援，派了平原（今山東平原縣西南）相劉備率領關羽、張飛等領兵到徐州來幫助他，心裡踏實些了。可是，曹操這次攻徐州，來勢仍然凶猛，一舉攻下五城，掠地至琅邪、東海（郡治郯縣，在今山東郯城縣北）。不料曹操在郯城東邊擊敗陶謙和劉備的聯軍之後，正準備拿下郯城的時候，突然接到荀彧從兗州送來的書信，說的是陳留太守張邈和陳宮勾結、共迎呂布爲兗州牧的消息。曹操看後，強忍住內心的驚恐，外表上不動聲色，迅疾從徐州撤兵趕回兗州去。

不用說，這個消息使曹操太感到意外了，他一路上都在思索：呂布啥時候到兗州來的，陳宮怎麼會背叛他，張邈和他是老朋友了，居然會做出這種事來。曹操愈想愈迷糊，他感到自己眞是命途多舛，眼看初定兗州在事業上剛有個眉目，父親和弟弟也被人殺了，又來了個窩裡反，萬沒想到會演出這種惡作劇來。曹操轉念一想，只要有荀彧、程昱在，有夏侯惇在，諒亦無妨。不管怎樣，兗州又面臨一場新的災難了。

第四章 再定兗州

一、呂布到兗州

曹操在從徐州徹兵往回趕的路上，他心上的第一個問號——呂布是啥時候跑到兗州來的？話還得從頭說起。呂布自前年在長安兵敗之後，他帶領數百騎向東逃出武關，到南陽投奔了袁術。開初，袁術得呂布甚喜，「待之甚厚」，把他當上賓看待。可是不久，呂布卻自恃有功於袁氏，爲袁家報了仇，殺了董卓，竟自肆無忌憚地縱兵搶劫，引起了袁術的不滿。袁術進而聯想起呂布過去的所作所爲，尤其對他爲人的反覆無常這一點，不能不有所戒備。這麼一來，呂布也看出了苗頭，心不自安，他擔心袁術下毒手，於是離開南陽到河北投奔了袁紹。

去年呂布到袁紹那裡，正遇袁紹與張燕統領的黑山軍交鋒對壘，激戰於常山（今河北元氏縣西北）。張燕有精兵數萬，又有騎兵數千，勢盛兵強，使袁紹久攻不下。呂布一來，袁紹以爲來了一個好幫手，正好利用他來對付張燕。呂布騎著赤兔良馬，率領親騎當先掠陣，摧鋒破敵，「連戰十餘日」，終於把張燕打敗了。時人稱讚說：「人中有呂布，馬中有赤兔。」這一下，呂布又飄飄然起來了，他自以爲對袁氏前後有功，更是目空一切，不但他自己不把袁紹帳下諸將放在眼裡，連手下的將士也非常驕橫，盛氣凌人。而且他還要求袁紹多給他一些兵馬，他又經常帶著人馬出去搶劫。這麼一來，袁紹也和袁術一樣，不能不對呂布其人好好認識一番，從而引起了警惕。不用說，呂布察覺到後，也感到再難待下去了。於是，他向袁紹提出要求，讓他前往洛陽。

呂布要到洛陽去，反倒使袁紹感到有些爲難。對此，他更不能不認眞考慮了：要是放出呂布，萬一他成了一個氣候，再轉來找他的麻煩，豈不是自討苦吃。若還不放呂布，要是在他身邊鬧出事來，也很危險。袁紹反覆比較後，決定一不做，二不休，乾脆把他就此解決了事。

於是，經過一番安排之後，袁紹表面上一點也不露聲色，而且還十分客氣地任用呂布爲司隸校尉，請他到洛陽鎮守，並送給呂布甲士三十人，以壯行色。呂布也眞神，他似乎從袁紹的客氣中看到了某種不祥之兆，是黃鼠狼給雞拜年沒安好心。當晚，呂布在帳中鼓箏歡宴，乘袁紹的甲士安睡不備，他悄悄出帳溜走了。半夜後，袁紹甲士突入帳中，摸黑向著床被亂砍亂剁，自以爲把呂布剁成肉醬了。哪知第二天一早就發現希望落空，呂布尚在人間，袁紹立即下令關閉城門。其實，當晚呂布就引著親隨將士投奔河內太守張楊去了。

銅軺車　東漢

軺車為一種輕便快速的小馬車，一是小吏外出辦理公事或郵驛傳遞公文時所乘坐，形制淵源於戰車。漢初時的軺車為立乘，後來改為坐乘，一車可乘坐二人。此軺車造型巧妙，製作精美，現收藏於甘肅省博物館。

原來那個參加討董聯盟的河內太守王匡在被仇家胡母班親屬殺害後，董卓以朝廷的名義任命雲中（今內蒙古自治區托克托縣東北）人張楊做了河內太守。呂布至河內時，恰好河內太守張楊和他左右的人皆被李傕、郭汜以重金收買，準備除掉呂布。呂布得知消息，他乾脆把話挑明，坦率對張楊說：「我和足下是同州鄉里（同是并州人），足下殺我，恐怕未必能得到多少好處。我爲足下思謀，不如把我捕送去獻給他們，或許可以換得較高的爵賞，足下以爲如何？」張楊萬沒料到呂布來這一手，但話已被呂布說穿，他就更不敢下手了。

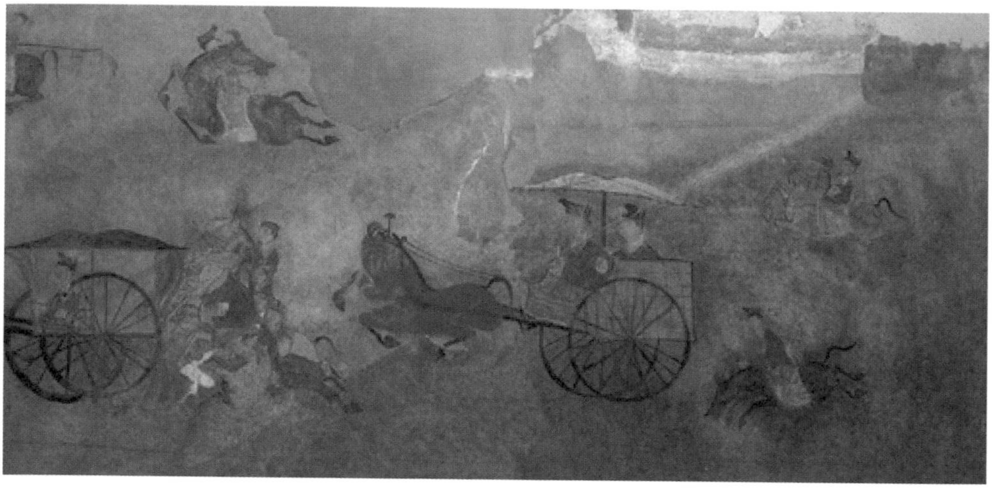

車騎圖　三國

該圖畫出自遼陽漢魏壁畫墓。這幅是其中最引人注目的車騎圖。車駕隨從百餘騎，武士前驅，文吏後擁，主車在其中，組成了一幅諧調的畫面。畫中武士兜鍪重甲，文吏寬衣博帶，駿馬馳騁前驅，千姿百態，生動非凡。

當然，張楊在這件事上也不是沒有考慮的，他明知呂布乃當今勇士，弄不好恐怕自己的腦袋就先掉在地上了，所以他慎之又慎，瞻前顧後，以致風聲走漏，爲呂布得知。不用說，在呂布把話說穿後，張楊只好在外表上盡量敷衍著李傕、郭汜，而「內實護布」，暗中卻對呂布加以保護。這麼一來，倒引起了長安方面李傕、郭汜的擔心，他們在動了一番腦筋之後，也來了個大轉彎，乾脆去封詔書，任呂布爲潁川太守，改變了對呂布的態度，對他加以籠絡了。

今年呂布到潁川上任不久，就收到了陳留太守張邈和陳宮共推他爲兗州牧的書信，這大出他的意外。但他仔細一想，不禁喜上心來。這到底是怎麼一回事呢？原來，在呂布上次離開袁紹投奔張楊路過陳留時，受到陳留太守張邈的盛情款待。張邈視呂布爲當世英雄，竭力拉攏。臨別時，還和呂布「把手共誓」，約定同盟。不料這件事卻被袁紹知道了，由此而深恨張邈。

其實，張邈對袁紹早存戒心了。自從袁紹被推爲盟主後，頗有「驕矜」之色，張邈曾義正詞嚴地指責過他，以致袁紹不顧交情竟授意曹操對張邈下毒手。曹操爲此勸告袁紹說：「孟卓是我們的親友，好壞都得寬容他。況且天下未定，不宜自相攻殺。」不用說，張邈得知後，非常感激曹操。可是現在，曹操卻和袁紹打得火熱，張邈十分擔心曹操終將受袁紹的主使對他用兵，因此心不自安。可見張邈對呂布建立關係，卻也有個預留後路的意思。顯然這和他改變對待曹操的態度更是直接有關。

自曹操當了兗州牧後，有些做法也確實引起了張邈的不快。曹操在陳留起兵時，是跟從張邈的，作爲張邈的部屬參加討董聯軍。可是曹操由東郡太守出任兗州牧，居然做了張邈的上司，要是曹操還和過去一樣，仍以老朋友的關係相處，對待張邈謙遜，客氣，或許張邈心無芥蒂，然而曹操得勢之後也和袁紹一樣，不免有些驕矜之色，竟至對他這位過去的上司和老朋友也擺起架子，裝腔作勢。尤其曹操在處理名士邊讓的問題上，不但使張邈不滿，連他的心腹部將陳宮也對他失去了信心，以致發生了舉兵背叛他的這一嚴重事變。

曾做過九江太守的陳留人邊讓，是當世一位頗有聲望的大名士，他的名氣在當時比北海相孔融還大，他鑑於天下分崩，官不易做，乾脆辭官還鄉，過起山林隱士的生活。大概邊讓對曹操在兗州的一些作爲看不順眼，不免在私下「譏議」過他，發了幾句牢騷，卻因此而惹下大禍，引起了曹操的忌恨。他不但捕殺了邊讓本人，而且還「族其家」，「并其妻、子」，竟把邊讓一家滿門老小統統抄斬。這件事後來被作爲曹操的一大罪狀，陳琳正式寫進了爲袁紹做的〈討曹檄文〉中。而在當時，正是由於曹操在這件事的處理上實在殘忍得太違背情理了，以致引起了兗州士大夫「皆恐懼」，人人都感到自危。不用說，以陳宮「剛直」之性，更難容忍。這年乘曹操再次出兵徐州之際，陳宮趁機聯絡兗州從事中郎許汜、王楷以及張邈弟弟張超等人，經過一番密商之後，決定聯合陳留太守張邈同謀舉兵，背反曹操，並迎請呂布到兗州來。

陳宮至陳留，對張邈說：「今天下分崩，雄傑並起，明府擁千里之眾，當四戰之地，撫劍顧盼，亦足以爲人豪，何必反受制於他人，甘爲人下乎！今乘其曹操舉州東征，內裡空虛，若把呂布這個當今的壯士、善戰無前的將軍迎來，收定兗州是不成問題的。事成之後，您和他共同主宰州事，觀天下之變，待機而動，亦可縱橫一時，成就一番霸業。明府意下如何？」張邈聽了，眞是求之不得，他滿心歡喜表示贊同。於是以他們共同的名義寫了那封書信給呂布，請他快快趕到兗州來。呂布得書喜出望外，立刻率領親隨將士趕往陳留。呂布一到，大家就共推他爲兗州牧。

張邈派遣心腹劉翊到鄄城通知曹操的司馬荀彧說：「呂將軍到兗

州來，是爲了幫助曹使君擊討陶謙，請供給他軍糧。」荀彧聽了，心甚疑惑，派人一打聽，原來是陳宮聯絡張邈等人據兗州反叛了。於是荀彧一面勒兵防守，一面馳召屯兵濮陽的夏侯惇趕到鄄城來，與此同時，以十萬火急的飛馬報向曹操送書告急。

夏侯惇在濮陽一得知消息，他因曹操的家屬全部在鄄城，怕變生意外，立即率輕軍往赴，不料正遇呂布領兵殺至，夏侯惇唯恐鄄城有失，奮力衝圍而出，奔鄄城而去。於是呂布占領了濮陽，並奪得夏侯惇軍輜重。一時軍威大盛，兗州郡縣紛紛響應，只剩下鄄、范、東阿三城堅守未動。當荀彧從降兵口中得知陳宮親自率兵進攻東阿，並同時分遣一支兵馬去奪取范縣時，不禁暗自心驚，他對程昱說：「今兗州背反，唯此三城拒守，陳宮等人以重兵臨攻，要是我們不去和三城守令取得聯繫，以固其心，恐怕也很難保住。」他因程昱是東郡東阿人，在本州又有名望，於是請程昱回東郡去守東阿，並兼巡三縣，程昱慨然應允，立即就動身了。

過范縣時，程昱得知范縣令靳允的家屬統統被叛軍扣住了。程昱毅然去見范縣令靳允說：「聽說呂布把你的母親、兄弟和妻子都抓了起來，這固然是很痛心的事！現在天下大亂，英雄並起，必有治世之才能平天下之亂者，這對每一個有見識的人來說，是應該愼重選擇的。所謂得主者昌，失主者亡。現在陳宮叛迎呂布而百城皆應，似乎好像很有作爲，以足下之見，呂布到底是怎樣的一個人呢？」

說到這裡，程昱看見靳允睜大眼睛緊盯住他，他點了點頭，接著說道：「照我看來，呂布無非是一個粗暴寡恩、剛而無禮的匹夫之雄罷了。而陳宮等人亦不過是暫時湊合在一起，不可能建立和保持上下之間的牢固關係，儘管他們兵眾雖多，絕不會取得成功的。我們曹使君智略超群，世間少有。請足下務必固守范縣，我回去守住東阿，不失當年田單復齊之功。足下以爲如何？」

程昱並不需要靳允立刻回答，他最後關切提醒靳允說：「足下是否打算違忠從惡去和母子一起落個不幸的結局呢？請認眞考慮吧！」

好一個程昱，他這一席話，剛柔兼濟，深明時勢，把個靳允說得痛哭流涕，表示說：「請君放心好了，我絕不敢懷貳心。」

程昱在范縣作了一番安排之後，回到了東阿。他看見東阿令棗祗很有辦法，不僅率領吏民拒城堅守，而且又申令嚴明，上下齊心，一切都安排得妥妥當當，嚴嚴實實，程昱大爲放心了。

然而就在這個時候，曹操率領

大軍趕回來了。一到東阿，曹操激動拉著程昱的手說：「要不是你們盡心竭力，我就沒有落腳之地了。」曹操立即表程昱爲東平相，請他前往屯守范縣。

曹操回到兗州，鑑於呂布攻鄄城不下，仍回軍西屯濮陽，對此，曹操情不自禁向左右人說：「呂布既得兗州，不能及時占領東平，截斷亢父（今山東濟寧市南）、泰山的要道，據險以待我歸，反而屯守在濮陽，從這一點看來，可見其用兵之無能了。」

但事不宜遲，曹操在親率主力軍前去收復濮陽的同時，派遣諸將分兵掠地巡收郡縣。於是，曹操爲了再定兗州，首先在濮陽和呂布展開了一場大戰。

二、濮陽之役

這年五月，當曹操統兵進抵濮陽時，呂布卻早已在濮陽城外西、南兩面安營紮寨，勒兵以待了。大軍一到，曹操立命于禁領兵從南面進攻，同時以青州兵打頭陣，向西進擊。哪知初一交鋒，青州兵就被呂布的騎兵衝得七零八落，前軍一潰，後軍慌亂，曹軍在西面吃了敗仗，退了下來。好在于禁在濮陽南邊連破了呂布兩營屯兵，總算挽回了一些損失，從而穩住了局面。

當天晚上，曹操親自率兵偷襲呂布濮陽西面的營屯。可是在黎明之前，當曹軍剛攻破敵人西營的時候，呂布親自率領一支生力軍趕到

青銅馬
三國
襄陽市長虹路三國墓葬出土，湖北襄陽市博物館藏
漢代銅馬模型相當於近代馬匹外型學的良馬標準型。而歐洲一直到18世紀才有類似的銅質良馬模型問世。

了，曹軍被迫三面應敵，相攻甚急，雙方展開了一場激烈的混戰。從晨至午，眼看曹軍人困馬乏，漸漸支持不住了。面對這一情況，曹操當機立斷，他於陣上招募勇士擋陣殿後，打算收兵而返，免受更大的犧牲。司馬典韋首先應召，隨之響應的有數十人，他們都穿上兩重衣鎧，手持長矛撩戟，保護著曹操撤退。不料敵人亂箭齊發，矢下如雨，典韋殿後，向隨從的人說：「敵人離我十步，告訴我。」等敵人相距十步時，從人齊呼：「十步了。」典韋頭也不回，說：「離五步，再告訴我。」到了五步，隨從的人莫不膽寒，齊聲驚呼：「敵人到了！」典韋手持十餘戟，回頭一聲大叫，戟隨手出，敵騎應聲而倒，無一落空，敵眾嘩然而退，再也不敢向前來了。到天快黑時，曹操才收兵回營。

回到大營，曹操立刻拜典韋為都尉，統率親兵數百人，侍衛左右。不用說，曹操發現典韋，心中甚喜，可是這兩仗打下來，如此棘手，卻又使曹操感到擔憂，要是這麼下去，兗州何時才能收復？一天，曹操正在帳中思謀對策的時候，忽然接到濮陽城中大姓田氏派人送來的一封書信，曹操看後，不禁轉憂為喜。曹操知道這個田氏是濮陽城中有財有勢的大土豪，要是他願意充當內應，何愁不成功。曹操打了這兩陣敗仗，正要尋機報復，現在機會來了，當即就和田氏約定了時間，並商訂了裡應外合的具體辦法，以及雙方聯絡的口令暗號等等，務求一舉拿下濮陽，方洩胸中之恨。

在約定的這天晚上，曹操親率將士直抵濮陽東門，曹軍一到，城門大開。哪知曹軍人馬剛一入城，東門一帶就突然起火，霎時間，一片通紅，火光之中無數騎兵往來衝

車馬出行圖
東漢豪強大族政治勢力的擴張，在考古文物上也有生動的反映。河北平安出土的彩色壁畫車馬出行圖，分上下四列，共繪馬車八十餘乘。最下一列的主車是安平王的馬車，上面三列的每一列都相當於二千石郡太守的官秩，是王的下屬官吏。整個畫面反映地方豪強大族出行，前擁後隨，排場極其盛大。

突，殺喊之聲地動天搖。曹操一下明白是怎麼一回事了，這個當不上也上了，要退也來不及了。曹軍將士倉皇接戰，不但被呂布的騎兵衝得暈頭轉向，而且又遭到呂布預先埋伏下的步兵亂砍亂殺，逼得曹軍死裡逃生，回向東門擁去，自相踐踏，死傷狼籍。曹操和諸將在混亂中失散了，他正在驚慌中，但見呂布威風凜凜率領一隊騎兵打他面前經過，他急中生智，忙把士兵的頭盔換來戴上，低著頭混入亂兵之中，卻不料被呂布的隨從親騎抓住他問道：「曹操何在？」曹操隨手一指，並鎮靜回答說：「那邊騎黃馬的就是曹操。」曹操騙過敵騎，直奔東門，不顧性命，冒煙突火而出。

曹操剛一出城，就從馬上墜了下來。大概是他的左手掌被燒傷，疼痛難忍，再加之煙熏火燎，頭昏眼花暈倒了。恰好這時，被他的司馬樓異發現了，急忙扶他上馬，一路上保護著他，匆匆回營。

回到營中，諸將都跑來慰問，並向他請罪。這時，曹操反倒清醒了，他掃視了大家一眼，故作鎮靜對大家說：「勝負乃兵家常事，不用擔心，我自有破呂布之策。」這一下，諸將反倒被曹操這種樂觀的情緒所感染，大家不放心也放心了，只要有曹操在，辦法總是會有的，勝利總會到來的。第二天一早，曹操又親自到各營慰勞將士，並同時下令軍中趕造攻城戰具，表示非攻下濮陽不可。

可是事情並不簡單，在以後的

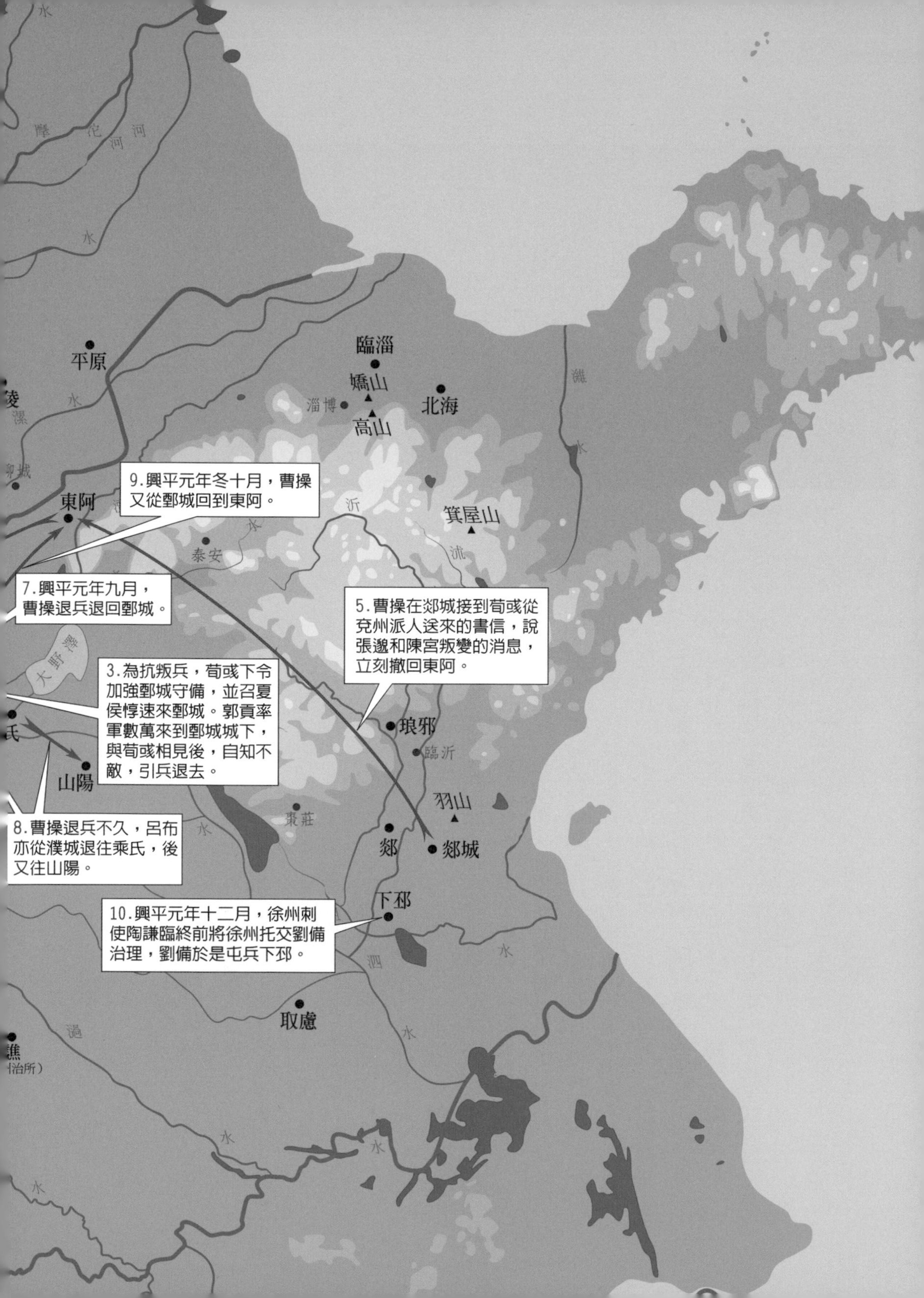

9.興平元年冬十月，曹操又從鄄城回到東阿。
7.興平元年九月，曹操退兵退回鄄城。
5.曹操在郯城接到荀彧從兗州派人送來的書信，說張邈和陳宮叛變的消息，立刻撤回東阿。
3.為抗叛兵，荀彧下令加強鄄城守備，並召夏侯惇速來鄄城。郭貢率軍數萬來到鄄城城下，與荀彧相見後，自知不敵，引兵退去。
8.曹操退兵不久，呂布亦從濮城退往乘氏，後又往山陽。
10.興平元年十二月，徐州刺使陶謙臨終前將徐州托交劉備治理，劉備於是屯兵下邳。
臨淄
嶠山
淄博
高山
北海
平原
東阿
泰安
箕屋山
大野澤
琅邪
臨沂
山陽
羽山
棗莊
郯
郯城
下邳
取慮
沂
沭
濰
泗
摩沱河

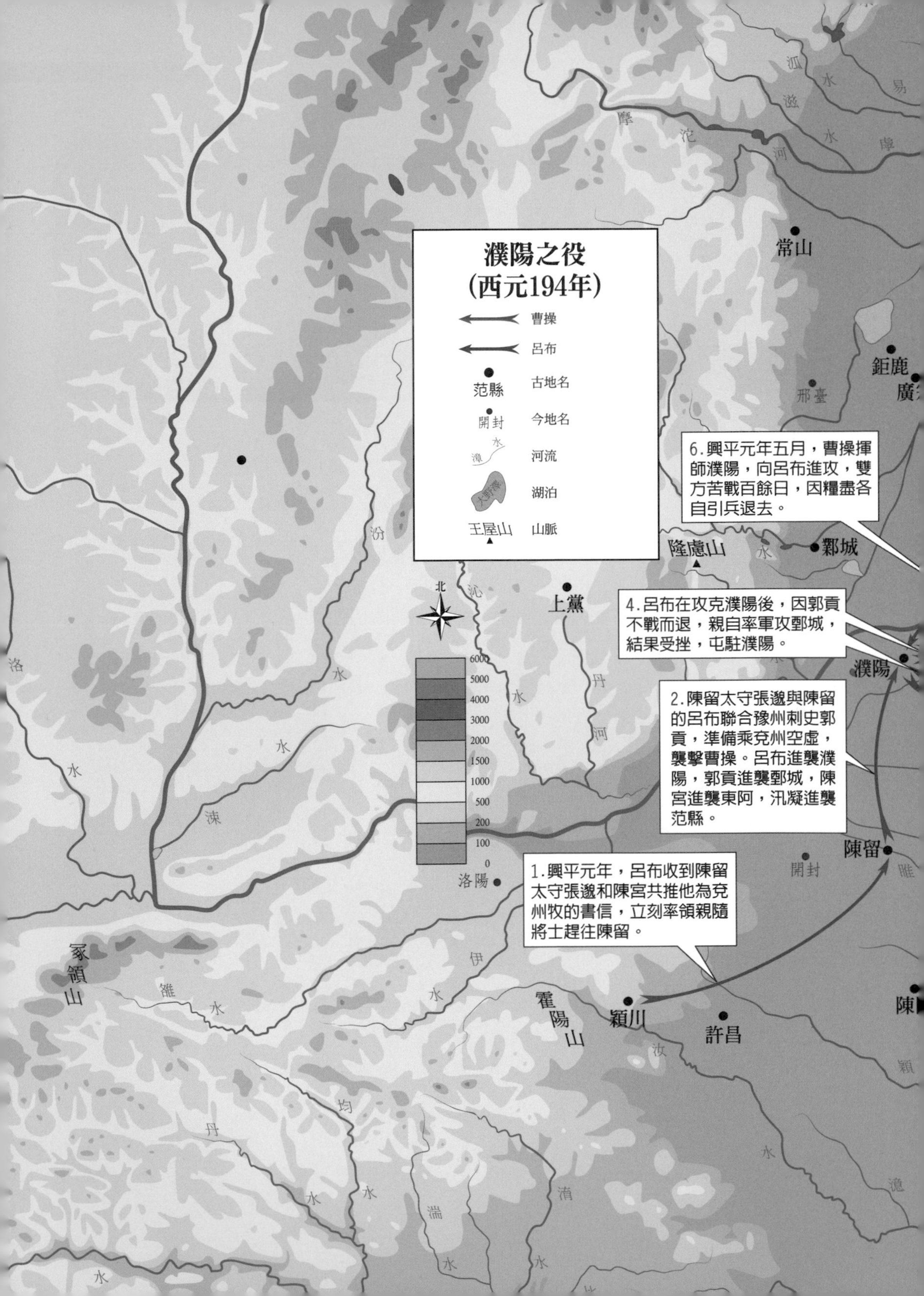
濮陽之役
(西元194年)
曹操
呂布
范縣
古地名
開封
今地名
漳
水
河流
大野澤
湖泊
王屋山
山脈
6.興平元年五月，曹操揮師濮陽，向呂布進攻，雙方苦戰百餘日，因糧盡各自引兵退去。
4.呂布在攻克濮陽後，因郭貢不戰而退，親自率軍攻鄄城，結果受挫，屯駐濮陽。
2.陳留太守張邈與陳留的呂布聯合豫州刺史郭貢，準備乘兗州空虛，襲擊曹操。呂布進襲濮陽，郭貢進襲鄄城，陳宮進襲東阿，汎凝進襲范縣。
1.興平元年，呂布收到陳留太守張邈和陳宮共推他為兗州牧的書信，立刻率領親隨將士趕往陳留。
北
6000
5000
4000
3000
2000
1500
1000
500
200
100
0
常山
鉅鹿
邢臺
鄴城
隆慮山
上黨
濮陽
陳留
開封
洛陽
穎川
許昌
霍陽山
冢領山
摩
沱
河
沁
水
丹
河
汾
水
洛
水
涑
水
伊
水
雒
水
汝
均
丹
水
淯
湍
潁

投壺畫像石
東漢
河南南陽出土
畫面中間立一口小頸長的壺，壺內插著以投進去的兩根矢，壺左側放置盛酒的樽，樽上放一把勺，供人舀酒用。有兩人分別跽坐在壺的左右，每人一手抱三矢，另一手執一矢，面向著壺準備投擲。畫面右邊有一人跪坐，兩手拱抱，似旁觀者，又似侍仆。左邊一人席地而坐，很可能是宴會的主人。從畫面中可以看出，漢代的儒士對酒設樂，常有投壺助興。

多次交鋒中，雙方互有勝負，濮陽既未攻下，曹操也沒被呂布趕走。這麼僵持下去，打了一百多天，不料情況發生了變化，逼使雙方都沒法再打下去了。值得注意的是，這倒不是什麼人爲的因素，關東的諸侯沒有一個來插手，或是來做和事佬，他們坐山觀虎鬥，巴不得兩邊都盡全力，打完打光了事。連那位支持曹操、仇恨呂布的袁紹也袖手旁觀，非到一定的時候，他才開腔說話，表示他的「關心」。那麼，到底是甚麼原因迫使雙方都打不下去了呢？

原來，這年從四月到七月，老天沒下過一滴雨，連長安城裡到處都餓死了人，死屍遍地，「白骨委積」，一斛（十斗）穀子漲價到五十萬錢。關東地方也並不例外，大旱之後，又遭蝗災，老百姓在兵荒馬亂中種點糧食已很不容易，蝗蟲漫天飛來，把本來就收成不好的一點莊稼全都糟蹋光，弄得顆粒無收。在這「百姓大餓」的情況下，無論呂布，或是曹操，軍中都沒吃的了，這仗也就沒法再打下去了。所以說，這不是人爲的因素，是天災，是蝗蟲，迫使雙方只好暫時息兵罷戰了。

這年九月，曹操帶著飢餓的將士退回到鄄城。不久，呂布在濮陽也待不下去了。當他領兵到乘氏（今山東巨野縣西南）搶劫，遭到當地大族李進的狙擊後，沒奈何又向東轉到山陽（郡治昌邑，在今山東金鄉縣西北）那邊就食去了。

冬十月間，曹操又從鄄城向北到了東阿。這時，曹操面臨饑荒嚴重，在他眼前竟至出現了「人相食」的悲情慘景。對此，他一面下令「罷吏兵新募者」，停止募兵，並遣返一部分新招的吏兵，把隊伍加以精練，實行精兵簡政。與此同時，他派人四出到各地籌集糧食，以度難關。

就在這個時候，冀州牧袁紹「關心」起他來了。袁紹派人帶話給曹操，希望曹操把家遷到鄴城，表示願意繼續和他「聯合」，進一步加強彼此的同盟關係。明眼人一看，就知道袁紹這時的關照是乘人之危，沒安好心。以曹操之智，豈不明白這一點。可是在這件事上，曹操卻有他自己的想法和打算，他認爲現在新失兗州，軍中又缺糧少吃，暫時依附袁紹未必不是一個出路，即使袁紹想怎麼樣，恐怕一時也不敢。在他的北面有公孫瓚，南面有陶謙，袁紹還得依靠他來對付他們。況且呂布的存在對袁紹也是一大威脅。有鑑於此，曹操倒眞打算接受袁紹的邀請。

可是當曹操把他的想法提出來和眾謀士商討的時候，大家七嘴八舌議論開了。不用說，有贊同曹操的，也有說這麼做實在是很危險的，一時難以決策。恰好東平相程昱來到東阿，他一聽說，就立即去見曹操。曹操未及開口，程昱就急迫問道：「聽說將軍要搬家到鄴城，與袁紹聯合，有這回事麼？」曹操正想聽聽程昱的意見，點了點頭，說：「是的，但不知足下有何高見？」程昱皺了皺眉，嚴肅對曹操說：「我看將軍大概是臨事而懼了吧！不然的話，是不會考慮得這麼不周到的。拿袁紹來說，儘管他占據燕、趙之地，有吞併天下之心，而他的智才卻是不足以取成的。將軍試想能否作他的下屬？以將軍龍虎之威，智勇兼備，甘爲韓信、彭越之事嗎？今兗州雖殘，尚有三城，能戰之士，不下萬人，以將軍之英武，加上文若和我等都願意爲將軍效勞，再廣泛羅致人才，收而用之，霸王之業是不難成功的。請將軍再認眞考慮吧！」程昱這一席話說得曹操兩眼生光，大爲振奮，不管他原來出於何種考慮，毅然打消了前去依附袁紹的念頭。

於是，曹操納程昱之見，以鄄、范、東阿三城爲中心，建立起鞏固的根據地。在呂布離開濮陽後，曹操立刻派兵進占了濮陽，加以固守，和鄄、范、東阿連成一片。經過一番艱苦的努力之後，到第二年（興平二年，西元一九五年）春天，曹操再振旗鼓，準備重新收復兗州失地了。

三、收復兗州

這年春天一開始，曹操和眾謀士商議之後，首先出兵攻打定陶（濟陰郡治，在今山東定陶縣西北），濟陰太守吳資固守定陶之南城。定陶還未拿下，呂布率軍趕至，曹操趁呂布剛到，立營未穩，就縱兵一擊，打敗了呂布，迫使呂布退走。可是定陶城高堅厚，久攻不下。到了夏天，曹操忽然得知呂布部將薛蘭、李封屯兵鉅野（屬山陽郡，在今山東巨野縣南），妄圖切斷他和鄄城的聯絡。曹操當機立斷，留下部分兵馬繼續圍攻定陶，而他自己卻親自領兵攻打鉅野。當呂布再次率兵去救鉅野時，薛蘭已被曹操打敗，呂布驚走，曹操再戰而陣斬薛蘭、李封，收復了鉅野，使戰局爲之改觀。然而這時，卻因軍糧不繼，迫使曹操停止了進攻。糧食問題，倒真夠曹操當時傷盡腦筋的。

青瓷罐　三國

青瓷發展至三國兩晉南北朝時期，燒造技術已達到相當成熟的階段，且南方和北方所燒青瓷各具特色。此青瓷罐出土於浙江省嵊縣浦口鎮四村太平二年（二五七年）墓。

就在收復鉅野之後，當曹操把軍隊集中在鉅野西南的乘氏地方進行休整時，兗州地區饑荒仍未過去，竟至又出現了「人相食」的悲慘情況，而且他軍中也嚴重缺糧，使他不能不感到憂慮。他在沒有辦法之中倒想出了一個辦法，打算轉移視線，把收復兗州的事暫時放下，乾脆出兵討伐徐州。但當他把這個失此而顧彼的辦法提出來和大家商議時，不但使手下的武將目瞪口呆，爲之震驚，更使身邊的衆謀士個個搖頭，感到意外。大家你看著我，我看著你，一時茫然不知所措。

其實，曹操之所以要在這個時候再次攻打徐州，仔細探究起來，也不單單是爲了擺脫饑荒而轉移視線，還有他自己另外的一番深刻用心和實際打算。一則因徐州牧陶謙於去年底病故，他沒能親自殺死這個和他有殺父之仇的不共戴天之敵而深感遺憾。同時，他又因劉備在陶謙死後坐得徐州而火冒三丈，所以他一直念念不忘，打算這時先攻取徐州，再回來解決呂布，收復兗州。爲此，謀士荀彧在傷透了一番腦筋之後，他以古鑑今，從分析形勢著手，勸阻曹操說：「當年漢高祖保關中，光武帝據河內，都是紮根固本以收天下，進可以勝敵，退足以堅守，故雖有挫折而終能成就大業。將軍以兗州舉事，平定關東之難，百姓莫不推心擁戴。況且河、濟（泛指黃河、濟水流經的兗州地區）乃天下之要地，今雖殘壞，但我們是能夠盡快收復並鞏固起來的，這就是將軍的關中、河內呵，不可不先收定。」荀彧的話一下就把曹操吸引住了。

說到這裡，荀彧看見曹操睜大眼睛盯住他，於是從容繼續說道：「現在我們已經破滅了李封、薛蘭，若是我們乘勝分兵攻擊陳宮，宮必不敢西顧，我們趁此機會把西邊的麥子收割完畢，節省著吃，積蓄一些，然後就可一舉擊敗呂布。收拾呂布之後，我們再南結揚州劉繇，共討袁術，以兵臨淮、泗（泛指淮水、泗水流經的揚州地區），爭取更大的勝利。若我們現在就捨呂布而去攻打徐州，多留兵則不夠用，少留兵則僅可以守城，要是呂布乘虛寇掠，民心動搖，唯鄄、范、東阿、濮陽等城可以保全，其餘城池都會落入呂布之手，我們就等於把兗州讓給了呂布。我們還不能不考慮到，若是在徐州不能取勝，將軍能否安然歸來也很難說。」曹操雖然明白了荀彧的意思，但他還感到有點懷疑，禁不住問道：「何以見得征徐州就一定不會成功？」

荀彧微微一笑，說了下去：「照我看來，雖然陶謙已死，但劉備繼掌徐州，此人深得民心，不是一時可以攻下的。鑑於過去的失敗，他們是不會不做充分準備的。現在東邊的麥子已經收割完了，他們必定會採取堅壁清野的辦法來對付將軍，要是這樣，我們進不能攻占城池，退又無所收穫，不出十天，則我大軍就會陷入困頓的境地。再說，前次討徐州，殺了不少人，他們是絕對不會忘記的，一定會堅守到底，寧死也不投降的。說實話，即使這次能攻破，恐怕我們也不會得到甚麼好處。事情固然往往是失此而顧彼的，若以大的成功受點小損失，若以安定取代危局，若乘一時之勢，不動搖根本，這未嘗不是一件好事。然而我們現在討伐徐州，在這三個方面對我們來說，都不是有利的。唯請將軍再熟慮深思，好好權衡利弊吧！」

曹操聽了荀彧這一席話，覺得他既洞明時勢，又把道理講得很透澈，他深為荀彧勸諫他的這一番良苦之心感嘆不已，因而只好把征伐徐州的事暫時放一放。說實在的，後來形勢的發展，又確如荀彧之所料。當曹操再回過頭來和眾謀士商議下一步計畫的時候，大家一致認為，應吸取過去的教訓，趕快籌集軍糧，只要有了糧食，戰勝呂布是沒有問題的。

於是，曹操命令各部將士立即出動，四處收割麥子，以濟軍食。沒過幾天，忽然接到報告，說呂布

石田塘
東漢
1979年四川峨嵋山雙幅鄉出土，中國國家博物館藏
這件石田塘模型，一側鑿出兩塊水田，一塊田裡只有堆肥，另一塊田裡兩個農夫正俯身勞作；另一側鑿出水塘，塘中置一小船，還有鱉、青蛙、田螺、蓮蓬等。這就是漢代波池水塘既可以蓄水灌田，又可以養魚栽蓮，同時發展多種農業生產。

從東湣（屬山陽郡，在今山東金鄉縣東北）和陳宮率領一萬多兵馬殺奔過來了。這時，曹軍人馬盡都在外搶割麥子，還未回來，留下的士兵不滿千人，連守營屯都成問題。面對這一情況，曹操急中生智，他相度地形，因營屯西邊有一帶大堤，南面卻又樹林幽深，可以迷惑敵人。他一面下令城中婦女盡上城頭防守，與此同時，他親自率領所有的將士堅守營屯。呂布到了堤邊，看見毫無動靜，他用手指著南面那一片幽深的樹林，自作聰明對左右的人說：「曹操詭計多端，我們不要上他的當。」於是引軍向南退下十餘里才安營紮寨，放下心來。

當天夜晚，曹軍外出割麥的將士接到命令後，陸續趕了回來。曹操對諸將說：「今天呂布懷疑樹林內有伏兵，怕中計沒有進去，明天他一定要來進攻。」曹操當即向諸將面授機宜，作了一番佈置。第二天，呂布果引兵來。曹操早已把精兵隱藏在堤內，只用少量游兵在外誘敵。呂布揚兵大進，曹操以輕兵挑戰，且戰且退，待一進入埋伏圈內，曹軍伏兵一齊擁上堤岸，殺喊之聲，震天憾地，呂布大驚，要收兵也來不及了。曹軍「步騎並進」，大破呂布軍，並「獲其鼓車」，一直追到呂布營寨而返。

這一仗下來，呂布眼看大勢去了，他和陳宮等人商議，決定離開兗州，到徐州投奔劉備，再作後圖之計，並立即派人通知張邈。事不宜遲，說走就走，當晚呂布和陳宮就乘夜引著敗殘人馬奔往徐州。翌晨，曹操得知呂布已去，親統大軍復攻定陶，一舉而下。接著，曹操再分兵平定兗州郡縣。

這期間，陳留太守張邈得知呂布連戰皆敗，心中甚爲憂慮。尤其在他忽然得知呂布、陳宮敗奔徐州的消息，不禁大爲恐懼。他當即使其弟張超帶領家屬退保雍丘（屬陳留郡，在今河南杞縣），他自己也率領親騎趕往徐州跟從呂布去了。八月間，張邈在徐州得知曹操圍攻雍丘甚急，唯恐城破家亡，他在請求呂布出兵而得不到結果時，憤而離開了呂布，親往揚州去向袁術搬兵求救。

這年十二月，雍丘被圍困數月後，在內無糧草，外無救兵的情況下，終於被曹操攻破了。在城破之時，張超知道曹操絕不會放過他，被迫自殺了。曹操攻下雍丘，不但把張邈、張超兄弟兩家老小統統殺光，而且還「夷邈三族」，曹操在這方面是從來不講交情，心毒手狠的，哪怕張邈過去和他是老朋友也不行。而張邈卻在前往揚州的路上，早已爲其部下殺死了。這位曾經支持曹操起兵討董，後又背叛曹操的陳留太守，就這麼以失敗結束了。

在曹操再定兗州的這一年冬天十月，朝廷正式任命他做了兗州牧。何以這個時候朝廷才承認了曹操兗州牧的地位呢？原來，曹操在初定兗州後，採納了毛玠「奉天子以令不臣」的建議，派遣使者到長安進貢，並希望朝廷對他取得兗州牧地位予以認可。他的使者路過河內時，被河內太守張楊扣住，不讓過境。正好定陶人騎都尉董昭也在河內，這位後來成爲曹操手下重要謀士的董昭（字公仁），當時對張楊說：「袁紹和曹操現在雖是同盟一家，但他們絕不會長久合在一起的。眼下曹操雖弱，力量不大，但他確實是一位天下英雄，您應當找機會和他交好。今天他的使者借道於此，正是個機緣，您最好替他和朝廷疏通，或是上表推薦他。若是事情能夠成功的話，將來他是絕不會忘記您的。」張楊當即就採納了董昭的意見，不但放行曹操的使者，而且還眞的上表推薦了曹操。董昭也爲曹操寫了一封書信給長安的當權者李傕、郭汜等人，請他們不要怠慢曹操的使者。

可是，當曹操使者到了長安後，李傕、郭汜卻懷疑起曹操這時與朝廷聯絡，總是別有所圖，沒安好心，因而把曹操使者軟禁起來，既不讓他見天子，也不讓他會公卿。倒虧得潁川人黃門侍郎鍾繇勸告李傕、郭汜說：「現在英雄並起，各行其是，根本不把朝廷放在眼裡，難得曹兗州這麼忠心王室，遣使來貢，我們要是這麼對待他，眞叫天下人失望呵！」奇怪的是，李傕、郭汜雖也聽從了鍾繇的勸告，禮待了曹操的使者，並對曹操「厚加報答」，回贈一些禮品，勉勵了一番，但卻並沒有承認曹操地方的地位。

直到這一年，李傕、郭汜在長安反目成仇，兵連禍及，關中頓時大亂，再使朝廷播遷，天子逃亡。而曹操這年再定兗州，上表稱功，難得曹操和朝廷一直保持聯絡，儘管這時朝廷自顧不暇，卻也順水推舟讓他做了兗州牧。

不管怎樣，曹操終於如願以償了。這一下，曹操不僅在實際上，而且名正言順成爲兗州的主宰者，掌握了兗州這塊被荀彧視之爲「天下要地」的地盤。他要以此爲起點，進而實現他廓清宇內，翦滅群雄，一統天下的宏大誓願。曹操深感要實現這一目標是非常艱辛的，但他決心一點一滴，一步一個腳印走去，他唯恐自己不能成功，落得個受人恥笑的結局。從他這年在接受兗州牧的正式任命時向朝廷上的一道謝表中，情不自禁表白了

弋射收穫畫像

收穫漁獵畫像磚上的弋射圖是當時人們以絲縷繫矢設鳥的情景。弋者所用的短矢叫「矰」，絲縷叫「繳」，其另一端繫著可以滑動的磻，這個磻還被裝在一種半圓形的機械裡，說明當時人們的狩獵工具已很完備。

他的這種心情。表云：

入司兵校、出總符任。臣以累葉受恩，膺荷洪施，不敢顧命。是以將戈帥甲，順天行誅，雖戮夷覆亡不暇。臣愧以興隆之秩，功無所執，以偽假實，條不勝華，竊感譏請（誚），蓋以惟谷。

不難看出，曹操在追述他內掌禁軍、外任征伐的經歷時，稱他因家幾代蒙受朝廷的恩寵和獎賜，不敢顧惜性命，照天子的意旨行事，可是叛亂還沒有討平，就受到朝廷這般厚待，實在有愧。他甚至擔心遭到別人的譏笑，使他感到進退維谷。可見曹操於此向朝廷表示，他要以兗州爲根據地，眞正擔當起平叛伐亂的重任了。

豈知這一年，曹操雖然再次克定兗州，趕走了呂布，可是呂布並沒有死。而這年李傕、郭汜火拚關中，不僅公卿受累，竟連天子也受苦，東奔逃出關來了。眼下豫州汝南、潁川一帶黃巾軍又大鬧起來，並公然打出擁護袁術的旗號，這對剛收復兗州的曹操來說不能不是一個威脅。袁術自前年丟了南陽地盤被他趕到九江去後，卻驅走了揚州刺史陳瑀，占據了壽春。特別值得注意的是，去年袁術把孫堅舊部歸還給孫策，讓孫策帶著他父親留下的這支由精兵猛將所組成的軍隊，到江東斬將奪地開創基業，經過大小數十戰，孫策先後奪占了吳、會稽、丹楊、豫章、廬陵等五郡。孫策當時是依附袁術的，孫策勢力的發展，也就等於袁術力量的增強。這麼一來，袁術又在淮南那邊稱王稱霸了。無怪乎這時豫州黃巾軍也竟和袁術扯上了關係，曹操對此如何能容忍。

面對這種種情況，兗州牧曹操一面密切注視著朝廷的動向，打聽天子的下落，與此同時，他決計首先解決汝南、潁川的黃巾軍，把勢力向豫州擴張，然後再作下一步的安排。第二年（建安元年，西元一九六年）春正月，曹操親統大軍出討，在他兵臨武平（今河南鹿邑縣西北）時，迫使袁術任命的陳（封國，治陳縣，在今河南淮陽縣）相袁嗣向他投降了。就在這年二月，曹操進至汝南、潁川，縱兵奮擊，陣斬黃巾軍首領黃邵，其餘劉辟、何儀等部黃巾軍皆舉眾向他投降。

這一下，曹操總算又安下心來了，他的勢力也從兗州擴展到了豫州。自此，他在恢復經濟，發展生產，從事鞏固根據地建設的同時，開始集中精力和眾謀士商議，如何去迎接從長安東奔出關、歷盡艱辛的漢獻帝，從而實行他「奉天子以令不臣」，或是如後來諸葛亮在〈隆中對〉中說他「挾天子而令諸侯」的大計方針了。

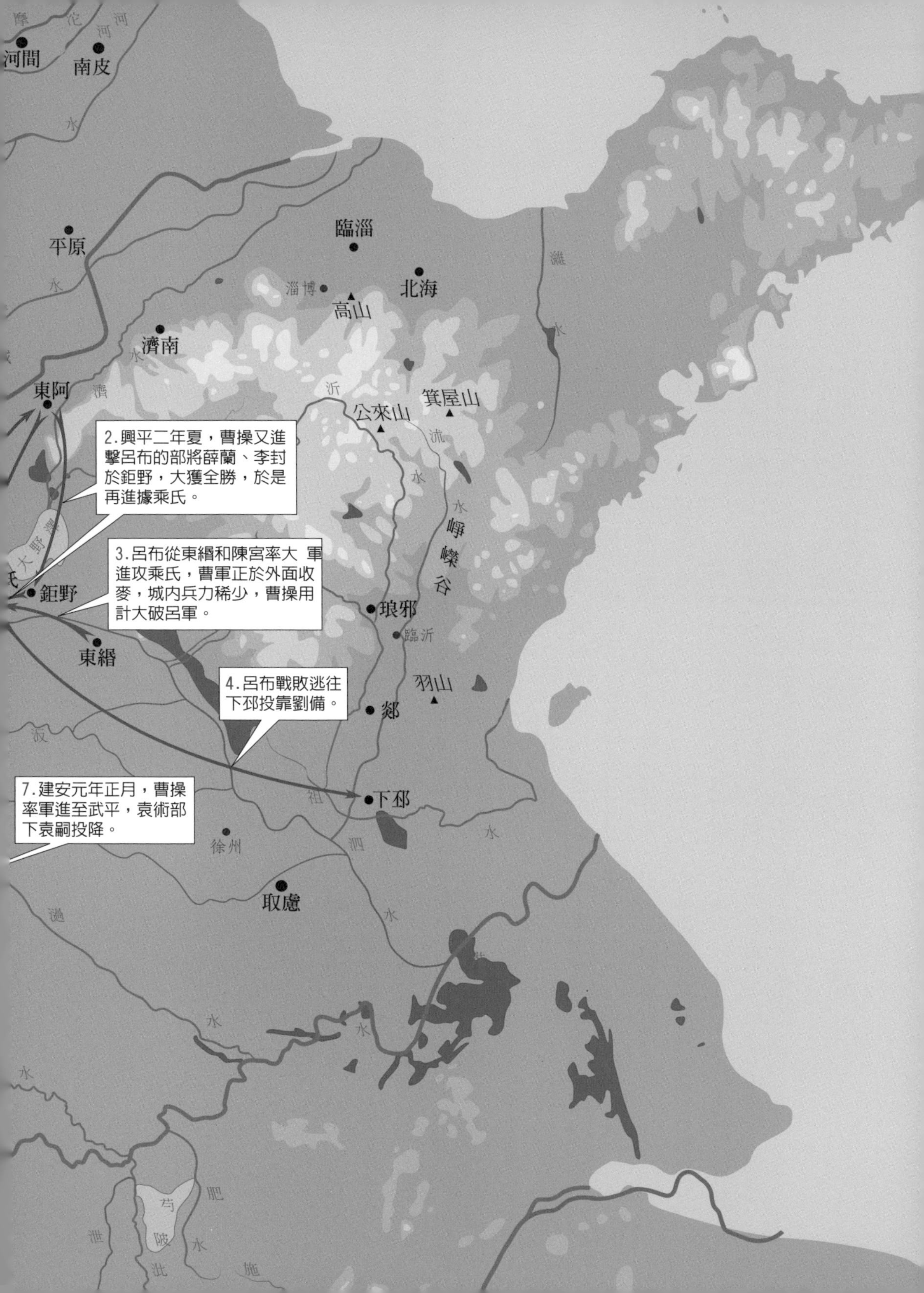

河間
南皮
平原
臨淄
淄博
北海
高山
濟南
東阿
公來山
箕屋山
2.興平二年夏，曹操又進擊呂布的部將薛蘭、李封於鉅野，大獲全勝，於是再進據乘氏。
大野澤
3.呂布從東緡和陳宮率大 軍進攻乘氏，曹軍正於外面收麥，城內兵力稀少，曹操用計大破呂軍。
鉅野
東緡
琅邪
臨沂
崢嶸谷
羽山
4.呂布戰敗逃往下邳投靠劉備。
郯
下邳
7.建安元年正月，曹操率軍進至武平，袁術部下袁嗣投降。
徐州
取慮
芍陂

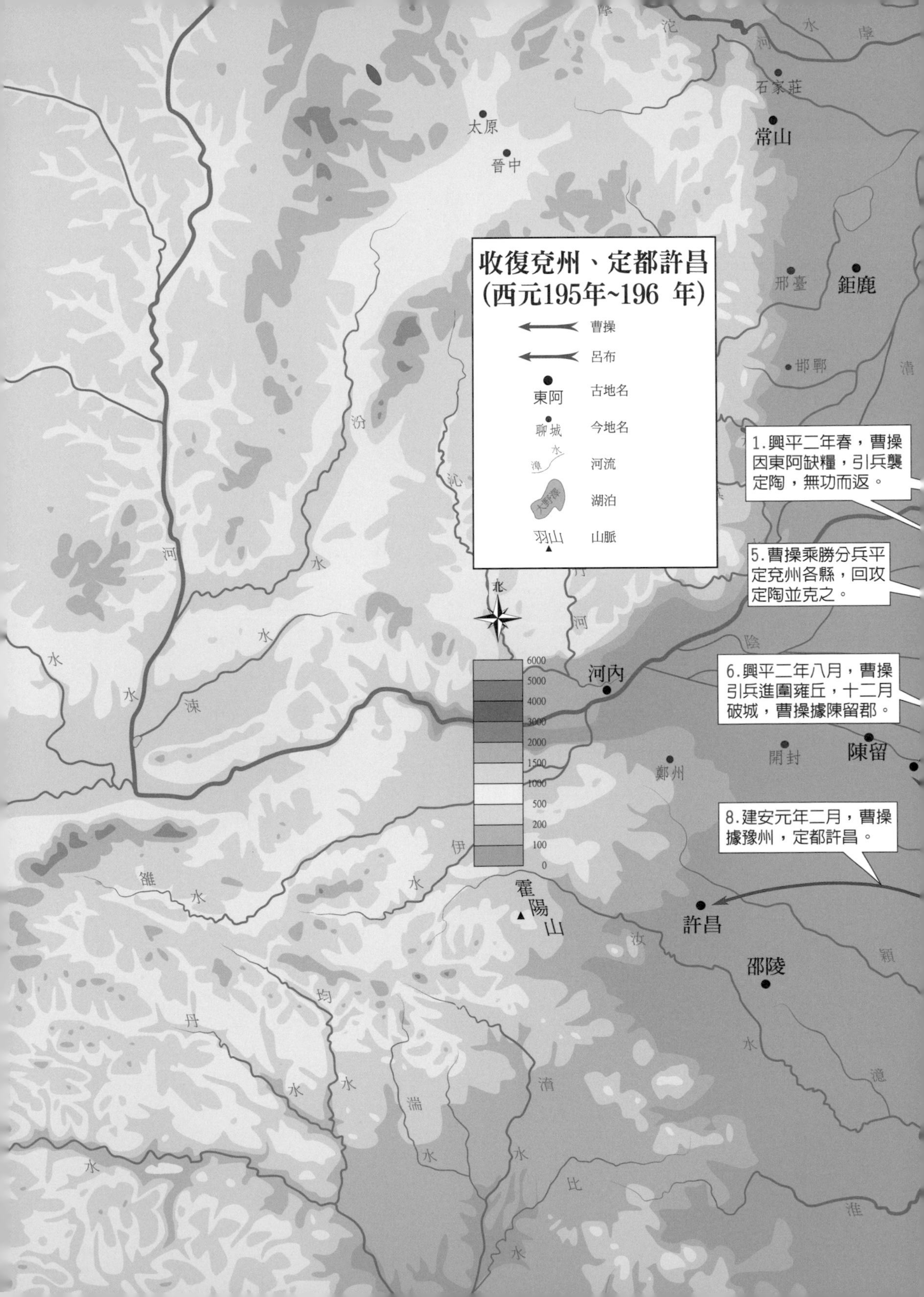

收復兗州、定都許昌
(西元195年~196 年)
曹操
呂布
古地名
今地名
河流
湖泊
山脈
1.興平二年春，曹操因東阿缺糧，引兵襲定陶，無功而返。
5.曹操乘勝分兵平定兗州各縣，回攻定陶並克之。
6.興平二年八月，曹操引兵進圍雍丘，十二月破城，曹操據陳留郡。
8.建安元年二月，曹操據豫州，定都許昌。
太原
晉中
石家莊
常山
邢臺
鉅鹿
邯鄲
河內
開封
陳留
鄭州
許昌
郚陵
霍陽山
6000
5000
4000
3000
2000
1500
1000
500
200
100
0

第五章 挾天子而令諸侯

一、獻帝東奔

就在去年曹操再定兗州的這一年春二月，李傕、郭汜在關中火拚廝殺，把個長安城內外鬧得天翻地覆，不但百姓遭殃，民不聊生，而且公卿受累，連天子也東奔。何以李傕、郭汜偏偏在這時反目成仇，這到底是怎麼一回事呢？

話還得從頭說起。自從王允計殺董卓之後，董卓部將李傕、郭汜、張濟、樊稠等人納賈詡之計，死裡求生，起兵進入長安以來，在這兩三年間，除鎭東將軍張濟一直屯兵在函谷關外的弘農（郡治弘農，在今河南靈寶縣北）防備關東州郡外，留在長安把持朝政的主要是車騎將軍兼司隸校尉李傕和後將軍郭汜，右將軍樊稠參與計議。可是這三人各自矜功，積不相能，他們爭權奪利，有好幾次都拉弓上弦了，要不是謀士賈詡常以「大體」責之，勸告他們要顧全大局，恐怕早就兵戎相見了。

初平三年（一九二年），即是曹操初定兗州的那一年，就在李傕、郭汜等人起兵進入長安之後不久，涼州馬騰、韓遂率兵勤王到了長安，朝廷任命韓遂爲鎭西將軍，遣還金城，而以馬騰爲征西將軍，留在郿（今陝西眉縣）。直到興平元年（一九四年），也就是陳宮、張邈在兗州叛迎呂布的那一年，朝中大臣侍中馬宇、諫議大夫种邵等人聯絡馬騰、韓遂，謀誅李傕等以清君側。馬騰、韓遂勒兵進屯長平觀（在長安北五十里處）。不料事機敗露，馬宇、种邵等人出奔槐里（今陝西興平縣東南）。李傕在派郭汜、樊稠和他姪兒李利一道率兵擊討馬騰、韓遂的同時，又分遣一支兵馬進圍槐里，收斬了馬宇、种邵等人。馬騰、韓遂與戰不利，敗還涼州。

樊稠、李利引兵追趕至陳倉（今陝西寶雞市東）時，韓遂回馬對樊稠說：「我們起兵並非爲報私怨，而是爲了振興王室。我與足下是同州鄉里（同是涼州人），機會難得，想借此與足下敘談敘談，好說好散。」樊稠點頭應允。於是大家都把兵馬約退，然後彼此以禮相見，並馬接談，「共語良久而別」。這一下，樊稠可闖了大禍。

收兵回去後，李利添油加醋告訴他的叔父李傕說：「韓遂、樊稠並馬交談，不知說了些啥，他們好像親密得很。」李傕早就妒忌樊稠既作戰勇猛，又在士兵中擁有威信。聽了李利的話，更增加了他對樊稠嫉恨。恰好樊稠在趕走馬騰、韓遂之後，他請求李傕爲他增加兵眾，讓他出關對付關東諸侯，李傕表面上不動聲色，滿口答應，心裡卻正盤算著如何收拾他。到興平二年（一九五年）春二月，李傕召集軍事會議，主旨是商討對關東用兵的問題，趁樊稠不備，就把他斬殺於座上。等李傕再宣布樊稠私通韓遂的罪狀後，這可嚇壞了參加會議的將軍。尤其是後將軍郭汜，樊稠明擺著是和他一道領兵擊討馬騰、韓遂的，擔心他也會被牽連進去。可是，儘管郭汜對李傕產生了疑懼，而李傕在殺了樊稠之後，卻對郭汜特別客氣，竭力加以籠絡。

事眞湊巧，又適得其反。因李傕多次擺酒席宴請郭汜，有時還留宿府內，由此而引起了郭汜妻子的懷疑，她一則擔憂郭汜愛上李傕的婢妾，二則擔心李傕沒安好心對郭汜下毒手，她處心積慮打主意想勸止他。一次，李傕派人饋送食品來，郭妻摻合以藥，趁機挑動郭汜說：「一個窩裡容不下兩隻雄雞，我早就懷疑將軍過於信任李公了。」不用說，這更增加了郭汜的疑懼。又一次，郭汜從李府帶酒歸來，大醉，郭汜倒自己懷疑起中了毒，郭妻急忙拿糞汁給他喝下解毒。這一下，郭汜實在忍無可忍了，當即就點起兵馬圍攻李府。這麼一來，李、郭終於在長安城中兵戎相見了。

漢獻帝在宮中一得知消息，慌忙派人爲兩邊講和，可是雙方都不聽從。由此可見，這時的漢天子連充當和事佬也不夠格。興平二年（一九五年）三月，李傕乾脆派兵圍宮，不但把漢獻帝搶到營中，並且還放火燒了宮殿。漢獻帝到了李傕營中，再使公卿做郭汜的調解工作，哪知公卿一去不返，大臣統統被郭汜扣留了下來。這眞是史無前例、古今罕有的怪事，一個劫持天子，一個拘留公卿，就這麼你爭我奪，展開混戰「相攻連月，死者以萬數」，把整個長安城內外搞得烏煙瘴氣，路斷人稀。

到了六月間，李傕部將楊奉謀誅李傕，殊料事機不密，被迫率部離去。這一下，卻使李傕的力量稍有削弱了。就在這個時候，鎮東將軍張濟統領大軍從陝縣（屬弘農郡，在今河南陝縣）**趕**來，才迫使雙方暫時息兵，罷戰言和，各自放出了天子、公卿。張濟請獻帝到弘農，獻帝因思念舊京，卻也願意回到東邊。這時，李傕、郭汜懾於張濟兵威，不敢不依。漢獻帝拜張濟為驃騎將軍，以丈人董承為安集將軍，又召回楊奉拜為興義將軍，皆封列侯。七月，車駕起程。八月，不料車駕剛至新豐（今陝西臨潼縣東北），郭汜卻陰謀脅迫獻帝還都郿，董承得知消息，保護獻帝、公卿躲到楊奉營中。楊奉在擊敗郭汜後，和董承等取道華陰，護駕東奔。

到了華陰，好不容易得到了當地駐軍武威人寧輯將軍段煨的供應。自離開長安以來，一路上有一頓沒一頓的，到此總算吃飽了肚子。賈詡因和段煨是同鄉人，不願意再往東去，就留了下來。在華陰耽擱了一些日子，又繼續趕路了。就在這時，李傕、郭汜卻因臭味相投又湊到一起了，並拚命追趕上來，打算把漢獻帝仍搶回到西邊。真是一波未平一波又起。這期間，老張濟因和楊奉、董承話不投機，老是合不來，又與李傕、郭汜延續了老關係，竟自帶著人馬離開了。**與**

漢代長安城

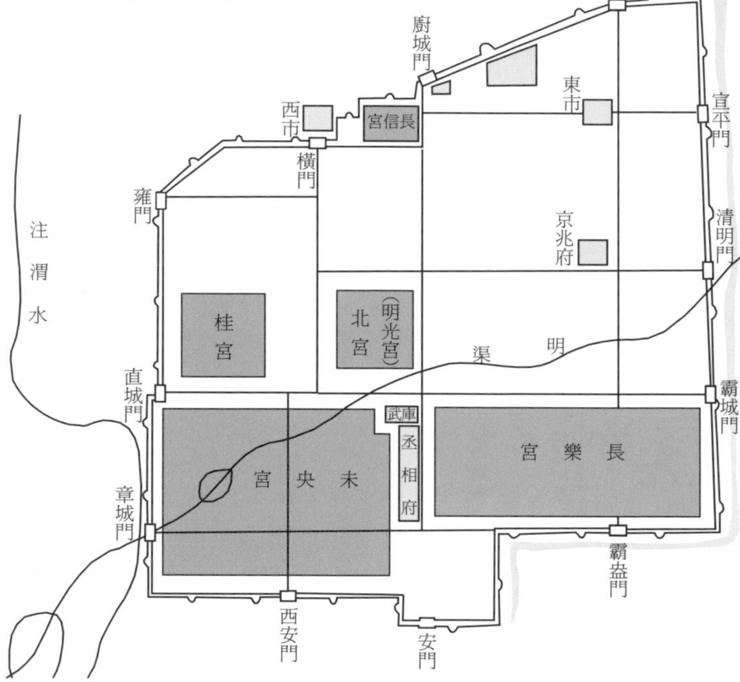

平二年（一九五年）十二月，獻帝到了弘農，張濟、李傕、郭汜也追到了弘農，於是雙方在弘農東邊曹陽（澗名，在今河南靈寶縣東）地方展開了一場大戰，董承、楊奉被打敗了，「百官士卒死者，不可勝數」。

董承、楊奉戰敗後，假意表示願意與李傕等人講和，暗地卻派人召附近的河東白波軍首領李樂、韓暹等人，以及匈奴右賢王去卑前來救駕。董承、楊奉待他們率領的數千騎兵一到，就立即與之配合，奮力一擊，大敗李傕、郭汜、張濟等軍，「斬首數千級」，暫時又轉危爲安了。董承、李樂趁機護駕前行，楊奉、韓暹、去卑等拒敵擋後。豈料李傕等整軍復來，又把楊奉打得大敗，傷亡比上次還多。董承、楊奉等倉皇保護著獻帝逃奔到了陝縣，又驚慌地渡過黃河，再用牛車把獻帝載到了安邑（河東郡治，在今山西夏縣西北）。一路上苦壞了跟隨著他逃難的公卿百官，以及妃嬪宮人，這些人死的死，傷的傷，還有不少人做了俘虜，到安邑時身邊已所剩不多了。

興平二年（一九五年）底，漢獻帝到了安邑，總算安靜下來了。這時，河內太守張楊送來了糧食，河東太守王邑送來了衣物。這眞是雪中送炭，漢獻帝封張楊爲安國將軍，封王邑爲列侯。又對那些護駕有功的「群帥」，都一一封了官職。刻印來不及，用錐刀隨便刻劃幾個字就作數。在這曠野之中，天子居草棚，籬笆作宮牆，漢獻帝只好委屈一下了。在中國歷史上落難的皇帝中，漢獻帝稱得上夠寒傖的一個了。這個時候，生活再困苦點，漢獻帝也能忍受，他最擔心的是怕李傕、郭汜、張濟他們渡過河再追上來。於是，他派太僕韓融到弘農與他們說和。到這時，李傕他們不能不考慮，要是再往東去，就必然要和關東諸侯比試高下了，顯然自己力量不夠，因而也就順水推舟同意了，並把被扣的大臣，以及宮人和器物，讓韓融帶了回去。

不久，張楊自野王（屬河內郡，在今河南沁陽縣）來朝見漢獻帝，並建議移駕還洛陽。但是卻因此而引起了一番爭議，特別是原來那些白波軍首領、現在做了朝廷將軍的李樂、韓暹等人始終都不同意，說穿了，他們是擔心到洛陽掌不了權。爭來議去，只有太尉楊彪和董承等人極表贊成，連楊奉開初聽了他的部將河東楊（今山西洪桐縣）人騎都尉徐晃的意見表示同意，最後也變了卦。這麼一來，漢獻帝又是個傀儡，作不了主，幾番爭議毫無結果，張楊一氣之下，甩手回野王去了。

漢獻帝雖是個傀儡，但在當時天下分崩的形勢下，面對政出多門、號令不一的混亂局面，他畢竟還是最高權力的象徵。遠的不說，從眼下在安邑的這場爭論中可以得到證明，誰都擔心他從手邊滑掉了。若就當時關東州郡的情況來說，最有條件、也最有力量首先把漢獻帝抓到手的，莫過於關東盟主冀州牧袁紹了。當時不僅在安邑這個落難朝廷裡，而且在冀州鄴城袁紹的幕府中也圍繞著漢獻帝的去向，引起了爭論。

當漢獻帝一到河東時，袁紹謀士廣平人沮授就對袁紹說：「將軍家累代任輔弼之重，世稱忠義。而今朝廷播遷，宗廟殘毀，我看諸州郡雖外託興舉義兵，內實相圖，哪有憂存社稷、體恤百姓之意。現在我們冀州初定，正好把皇上接來，安宮鄴都，挾天子而令諸侯，蓄士馬以討不臣，誰敢作對！」袁紹聽了，心中大喜，「將從之」，正要實行。不料他手下另一個謀士潁川

楊彪

楊彪，字文先，東漢弘農華陰（今屬陝西）人，楊震曾孫，少傳家學，舉孝廉、茂才，漢靈帝熹平年中，被征議郎，遷侍中、京兆尹，任潁川、南陽太守，歷少府、太傅、衛尉、司空、司徒、太尉。

建安元年（一九六年），曹操劫持漢獻帝至許昌，自為司空，行車騎將軍事，總攬朝政，形成了「挾天子以令諸侯」的局面。曹操對以耿介著稱的太尉楊彪十分嫉恨，始終認為他是自己篡權的障礙，遂於袁術壽春稱帝時，藉口楊彪娶袁術之妹為妻，誣告他陰謀廢黜獻帝，將其下獄，欲處死罪。孔融聽說，朝服也沒來得及穿，便匆匆趕往曹府，斥責曹操：「楊公四世清德，為海內所瞻仰，《周書》謂父子兄弟罪不相及，焉能將袁術僭亂歸罪楊公！」曹操詭稱：「殺楊彪，此國家之意。」孔融怒道：「若成王殺召公，周公能說不知嗎？今天下士大夫所以瞻仰曹公，因曹公聰明仁智，輔相漢朝。今竟橫殺無辜，海內聞知，必將解體！我孔融是山東漢子，明日即當拂袖而去，不當這個官了！」曹操此時根基未穩、羽翼未豐，還要藉孔融等名士來收買人心，不得已將楊彪釋出。

楊彪出獄後稱疾不朝，在家閒住。曹操終殺楊修。楊彪暮年喪子，精神大潰。曹操則假惺惺道：「楊公何瘦之甚？」楊彪說：「愧無日磾先見之明（金日磾是漢武帝近臣，他殺了兩個行為不端的兒子，免生後患），猶懷老牛舐犢之愛。」曹操聞之改容。

建安二十五年（二二〇年），曹丕代漢稱帝，慕楊彪聲名，欲任為太尉，楊彪固辭不受。又授光祿大夫，待以賓客之禮。黃初六年（二二五年），楊彪壽終正寢，年八十四歲。

沮授

沮授，字則注，冀州廣平人，少有大志，擅於謀略。曾為韓馥別駕，拜騎都尉。袁紹奪冀州後，為袁紹謀士。提出占據河北、爭霸天下的戰略規畫，表為監軍、奮威將軍，成為內為謀主、外監諸將的首要人物。然袁紹屢於緊要關頭拒其良策，先錯失「奉天子以討不臣」的良機，又出長子袁譚領青州，為兄弟鬩牆埋下禍根。官渡之戰時建議穩紮穩打，分兵抄掠，不可輕舉冒進，不必決勝於一役，違背袁紹意旨，被大大削弱職權。託疾辭歸，袁紹懷恨不許，併其兵交由郭圖帶領。建安五年（二〇〇年），袁紹官渡戰敗，被曹操俘虜。曹操厚待之，卻不降謀歸，遂被殺害。

人郭圖和一個大將也是潁川人的淳于瓊卻站出來反對，他們竟自提出理由說：「漢朝眼看快完了，而今我們卻要把它扶起來，豈不是自討苦吃嗎！況且現在英雄並起，各據州郡，帶有上萬兵馬的不少，好似當年秦失其鹿（天下），得者先王的局面。要是將軍今天把天子接來，動不動就得上表請示，聽從吧，則自己失權，徒具虛名；違背吧，則遭人誹議，說是抗上。這種計策實在不可行！」沮授聽了，也不爭辯，他只提醒袁紹說：「今迎朝廷，既合大義，又合時宜，若不早定，准有人搶先實行。」袁紹卻是個好謀寡斷的人，他把兩邊的意見聽了，覺得都有道理，一時又委決不下，也就只好擱在一邊了。

在解決漢獻帝的去向這個事關重大的問題上，既然當時最有條件、最有力量的袁紹放棄了主動權，退而求其次，這個任務自然也就落到了今年春天平定豫州黃巾軍，占領了汝南、潁川兩郡，把勢力伸入豫州的兗州牧曹操的肩上。這倒被沮授說準了，「若不早定，必有先之者矣」，曹操搶先動手了。固然，曹操在迎接漢獻帝的問題上，內部也有過爭議，特別是在具體進行時，卻又遭到了來自外部的干擾和阻力。不過，曹操以其卓越的智才，果決的措置，一一加以克服，終於順利實現了。

二、迎獻帝都許

建安元年（一九六年）春天，流落在安邑的漢獻帝焦慮萬分，他身邊的臣僚仍在遷都的問題上爭論不休，以致發展到動起武來。二月間，楊奉竟支使韓暹出其不意進攻董承，迫使董承到野王投奔張楊去了。張楊得知情況，勃然大怒，他一面調動兵馬問罪楊奉，一面命董承先到洛陽修繕宮殿，同時又派人通知荊州牧劉表，請劉表派兵到洛陽助修宮室，並提供軍資。看來，張楊要下決心不惜用武力來解決遷都問題了。面對這個突然出現的情況，漢獻帝慌忙派人到楊奉、李樂、韓暹營中安撫他們，並請求他們護送他前往洛陽。這時，楊奉等人眼看大勢所趨，再加之天子派人來求情，有了面子，也就下了臺階，無可奈何答應了。李樂不願意去，楊奉只得讓他留下。這樣，漢獻帝兩下疏通，遷都問題算是基本上解決了。

這年七月，漢獻帝經過一年多的艱難困苦，在張楊、楊奉的兵馬護衛下，終於又回到了舊京洛陽。這個張楊也實在太好名了，他竟把這次遷都的功勞全都算在自己的頭上，情不自禁把新建的南宮宮殿名之爲「楊安殿」。不僅如此，他在動了一番腦筋之後，卻又對諸將宣稱說：「天子是天下人的天子，朝廷自有公卿大臣管理，用不著我們這些帶兵的來干預政事，我張楊理當出鎮外方，盡捍衛之職。」他當眞說到做到，立刻就率部回野王去了。他這一「軍」倒把楊奉給「將」住了，楊奉也只好跟著他學，帶著兵馬出屯梁縣（屬河南尹，在今河南臨汝縣西），離開了洛陽。

其實明擺著的是，當時洛陽既容不下，也養不起這許多兵馬。除了新建的楊安殿外，到處是斷垣殘壁，破敗不堪，荊棘遍地，雜草叢生。文武百官依牆壁間，沒法安身。住的是這樣，吃的更成問題。當時各州郡擁兵自重，哪管朝廷死活。這麼一來，「群僚飢乏」，尚書郎以下的官都得自己出去挖野菜吃，或飢死於牆壁間，或爭食而被士兵殺死，幾乎不時發生，司空見慣，誰也沒法管，誰也管不了。這大概是張楊要離開洛陽的根本原因。

雖然張楊、楊奉相繼離開了洛陽，八月間，漢獻帝仍發布了任張楊爲大司馬，而拜楊奉爲車騎將軍的詔命。又以韓暹爲大將軍，領司隸校尉，與董承「並留宿衛」。不管怎樣，也改變不了漢獻帝在洛陽的困境，日子一天天更不好過了。

就在這時，兗州牧曹操在許（後稱許都，又稱許昌，在今河南許昌縣東）得知消息，立即召集會議，商討迎接獻帝的問題。可是一開始，大多數都持反對的意見，他們認爲：關東尚未安定，當務之急應首先把根據地盡速鞏固好，此其一。其二，楊奉、韓暹等人奉帝還都，自恃功高，驕橫跋扈，不是一下可以控制住局面的。其三，要是他們和北面的張楊聯合起來，互

挾天子以令諸侯

「挾天子以令諸侯」，是歷代諸侯爭霸中屢用的一種策略。最早見於《戰國策‧秦策》：「據九鼎，按圖籍，挾天子以令天下，天下莫敢不聽。」依此策略，皇帝即便是傀儡，也是皇帝——最高權力的象徵。將這個象徵最高權力的傀儡控制在手中，利用他的名義向其他諸侯發號施令，便「名正言順」，便在政治上、「道義」上占據了優勢地位。獻帝被曹操首先搶到手，所以諸葛亮在隆中向劉備分析形勢時曾說：「今操已擁百萬之眾，挾天子而令諸侯，此誠不可與爭鋒。」

相呼應，事情就更不好辦，凡此等等。

荀彧聽了，連連搖頭，他獨排眾議，從容對曹操說：「當年晉文公接納周襄王而諸侯擁戴，漢高祖爲義帝發喪舉兵東征而天下歸心，這是史有明鑑的事。自從天子被董卓劫持西遷以來，將軍首倡義兵，只因關東擾亂，未能遠赴勤王。現在天子回到舊京，忠義之士莫不心存王室，就是老百姓也關注國家的命運。照我看來，若能趁此時節把天子迎來，既是大順民心，又是扶持正義，秉公行事何愁天下不服！這不僅表明將軍才略出眾，更顯出將軍品德高雅，從而招致更多的英俊來歸附將軍。即使有人從中作梗，也無能爲力。韓暹、楊奉算不了甚麼，用不著擔心。」荀彧說到這裡，他掃了大家一眼，然後提高聲音對曹操說：「擔心的是，若不及早行動，恐有人占先，將來後悔也晚了。」由此看來，英雄所見略同，荀彧勸曹操的話，和沮授戒袁紹之語，堪稱異曲同工，殊途同歸，最後都歸結在搶時間實行這一點上。無怪乎後來袁紹倒眞後悔了。

當時，曹操聽了荀彧這一番話，滿心歡喜，不再浪費時間了，他立即派遣揚武中郎將曹洪率兵向西迎接漢獻帝。可是事情也並不簡單，曹洪在半路上卻遭到了董承等人據險阻攔，不讓通過，迫使曹洪不得不駐屯下來，並派人向曹操報告。當曹操正要起兵前去支援曹洪時，忽然又接到了朝廷的詔書，拜他爲鎮東將軍，並承襲他父親的費亭侯爵位。這倒使曹操感到迷惑了，到底這是怎麼一回事呢？是漢獻帝受人支使，不讓他去，故意拿官爵來穩住他，或是還有甚麼別的緣故？經派人打聽，曹操心裡踏實了。

原來，曾經在河內幫過曹操的忙，現在朝廷任議郎的董昭，而今又爲他辦了一件大好事。事情的原委是這樣的：不用說，董昭早就傾心於曹操了，他認爲曹操這次派兵到洛陽迎接天子，實在是高明的一招，不過，事情很複雜，得動點腦筋才行，否則會弄巧成拙。他鑑於曹洪被董承所阻，他想爲了曹操而利用楊奉，他很清楚楊奉和董承在還都洛陽這件事上早就面合心不合了。他根據楊奉兵馬最強，但比較孤立的情況，趁機以曹操的名義給屯兵梁地的楊奉寫了一封書信，信中說：

吾與將軍聞名慕義，便推赤心。今將軍拔萬乘之艱難，返之舊都，翼佐之功，超世無疇，何其休哉！方今群凶猾夏，四海未寧，神器至重，事在維輔，必須眾賢以清王軌，誠非一人所能獨建。心腹四肢，實相恃賴，一物不備，則有闕焉。將軍當爲內主，吾爲外援。今吾有糧，將軍有兵，有無相通，足以相濟，死生契闊，相與共之。

好一個董昭，他這封一紙敵萬兵的書信倒眞起了作用。楊奉得書大喜，一則以爲曹操太看得起他了，對他「拔萬乘（天子）之艱難」的「翼佐之功」給予了很高的評價。再則曹操又體諒他缺少支援的處境，要成就大事，正如信中曹操所說的，要「心腹四肢」俱備，否則難以成功。三則曹操主動表示要向他提供軍糧，和他「有無相通」，這對他來說，在當時眞是求之不得的呵。楊奉情不自禁向左右諸將軍說：「兗州諸軍近在許城，有兵有糧，國家應當依重他們。」於是，楊奉倒眞把曹操視爲「心腹」了，他和諸將一起上表給漢獻帝爲曹操請封，並讓他承襲父爵。這就是董昭暗中爲曹操辦的一件大好事。

曹操這時眞是時來運轉。常說禍不單行，好事也成雙，沒過幾天，國丈董承也一反抗拒曹操的態度，暗地派人來請他帶兵到洛陽勤王了。原因是，董承鑑於韓暹「矜功專恣」，既居功驕橫，又獨斷專行，更恣意胡爲，實在難以共事，他去請曹操的目地，就是爲了幫他除掉韓暹，共同輔政。這一下，曹操更是心安理得了，他在從容不迫給漢獻帝上了一道謝表之後，就名正言順帶兵到洛陽去朝見漢獻帝了。

曹操一到洛陽，就來個下馬威，他首先滿足董承的要求，根據韓暹縱兵搶劫的罪行，奏請漢獻帝治韓暹的罪。同時又因張楊妄貪非常之功，請漢獻帝一併處治。而韓暹卻早知曹操的厲害，自己不是曹操的對手，他害怕腦袋搬家，待曹操一來，就隻身投奔到楊奉那裡去了。倒是漢獻帝因韓暹、張楊有護駕之功，下詔給曹操，叫他不必再追究了。漢獻帝立刻任曹操為司隸校尉，錄尚書事。

既然皇上命他管理朝政，又把衛戍京師、維護治安的重任交給他，他不能不嚴明刑賞，以振朝綱，做一些他認為應該急於要做的事了。這可是他一生中掌管朝政之始，來不得半點含糊。

曹操深知，當時處在風雨飄搖中的漢朝廷，誰又真正把這個搖搖欲墜的朝廷放在眼裡。現在他要來個撥亂反正，重新樹立朝廷的權威，當然也是樹立他自己的權威，確實需要下一番功夫才行。不過應當指出，這和他後來凌駕朝廷之

曹操的文武大臣

曹操

侍衛隊長
典韦　校尉
许褚　中坚将军

親族集團
曹純　司空軍事
曹真　中領軍　征蜀護軍
曹休　中領軍
曹洪　都護將軍
曹仁　征南將軍
夏侯淵　太尉
夏侯惇　前將軍
曹丕　副丞相　魏文帝

謀臣
華歆　尚書令
鍾繇　前軍師
孔融　太史大夫
程昱　衛尉尚書
賈詡　太尉　太史大夫
荀攸　尚書令　中軍師
荀彧　尚書令

定都許昌前後的元老
呂虔　騎都尉
臧霸　揚威將軍
徐晃　平寇將軍
于禁　左將軍
樂進　右將軍
張遼　征東將軍

官渡之戰後歸順者
文聘　掃逆將軍
李通　汝南太守
李典　破虜將軍
張魯　鎮南將軍
張繡　破羌將軍
張燕　平北將軍

輜車畫像磚
東漢
1953年四川成都揚子山出土，中國國家博物館藏
漢代輜車主要供婦女乘坐，車廂分為兩部份，主人坐在後輿，御者在前輿執策馭馬。

上，進而威逼天子，當是另外一回事了。不管怎樣，曹操當時除惡扶正，整頓朝綱，總是一件好事。他本想拿罪大惡極的韓暹開刀，既然皇上替他說了話，將功折罪，而韓暹本人也畏罪潛逃跑到楊奉那裡去了。於是，他只得把另外三個和韓暹一樣橫行不法的大臣尚書馮碩、議郎侯祈、侍中壺崇治了罪，以儆效尤。這麼一來，洛陽地區的混亂狀況頓時有所扭轉，社會秩序逐漸安定下來了。不用說，對有罪的懲治，當然對有功的就得給以獎賞。漢獻帝根據曹操的意見，封衛將軍董承、輔國將軍優完等十三人爲列侯，又旌表了一些在護駕途中死節的大臣。

一天，曹操把議郎董昭請了來，和他面對面坐在一起。固然，他首先感謝董昭對他一再幫忙。寒暄之後，他開門見山向董昭請教說：「我現在到了這裡，您看下一步我該怎麼辦好？」董昭點了點頭，胸有成竹把他早就考慮好了的對策全盤托了出來：「將軍興義兵以誅暴亂，尊奉天子，輔佐王室，這是開創五霸的功業。可是，我看這兒的將軍各有自己的打算，未必都能服從您。將軍要是留在這裡輔佐皇上，恐怕諸多不便，照我看來，只有遷都許城才是上策。但又不能不考慮到，朝廷播遷，剛還舊京，遠近都希望從此太平了，若是再搬遷的話，必然會引起騷動。這固然是很矛盾的事。但是，只有行非常之事，才能建非常之功。依我之見，這麼做未必利少害多，願將軍痛下決心吧！」

曹操聽了，連連點頭說：

「我的意思也是如此。只因楊奉近在梁地，聽說他兵多將廣，會不會和我過不去呢？」

董昭笑了笑，再獻計說：「楊奉正因缺少幫手，他才和將軍交結，將軍封官襲爵都是他推薦的，我看現在派遣使者去厚禮答謝他，以安其心，很有必要。至於對他提說搬遷的事，還得掌握分寸，只須告訴他，說『京師無糧，欲車駕暫移魯陽，魯陽靠近許城，轉運方便，可免皇上之憂』就行了，千萬不可直說遷都許城。楊奉的爲人，我很清楚，他勇而無謀，必不生疑。這期間，不妨多和他聯絡聯絡，等到大局已定，楊奉又能把我們怎麼樣！」曹操不禁大喜，連聲讚嘆說：「好，好！」自此，董昭正式加入了曹操集團，成爲曹操的心腹謀士了。

於是，曹操納董昭之計，這年九月，遷獻帝都許。漢獻帝晉升曹操爲大將軍，又加封武平侯。爲此，曹操專門向漢獻帝上了一道〈上書讓增封武平侯〉的表章，這不僅表示他自己的謙虛，同時也顯示了他在政治上完全掌握了主動權。自從天子西遷以來，朝綱紊亂，至此宗廟社稷制度才又重新開始建立。不用說，朝廷的大權從此落入了曹操之手。

就在漢獻帝都許的第二個月，曹操因楊奉在遷都途中派兵追截過他，儘管沒有追上，而且還被曹操事先埋伏在陽城山峽中的伏兵一擊，吃了個大敗仗。但在這時，曹操覺得不解決楊奉，對他總是一個威脅。所以他在漢獻帝都許稍安之後，就迫不及待親自率兵討伐楊奉了。其實，楊奉手下能打仗的也只有一個騎都尉徐晃，可是曹軍一到，徐晃就帶著人馬歸降了曹操。這麼一來，頓使楊奉感到勢單力薄，實在不是曹操的對手，還沒和曹軍交鋒，他就帶著韓暹等率部逃奔揚州歸附袁術。於是，曹操不費一兵一卒就收定了梁地，趕跑了楊奉，然後勝利返回了許都。

可是就在這時，袁紹在鄴城得知曹操迎獻帝都許，倒真後悔了。虧他挖空心思，還真想出了一個補救的辦法，拿出他盟主的身分來要求曹操把漢獻帝遷到鄄城，因鄄城離鄴城較近，便於他的控制。並且他還提出理由說：「許下埤濕，洛陽殘破，宜徙都鄄城，以就全實。」或許他還自以爲是認爲鄄城是曹操的地盤，曹操是不會不答應的。可是袁紹的算盤完全打錯了。這時的曹操可不是原來的曹操了，他不但不買帳，還請漢獻帝下詔書責備袁紹，說袁紹「地廣兵多，專門謀取私利和樹立私黨，既不勤王，又擅自征伐，眼裡根本沒有朝廷」云云。袁紹討了個沒趣，他明知這是曹操在搗鬼，但也無可奈可，還得上書申辯一番。看來，袁紹在這件事上一點辦法也沒有了。由此可見，曹、袁當時在迎取獻帝這個事關重大的政治問題上，袁紹以其見事遲疑，優柔寡斷而徹底敗在曹操手下。沮授的話完全說準，這顆後悔丸袁紹是無論如何也得吞下去的。應該說，這是曹袁之爭的開始，也是曹操智勝袁紹明顯的一例。

不過，當時曹操在煞了袁紹的威風之後，還是讓漢獻帝任他爲太尉，又進封鄴侯。這一下，可把袁紹給激怒了。太尉雖是三公顯官，但位班在大將軍下，袁紹豈能容忍曹操居他之上。他一接到詔命，就勃然大怒說：「曹操好幾次走上了絕路，都是我把他救存下來，現在他竟敢挾天子以令我了！」拒不受命。這麼一來，反倒把曹操給「將」住了。曹操這時還眞有點擔心和袁紹翻

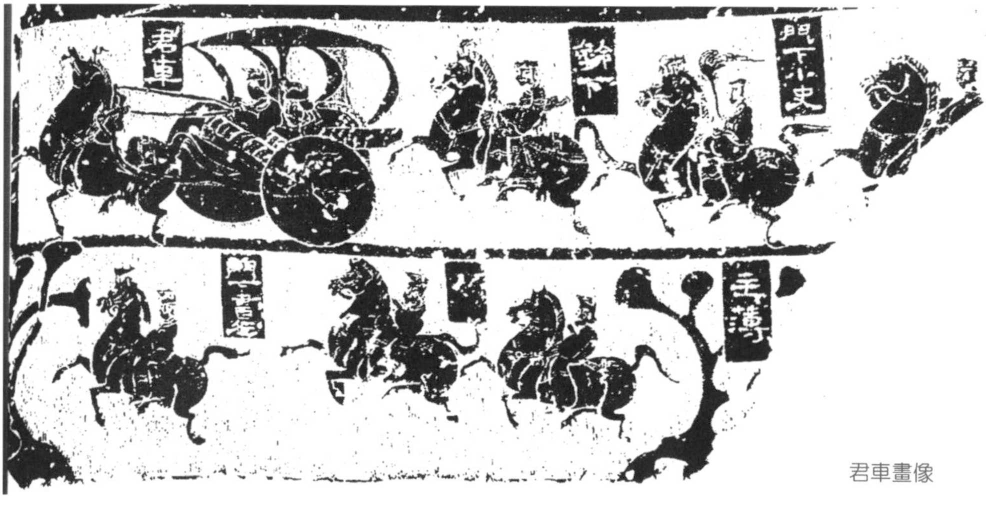

君車畫像

臉，他很明白自己的力量實在還不能和袁紹相抗。於是，他毅然決定把大將軍的職位讓給袁紹，而他自己則任司空，行車騎將軍事。當然，漢獻帝只有一切照辦。

曹操在和緩了和袁紹的問題之後，現在回過頭來集中精力關注朝政和整頓內部事務了。他首先以荀彧爲侍中，兼代尚書令，幫他管理政事。這時，曹操忽然想起荀彧曾經向他推薦的一個他的同鄉潁川人名叫戲志才的謀士，很有才幹，不幸早死了。於是他寫信給荀彧說：「自志才亡後，莫可與計事者，汝、潁（指汝南、潁川兩郡）固多奇士，誰可繼之？」足見曹操對這個戲志才之器重。惜乎史冊記載缺略，無從知其事蹟。但從曹操這封信中，特別是曹操請荀彧再爲他推薦幾個像戲志才這樣的汝潁「奇士」，也可想見其人之不同凡響了。沒過幾天，荀彧還眞的爲曹操

舉薦了兩、三位這樣的人物，後來成爲曹操集團的著名謀臣，而且又都是他的同鄉潁川人。

一個是荀彧的姪兒荀攸，字公達，可是年紀卻比荀彧大六歲，何進秉政時，做過黃門侍郎，後遭董卓之亂，因謀刺董卓下獄，直到董卓死後，獲釋歸家。後起用爲蜀郡太守，因道路不通而留駐荊州。經荀彧推薦，曹操親自寫信召他，並任他爲汝南太守，再調回許都任尚書。曹操在和荀攸一番交談之後，感慨說：「公達，非常人也。我能與他計議大事，何愁天下不治！」於是以荀攸爲軍師，參謀軍國大計。

另一位是郭嘉，字奉孝，開初他去投奔袁紹，袁紹對他優禮相待，可是過了數十日之後，他卻對他的兩位同鄉、袁紹的謀士辛評和郭圖說：「智士在於找好主人，才會有所作爲。我看袁公徒費心機效法周公謙遜待人，問題是他並不懂得如何用人，好壞分不清，又好謀無決，要和他共濟大事，成就霸王之業，實在難呵！我打算更求明主，你們去不去呢？」辛、郭二人聽了，卻不以爲然，認爲袁氏世代顯宦，所謂「有恩德於天下，人多歸之」，況且當時勢力「最強」，要去還沒有一個比袁紹這兒更好的去處。郭嘉「知其不寤」，就獨自離開了。這時經荀彧推薦，曹操召見他，「與論天下大事」，一番交談之後，曹操喜不自禁說：「使我成就大業的，就是此人！」而郭嘉出來，也高興自言自語說：「眞是我的好主人呵！」曹操上表漢獻帝，任郭嘉爲司空祭酒，做了他的首席參謀官。

再一個就是曾經在長安給曹操使者幫了忙的鍾繇（字元常）。此人曹操也曾多次聽荀彧說起過，尤其是那次使者回來向他報告，談到鍾繇如何說服李傕、郭汜的情況，更使曹操打心眼裡敬佩他。去年天子能從長安出來，「繇有力焉」，鍾繇是盡心盡意出了力的。這次再經荀彧提起他，曹操立即就召他爲御史中丞，不久又改任侍中、尚書僕射，做了尚書令荀彧的副手，並追錄他過去的功勞，封他爲東武亭侯。

獻帝都許後，曹操以程昱爲尚書。時因兗州「尚未安集」，復以程昱爲東中郎將，領濟陰太守，都督兗州事，把進一步安定兗州的任務交給程昱措置。曹操自然也忘不了那位一再幫助過他的董昭，因洛陽舊京所在，留守事大，任他做了洛陽令，付之以重任。與此同時，曹操又以山陽人滿寵爲許令。

這個滿寵也值得一提，他在許令任上倒頗有點當年曹操做洛陽北部尉的氣派。滿寵剛上任不久，因曹洪的一個賓客在許縣境內多次犯案，被滿寵收捕下獄，準備拿他開刀，殺一儆百。曹洪得知，爲此寫信向滿寵說情，滿寵置之不理。曹洪無奈只有再求曹操。

荀攸

荀攸（157～214年），字公達，豫州潁川潁陽（今河南許昌）人，荀彧之姪。何進秉政時，徵拜黃門侍郎。董卓亂起，與議郎鄭泰、何顒等謀除董卓，事洩下獄。董卓被誅，獲釋歸鄉。建安元年（一九六年）曹操徵為汝南太守，入為尚書。屢獻計謀，功勳卓著，封陵樹亭侯、中軍師，曹操視為謀主。魏國初建，為尚書令。建安十九年（二一四年）病逝，時年五十八歲。後追諡敬侯。

當曹操召見許縣主管刑獄的官吏問時，滿寵知道不好辦了，於是搶先就把曹洪那個犯案的賓客斬首示眾，正了法。曹操得知大喜，他掉頭問曹洪：「你看滿寵辦得對不對？」曹洪明知曹操是在表揚滿寵了，反倒顯得尷尬，討了個沒趣。

更值得一提的是，後來曹操因袁紹在河北勢盛兵強，而汝南郡乃袁氏的故鄉，他家的門生賓客佈列在郡內諸縣，橫行不法，以至擁兵拒守，正當曹操爲此感到憂慮時，忽然想起了滿寵，就立命他爲汝南太守。滿寵一去，他在嚴法申令的同時，首先在當地召募了五百壯士，並親自率兵攻打那些敢頑抗的塢堡壁壘。當他一連攻下二十餘處之後，在誘使那些尚未降服的塢主壁帥前來具結自首時，又把其中罪惡較大的十餘人立殺於座上。這麼一來，汝南一郡「皆平」，並得戶口二萬，兵二千，滿寵皆令其還「就田業」，從事生產。

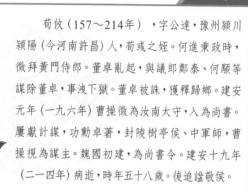

就在曹操迎獻帝都許的這一年，北海（國治劇縣，在今山東昌樂縣西）相名士孔融（字文舉，孔子第二十世孫），因被袁紹長子青州刺史袁譚所攻，丟了城池，連妻子也被袁譚俘虜了去，曹操因和他「有舊」，是老朋友，也就把他請了來，讓他做了地位較高的將作大匠，管理製作供應皇室的器物及修建宮室等事務。

固然，曹操迎獻帝都許，實現了他在初定兗州時毛玠向他提出的「奉天子以令不臣，修耕植以蓄軍資」兩大方針的前一個方針。但要統一天下，掃除群雄，還得實施後一個方針才行。曹操從他的切身經歷和實際戰爭證明，使他深感只有積蓄大批的糧食，奠定雄厚的經濟基礎，才能戰勝對手，克成洪業。由於連年爭戰，這個方針始終沒能順利施行。現在曹操掌握了政治上的主動權，他的勢力範圍也從兗州擴大到豫州了，創造了貫徹實施後一個方針的必要的條件。就在遷獻帝都許的這一年，他從屯田開始，緊緊掌握這個方針的貫徹實行了。

郭嘉

郭嘉，字奉孝，潁川陽翟（今河南禹縣）人。自幼身懷大志，見識深遠。始從袁紹，不得重用。經荀彧和程昱推薦，成為曹操早期軍事智囊團的核心人物之一，具有超卓不凡的戰略眼光和入骨三分的察人目力，對於作戰目標的選擇和作戰時期的把握上常有精闢獨到的成功建議。每次出征都隨從曹操參謀軍機，行軍與曹操並肩而行，議事與曹操同席而坐。每逢軍國大事議而不決時，總力排眾議，其策從無失算。

建安十二年（二〇七年）隨曹操北征烏桓。途徑沙漠，因水土不服，病故，時年三十八歲。曹操悲道：「哀哉奉孝！痛哉奉孝！惜哉奉孝！」後更表奏朝廷：「軍祭酒郭嘉，自從征伐，十有一年。每有大議，臨敵制變。臣策未決，嘉輒成之。平定天下，謀功為高。不幸短命，事業未終。追思嘉勳，實不可忘。可增邑八百户，並前千户。」許多年後，曹操大敗於赤壁，還感嘆：「郭奉孝在，不使孤至此。」

三、屯田許下

自黃巾起事以來，天下大亂的十多年間，幾乎沒有一年不打仗，百姓流離失所，農田荒蕪，再加上水利失修，常鬧災荒，不要說老百姓沒法種莊稼，就是種了也未必能收穫，自己能吃得上。就是那些全國各地乘亂而起的大小武力，竭盡其搜刮之能事，也大都「無終歲之計」，誰也沒能儲存得有一年的糧食。他們「飢則寇掠，飽則棄餘」，和盜賊沒有兩樣。更有一些地方武裝，因缺糧少吃而混不下去，自行「瓦解流離」，用不著打仗就自動解散了。

看來，糧食問題在當時是一個普遍的全國性大問題。不獨曹操常苦不足，急待解決，就是雄踞河北的袁紹，橫行江、淮的袁術，又未嘗不感到頭痛。史書上說，袁紹在河北，「軍人仰食桑椹」，靠採摘

許下屯田

河南許昌曹丞相府曹操的故事浮雕

桑果過日子，而袁術在江、淮，「取給蒲嬴」，掬河螺來充軍食。軍隊尚且如此，民間百姓的生活更可想而知，以致出現了「民人相食，州里蕭條」的悲慘情景。這種吃人肉的現象在曹操軍中也出現過，有記載說曹操在收復兗州時，一次程昱在東阿為他籌集三天的軍糧，其中「頗雜以人脯」。正因程昱做了這種拿人肉乾來充軍糧的缺德事，後來招致誹議，「故位不至（三）公」，還多少影響了程昱一生的功名。

不用說，曹操從他進行戰爭的親身經歷中，深感糧食問題是一個極待解決的嚴重問題。這個問題不解決好，要想實現他翦除群雄，統一天下的宏大抱負是根本不可能的。就在他遷都許城的這一年，全國到處也在鬧饑荒，他在前往洛陽迎獻帝時，軍用不足，好在新鄭縣令楊沛拿出儲存的乾桑果來充軍食，才渡過了難關。

在這年春天鎮壓豫州黃巾軍之後，曹操就感到非貫徹「修耕植以蓄軍資」這一既定方針不可了。當羽林監棗祗首先向他提出屯田的倡議時，他立即召開會議來「大議損益」，對要辦的大事權衡利弊，誰先誰後，如何安排，讓群臣充分發表意見。自然武將提出應出兵打這打那的，文官中也有建議興這建那的。曹操於群僚中看見夏侯惇部將河內人韓浩，他知道韓浩是一個很有膽識的人，問韓浩：「你看應先辦哪一件好？」韓浩直截了當回答說：「當急田。」拿今天的話來說，就是應盡快扶持農業。曹操當時聽了，拍手稱讚說：「好！」韓浩的回答，棗祗的倡議，和他的想法完全不謀而合了，所以他禁不住高興稱讚了一聲好。這麼一來，臣僚才都知道曹操是要掌握農業來解決糧食問題了。

於是，大家這才回過頭來圍繞著這個題目議論。解決吃的，幾乎沒有一個不贊成。待大家意見取得一致後，曹操正式發布了〈置屯田令〉，他在令中稱說：

夫定國之術，在於強兵足食，秦人以急農兼天下，孝武以屯田定西域，此先代之良式也。

從這段令文可見，曹操對於平定天下、安定國家的辦法，早就胸有成竹，除了掌握強壯的兵馬，充足的糧食，實在別無他法。而這個辦法是他從借鑑歷史、總結歷史經驗而得來的。他明確指出，秦國統治者自秦孝公時商鞅變法以來，推行「急農」的政策，把發展農業作爲緊迫的任務，因而創造了不可缺少的物質條件，奠定了雄厚的經濟基礎，最後秦始皇統一全中國。再拿西漢武帝劉徹來說，他爲平定西域，抗擊匈奴，採取了大量移兵實邊，推行屯田的辦法，對於安定和鞏固西北邊防確實有其重大的作

韓浩

韓浩，字符嗣，河內（今河南西北部）人，以忠勇聞名。東漢末年，天下大亂，聚眾自保。太守王匡辟為從事，領兵到盟津拒董卓。舅父杜陽為董卓手下河陰令，董卓因要挾投靠，不從。袁術任為騎都尉。

曹操部將夏侯惇聞其名，相見大奇，使領兵跟隨。時曹操軍糧不給，獻策屯田，曹操接納，遷護軍。陳宮、張邈叛迎呂布時，夏侯惇被亂兵劫持，軍中大亂。採取強硬手段，誅殺亂兵，整肅軍營。曹操稱他處理得當，明定以後凡發生劫持事件均不必顧及人質，全力攻擊劫持者，其後劫持事件絕跡。官渡戰後，認為「今兵勢強盛，威加四海，戰勝攻取，無不如志，不以此時遂除天下之患，將為後憂」。乘勝追擊，攻破柳城，改升中護軍，置長史、司馬，掌管禁兵。

張魯降後，眾人以其智略足以防守邊疆，可留鎮漢中。曹操不捨，說：「吾安可以無護軍？」死後，曹操甚覺可惜。

用。曹操以此鼓勵大家，這都是前朝做出的好榜樣，值得我們好好效法。

曹操在發布〈置屯田令〉的同時，任命他的堂妹夫騎都尉中牟人任峻爲典農中郎將，並請羽林監棗祗參與計議，開始興辦屯田。其實具體來說，棗祗倡議屯田，是根據兩個條件提出的，一是由於連年戰亂，土地荒蕪，人民流散，因而公家掌握了大量已開墾的土地，所謂「承大亂之後，民人分散，土業無主，皆爲公田」。二是曹操先後收降了青州、豫州黃巾軍，尤其這年從汝南、潁川民軍手中獲得大量耕牛、農具及人力，所謂「得賊資業，當興立屯田」。因此，棗祗、任峻把土地、耕牛及人力合理搭配，按軍事組織的形式加以編制，組成一支農業生產大軍。與此同時，又招募大批流民參加，屯田先從許下開始，取得經驗後再逐步推廣。屯田的農民稱爲屯田客。屯田組織不屬地方郡縣管轄，而自成一個獨立的系統，由屯田司馬、典農都尉、典農中郎將，直至大司農層層隸屬。

羽林監棗祗這個人值得一提。這位屯田的首倡者，曹操身邊的侍尉長，從曹操起兵時就一直跟隨曹操，他隨曹操在河內期間，袁紹發現他的才能，想召他過去沒有辦到。曹操初定兗州後，任他爲東阿令，陳宮、張邈叛亂時，他堅守城池，抗擊呂布，又爲曹操籌集軍糧，在支持曹操收復兗州的戰爭中立下大功。這時他首倡屯田，對興辦屯田的事業十分熱心。他思慮精密，考慮問題非常細緻。

開初，在討論屯田的收租辦法時，大多數都主張按租用官牛的頭數來定租額，並已作出決定報請曹操同意了。可是，棗祗經過反覆思索之後，覺得這個辦法不妥，要是單純按租用官牛的頭數來交租，將對國家的收入有很大的影響。譬如說，遇到豐年仍按原來定額繳納租糧，國家並不能增加收入；若遇災荒年，農民顆粒無收，國家反而還要減免，這個辦法太不合理。爲此，棗祗向曹操說明這個辦法不好，應該重新考慮，但曹操卻認爲已經作出決定，豐收年也用不著再改變了。可是棗祗仍堅持自己的意見，並反覆向曹操說明情況。這麼一來，倒使曹操產生動搖了，主要還在於棗祗對他的忠心，使他不能不有所感動。

因此，曹操讓棗祗和尚書令荀彧商議，研究實行哪種辦法好。但當荀彧再召集會議商定時，軍祭酒侯聲卻針對棗祗的辦法發表意見說：「按租用官牛的頭數收租，是爲擴大官田的面積著想。若照棗祗的辦法，對官家有利，對屯田客就不利，在這個問題上應愼重行事。」經侯聲這麼一說，荀彧倒又迷糊了，覺得兩種辦法都有道理：按計牛收租，規定了一定的租額，屯田客爲增加收入，就會擴大種植面積，開墾荒地，增加官田。若依棗祗的意見，按產量分成收租，規定用官牛的官六客四，不用官牛的官客各半，這對增加國家收入確實有利。對此，荀彧猶豫，一時難以決定。

於是，棗祗再去找曹操，非常自信堅持他的「分田之術」，請求採納分田收租的辦法，以使國家掌握更多的糧食。這一次，曹操終於爲棗祗這種深爲國家著想的精神感動了，於是毅然決定採納了棗祗的意見，並任命棗祗爲屯田都尉，和典農中郎將任峻一起主持屯田事宜。

果如棗祗所料，在許下屯田的第一年，就取得了「得穀百萬斛」的巨大收穫。曹操喜不自勝，下令任峻在所有他控制的兗、豫州的郡縣都「例置田官」，把許下屯田的經驗推而廣之。這麼一來，其後數年間，「所在積穀，倉廩皆滿」，到處都積蓄了大批的糧食，倉庫裝得滿滿的。可惜首倡屯田的棗祗卻不幸早逝了。無怪乎史稱其「軍國之饒，起於棗祗而成於（任）峻」。

七層連閣式陶倉樓

牛耕畫像石
東漢
1952年江蘇睢寧雙溝鎮出土
漢代的牛耕與後世的犁耕已沒有太大的區別。東漢時期，隨著馭牛技術的提高和活動式犁箭的發明。牛耕更為普及。

在取得官渡之戰勝利的第二年（建安六年，西元二〇一年），曹操想起了棗祗的功勞，他下令追贈棗祗爲陳留太守，並給棗祗的兒子處中封爵，用以祭祀棗祗作爲永久的紀念。曹操在〈加棗祗子處中封爵並祀祗令〉令文中云：「祗宜受封，稽留至今，孤之過也。」說他沒有及時追封棗祗，是他的過錯。並且還說「追贈以郡，猶未副之」，即使追贈棗祗爲郡太守，也和棗祗的功勞很不相稱。足見曹操對棗祗首倡屯田之功，給予了充分的肯定。事實上，曹操能夠逐鹿中原，翦除群雄，統一北方，這和他貫徹「修耕植以蓄軍資」的方針，推行屯田是分不開的。棗祗功不可沒，曹操對他的表彰讚揚確屬應該，是完全可以理解的。

但卻也應該指出，屯田分成收租的比數還是偏高的，無論用官牛的四六分成，或不用官牛的五五分成，這和漢代佃戶的地租負擔差不多，只不過屯田客不再負擔兵役和徭役，相對地說，又要比漢代佃戶的負擔輕一些。尤其後一點最受屯田客歡迎，免除了過去受官府、地主額外的層層壓迫，現在只有一個主人，就是國家，所以屯田無非是「國家的私田」，而屯田客則是「國家的私客」（見唐長孺《魏晉南北朝史論拾遺》），實際上就是國家的農奴。不過，曹操的屯田帶有明顯的軍事性質，是和當時的時代特點直接相關的，這在他下的〈置屯田令〉中已經說清楚了，他是以漢武帝「屯田定西域」爲楷模來推行屯田而謀取天下的。不管怎樣，曹操當時在許下的屯田，解決了他長期苦於軍糧不足的困難，現在這個問題一經解決，他就開始有計畫進行對外的戰爭了。

值得注意的是，就在曹操許下屯田、迎獻帝都許的這一年，呂布乘劉備出兵抗擊袁術之機，奪取了徐州，並自稱徐州牧。劉備回軍雖與呂布講和，但不久又被呂布所逼，戰敗之後，帶著關羽、張飛等到許都投奔曹操來了。曹操對劉備厚禮相待，因劉備已被陶謙表爲豫州刺史，這時曹操又以天子的名義正式任命劉備爲豫州牧。可是劉備一到許都，卻引起了曹操集團內部的爭議，程昱對曹操說：「我看劉備有雄才又深得民心，終不會久屈人下，不如趁此機會把他除掉，以絕後患。」不管曹操當時心頭怎麼想的，他嘴上卻說：「今天我們正在收攬天下英雄，殺一人而失天下之心，不可！」

曹操回頭問郭嘉：「你看如何？」郭嘉點點頭，說：「眞是這樣，主公起義兵，爲百姓除暴，推誠仗信以招俊傑，還唯恐人家不來。今劉備深具英雄之名，以窮途來歸而把他殺害，我們就會落個害

禰衡罵曹

禰衡，才長遇奇，目空一世，常雲「大兒孔文舉，小兒楊德祖，餘子碌碌耳。」孔融薦之於曹操，禰衡見曹操，曹操傲不為禮，曹操誇張其門下人才，禰衡一一鄙薄之。適逢曹操大宴群臣，使禰衡當鼓吏。禰衡滿腔氣憤，正無發洩處，慨然允諾，擂鼓洩憤，怒擊三撾，淵淵作金石聲，坐客俱動容。又當眾大罵曹操欺君罔上，擅作威福。

賢的名聲。要是這樣，恐怕主公周圍的智士仁人也會生疑，另作打算了，那麼，主公再和誰去平定天下呢？所以除一人之患而遏阻四海之望，這是關係安危存亡的大事，不可不慎重。」曹操聽了，連連點頭，笑著說：「你把道理眞說透了！」於是，曹操爲劉備增加兵眾，供給軍糧，請他到東邊沛城（今江蘇沛縣）收聚散兵，作好進討呂布的準備。

這年孔融推薦平原人禰衡來見曹操，禰衡年輕氣盛，恃才傲物，對曹操無禮，曹操使禰衡做鼓吏，以此羞辱他，哪知曹操反被禰衡當眾辱罵一頓。曹操怒氣不息對孔融說：「禰衡這小子，我殺他，猶如殺一個麻雀或一隻老鼠！不過看在此人素有虛名，我殺了他，遠近的人還以爲我無容人之量。」於是曹操送禰衡到荊州去見劉表。

禰衡至荊州，劉表待他以上賓之禮。可是禰衡雖口口聲聲稱美劉表，但卻對劉表左右的人看不起，以至冷嘲熱諷。劉表禁不住左右的人常在他面前說禰衡的壞話，尤其有人說禰衡對他明褒暗貶，稱他很講仁義，就是遇事「不能斷」，成不了氣候，由此而引起了劉表的忿怒。劉表在禰衡的去留上也動了一番腦筋，他乾脆派人再送禰衡到他的部將江復（治沙羨，在今湖北武昌西南）太守黃祖那裡。黃祖開初對禰衡也很客氣，後因禰衡當眾辱罵他，一怒之下他卻把禰衡殺掉了。

值得一提的是，就禰衡之死這件事來看，確如《資治通鑑》注上所稱，曹操怒送禰衡給劉表，是因劉表有個「寬和愛士」的名聲，想試看劉表能否容納禰衡，而劉表再怒送禰衡給黃祖，明知黃祖「性急」，是有意把禰衡置之死地。曹操、劉表都在「用術」，劉表「則淺矣」。

曹操在送走禰衡後，和眾謀士商議逐鹿中原的大事了。有人主張首先收拾東邊的呂布，有的提出最好先解決在淮南想當皇帝的袁術，也有認爲應先安定關中解決馬騰、韓遂的。可就是沒有人提說離許都最近的一支兵馬，這年屯兵宛城（南陽郡治，在今河南南陽市）的張繡。曹操認爲，不解決張繡，聽其與劉表聯合，這對許都將是一大威脅，要是用兵呂布，張繡襲取許都，後果將不堪設想。因此，他當機立斷，決定先解決張繡之後，再議征袁術或呂布，到時再俟情況而定。

於是，曹操在取得屯田積穀的巨大收穫之後，即在他迎取獻帝都許在政治上掌握了主動權的第二年，從征張繡開始，正式拉開了逐鹿中原的戰爭序幕。

曹操大事年表

東漢		
熹平四年	一七五年	舉孝廉，授洛陽北部尉，再改任頓丘令，後被徵召爲議郎。
中平元年	一八四年	封騎都尉，在潁川一帶（今河南禹縣）鎮壓黃巾軍。因軍功升濟南相，任職三年。
中平四年	一八七年	得罪權貴，降爲東郡太守，稱病辭官。冀州刺史王芬、南陽許攸、沛國周旌等人謀廢靈帝，邀請同反，拒絕。
中平五年	一八八年	被任命爲拱衛京師洛陽的西園典軍校尉。
中平六年	一八九年	董卓專權，表爲驍騎校尉。拒絕，易名出關，中途被捕，後被釋放，至陳留招攬義兵。十二月，於己吾縣（今河南睢縣東南）以五千人起兵討董。
初平元年	一九〇年	正月，任諸侯討董聯軍奮武將軍。二月，孤軍奮戰，敗於董卓部將徐榮，中箭傷，力戰得脫。十月，拒絕袁紹拉攏，開始獨立發展勢力。
初平二年	一九一年	敗黑山軍白繞於濮陽（今河南濮陽西南），袁紹表爲東郡太守，郡城東武陽。
初平三年	一九二年	春，剿滅黑山軍和匈奴於夫羅部。鮑信等人至東郡迎領兗州牧。攻打黃巾於壽張（今山東東平縣西南）之東。冬，曹操收黃巾軍降卒三十餘萬，號爲青州兵。
初平四年	一九三年	春，擊敗袁術。夏，還軍定陶。秋，首征陶謙，下十餘城。
興平元年	一九四年	春，父曹嵩被殺。夏，以報父仇二征徐州，縱軍屠殺數萬人，克襄賁（今江蘇漣水）。張邈、陳宮叛迎呂布。回軍與呂布濮陽大戰，被燒傷。對峙百日餘，糧盡退兵。
興平二年	一九五年	春，襲取定陶。夏，鉅野之戰大破呂布軍，呂布投靠劉備。秋圍雍丘（今河南杞縣）。十月，漢獻帝拜兗州牧。十二月，破雍丘，夷張邈三族。兗州平定，東略陳地（河南淮陽等處）。
建安元年	一九六年	春攻取武平。遣曹洪西迎漢獻帝，因兵亂未成。二月，破汝南、潁川黃巾軍。拜建德將軍。六月，假節，錄尚書事。九月，加封大將軍，封武平侯。迫使漢獻帝遷都許（今河南許昌），始總攬朝廷軍政大權，挾天子以令諸侯。十月，征討楊奉。將大將軍讓與袁紹，自任司空，行車騎將軍。開始屯田。收納敗於呂布的劉備。

第六章 逐鹿中原

一、收降張繡

建安二年（一九七年）春正月，一過了年，曹操在把朝中大事安排就緒之後，以尚書令荀彧留守許都，他親統大軍出征宛城張繡。先得說說張繡這支兵馬從何而來？何以荊州牧劉表會與之聯合，而且還讓他屯兵於南陽郡治宛城？這到底是怎麼一回事。

原來，驃騎將軍張濟於前年和李傕、郭汜在弘農與獻帝使者韓融講和之後，過了不久，李傕、郭汜相繼離開了弘農，回到西邊，後來都先後失勢敗亡了。而張濟在去年因軍中缺糧，「士卒飢餓」，也離開了弘農，他率部向南到荊州就食，卻在進攻穰城（屬南陽郡，在今河南鄧縣）時，爲流矢所中而死。張濟死後，他的姪兒建忠將軍張繡繼統其眾，正在進退兩難時，劉表派人來招納他，張繡眞是求之不得。於是劉表請張繡駐屯宛城。

何以劉表會這麼優待張繡呢？原來荊州的屬官因張濟之死，大家都去向劉表稱賀，劉表卻正色說：「張濟窮奔而來，我們作爲主人沒有好好禮待他，致使他爭戰而亡。現在人家不幸死了，你們來賀，這可不是我當牧守的意思。我只受弔，不接受賀。」於是劉表派人招納了張繡。其實，劉表這麼處置，既免動了一場干戈，又增強了自己的勢力。不用說，他讓張繡駐屯宛城，顯然是利用張繡這支兵馬來爲他防守荊州的北大門，以對付曹操。

張繡在宛城一安頓下來，立既就派人到華陰把謀士賈詡請了來。張繡早就非常敬重賈詡，這時把他請來後，平素之間更對他行以「子孫禮」。賈詡一來就勸張繡歸附劉表，並親自為他到襄陽求見劉表。可是賈詡回來後，卻對張繡說：「要是在天下太平的時候，劉表倒是一個做三公的人材。但是，而今天下大亂，他既看不清形勢，又多疑無決斷，我料他成不了大事。」不管怎樣，張繡得賈詡輔助，又與劉表聯合，於是在南陽地區招兵買馬，勢力一天天大起來。正是由於他擁兵自重，以觀變天下，從而引起了曹操的注意，以致親統大軍前來征伐他。

當這年春初曹操進兵到宛城之南的淯水邊上時，張繡深感自己不是曹操的對手，這時賈詡也勸他與其和劉表聯合，不如歸順曹操，於是張繡納賈詡之見，又派賈詡到曹營去請降。曹操久聞賈詡之名，一番交談之後，覺得賈詡談吐不俗，識見深遠，有心留下他。賈詡婉言向曹操說明自己和張繡的情誼，既然現在張繡歸附了他，自己和張繡都是他的下屬了，用不著再分彼此，現在自己還得幫助張繡處理一些事情，等過些時候再來侍候他。曹操更感到賈詡深重交情，話又說得入情入理，也就只好暫時放他回去了。

曹操在接受張繡投降後，帶領一部分兵馬進入宛城，其餘大軍駐屯城外。值得注意的是，曹操兵不血刃而得到張繡歸降，意外的勝利使他滋長了驕傲情緒。曹操在宛城「置酒高會」。宴席上，當曹操與諸降將舉杯「行酒」時，他的親隨校尉典韋手持大斧，跟在身後，每至一人面前，典韋「輒舉斧目之」，及至席終，張繡及其諸將皆「莫敢仰視」。史書上這段記載，無須加工，已夠說明問題了。可以想見曹操當時的神態，是何等傲慢。尤其令張繡不能容忍的是，曹

張繡

張繡，武威祖厲（今甘肅靖遠）人。驃騎將軍張濟之姪。曾為縣吏，誅戮謀害縣長的曲勝而聞名。後為效力董卓。建安二年（一九七年），張濟征南陽，中流矢死，乃承張濟之軍，占宛城，聯劉表共拒曹操。曹操來攻宛城，舉眾投降。後震怒於曹操納張濟遺孀，再用謀士賈詡計，起兵擊曹。殺曹操子曹昂、姪曹安民及貼身護衛典韋，將曹操暫時驅逐出宛城地區，並於此後繼續對抗曹操。後袁紹、曹操在官渡對峙，爭相求盟，乃聽從賈詡建議向曹操投降，並與曹氏聯姻，拜揚武將軍。官渡戰中，有突出表現。後隨曹操北征烏桓時病逝於途中，追諡定侯。另一說，被曹丕責備殺兄之事，知曹家未忘舊仇，遂自殺。

操竟將他的嬸母（張濟之妻）納以爲妾。無怪乎在戲曲《戰宛城》中，根據《演義》的情節著力渲染了這件事，把它當作張繡叛變曹操的唯一原因。

其實，張繡之叛曹操，還有另一件事更爲直接，那就是曹操不惜以重金收買他的親將胡車兒，使其懷疑曹操想利用他身邊的人來暗算他。儘管曹操對他納張濟之妻而引起張繡不滿早有察覺，所謂「太祖聞其不悅，密有殺繡之計」，不料「計漏」，張繡卻搶先下手，乘其不備，「掩襲太祖」，使曹操措手不及。這場叛變不能不是曹操因勝利而驕，行爲不檢，再加之措置失當，輕敵麻痺，而一手造成的。責任完全在曹操身上。在這場叛亂中，不但曹操自己中箭受傷，而且他的長子曹昂、姪兒曹安民皆遇害身亡，特別使他痛惜的是典韋爲他勇鬥而死，眞是咎由自取。

戰宛城

曹操征宛城，張繡出戰不敵而降；曹操誤聽侄安民慫恿，擄占張嬸母鄒氏。張繡知而大怒，但懼典韋之勇，用賈詡之計，遣胡車盜去典之雙戟，夜襲曹營。典戰死，曹大敗逃走，張繡刺死鄒氏。

至於典韋這次爲曹操勇鬥而死，耐人尋味的是，在小說和戲曲《戰宛城》中，還虛構了胡車兒「盜雙戟」這個情節，來突出典韋對曹操的忠勇。不過，從歷史記載來看，典韋善使「大雙戟與長刀」，當時軍中就有諺語說：「帳下壯士有典君，提一雙戟八十斤。」典韋在宛城壯烈捐軀的激戰中，使用的兵器確是戟，所謂「韋以長戟左右擊之，一叉入，輒十餘矛摧」。小說家和劇作家之所以讓胡車兒「盜走」雙戟，是使典韋在沒有得手兵器的情況下，仍能奮猛搏擊，以致出現了用人作兵器

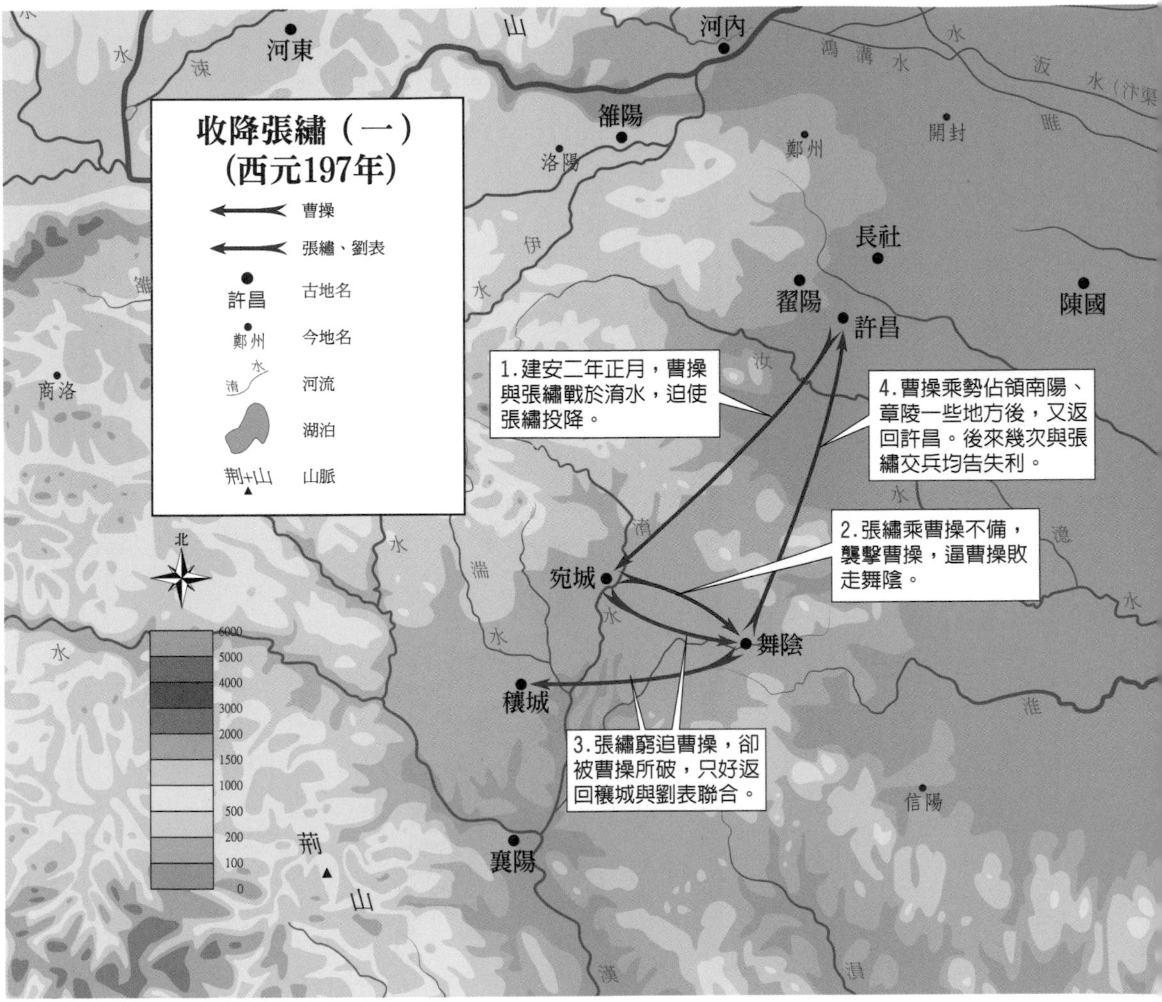
收降張繡（一）
(西元197年)
曹操
張繡、劉表
許昌
古地名
鄭州
今地名
河流
湖泊
荊山
山脈
1.建安二年正月，曹操與張繡戰於淯水，迫使張繡投降。
2.張繡乘曹操不備，襲擊曹操，逼曹操敗走舞陰。
3.張繡窮追曹操，卻被曹操所破，只好返回穰城與劉表聯合。
4.曹操乘勢佔領南陽、章陵一些地方後，又返回許昌。後來幾次與張繡交兵均告失利。
河東
河內
雒陽
洛陽
鄭州
開封
長社
翟陽
許昌
陳國
商洛
宛城
舞陰
穰城
襄陽
信陽
荊
山
淯
汝
淮
漢
北

的酣鬥場面，從而表現了他雖重傷而亡，但卻英勇無敵。這與史傳上描繪他當時與敵「短兵接戰」時，「雙挾兩賊殺之」，「創重發，瞋目大罵而死」的氣概，卻是一致的。典韋勇則勇矣，確實成了曹操這次在宛城行爲不檢的犧牲品。

不用說，曹操這次在宛城之能脫險，不能不得力於校尉典韋的死戰拒敵之功。這一仗，曹操敗得甚慘，直到他渡過淯水，一路上收聚散兵，逃至舞陰（今河南泌陽縣西北），才驚魂甫定。曹操剛在舞陰住下來，忽然一隊七零八落的青州兵將士慌慌張張跑來向他訴說平虜校尉于禁造反了，他們就是被于禁趕殺逃回來的。曹操聽了，將信將疑。正在這時，忽報于禁的兵馬也跟蹤而至了。曹操向左右點了點頭，似乎心裡好像明白這是怎麼回事了。可是久等不見于禁來見他，不禁大怒，正要派人查明情況，于禁卻進來拜見他了。

于禁一進帳，曹操怒氣不息問道：「這是怎麼一回事，你說。」可是當于禁理直氣壯把他在路上遇見青州兵搶劫百姓，被他鎮壓的情況一說，曹操不禁轉怒爲喜了，但又追問了一句：「那末，你既歸來，爲甚麼不先來見我？」于禁從容回答說：「我一到，就有人向我說，青州兵已告了我的狀，催我趕快來見主公分辯，可是追兵在後，意外的情況難免發生，要是不先作準備，何以待敵？況且主公英明，哪能輕易相信別人說我的壞話？我是先安營紮寨之後，才來拜見主公的。」曹操聽了，十分感慨說：「淯水之難，連我也險遭不測，將軍能在驚忙中整頓軍隊，討伐暴亂，堅立營壘，任勞任怨，毫不動搖，雖古之名將，也不過如此。」

正說著話，忽報張繡追兵到了。曹操立刻命令于禁和諸將出戰，奮力擊退了張繡。張繡敗還穰城，曹軍乘勢占領了南陽、章陵（郡屬荊州，在今湖北棗陽縣東南）部分地方。張繡退守穰城後，再派人到荊州與劉表聯合。

曹操在舞陰得知典韋死難的消息，不禁爲之淚下，出賞格把他的屍首找了回來，又親自哭祭了一番。曹操總結這次失敗的教訓，對諸將說：「我接受張繡投降時，失於沒有留下他的人質，因而遭致失敗。我現在明白了。大家看吧！從今以後不會再犯這樣的錯誤了。」

顯然曹操是沒有更深刻找出他因勝

典韋

典韋（？～197），字子滿，陳留己吾人（河南寧陵縣西南）。曹操猛將。身魁力大，擅使大雙戟。為人壯猛任俠，曾為友人殺仇人，人莫敢近。初投張邈，與人不和，殺人外逃，因逐虎過澗，被夏侯惇所見，異其悍武，薦與曹操。其時帳前牙門旗既長且大，風吹欲倒，軍人莫能持定，一手將其執穩，人以奇力為異。濮陽之戰時，奮力勇戰救主，又因忠誠謹重，曹操升為都尉，置於左右。宛城之戰，殊死惡鬥，殺敵甚眾，終因寡不敵眾陣亡。曹操親臨祭奠，痛哭失聲，道：「吾折長子、愛姪，俱無深痛，獨號泣典韋也。」

而驕的思想根源，唯其如此，類似的情況在他的戎馬生涯中還會再次出現，而且敗得更慘，後來的赤壁之戰就是明顯的例子。

這年曹操因征張繡失利自舞陰回到許都後，表彰于禁安亂退敵之功，封爲益壽亭侯。九月間，曹操因這年在壽春稱帝的袁術侵犯陳地，他在一舉擊敗袁術之後，兵巡淮、汝一帶時，後來成爲他手下著名猛將的沛國人許褚（字仲康），率領一批壯士前來投奔他了。曹操得到許褚，高興說：「眞是我的樊噲呵！」立即拜爲都尉，像典韋一樣成爲他的親隨侍衛。可是就在曹操這年自舞陰還都後，南陽、章陵諸縣又起來擁戴張繡，背叛了曹操。曹操派曹洪領兵擊討，與戰不利，還屯葉縣（今河南葉縣南），又多次遭到張繡、劉表的進攻。

冬十一月，曹操再次南征張繡，大軍到了淯水邊上，曹操想起了上次陣亡的將士，舉行了隆重的祭祀儀典，他自己「歔欷流涕」，很傷心哭祭了一番，以致「眾皆感慟」。這麼一來，倒把全軍將士的復仇情緒激發起來了。果然，進攻湖陽（今河南唐河縣南）時，許褚率領壯士當先登城，「斬首萬計」，還生擒了劉表部將鄧濟。曹操立升許褚爲校尉。占領湖陽後，接著又攻下了舞陰。不用說，曹操這次殺了不少人，雖然進展不大，但總算出了口氣，打了個勝仗。直到第二年（建安三年，西元一九八年）春正月，他才安然回到了許都。

經過一番休整之後，這年三月，當曹操又要出征張繡時，軍師荀攸勸諫說：「張繡與劉表互相支持，相依爲強。但張繡自外而來，完全依靠劉表給他提供軍糧，時間一久，勢必發生摩擦，不如暫緩以待其變，或施之以離間之計。若是我們進攻甚急，他們勢必互相救援，難以收功。」可是曹操急功近利，報復心切，沒有採納荀攸的意見。

事實果如荀攸所料。在這次曹操進圍穰城時，張繡向劉表告急，劉表出兵安眾（今河南鎮平縣東南）支援張繡，拒守險要，切斷了曹軍的後路。這麼一來，頓使曹軍腹背受敵，與戰不利，曹操感嘆對荀攸說：「我太性急了，不用君言，以致於此。」正在進退爲難時，忽又得到荀彧送來消息，說袁紹謀士田豐勸袁紹出兵偷襲許都，曹操大驚，立即下令解圍而去。與此同時，曹操急中生智，他給荀彧寫了信叫來人捎回，說他到安眾必破張繡，請荀彧放心。

曹操回軍至安眾，他命一部人馬乘夜「鑿險僞遁」，裝著逃跑的樣子，而他自己卻率領精兵親自斷後。張繡一見曹軍逃跑，正要追

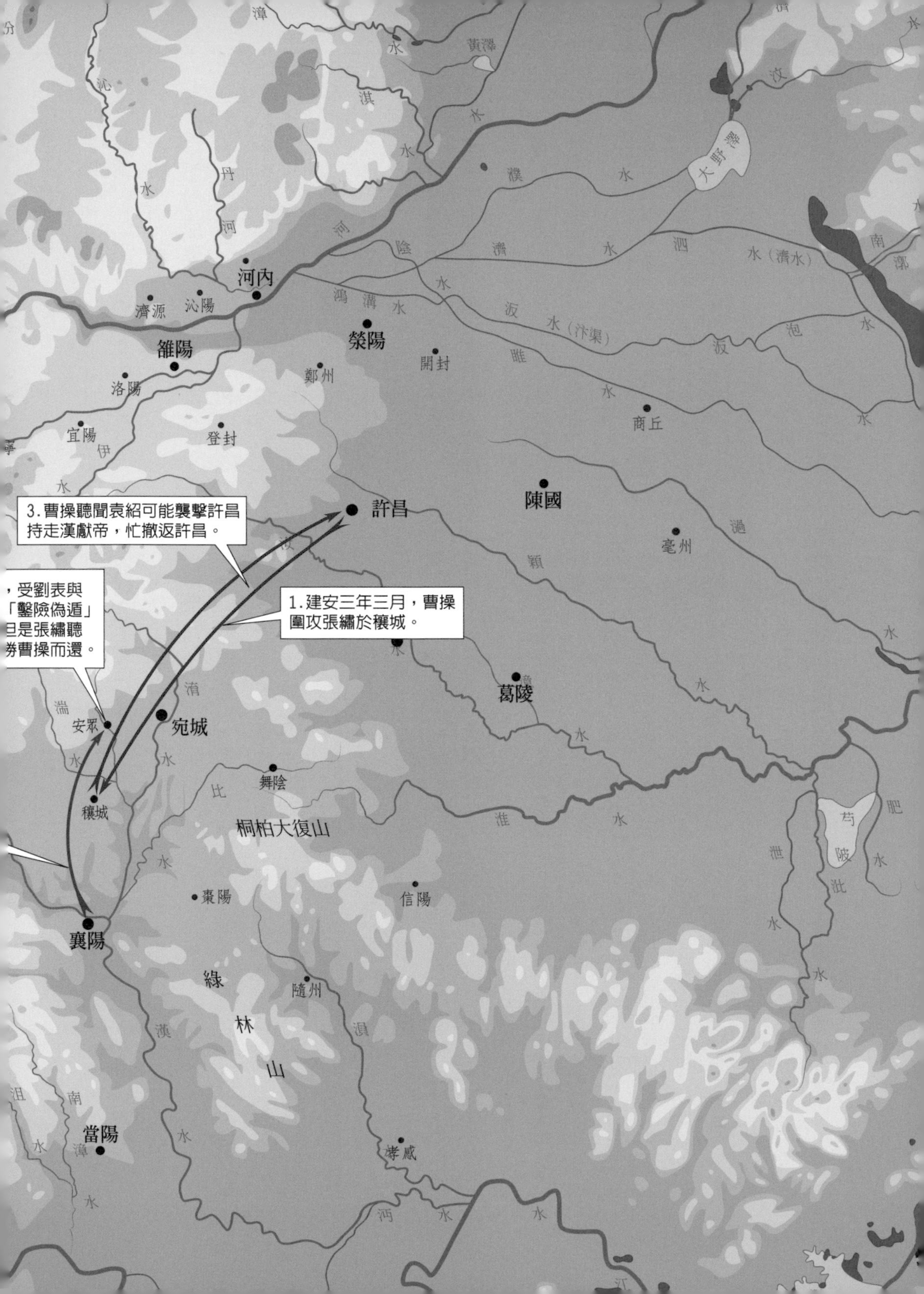
3.曹操聽聞袁紹可能襲擊許昌
持走漢獻帝，忙撤返許昌。
1.建安三年三月，曹操
圍攻張繡於穰城。
，受劉表與
「鑿險偽遁」
旦是張繡聽
券曹操而還。
河內
濟源
沁陽
雒陽
洛陽
宜陽
登封
鄭州
滎陽
開封
商丘
許昌
陳國
亳州
葛陵
宛城
安衆
穰城
舞陰
桐柏大復山
棗陽
信陽
襄陽
隨州
綠
林
山
當陽
孝感
大野澤
黃澤
芍
陂
丹
河
沁
水
淇
水
濮
水
濟
水
泗
水（濟水）
鴻
溝
水
汳
水（汴渠）
睢
水
泡
水
汝
潁
水
渦
淮
水
泄
水
比
水
淯
水
湍
水
漢
水
溳
水
沮
水
漳
水
澴
水
肥
水
淠
水
南
伊
水
陰

收降張繡（二）
(西元198年)
曹操
張繡、劉表
宛城
古地名
宜陽
今地名
漢水
河流
湖泊
荊山
山脈
北
6000
5000
4000
3000
2000
1500
1000
500
200
100
0
洛水
河水
涑
永濟
潼關
渭南
冢領山
雒水
藍田谷
商洛
汧水
渭
西漢水
沔水
褒水
漢水
西城
安康
錫縣
白帝城
達州
潛水
西漢水
不
江
夷
水

趕，賈詡勸阻說：「不可追，追必敗。」張繡不聽，果被曹操打得大敗而回。可是張繡剛打了敗仗回來，喘息未定，賈詡卻催促他說：「趕快再追上去，准能打勝！」張繡搖頭說：「剛才不聽公言，以致挫敗，奈何又去？」賈詡笑著說：「用兵變化無窮，這回情況不同上次，去必能勝，不要再耽擱了。」於是張繡重振兵馬急追上去，果然大勝而還。

這可把張繡鬧懵了。他迷惑不解請教賈詡說：「我上次以精兵追擊，公言必敗。這次我用敗卒追趕，公說必勝，而結果又都如公所料，這到底是怎麼一回事呢？」賈詡點了點頭，解釋道：「這有甚麼不明白的。將軍雖善用兵，到底不是曹公的對手。曹軍初退，他必定親自斷後，周密安排，故知你必敗。曹公在打敗你之後，匆匆歸去，必定國內出了事。既然已敗將軍，他必然率輕軍先回，留下諸將斷後，諸將雖勇，卻又不是將軍的對手了，所以你雖以敗兵前追，也會打勝他們的。」張繡聽了，嘆服不已。

這邊張繡向賈詡討教。而那邊曹操回到許都，荀彧卻也問曹操：「主公到安眾，前有劉表據險阻攔，後有張繡追兵，您怎麼預知到了那裡一定會脫險打勝仗呢？」曹操答稱：「正因敵人前後夾攻，把我置之死地，兵書上說：『置之死地而後生。』所以我料定必能勝利脫險，打敗張繡等人。」荀

許褚

許褚，字仲康，譙國譙（今安徽亳州）人。高八尺（一八五公分），腰大十圍，容貌雄毅，「性謹慎奉法，質重少言」。許褚任宿衛都尉，統領衛隊「虎衛軍」，護衛曹操，曹操贊為「樊噲」，軍中外號「虎癡」。葛陂一戰，箭矢用盡，擲石攻敵，倒牽牛反向百餘步。渭南戰時，馬超欲襲曹操，因許褚從騎，不敢動。《三國演義》中，許褚裸衣上陣大戰馬超二百餘回合，成為成語「赤膊上陣」的由來。渭南之戰後，許褚官封武衛中郎將，後升中堅將軍，賜關內侯。曹操病故，許褚哭至吐血。曹丕稱帝，封萬歲亭侯，升武衛將軍，總督中軍禁兵。曹叡繼位封牟鄉侯，邑七百户。病死後，追諡壯侯。許褚部下數十人官封將軍。

或聽了，連連點頭。

曹操回到許都，派人打聽，才知道袁紹並沒有採納田豐的意見。直到下一年，也就是官渡之戰的前一年，袁紹在兼併了幽州公孫瓚之後，兵多將廣，和曹操的關係愈演愈烈，就在這個時候，袁紹派遣使者召納張繡，並親自給賈詡寫信通好。張繡鑑於袁紹勢大，倒想與袁紹連合，不料賈詡當面對袁紹使者說：「煩你回去告訴袁本初，他們兄弟尚且不能相容，怎麼會容天下國士呢？」就這麼把袁紹使者給打發了。張繡大驚失色問計於賈詡說：「要是這樣，我們怎麼辦？」賈詡直截了當說：「歸附曹公。」張繡卻不以爲然說：「姑且不談袁強曹弱，何況我們與曹操早就有仇，這怎麼行？」

賈詡聽了，笑了笑，從容對張繡說：「正因爲是這樣，所以我們最好歸附曹公。曹公奉天子以令天下，名正而言順，這是其一。其二，正是由於袁紹強盛，我們拿這點兵馬依附他，他根本不會把我們放在眼裡，唯其曹公力量不如袁紹，他得我必喜，一定會好好看待我們的。其三，凡有志於建立王霸之業者，必定不會斤斤計較個人的私怨，以此表明他能容納四海的博大胸懷，照我看來，曹公就是這樣的人，希望將軍不要多疑。」張繡聽賈詡這麼一分析，也就無話可說了。

這年冬天十一月，張繡終於率部到許都歸降曹操了。張繡一至，曹操就親熱拉著他的手，與之歡宴，甚麼話也沒提說，並爲他的兒子曹均娶了張繡的女兒，又拜張繡爲揚武將軍，封列侯。而曹操一見賈詡，也同樣親熱拉著他的手，高興說：「爲我取信於天下者，足下也。」並上表舉薦賈詡爲執金吾，封都亭侯，尤其又任他爲冀州牧，因冀州還在袁紹手裡，留參司空軍事。從此，賈詡成爲曹操身邊的重要謀臣了。無怪史家陳壽在《三國志》中把他與荀彧、荀攸同列一傳。

在官渡之戰前，曹操終歸最後收降了張繡。現在回過頭來，看看曹操是怎樣破滅淮南袁術的。

二、破滅袁術

就在曹操第一次出征張繡的那年春正月，袁術迫不及待在壽春稱了帝，公然當起皇帝來了。袁術想過皇帝癮由來已久，何以他偏偏在這個時候稱帝呢？話還得從頭說起。

早在袁紹、韓馥謀立幽州牧劉虞爲帝時，他爲了自己想當皇帝竭力加以反對，以致和他的異母兄長袁紹翻了臉。孫堅收復洛陽時，於洛陽城南井中得到一塊刻有「受命於天，既壽永昌」字樣的「傳國璽」，在孫堅死後，袁術聽說了，竟自不擇手段「拘（孫）堅夫人而奪之」，作爲他當皇帝的憑證。後來袁術被曹操從南陽趕到九江，他從揚州刺史陳瑀手中奪取揚州，占據壽春，又兼稱徐州伯，野心反而更大，當皇帝的心更切了。他平常口口聲聲說漢朝氣數已盡，應該由他來繼承天命。

仲家

《後漢書·袁術傳》李賢等注稱「仲」或作「沖」。《三國志集解》引錢大昕曰：「沖家猶沖人、沖子也，當以沖為是。」又引沈濤曰：「仲乃術所僭國號，其稱曰家，猶漢氏之稱漢家耳。〈公孫述傳〉遂自立為天子號成家，是亦僭國號曰成也。又〈魏志術傳〉注引《典略》曰：『乃建號稱仲氏』，則或作沖者，非也。」

在漢獻帝東奔到河東安邑的那年冬天，袁術再也忍不住了。這時袁術十分擔心漢獻帝落入某個強有力的人物手中，再把他（指獻帝）樹立起來，事情可就麻煩多了。於是，他立即召集部下開會，毫不掩飾宣布說：「而今劉氏的天下快完了，海內大亂，我家四世三公，百姓歸附，我打算應天順民即帝位，不知諸君意下如何？」他一說完，眼巴巴望著大家，滿以爲會到得到眾人的推心擁戴，大家都搶著來恭維他，可是卻沒有一個人敢應聲。

過了好一陣，場面實在尷尬，倒是他的主簿閻象開了腔，拿周文王「三分天下有其二，猶服事殷」的歷史故事來勸諫他，說「漢室雖微，未若殷紂之暴也」，認爲他稱帝不合時宜。袁術聽了，儘管心中「不悅」，但看見他手下的人這麼不熱心，也只好無可奈何暫時收了場。過了不久，孫策在江東得知袁術打算稱帝的消息，主動寫信來諫止他，勸他不要學董卓「廢主自興」，否則將會落個更不好的下場，並且提醒他，說他家「五世相承，爲漢宰輔」，理應「效忠守節，以報王室」，千萬不可有非分之望。袁術自以爲孫策是他一手扶持的，「必與己合」，萬沒料到在這件事上，孫策持這麼過激的反對態度，以致使他「愁沮發疾」，還生了一場悶病。正是由於他不聽孫策的勸阻，在他稱帝後，孫策使張紘作書，「責而絕之」。曹操一得知孫策和袁術斷絕了關係，立即就表舉孫策爲討逆將軍，封吳侯，竭力加以籠絡。

在曹操迎獻帝都許後，袁術擔心的事終於發生了。他趁曹操出兵征伐張繡之機，不顧一切在壽春稱了帝。他自稱「仲家」，又置「公卿百官」，又大做「郊祀天地」，總算粉墨登場了。可是袁術一當上皇帝，就遇到這麼兩件事使他很不稱心：一是沛相下邳（今江蘇睢寧縣西北）人陳珪，他和袁術是少年之交，袁術稱帝後寫信請他來，打算重用他。可是陳珪不但不來，還回信告訴他：「曹將軍爲了振興國家，恢復典刑，以此撥亂反正，我以爲足下會和他同心戮力，輔佐王室，萬沒想到你會圖這種陰謀不軌之事，以身試法，要想我和你同流合污，死也辦不到。」把個袁術氣得垂頭喪氣。再一件，就是那年被曹操趕來投奔他的兗州刺史金尚，這時他稱了帝，任金尚爲太尉，金尚寧死也不做，還打算逃走，袁術知道後，竟把他殺掉了。由此看來，袁術這個皇帝實在當得窩囊，拿官給人做，卻都不願意。

倒是陳珪信中的話提醒了袁術，他也領教過曹操的厲害。在動過一番腦筋之後，他覺得要對付曹操，非得聯絡呂布不可。於是他派遣使者韓胤到徐州，一則把他稱帝的事告知呂布，再則爲他的「太子」求娶呂布的女兒。這件事卻被沛相陳珪知道了，而且還聽說呂布已派兵送他的女兒上路了。陳珪一得知這個情況，十分擔心呂布與袁術聯合，「將爲國難」，會給國家帶來一場新的災難。於是他急忙見呂布說：「曹公奉迎天子，輔佐國政，將軍極應與他協力同心，共商大計。現在將軍要是與袁術聯姻，必定會落個不好的聲名，而且這麼下去將是很危險的。」經陳珪這麼一說，呂布也想起當初袁術待他不好，於是立刻派人把女兒追了回來。呂布不但和袁術絕了婚，而且還把袁術使者韓胤「械送」許都，聽候曹操發落。

豈知曹操這年初征張繡一回到許都，就得知袁術稱帝的消息，他也擔心「徐、揚合從」，袁術與呂布勾結。正在這時，恰好呂布把袁術使者送來了，曹操大喜過望，立即下令將韓胤斬首示眾。爲了穩住呂布，曹操即刻派遣使者到徐州，以天子的名義拜呂布爲左將軍，同時又親自寫了一封書信給呂布，表揚他制止袁術「稱天子」，對王室的擁戴，並說朝廷仍然信重他，相信他的「忠誠」。呂布得書大喜，立即派了陳珪的兒子陳登到許都「謝恩」，並報答曹操，同時也爲

孫堅探得漢傳國璽

《三國志·吳志·孫堅傳》裴注引《吳書》：「堅入洛，……軍城南甄官井上，……堅令人入井，探得漢傳國璽，文曰『受命於天，既壽永昌』，方圜四寸，上紐交五龍，上一角缺。初，黃門張讓等作亂，劫天子出奔，左右分散，掌璽者以投井中。」《通鑑》胡三省注稱甄官井即「甄官署之井」，「甄官，掌琢石、陶土之事」。

他求做徐州牧。

可是陳登到許都一見曹操，就向曹操密陳：「呂布勇而無謀，輕於去就，宜早圖之。」曹操點了點頭，說：「呂布狼子野心，誠難久養，這一點你是看得很清楚的。」曹操即拜陳登爲廣陵（今江蘇江都縣東北）太守，又把他父親陳珪的俸祿「增秩中二千石」。臨別時，曹操拉著他的手說：「東方之事，就拜託你們父子了。」

陳登回到徐州後，向呂布把他父子在許都受封增祿的事一說，就是沒提呂布當徐州牧的事。呂布勃然大怒，拔戟砍在桌上，指著陳登說：「你父親勸我與曹操合作，絕婚袁術，現在我所求不允，而你父子，一個當太守，一個加俸祿，我豈是你們隨便擺佈的。」陳登等呂布發作完後，不緊不慢說：「我見曹公說：『養將軍好比養虎，要讓他吃飽，不然就要傷人。』曹公卻說：『不然，我看好比養鷹，飢則爲用，飽則飛去。』曹公就是這麼看待將軍的。你叫我怎麼說呢？」呂布聽了，低頭一想，怒氣頓消，他明白曹操的意思了。

綠釉陶六博俑
漢
靈寶出土，河南博物院藏
對博是戰國至漢代流行的遊戲，博具中有六根箸，故稱「六博」。對博的雙方各有六枚棋子，對博時先投箸，根據投的結果決定行棋，最後一方將另一方的梟棋殺掉就獲勝。具體的規則至今成迷，但所有的棋局都是對戰爭的模擬，這點當可肯定。

正說著話，忽報袁術派大將張勳、橋蕤以及前次從梁地投奔他的韓暹、楊奉等統步騎數萬之眾，兵分七路殺奔徐州來了。呂布得報大驚，立刻把陳珪召來說：「今天袁術來攻，都是你的主意，你看該怎麼辦？」陳珪一點也不慌張，他胸有成竹說：「韓暹、楊奉和袁術的兵馬，都是些倉猝湊合起來的烏合之眾，既無一定的謀劃，也不是一條心，我兒子陳登把他們比之於連雞，積不相能，勢不同棲，可用離間計破之。」呂布聽陳珪這麼一說，心裡反倒踏實了。

於是，呂布納陳珪之計，給韓暹、楊奉送去一封書信，稱他們前次護駕有功，「萬世不朽」，而現在「袁術造逆，當共誅討」，希望他們和他一道「共擊」袁術，再

「建功於天下」，這是一個難得的機會。呂布還許願破袁術之後，所有「軍資」都歸給他們。呂布這一手果然奏效。韓暹、楊奉得書大喜，與呂布暗中聯合，內外夾攻，一舉把張勳的兵馬打得落花流水，大敗逃回。

袁術在徐州打了敗仗，老羞成怒，並不甘心失敗，準備再起大軍和呂布決一雌雄。可是卻因軍中缺糧，當他派人到陳「求糧」遭到拒絕後，忿而出兵陳地，殺了陳相駱俊和陳王劉寵。曹操得知消息，再也不能容忍了。

這年九月，曹操繼呂布打敗袁術之後，親統大軍東征，準備最後解決袁術了。哪知袁術一得知曹操親自帶兵來攻，不等曹軍至，他就倉皇棄軍渡淮南逃了，留下他的部將橋蕤、李豐、梁剛、樂就等守在蘄縣（屬沛國）抗拒曹軍。曹操一到，縱兵奮擊，大破袁術軍，把他留下的幾個將領「皆斬之」，統統殺掉。袁術逃到淮水以南之後，這年天旱，顆粒無收，「士民凍餒」，死亡遍野。袁術接連打了敗仗，又遭災荒，看來他這個皇帝實在當得不走運。

第二年在曹操把呂布解決之後，袁術的日子更不好過了。儘管淮南的老百姓生活不下去，可是他這個皇帝卻依然過著「淫侈滋甚」的生活，直到「資實空盡」，把僅有的一點積蓄都花光用盡之後，他自己也感到「不能自立」，再也混不下去了。好不容易挨過了年，又過了一些時候，眞虧他還想得出來，乾脆把宮室燒掉，厚起臉皮帶著一大幫人到灊山（屬盧江郡，在今安徽霍山縣）投靠他的部曲陳簡、雷薄，可是偏偏不接納，吃了個閉門羹。這一下，袁術倒深感落難皇帝沒人要，眾叛親離，走頭無路了。吃沒吃的，住沒住的，士兵也一哄而散。也眞虧袁術急中生智，這時他忽然想起了他那位這年春天兼併了幽州公孫瓚而雄踞四州之地的異母兄長來了，乾脆把皇帝讓給他，自己也有個去處安身。

於是袁術派遣使者到冀州，並寫信給袁紹說：「漢朝的天下快完了，我們袁家應當接受天命。現在你擁有四州之地，戶口百萬，誰也沒有你強大，誰也沒有你德高望重，曹操妄圖扶衰拯弱，這怎麼能夠呢？」經袁術這麼一吹，倒眞燃起了袁紹想當皇帝的慾望，由於遭到部屬的反對，才暫時作罷。不管怎樣，袁紹在接到袁術的信後，就立即派人通知袁術，並命長子青州刺史袁譚迎接袁術到冀州來。袁術一接到通知，就取道徐州北上了。

這年（建安四年，西元一九九年）六月，曹操一得知消息，立即派遣劉備和朱靈領兵到徐州截擊袁術。袁術一到徐州，就遭到曹軍的阻擋，掉頭就往南走，逃到離壽春還有八十里的江亭，袁術就一病不起了。吃的也沒有了，僅有一點麥屑充飢。時又「盛暑」，袁術想得口蜜漿也辦不到，他坐在床上「嘆息良久」，忽然驚呼：「我袁術怎麼落到這個地步了！」接著吐了一斗多血之後，死去了。

當袁術妻子扶著靈柩投奔廬江（治皖縣，在今安徽潛山縣）太守劉勳時，在半路上被曾做過汝南太守、東海相的徐璆奪去了那顆傳國玉璽。徐璆親自把它獻給了曹操，曹操先後任徐璆做過衛尉、太常，後又「以相（位）讓璆，璆不敢當」。

在官渡之戰前，曹操總算把這個妄自稱帝，「奢淫放肆」的袁術徹底破滅了。現在再回過頭來，看看曹操在這期間是如何擒斬呂布的。

三、擒斬呂布

凡是看過歷史小說《三國演義》和戲曲《白門樓》的人，都熟知曹操擒斬呂布的故事，而且人們都愛議論呂布是死於劉備之口的。其實，根據歷史記載，與其說呂布死於劉備之口，倒不如說他死於不聽陳宮之謀，更符合於歷史的眞實。

曹操要消滅呂布蓄謀已久，自從呂布被他從兗州趕到徐州去後，一直騰不出手來收拾他。當呂布從劉備手中奪取了徐州，劉備被迫到許都來投奔曹操時，曹操爲劉備提供軍餉，補充兵馬，派他到東邊沛城去收聚散兵，積蓄力量，已經在做進討呂布的準備了。這期間，曹操南征張繡，東擊袁術，還要對付北邊的勁敵袁紹，實在夠忙的了。因此，他對呂布採取了穩而不打、以防禦爲主的策略，而在呂布與袁術之間，則施之以離間計，使其互相攻殺，以乘其便。袁術就是這麼被曹操一舉而擊破的。

曹操在遷獻帝都許後，就親自寫了一封書信給呂布，表彰他過去誅除董卓之功，對他「厚加慰勞」，又以天子的名義下詔書給他，請他「購捕」公孫瓚、袁術、韓暹、楊奉等叛逆之臣。呂布大喜，他在給漢獻帝的上書中稱讚曹操「忠孝」，並對他過去「與（曹）操交兵」，表示遺憾。而在給曹操的回信中，則表示服從朝廷，「以命爲效」。所以曹操在征張繡、擊袁術的過程中，呂布基本上給「穩」住了。

可是在曹操一舉擊破袁術之後，呂布似乎感到孤立，或許還有點兔死狐悲之嘆了。特別是劉備一直屯兵沛城，更使他受到威脅。因此，儘管袁術被曹操擊破，逃到淮南後已經一蹶不振了，但他仍又去和袁術勾勾搭搭，若即若離。同時，他趁曹操不斷用兵張繡之機，盡量在徐州擴大勢力，先後招納了泰山屯帥臧霸、孫觀、吳敦、尹禮、昌豨等人。

就在曹操擊破袁術的那一年冬天，因遭天荒，當時已經歸附呂布的韓暹、楊奉在徐、揚二州之間大肆搶劫，仍不能解決士卒的「飢餓」問題，打算到荊州就食，以此向呂布告辭，呂布不允。楊奉知道劉備與呂布有「宿憾」，積怨已久，而且劉備就駐屯在附近的沛城，於是暗中派人與劉備聯絡，「欲共擊布」。劉備深知楊奉、韓暹的來歷，「陽許之」，表面上不動聲色，點頭應允。待楊奉率軍到沛城時，劉備請他進城，設宴款待，酒席才吃到一半就於座上把楊奉縛住，斬殺了。楊奉一死，韓暹甚感孤立，再也混不下去了，帶著十餘騎打算回到河東，結果在杼秋（屬沛國）爲縣令張宣殺死。劉備收降楊奉、韓暹的人馬，兵眾大大增加了。

呂布得知消息，這年（建安三年，西元一九八年）夏天乘曹操再次用兵張繡，復與袁術通和，派遣中郎將高順和北地太守雁門馬邑（今山西朔縣）人張遼進兵攻打劉備，來勢凶猛。劉備向許都告急，曹操遣夏侯惇率領兵馬救應劉備。哪知夏侯惇急躁輕進，被高順、張遼打得大敗，並爲流矢所中，還傷了一隻左眼，狼狽逃回許都了。這麼一來，劉備孤城難守，九月間，沛城被高順、張遼攻下，劉備隻身走梁地，不但和關羽、張飛失散，連妻子也被高順俘獲了。

曹操在安眾擊敗張繡追兵趕回到許都，當他得知袁紹並未採納田豐偷襲許都之計後，立即召集文武商議，準備親自東征呂布。諸將說：「劉表、張繡這一頭還未擺平，我們就去遠征呂布，要是他們趁機襲取許都怎麼辦？」因此大家都勸曹操暫時不要攻打呂布。而軍師荀攸獨排眾議，他對曹操說：「劉表、張繡剛打了敗仗，勢必不敢冒險再來。呂布驍勇，而今又與袁術勾連，要是讓他縱橫淮、泗之間，日子一久，豪傑響應他的必會日益增多。現在我們趁其初叛，眾心不一，去必可破。請主公放心好了。」於是曹操納荀攸之見，決定親征呂布。曹操統兵到了梁地，會合劉備一同征進。這時，關羽、張飛也找了來。

當曹操大軍進抵彭城時，陳宮向呂布獻計說：「趁敵人遠來疲弊，宜迎頭痛擊，以逸待勞，準能打個勝仗。」呂布卻不以爲然，認爲不如「待其來攻」，在泗水邊上展開決戰。十月間，曹軍打下彭城後，曹操下令屠城，殺了不少人。接著，廣陵太守陳登率兵在前爲

「先驅」，曹操親統大軍繼後，進兵下邳。呂布多次出城親與曹軍交戰，「皆大敗」，只好保城拒守，再也不敢出戰了。

曹操給呂布送去一封書信，明示「禍福」，曉以利害。呂布看了，打算向曹操投降，陳宮阻止他說：「曹操遠來，兵多糧少，勢難持久。將軍若以步騎出屯於外，我帶兵守在城內，若敵人攻將軍，我從背後擊他，若敵人攻城，將軍從外面接應。不出十天，敵軍糧盡，我們乘勢擊之，必獲全勝。」這一次，呂布倒採納了，他準備親自率領精騎切斷曹軍糧道，命陳宮和高順堅守城池。

可是正當呂布要依計而行時，他的妻子卻對他說：「陳宮、高順素來不和，將軍一出，他們必不能同心共守。如有差錯，將軍還能自立嗎？況且曹操過去待公臺如骨肉，猶捨他而歸我。現在將軍對公臺也不過如曹操，而把城池、妻子都委託給他，孤軍遠出，萬一有變，我還能再爲將軍之妻嗎？」呂布聽了，長嘆一聲，也就改變了主意。這麼一來，把個陳宮氣得再也無話可說了。

這時，呂布倒想起了袁術，他派使者向袁術求救。袁術氣沖沖對來使說：「呂布不與我結親，理當自敗，還有甚麼臉來見我？」經使者向袁術陳明利害：要是呂布完了，他也長不了。袁術仔細一想，也是實話，於是答應把僅有的一點兵馬都用上去聲援呂布，但得有個條件，必須呂布先把女兒送來，啥時送到，啥時出兵。使者回來一說，呂布只好用布帛將女兒縛在背上，然後提戟上馬，率領親騎衝出城去。豈知曹軍已把下邳城圍得水洩不通，不要說呂布背上縛得有人，就是不縛人，也難衝得過去，所謂「格射不得過」，呂布只好退回城裡。既然呂布不能把女兒送去，袁術也就不會發兵來了，算是白費了一番心思。

這期間，河內太守張楊因素與呂布友善，打算前去救他，又鞭長莫及，一時難以辦到，乃出兵東市（屬野王縣），遙相呼應。不料張楊反被部將楊醜殺害，以此響應曹操。結果楊醜卻又爲張楊別將眭固殺死，率部投歸袁紹。

到這年冬天十一月，曹操因久攻下邳不下，「士卒疲弊」，打算收兵還許。荀攸、郭嘉諫止說：「呂布勇而無謀，現在他屢戰屢敗，銳氣已喪。三軍以將帥爲主，主衰則無士氣。陳宮雖有智謀也用不上了。今天我們應乘呂布元氣未復，陳宮計謀未定，加緊進攻，一定能生擒呂布的。」於是曹操下令繼續攻打，並掘引了下邳西邊的沂水、泗水以灌城。曹操這一招，倒著實厲害，把個呂布急得顧此失彼，忙得不可開交。

　　這樣又過了一個多月，呂布實在「困迫」不堪了。他登上城樓向曹軍將士說：「你們再不要圍困我了，我向明公自首就是。」陳宮在旁怒目而視說：「逆賊曹操，何等明公，現在去降，若卵擊石，豈能望生！」這時呂布雖然動搖，但陳宮、高順不屈。其他部將侯成、宋憲、魏續等面臨著如曹操謀士荀攸、郭嘉所料的「主衰則軍無奮意」的情況，再也不願困守下去了。他們乘陳宮、高順不備，一下子捆綁起來，擁著出城投降了曹操。呂布眼看大勢已去，他帶著親將登上白門（南門）樓，城下一片殺喊之聲，呂布叫左右把他的頭割下去獻給曹操，左右不忍，於是他走下城樓，開城出降，曹軍一擁而上把他綁了，押著去見曹操。

　　呂布一見曹操，說：「從今以後，天下安定了。」曹操問他：「這是何意？」呂布答稱：「明公所患者莫過於我，我今已服，若明公掌兵，令我牽騎爲先驅，何愁天下不定！」曹操最喜勇將，聽了呂布的話，倒有點猶豫了。呂布看見曹操旁邊坐著劉備，又對劉備說：

高順

高順，清白威嚴，驍勇有智，忠心仁義。不飲酒，不受饋遺。每諫布：「以智者、慎思而行」。布知其忠，然不能用。後郝萌反，更疏之。順所將七百餘兵，號為千人，鎧甲鬥具皆精練齊整，每所攻擊無不破者，名為陷陳營。以魏續有外內之親，悉奪順所將兵以與續。及當攻戰，故令順將續所領兵，順亦終無恨意。下邳（今江蘇睢寧古邳鎮）敗，為曹操所俘，就戮。

白門樓

曹操連結劉備，攻奪徐州；呂布因貪戀酒色，輕敵無備，被侯成盜去戟馬，倉皇應戰，勢竭被擒。曹操于白門樓處理俘虜：殺害陳宮，收降張遼，呂布哀求劉備說情，劉備恐呂布助曹操不利於己，亦促曹操斬之。

「玄德公，您是座上客，我是階下囚，繩子捆得我太緊了點，您不能爲我美言一句嗎？」劉備未及開口，曹操把話接了過去，笑著說：「縛虎不能不緊。」乃命人給呂布鬆一鬆綁。劉備再也忍不住了，他對曹操說：「不可！明公不見他是怎樣對待丁建陽（丁原字）、董太師的麼？」曹操一愣，點了點頭。呂布瞪著眼罵劉備：「大耳兒最沒信義了！」

曹操再也不理睬呂布了。然後掉頭對陳宮說：「公臺自謂平生智計有餘，今日事如何？」陳宮指著呂布說：「是他不用我言，以至於此。若能聽從，未必被擒。」曹操又問他：「你的老母怎麼辦？」陳宮長嘆一聲，說：「我聞以孝治天下者不害人之親，老母存亡在於你，聽便。」曹操再問：「你的妻、子如何辦？」陳宮答稱：「我聞施仁政於天下者不絕人之後，妻、子存亡亦在於你。」未等曹操再開口，陳宮就頭也不回昂然走出去就刑，曹操見了，「泣而送之」。於是把陳宮和呂布、高順都絞殺了。

看來，曹操的謀士荀攸、郭嘉認爲陳宮「有智」，曹操也說陳宮「智計有餘」。陳宮死心塌地輔佐呂布，從兗州轉戰至徐州，並從劉備手中奪取了徐州。這次當曹軍剛進入徐州境內，陳宮就建議「以逸待勞」，挫敗曹軍，呂布不從。當下邳城被圍時，陳宮又提出呂布「以步騎出屯」於外，他自己固守於內，以成犄角之勢，呂布卻聽從妻妾之言，也不採納，確如裴松之在《三國志．呂布傳》上注引《典略》所說，陳宮「從呂布，爲布畫策，布每不從其計」。所以說，呂布死於不聽陳宮之謀，應是符合於歷史實際的。陳宮死後，曹操贍養了他的老母，後來還爲他女兒出了聘。這大概是曹操酬答陳宮當初爲他出任兗州牧而奔走效力的一番功勞。

前尚書令陳紀和他的兒子陳群當時都在呂布軍中，曹操「皆禮用之」，陳群後來成爲魏國名臣。後來成爲曹操帳下五良將之首的張遼，字文遠，就是在曹軍打下下邳後率部歸降曹操的，曹操拜爲中郎將。曹操得臧霸甚喜，使之招降吳敦、尹禮、孫觀，並分琅邪、東海郡爲城陽、利城、昌慮郡，悉委臧霸等人爲守、相。陳登這次立了大功，加封伏波將軍，仍鎮守廣陵。可是曹操這次收定徐州後，卻並沒把徐州歸還給劉備，而是以他的心腹車胄爲徐州刺史，鎮守徐州。他在帶著劉備回到許都後，上表劉備爲左將軍，拜關羽、張飛爲中郎將。

劉備在許都期間，他很明白自己的處境，他處處小心，收鋒斂跡，提防曹操加害自己。可是在一次劉備和曹操宴飲時，出乎意料曹操竟當面指稱劉備和他自己是「天下英雄」，這卻因此而更引起了劉備的警惕。這時，作爲皇室宗親一脈的劉備，他親眼看見曹操把持國政，威權日重，根本不把漢獻帝放在眼裡，他無時不在尋求脫身之計，準備起兵討伐曹操以清君側。恰好第二年漢獻帝丈人車騎將軍董承接到漢獻帝夾藏在衣帶中的「密詔」，要他設法除掉曹操。所以當董承來聯絡劉備時，劉備慨然應允。董承還先後聯絡了長水校尉种輯、議郎吳碩、將軍吳子蘭、王子服等人參與這一同謀。可是正當醞釀發動政變之際，劉備就被曹操派去截擊取道徐州北上的袁術。劉備一到徐州，便使關羽襲殺了徐州刺史車冑，奪回了徐州。過了不久，就聽說董承等人因密謀敗露而被曹操在許都殺害了。劉備擔心曹操兵至，立即派遣孫乾往河北與袁紹聯合。在劉備奪回徐州半年之後，曹操再從劉備手中收復徐州，擊走劉備，這已經到了曹、袁逐鹿中原的最後決戰——官渡之戰的前夕了。

現在我們來回顧一下，曹操在收張繡、滅袁術、擒呂布的同時，是如何對付袁紹，準備和袁紹進行這一最後決戰的。

四、官渡之戰

曹操在迎獻帝都許的第二年，在他初征張繡回到許都時，就收到袁紹給他的一封書信，「其辭悖慢」，無理已甚，把曹操氣得兩眼冒火，怒不可遏，以致舉動違常。他身邊的謀士大都猜測是因失利於張繡，使他喪失了長子曹昂的緣故。鍾繇就以此私下探問荀彧，荀彧卻不這樣看，他說：「以主公之聰明，絕不會追咎往事，思想不開，恐怕另有其他原因。」過了幾天，荀彧和郭嘉乾脆見曹操問個明白，曹操這才把袁紹的信拿出來讓他們看，並問計於荀彧：「我現在打算討伐袁紹，而力量不敵，你看該怎麼辦好？」

荀彧想了想，說：「從過去古今成敗的事例來看，誠有其才，雖弱必強，苟非其人，雖強易弱，劉邦、項羽之存亡，不是很清楚了嗎！現在與主公爭天下的，只有一個袁紹。照我看來，袁紹無論從待人處世、應變決機、明法治軍、人心歸向等哪方面都比不上主公，袁紹之強又有何能爲！」

郭嘉更細緻地把袁紹和曹操加以比較，提出「紹有十敗，公有十勝」之說。曹操聽了，滿心歡喜，他笑著說道：「如你們所言，我有何德能受此褒獎。」郭嘉又具體建議說：「袁紹剛出兵攻打公孫瓚，我們可因其遠征，東取呂布。

若袁紹一旦進攻我們，呂布與之配合，這對我們就大不利了。」荀彧也說：「不先取呂布，河北未易收復。」曹操點了點頭，說：「你們說得都很對。但我還有一個顧慮，要是袁紹侵擾關中，西連羌胡，南誘蜀、漢（蜀郡、漢中郡），就會造成我獨以兗、豫二州抗禦天下六分之五的形勢，要是這種局面出現，我們怎麼辦？」荀彧覺得曹操思慮得很周密，他爲此而獻策說：「關中將帥至少也有十多個，沒有一個統一的首領，只有馬騰、韓遂最強，他們見關東爭鬥，各自擁兵自重，現在若是對他們撫以恩德，遣使連和，雖不能久安，但至少可在主公安定關東期間，足以使其不發生變亂。」荀彧並因此向曹操舉薦鍾繇說：「侍中尚書僕射鍾繇足智多謀，若屬以西方之事，主公定可免憂。」

曹操立即採納，上表獻帝任鍾繇以侍中兼司隸校尉，持節督關中諸軍，特使便宜行事。鍾繇一到長安，就移書馬騰、韓遂，向他們陳明「禍福」，曉以利害，致使馬騰、韓遂各「遣子入侍」。正是曹操在使鍾繇把西面安定之後，在東面發起了強大攻勢，在不到兩年的時間內，破袁術、滅呂布、收張繡，作好了最後與袁紹逐鹿中原的決戰準備。

建安四年（一九九年）袁紹在消滅幽州公孫瓚之後，取得了幽、冀、青、并四州之地。他以長子袁譚出任青州刺史，次子袁熙爲幽州刺史，而以外甥高幹爲并州刺史。他自己是大將軍兼冀州牧，坐鎮鄴城。當袁紹這年得知曹操使曹仁在射犬（屬野王縣，在今河南沁陽縣東北）擊殺了來投歸他的張楊別將眭固，而以魏种爲河內太守來抗拒他，接著又得到袁術北上而被曹操派兵截擊致死的消息，不禁勃然大怒，他親自簡選精兵十萬，騎萬匹，準備進攻許都。他的謀士監軍沮授勸諫他說：「近討公孫瓚，師出歷年，百姓疲弊，倉庫無積，未可輕易再用兵。當務之急，宜務農息民，先遣使向天子報捷，若此道走不通，就上表責曹操阻塞我尊王之路，然後進屯黎陽（今河南浚縣東北），漸營河南，增做舟船，繕修器械，分遣精騎擾其邊境，使他不得安寧，而我卻以逸待勞，若能這樣，可坐待成功。」儘管沮授這一策略剛柔兼濟，把穩著實，但卻遭到郭圖、審配的反對，他們對袁紹說：「以明公之英武，統河北之強眾，去討伐曹操，易如反掌，何必那麼費事！」

沮授針對郭圖、審配這種輕敵情緒，反駁說：「救亂誅暴，謂之義兵，恃眾憑強，謂之驕兵，誰都明白，正義者無敵，驕兵者必滅。曹操奉天子以令天下，現在我們舉兵南征，在道義上就說不過去。況且致勝之策，不在強弱。曹操法令既行，士卒精練，不是公孫瓚那種坐而待斃的人可比的。今天我們放棄比較安穩的辦法而興無名之師，我眞爲明公感到擔心！」郭圖、審配生怕袁紹採納了沮授的意見，使其得勢，他們不僅以「武王伐紂」的故事來勸誘袁紹，並且還說：「以公今日之強，將士思奮，不及時早定大局，正所謂『天與不取，反受其咎』，春秋時越王之所以能霸，吳之所以被滅，道理就在於此。」更指名攻擊沮授說：「監軍之計，在於把穩，不是見時知機的好辦法。」把個袁紹捧得昏昏然的，也就採納了郭圖等人的意見。郭圖等人還不放心，進而挑撥袁紹說：「沮授監統內外，威震三軍，要是他的那種論調擴散開去，就不好辦了。自來臣下作威作福，與主子爭勝比肩的，都沒有好下場，這是《黃石》書中所寫忌諱的一條誡訓。況且沮授軍監在外，不宜參與內事。」袁紹又聽進去了。於是分沮授所統之軍置三都督，使沮授、郭圖及淳于瓊各典一軍。當袁紹治兵黎陽時，騎都尉清河東武城（今山東武城縣西北）人崔琰復諫止說：「天子在許，民望助順，不可攻也。」勸袁紹息兵守境以觀變天下，袁紹再也聽不進去了。

這時，許下諸將聽說袁紹將攻許都，莫不感到恐懼。曹操對大家說：「我深知袁紹之爲人，志大而智少，外表上很凶，實際上膽小，疑忌心重而缺少威嚴，兵多而分畫不明，將驕而政令不一，土地雖廣，糧食雖豐，正好取來作爲我的軍餉。」孔融卻不以爲然，對荀彧說：「袁紹地廣兵強，有田豐、許攸那樣的智士爲他謀劃，有審配、逢紀那樣的忠臣爲他效勞，有顏良、文醜那樣的勇將爲他統兵打仗，恐怕難以對付吧！」荀彧可不同意孔融的看法，他分析說：「袁紹兵眾雖多而法紀鬆弛，田豐剛強而犯上，許攸貪婪而不顧大局，審配專斷而少謀略，逢紀果決而自信，這幾個人勢不相容，必生內亂。顏良、文醜匹夫之勇，可一戰而擒，沒有甚麼了不起的。」經過一番爭議之後，整合了認知，曹操集團增強了信心。

這年八月，曹操在向黎陽進軍的同時，使呂布降將臧霸率精兵入青州，從東面牽制袁紹。留于禁屯兵駐守在黃河岸邊。九月，曹操回到許都，分兵把守官渡（今河南中牟縣東北）。十一月，張繡來降後，曹操又增兵官渡。十二月，曹操並親到官渡視軍。眼看曹袁爭戰，箭已上弦，勢所難免了。

這期間關中諸將大多採取「中立顧望」的態度。涼州（州治隴縣，在今甘肅張家川回族自治縣）牧韋端派遣從事天水人楊阜到許都探聽消息。楊阜回去後，關右諸將問他：「袁曹之爭，誰勝誰敗？」楊阜說：「袁公寬而不斷，好謀而少決，不斷則無威，少決則失機，現在雖強，終不能成大業。曹公有雄才遠略，決機果斷，法行而兵精，能用各種人才，使之各盡其力，照我看來，必定能成就大事。」

時因中原戰亂，陸續回到關中的人不少，而關中諸將卻趁機擴大勢力，把這些人招為部曲。有鑑於此，曹操派治書侍御史河東人衛覬鎮撫關中。衛覬寫信給荀彧，提出實行鹽由官家監賣，換取大量耕牛，供給歸民，使其「勤耕積粟，以豐殖關中」。經荀彧請示曹操同意後，就付諸實行了。這顯然是和關中地方豪強爭奪民戶而採取的一種措施。司隸校尉鍾繇移治弘農，招撫關中。

與曹操安撫關中的同時，袁紹派遣使者求助於荊州牧劉表，劉表「許之而竟不至」。他的從事中郎南陽人韓嵩、別駕劉先都勸他最好歸附曹操，說曹操一旦破袁紹，「移兵以向江、漢，恐將軍不能禦也」。他的心腹大將蒯越亦這麼勸他。劉表猶豫不決，他派遣韓嵩去許都觀變。韓嵩至許，曹操以天子名義拜韓嵩為侍中、零陵太守。韓嵩回來，盛稱朝廷、曹公之德，並勸劉表「遣子入侍」，劉表大怒，認為韓嵩背他投靠曹操，心懷貳

審配

審配，字正南，魏郡人。以正直不得志於韓馥。袁紹領冀州，被委以腹心之任，並總幕府。河北平定，袁紹以之與逢紀統軍事，峙其強盛，力主與曹操決戰。官渡戰敗，二子被俘，因此受譖見疑。袁紹病死，矯詔立袁尚為嗣，導致兄弟相爭，被曹操各個擊破。曹操圍鄴，死守數月，城破被擒，拒不投降，臨刑叱道：「吾主在北，不可使我面南而死！」乃向北跪，引頸就刃。裴松之譽為：「一代之烈士，袁氏之死臣。」有詩贊曰：「河北多名士，誰如審正南。命因昏主喪，心與古人參。忠直言無隱，廉能志不貪。臨亡猶北面，降者盡羞慚。」

意，立即把他問以死罪，要不是劉表後妻蔡夫人說情，韓嵩險作刀下之鬼。劉表餘怒未息，又拷問韓嵩的隨從人等，「知無他意」，卻仍把韓嵩囚禁起來。這就是官渡之戰時荊州牧劉表所持的態度，他既不幫助袁紹，也不支持曹操。

第二年（建安五年，西元二○○年）春正月，曹操在誅滅了董承等人之後，他爲了解除東顧之憂，避免和袁紹、劉備兩面作戰，準備親自東征劉備。諸將都勸他說：「與公爭天下的是袁紹，現在袁紹眼看就要南下了，怎麼反而去東征劉備，要是袁紹乘我之後，如何辦？」曹操解釋說：「劉備，人中之傑，今若留著他，必爲後患。」諸將聽了，不以爲然。郭嘉進言說：「袁紹性遲而多疑，即使他出兵也不會很快就到。劉備剛得勢，眾心未附，急攻之，必敗。大家再不要猶豫了。」

於是曹操謀成計定，以迅雷不及掩耳之勢猛撲徐州，一戰而下沛城，擊破劉備，獲其妻子。進拔下邳，又擒降關羽。劉備隻身走河北，投歸了袁紹。耐人尋味的是，這個袁紹也眞有意思，劉備告急時，別駕田豐勸他「舉軍而襲其後」，從背後襲擊曹操，他竟以小兒生病爲辭。把個田豐氣得舉杖擊地說：「眞晦氣！遇著這麼個好機會，而以小孩生病失去了，惜哉，大事去也。」

袁紹

從去年春天解決公孫瓚之後，就在商議出兵攻許，直到今年春初劉備被曹操擊破，袁紹一直遲遲未動，確如郭嘉之所料，此公「多謀少決」，「性遲而多疑」，實在成不了大事。

曹操收復徐州之後，還軍官渡時，袁紹又再議攻許了。田豐勸諫說：「曹操既破劉備，則許下非復空虛，而且曹操善用兵，變化多端，他雖然兵少，不可輕視，現在不如作持久的打算。將軍據山河之固，擁四州之眾，外結英雄，內修農戰，然後簡選精銳，分爲奇兵，乘虛迭出，以擾河南，曹操救右則擊其左，救左則擊其右，使他疲於奔命，民不得安居，我未勞而彼已困，不出三年，一定能克敵制勝。今若捨此妙勝之策而決成敗於一戰，萬一不如意，後悔莫及。」這一回袁紹倒眞下決心了，田豐之諫根本聽不進去。可是田豐是個強牛性子，他偏要「強諫」，以致大忤袁紹之意，竟把他「械繫之」，囚禁起來。這麼一來，再也無人敢說話了。於是袁紹發出檄文，「數操罪惡」。這年二月，袁紹進軍黎陽，正式拉開了這場曹袁逐鹿中原的戰爭帷幕。

袁紹進至黎陽，立即派遣顏良率兵渡過黃河，首先去攻打守在白馬（今河南滑縣東）的曹操所置的東郡太守劉延。沮授諫言說：「顏良性情急躁，他雖驍勇，不可獨任。」袁紹不聽。劉延向曹操告急。可是曹操當時鑑於袁紹大軍壓境，一時還抽不出兵馬救援，以致白馬被圍一個多月。到四月間，當曹操準備親自率領兵馬往北救援劉延時，荀攸獻計說：「今我兵少，不能硬拚，必分其勢才行。主公引軍向延津（今河南新鄉市東南），作出要渡河進攻袁紹後方的態勢，袁紹勢必分兵向西來堵截，然後以輕兵奔襲白馬，出其不意，攻其不備，一戰就可擒獲顏良。」曹操立即採納了荀攸這一聲東擊西之計，依計而行。

果然不出荀攸所料。當袁紹分兵向西來邀截曹軍時，曹操立刻率領輕騎向東直趨白馬。待離白馬十餘里時，顏良得知大驚，倉猝迎戰，曹操立命張遼、關羽「前登」，當先破敵。關羽望見顏良麾蓋，「策馬刺良於萬眾之中，斬其首還」，袁軍將士沒有一個敢上前阻擋，曹操揮兵大進，解了白馬之圍。曹操立即下令遷白馬之民，沿河向西撤退。

袁紹得知消息，下令渡河追擊曹軍。沮授又諫言說：「勝負無常，不可不慎重。今宜留屯延津北岸，分兵官渡，若能取勝，再過河去。萬一不利，眾不可還。」袁紹又不聽。臨渡河時，沮授嘆息說：「上驕其志，下貪其功，悠悠黃河，我還能再回來嗎？」他以病向袁紹辭職，袁紹不但不許，而且還更加忌恨他，並把他所統領的軍隊也撥歸了郭圖。

袁紹大軍進至延津之南，曹操勒兵駐營南阪（即白馬山之南坡）下，登高瞭望，見敵軍愈來愈多，曹操下令叫騎兵解鞍放馬。這時從白馬撤退下來的輜重也到了。袁紹大將文醜與劉備率領五六千騎，一前一後相繼趕來。待袁軍爭先恐後搶劫輜重車輛時，曹操立命六百騎兵上馬，縱兵奮擊，袁軍措手不及，立時大亂，連文醜亦被斬殺於亂軍之中。劉備在後面見此光景，掉頭就逃走了。

顏良、文醜乃袁紹帳下名將，初次與曹軍交鋒，就先後被斬殺了，頓使袁紹軍爲之「奪氣」。在小說與戲曲中，爲抬高關羽的身價，不僅說他斬了顏良，而且還說他誅了文醜。固然，顏良爲關羽所斬，史有明載，至於文醜，卻查無史據。若文醜果爲關羽所誅，他既與顏良齊名，「皆爲名將」，想必

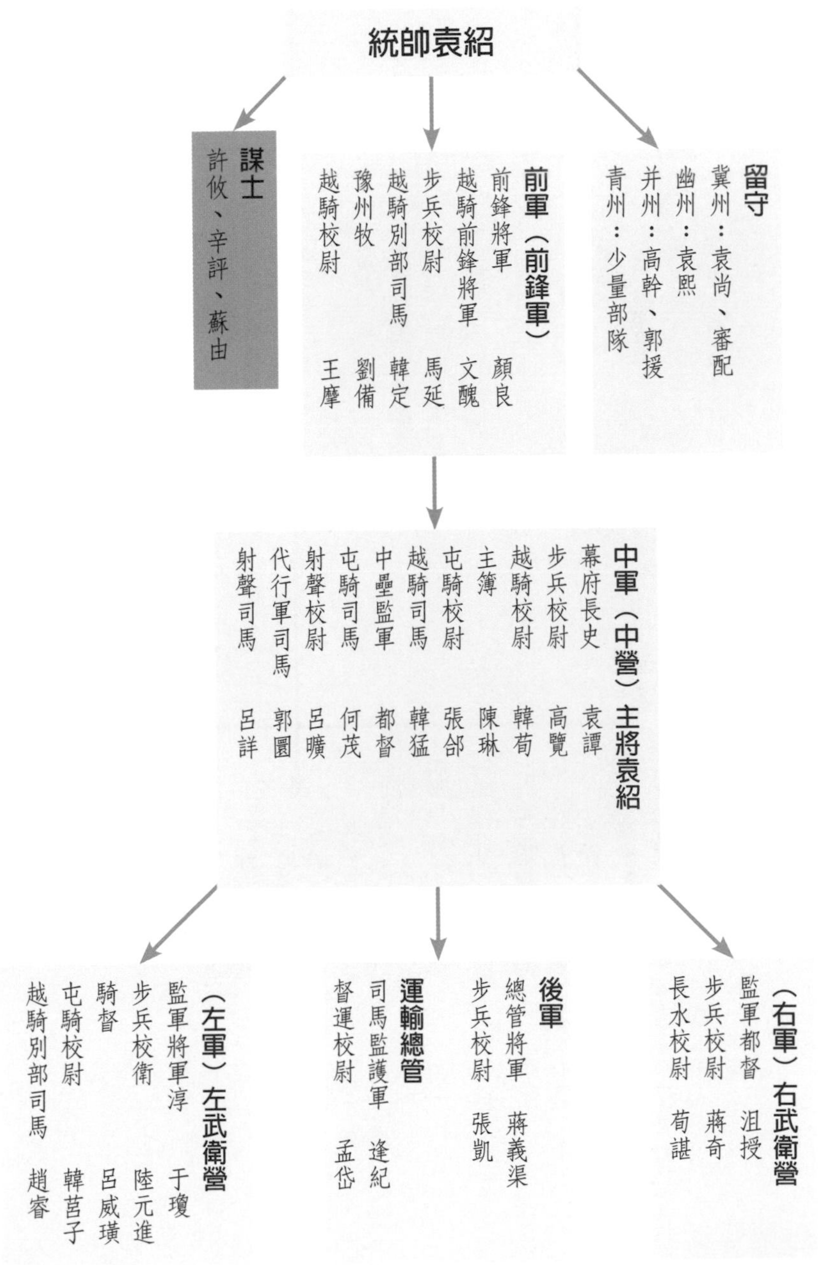

史籍中是不會不書的。

曹操回軍官渡。袁紹因連損兩員大將，老羞成怒，準備逼上前去與曹操決一雌雄。這時，沮授又再次諫言說：「我們兵眾雖多而不及南軍勇猛。南軍糧少，軍資不如我們多，利在急戰。而我們則利於緩爭，宜於持久，在時間上完全可以拖垮他們。」袁紹還是不聽。這年八月，袁紹逼近官渡，依沙（堆）爲屯，東西連營數十里，與曹軍在

統帥曹操

謀士
- 郭嘉
- 荀攸
- 賈詡
- 董昭
- 毛玠

中軍精銳主將曹操
- 偏將軍徐晃
- 裨將軍張遼
- 裨將軍許褚
- 裨將軍關羽

一萬餘人

一線其他軍隊
- 白馬：東郡太守劉延一千人
- 平虜校尉于禁二千人，後增至四千人
- 延津：討虜校尉樂進四千人

後軍兼戰役預備隊
- 穎川：越騎將軍曹仁五千人

後勤
- 糧草轉運：李典、鍾繇、夏侯淵
- 關中鹽政屯墾：衛覬
- 軍器、糧運：任峻

二線南陽兵團
（防備荊州劉表，確保西南安全）
- 行督軍校尉穎川太守夏侯淵四千人
- 厲鋒將軍曹洪四千人
- 威武將軍蔡陽三千人

二線汝南兵團
（防備江東孫策，確保東南安全）
- 汝南太守滿寵
- 裨將軍李通 共六千～八千人

二線其他兵力
- 許昌：侍中兼尚書令荀彧二千人
- 陳留吾己：陽武將軍張繡五千人
- 孟津敖倉：建武將軍夏侯惇五千人
- 鄄城：振威將軍東平相程昱七百人
- 青州：琅邪相臧霸三千人
- 兗州、徐州等地：廣陵太守陳登五千～六千人

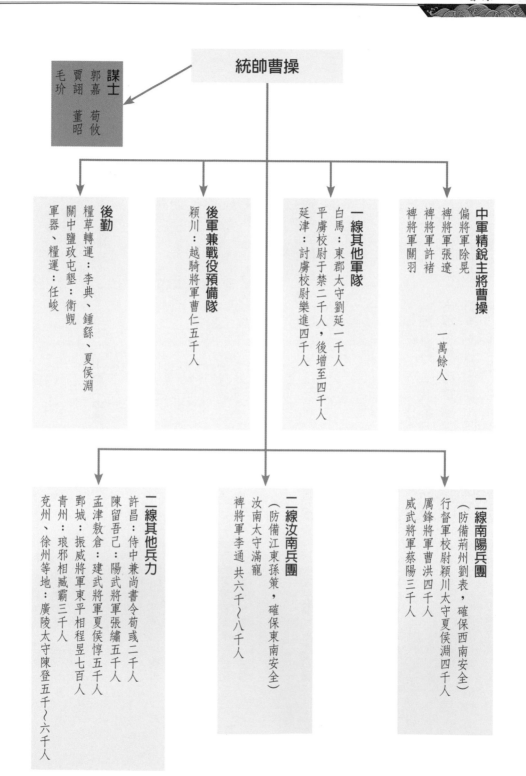

官渡對峙。下一個月，曹操果如沮授所料，主動出兵進攻袁軍，未能取勝之後，只好堅壁拒守，待機反攻。

這期間，汝南黃巾軍劉辟等部背叛曹操，響應袁紹。袁紹派遣劉備領兵前去支援劉辟。劉備到汝南，「郡縣多應之」，這麼一來，自許都以南，「吏民不安」。曹操得到報告，甚爲憂慮，曹仁對曹操說：「南邊以主公有急事，不能去救，加之劉備以強兵臨攻，所以背叛了。不過，劉備新領袁紹之軍，未必能得心應手，只要我們派兵前去，一定可以擊破他。」於是曹操立派曹仁率領騎兵到汝南擊討劉備，果然劉備被曹仁打敗，逃歸袁紹大營。

這時，劉備眼看袁紹集團內部爾虞我詐，謀臣不合，上下不齊心，因而產生了「陰欲離紹」的念頭。這期間，關羽卻因爲曹操斬將立了功，盡封其所賜，向曹操「拜書告辭」，投歸袁紹軍回到了劉備身邊。劉備爲了脫離袁紹集團，他向袁紹獻「南連荊州牧劉表」之策。恰好汝南以襲都爲首的另一支黃巾軍又起來響應袁紹，於是袁紹再派劉備領兵前去汝南。這次曹操派大將蔡揚率兵進討，結果蔡揚卻爲襲都所破，被劉備殺掉了。至於《三國演義》上渲染的關羽斬蔡陽，亦查無史據。以關羽「熊虎」之稱，若當時眞的斬了這位被曹操任以方面之重的統兵官，想必史傳上亦不會不載的。

袁紹得知劉備在汝南獲勝，心中大喜，命令軍士堆起土山，築造高臺，用箭射曹營，使曹營將士「皆蒙楯而行」。這可把曹操給激怒了。於是曹操立命軍中趕造「霹靂車」，發石擊破袁軍高臺。袁紹又做地道偷襲曹營，曹操相應在營內挖深溝，作「長塹以拒之」。就在這時，曹操卻深感要戰勝袁紹一時還辦不到，又眼看軍糧不繼，

雲長延津誅文丑

官渡之戰初期，曹操率軍聲東擊西，解圍白馬（今河南滑縣東北），陣斬袁紹大將顏良。

「士卒疲乏」，尤其是百姓「困於徵賦」，因而叛歸袁紹的日漸增多。爲此，曹操派人給留守許都的尚書令荀彧送去一封書信，打算收兵還許，以此徵求荀彧的意見。

荀彧立即給曹操回信說：「袁紹以全師聚集官渡，要與明公決勝負。明公以至弱擋至強，若不能打敗袁紹，必爲袁紹所乘。這是處在改變天下大局的緊急關頭。但袁紹不過是個布衣之雄罷了，能聚人而不能用人，沒有甚麼了不起的。以明公之神武英明，順應時勢，沒有不成功的！至於糧食短缺，還沒有當年楚漢之爭在滎陽、成皋相持期間那麼嚴重。現在明公以敵軍十分之一的兵力據地而守，扼住敵人的喉嚨使之不得推進，也有半年了。可見敵人已智窮計盡，勢必會有大的變故發生，這正是明公用奇策制勝敵人的大好時機，千萬不可失去了。」曹操經荀彧這麼一說，大爲振奮，「乃堅壁持之」，準備和袁紹周旋到底。

曹操再納荀攸之計，派遣徐晃、史渙率兵邀擊袁紹糧車，一火燒掉袁紹運穀車數千輛。這年十月，袁紹再派車運穀，並命大將淳于瓊領兵萬人護送，把糧食集中屯聚在官渡袁紹大營北面四十里的烏巢。沮授勸袁紹另派大將蔣奇率領一支兵馬，與淳于瓊互爲表裡，防備曹軍抄襲。袁紹又不聽從。

關羽過關斬將

《三國志・蜀志・關羽傳》：「及（關）羽殺顏良，曹公知其必去，重加賞賜。羽盡封其所賜，拜書告辭，而奔先主於袁軍。左右欲追之，曹公曰：『彼各為其主，勿追也。』」可見關羽去曹歸劉時，既然是曹操開了「綠燈」放行，至於《演義》中大加渲染的過關斬將之事，史籍雖無記載，或許有，或許無，實無考察之必要了。

就在這時，謀士許攸乘興向袁紹獻計說：「曹操兵少而以全師拒我，許下勢必空虛，若分遣一支輕軍，晝夜兼程去偷襲許都，必定成功。拿下許都，則奉迎天子以討曹操，曹操是不難被擒獲的。即使打不下許都，也可令其首尾不能相顧，疲於奔命，乘勢打個大勝仗。」許攸滿以爲袁紹會採納他這一避實就虛掩襲許都之計，不料袁紹卻非常自負地說：「我一定要在這裡擒住曹操。」許攸碰了一鼻子灰，悻悻然退了出去。正好這時許攸得知他的家屬在鄴城犯法，被審配收捕下獄，因而一怒之下，就投奔了曹操。

曹操一聽說許攸到來，「跣出迎之」，連鞋也來不及穿就赤著腳出來迎接他，一邊走，一邊撫掌笑著說：「子遠（許攸字）來，我的大事成功了。」待一坐下，許攸問曹操：「袁紹強盛，你打算怎麼對付他？現在軍中還有多少糧食？」曹操被許攸這突然一問，感到一愣，隨口回答說：「尚可支持一年。」許攸笑著說：「別開玩笑，請講實話！」曹操說：「實可吃半年。」許攸不高興說：「足下是存心不想打敗袁紹吧，或許是對我有懷疑，怎麼一再不講眞話！」這一下，曹操只得告訴許攸，說軍中只有一月的糧食了，並向許攸請教破敵之策。於是，許攸建議曹操以輕軍襲取烏巢糧屯，「燔其積聚」，並說「不過三日，紹自敗也」。曹操喜不自勝。

可是當曹操正要簡選精兵去襲取烏巢時，「眾皆疑（惑）」，認爲曹操過於信任許攸了，萬一有詐，後果不堪設想。唯荀攸、賈詡不以爲然，勸他不要懷疑，放心依照許攸之計而行。尤其賈詡對他說：「主公明智勝於袁紹，勇鬥勝於袁紹，用人勝於袁紹，決機勝於袁紹，有此四勝而在半年之內不能取成的話，再考慮萬全之策好了。若能立時決機，定可成功。」曹操聽了，當機立斷，留下曹洪、荀攸看守大營。他親自率領精銳步騎五千，令軍士每人各抱一捆柴，打著袁軍旗號，人銜枚，馬縛口，乘夜抄小路奔襲烏巢。一到烏巢，就圍屯縱兵焚燒起來，淳于瓊出戰不利，退守營中，急盼袁紹派兵來救。

可是袁紹一得知曹操進攻烏巢，他卻對長子袁譚說：「趁曹操進攻淳于瓊，我們就去拿下他的大營，使他再無歸處了。」於是立命大將高覽、張郃領兵攻打曹操大營。張郃卻建議應先去救淳于瓊，並提醒袁紹說：「曹公營固，攻之必不能拔。若淳于瓊等被擒，就壞了大事。」在這個關鍵時刻，郭圖又站出來迎合袁紹，說：「張郃之計非也，不如攻其本營。」於是袁紹只以輕騎救援淳于瓊，而以重兵進攻曹操大營。

果如張郃所料，曹操大營堅固，攻之不克。而當袁紹救兵一到烏巢，曹操面臨腹背受敵，他死裡求生，厲兵奮擊，大破袁軍，立斬淳于瓊等，「盡焚其糧穀」。消息傳來，張郃眼看大事已去，忽又得知郭圖因羞慚失計而更向袁紹進讒害他，說他「快軍之敗」，幸災樂禍，致使張郃在忿懼之下，與高覽舉軍向曹洪投降了。這麼一來，袁紹軍全線崩潰，兵敗如山倒。袁紹和袁譚急忙帶領親隨八百騎渡河北逃，曹操追之不及，盡收其輜重、圖書、珍寶。其餘降者，曹操下令「盡坑之」。這一仗，曹操前後殺死袁軍將士七萬多人。

一再爲袁納出謀獻策而不被採納的沮授，因來不及渡河，爲曹軍擒獲。曹操和沮授是老朋友了，他

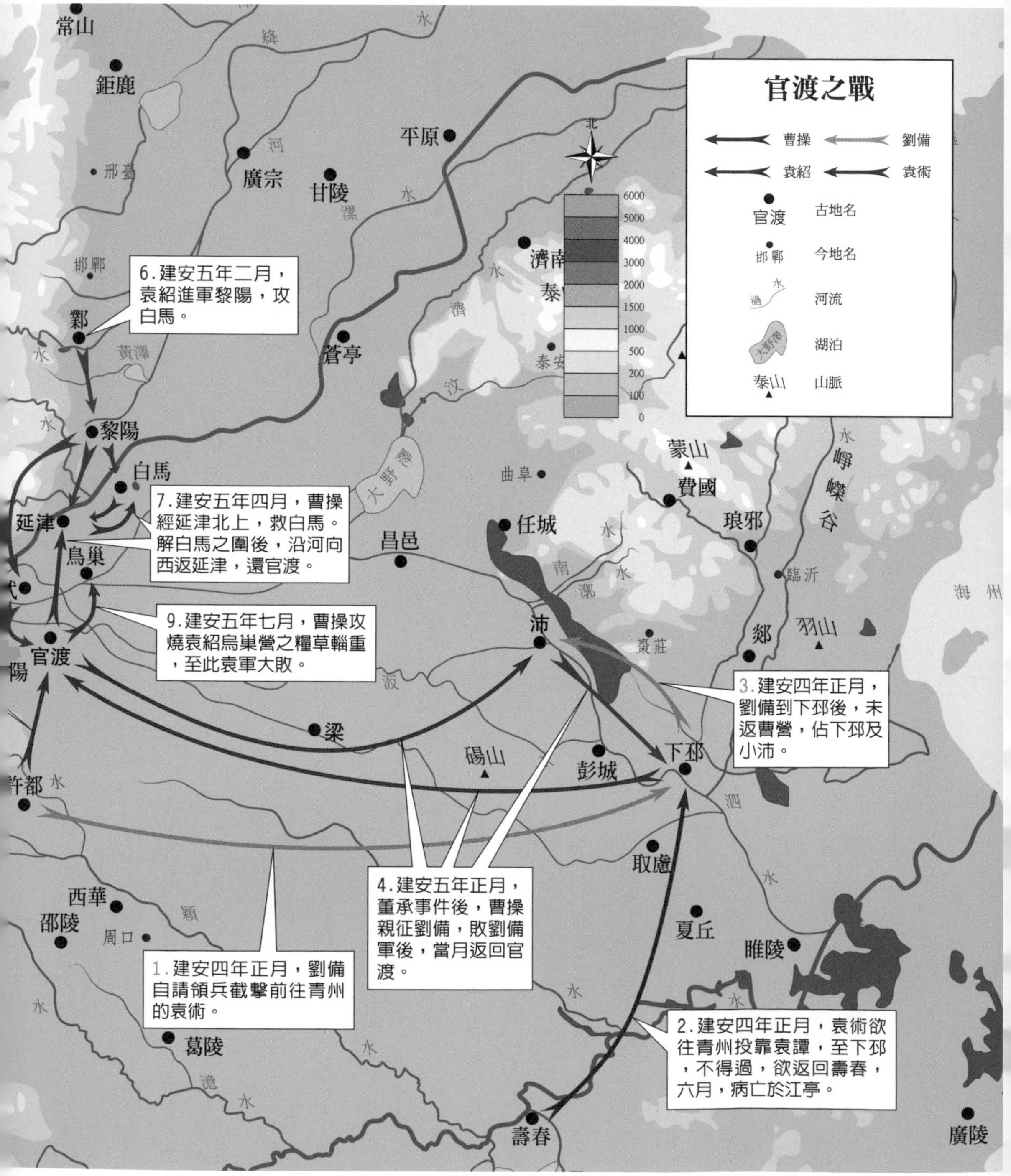
官渡之戰
曹操
劉備
袁紹
袁術
官渡 古地名
邯鄲 今地名
河流
湖泊
泰山 山脈
北
6000
5000
4000
3000
2000
1500
1000
500
200
100
0
6.建安五年二月，袁紹進軍黎陽，攻白馬。
7.建安五年四月，曹操經延津北上，救白馬。解白馬之圍後，沿河向西返延津，還官渡。
9.建安五年七月，曹操攻燒袁紹烏巢營之糧草輜重，至此袁軍大敗。
3.建安四年正月，劉備到下邳後，未返曹營，佔下邳及小沛。
4.建安五年正月，董承事件後，曹操親征劉備，敗劉備軍後，當月返回官渡。
1.建安四年正月，劉備自請領兵截擊前往青州的袁術。
2.建安四年正月，袁術欲往青州投靠袁譚，至下邳，不得過，欲返回壽春，六月，病亡於江亭。
常山
鉅鹿
邢臺
廣宗
平原
甘陵
邯鄲
鄴
黃澤
黎陽
白馬
延津
烏巢
官渡
許都
蒼亭
濟南
泰安
大野澤
曲阜
蒙山
費國
琅邪
任城
昌邑
沛
棗莊
臨沂
郯
羽山
下邳
彭城
碭山
梁
取慮
夏丘
睢陵
廣陵
壽春
葛陵
西華
邵陵
周口
海州

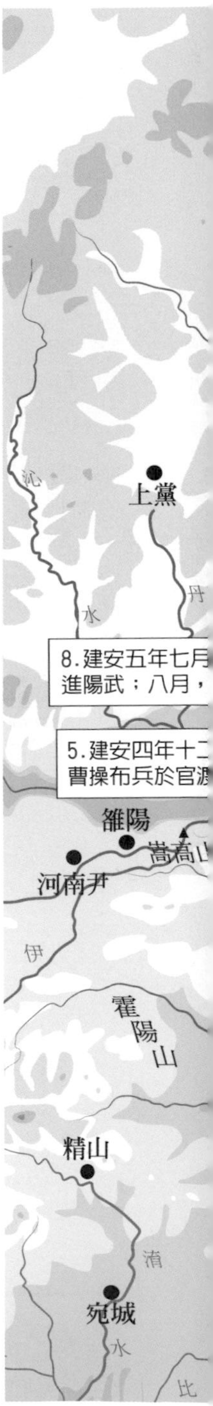

勸沮授說：「本初無謀，不用君計。今天下未定，正好與君共議大事。」沮授因叔父、母弟都在冀州，命懸袁氏之手，希望曹操能諒解他。曹操嘆息說：「要是我早得到此人，天下不足慮也。」儘管曹操非常厚待沮授，可足沮授並不領情，打算「謀歸袁氏」，曹操只好成全他，把他殺掉了。

袁紹渡過黃河，走至黎陽北岸，奔入將軍蔣義渠營中，才驚魂甫定。因袁紹之敗，有人對關在鄴城獄中的田豐說：「君必見重矣。」田豐搖了搖頭，說：「袁公外寬而內忌，他不會體諒我的忠心，我好幾次諫言冒犯了他，要是他這次得勝而喜，或許還能放過我，現在他戰敗而怒，內心的忌恨必將發洩，我是不抱生存希望的。」果如田豐所料，袁紹一回來就把他殺了。

值得一提的是，戰事初起時，曹操聽說田豐不隨軍，歡喜說：「袁紹必敗也。」及至袁紹敗北，曹操又感嘆說：「若是袁紹用田別駕計，勝敗尚未可知也。」不難看出，袁紹之敗，無論從田豐身上，或是從沮授以及許攸身上，確如史稱其「矜愎自高，短於從善，故至於敗」。

與此相反，在中國歷史上這次以少勝多的著名戰例中，曹操的集思廣益，「知人善察」，確實表現得很突出。這和袁紹的「矜愎自高，短於從善」，形成了多麼鮮明的對比。無怪乎後來諸葛亮在隆中對劉備說：「曹操比於袁紹，則名微而眾寡，然操遂能克紹，以弱爲強者，非惟天時，抑亦人謀也。」可見諸葛亮對曹操當時注重「人謀」，虛心聽取各方面的意見，充分發揮人的智謀而打敗袁紹這一點，是十分讚賞而給予了較高的評價。惜乎曹操後來在赤壁之戰中卻沒有那麼虛心了。看來，強者易驕，由強變弱，弱者易虛，由弱轉強，這是千古不移之法則，古今成敗之眞理。

不過應該指出，在這次強弱易勢的戰爭中，誠如本紀中稱曹操當時「兵不滿萬，傷者十二三」，確乎是太少了。正如裴松之在注上所分析的，姑且不談曹操初起兵時，「已有眾五千」，後一破黃巾就「受降卒三十餘萬」，即使征戰損傷，也不應「如此之少」。裴松之進而就這次戰爭雙方對抗的具體情況提出質疑，理由是：袁紹屯營東西數十里，曹操能「分營與相當」，是曹操之兵「不得甚少」，這是其一；其二，若袁紹果有十倍之眾，理應「悉力圍守」，斷絕內外，而曹操竟能先使徐晃擊糧車，後又自出襲烏巢，顯見袁紹力不能制，明其曹兵不少；其三，史籍中稱曹操坑袁紹降眾八萬（或云七萬），要是八萬人奔散，八千人如何能縛住，這是最簡單不過的常識了。最後，裴松之更指出，本紀及《世語》中都說曹操有「騎六百」，而〈鍾繇傳〉所示，他在官渡之戰中，一次就「送馬二千餘匹以給軍」，那麼鍾繇之馬又用到哪裡去了？

由此看來，在這次戰爭中曹操之兵不能算少，問題是本紀中何以偏要那麼記載呢？恐怕只能如裴松之所指出的，大概是「記述者欲以少見奇」罷了，「非其實錄也」。雖然〈荀彧傳〉中稱荀彧說曹操以「十分居一」的兵力對付袁紹，顯然是鼓勵曹操的話，荀彧又如何眞能瞭解敵方的實際兵力呢？當然，總體來說，不可否認這次戰爭袁強曹弱是事實，但從曹操在進行這次戰爭之前的一系列活動來看，無論在思想上，或是在經濟上，尤其在軍事上都是做了充分準備的，雖不能說他的實力過於袁紹，但也不能說他在「兵不滿萬」的情況下，穩操勝券，奇蹟般地戰勝袁

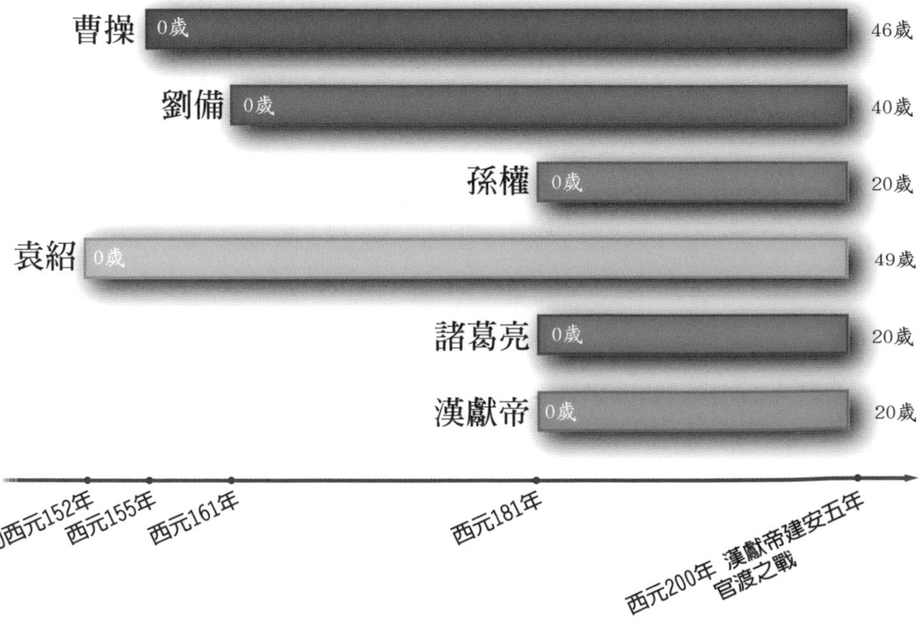

紹。要眞是這樣，恐怕許攸來投時，他絕不會不穿鞋就走出去迎接了。

不用說，官渡之戰是曹操逐鹿中原，戰勝袁紹、改變天下大局的一次關鍵性戰役。這次勝利的取得，爲曹操成基中原、進一步統一北方開創了一個嶄新的局面。

曹操大事年表

東漢		
建安二年	一九七年	春正月，攻打宛城，張繡先降後反，子姪曹昂、曹安民戰死。軍還舞陰（今河南泌陽西北）。十一月，親征宛城，勝劉表，取湖陽、舞陰。
建安三年	一九八年	春正月，回軍許，初置軍師祭酒（中、前、左、右軍師等）。三月，圍張繡於穰（河南鄧州）。五月，設奇兵，大破張繡、劉表聯軍。九月，親征呂布。十月，屠戮彭城（今江蘇徐州），圍攻下邳（今江蘇徐州東）。用荀攸、郭嘉之計，決泗、沂之水灌城。月餘，下邳城破，處死呂布、陳宮等人，收降臧霸等將。
建安四年	一九九年	四月，進軍臨河（今內蒙古臨河），大破眭固等。八月，進軍黎陽（今河南浚縣）。九月，返回許都，分兵守官渡。十一月，張繡投降，封爲列侯。十二月，兵發官渡。廬江太守劉勳率眾降，封爲列侯。
建安五年	二〇〇年	春正月，董承等被處死。東征劉備，獲勝，收降關羽，俘獲劉備家小，返回官渡。劉備投奔袁紹。二月，袁紹率大軍進至黎陽，派郭圖、淳于瓊、顏良等人攻打東郡太守劉延所守白馬。四月，從荀攸之計，聲東擊西，斬顏良，解白馬之圍。繼在延津南用輜重誘敵，大破袁軍，斬殺文醜，還軍官渡。袁紹軍進保陽武，關羽回歸劉備陣營。八月，袁紹軍進臨官渡。兩軍各起土山地道，聯營數十里對峙。用荀攸計，派徐晃、史渙焚毀袁紹運糧車隊。十月，袁紹謀臣許攸來降，獻計燒糧。自領步騎五千人夜襲烏巢，大破袁紹軍，斬殺淳于瓊等將，燒袁紹糧草。張郃、高覽投降。袁紹與長子袁譚等倉皇北逃。

第七章 收定河北

一、兄弟相爭

官渡之戰的前一年，江東孫策在袁術死後襲破廬江郡，俘獲了袁術的妻子家屬，徹底掃除了袁術的殘餘勢力，並迫使廬江太守劉勳向北投奔了曹操。這年曹袁官渡相持時，孫策率兵擊討廣陵太守陳登，駐兵丹徒（屬吳郡，在今江蘇鎮江市），等待運送軍糧。孫策性好打獵，不料在這次圍獵時，被仇家故吳郡太守許貢家人射殺。孫策本想趁這次曹袁爭戰之機，在解決了陳登之後，出兵襲取許都，把漢獻帝搶到手中。現在人亡計空，甚麼都談不上了。可惜這隻江東猛虎終年才二十六歲。他十九歲的弟弟孫權在張昭、周瑜等人的輔佐下，繼領了江東。

官渡之戰一結束，曹操就打算趁孫策之死，出兵江東。倒是兩年前被孫策派到許都貢獻方物而爲曹操留下來拜爲傳御史的張紘勸諫說：「乘人之喪前去討伐，既違背道義，萬一不成功，又棄好成仇，還不如因此厚待他們，留個後路好。」曹操聽了，覺得張紘的話很有道理，於是表舉孫權爲討虜將軍，領會稽太守。並遣還張紘回江東做會稽東部都尉，輔佐孫權「內附」，使其歸順朝廷。曹操總算把江東這一邊安排好了，免動了一場干戈。

建安六年（二〇一年）春初，也就是官渡之戰的第二年，曹操一面把軍隊集中在壽張西邊的安民地方休整，同時和眾謀士商議下一步計畫。曹操認爲，袁紹新破，暫時無能爲力了，打算趁這個時候解決過去長期和袁紹結盟的劉表。荀彧勸阻說：「今袁紹新敗，部眾離心，應掌握這個時機收定河北。今若離開兗、豫，遠征江、漢，一旦袁紹收聚餘眾，乘虛以出我後，就壞了大事。」於是曹操又暫時打消了南征劉表的念頭，專心致力於徹底解決袁紹、收定河北的問題。

這年四月，曹操得知袁紹聚兵倉亭（古黃河渡口，在今山東范縣東北），準備南下再和他做一番較量。於是曹操先發制人，揚兵河上，一舉擊破袁紹倉亭軍，又消滅了袁軍好幾萬人馬。這一下，可把袁紹氣得口吐鮮血，再也無力和曹操比試高下了，只好帶著殘兵敗將回到鄴城養病去了。九月，曹操回到許都，過了不久，爲了解除用兵河北的後顧之憂，他親自南征劉備，前去收復汝南。劉備一得知消息，自知依靠著手邊這點兵馬不是曹操的對手，立即帶上關羽、張飛、趙雲等，率領人馬到荊州投奔劉表去了。而龔都等人不願跟著劉備，也就各自走散了。曹操兵不血刃收復汝南之後，回到了許都。

第二年（建安七年，西元二〇二年）春正月，曹操率軍回到故鄉譙縣。他觸景生情，非常感傷地下了一道命令，令中說：

吾起義兵，爲天下除暴亂。舊土人民，死喪略盡，國中終日行，不見所識，使吾悽愴傷懷。其舉義兵已來，將士絕無後者，求其親戚以後之，授土田，官給耕牛，置學師以教之。爲存者立廟，使祀其先人，魂而有靈，吾百年之後何恨哉！

從這篇令文中，不難看出，曹操以他的親身經歷，深感漢末天下大亂，戰禍連綿，給人民帶來的災難。曹操在令文中直抒了他的感受，說他在故鄉走了一天，連一個熟人也見不著，真使他「悽愴傷懷」。曹操進而想到了在戰爭中死去的將士，令中說，這些陣亡將士沒有後代的，就由親戚來繼承他們，並給以土地和耕牛，再由官府設立學校來培養他們的子弟。還要爲死者建立祠堂，讓後人祭祀他們。很明顯，曹操這麼做是爲了鼓勵將士更好地去爲他效命，從而盡快收拾天下分崩的動亂局面。

曹操在故鄉待了幾天之後，到了浚儀（屬陳留郡，在今河南開封市西北），在他下令整治睢陽渠（睢水由浚儀東經睢陽，故名）的時候，想起故太尉橋玄來了。他立即派遣使者到睢陽橋玄墓上祭祀他的這位老朋友，並親自寫了一篇祭文來追思橋玄對他的「知己」之情。文云：

故太尉橋公，誕敷明德，汎愛博容。國念明訓，士思令謨。靈幽體翳，邈哉晞矣！吾以幼年逮升堂室，特以頑鄙之姿，爲大君子所納。增榮益觀，皆由獎助，猶仲尼稱不如顏淵，李生之厚歎賈復。士死知己，懷此無忘。又承從容約誓之言：「殂逝之後，路有經由，不以斗酒隻雞過相沃酹，車過三步，腹痛勿怪！」雖臨時戲笑之言，非至親之篤好，胡肯爲此辭乎？匪謂靈忿，能詒己疾，懷舊惟顧，念之悽愴。奉命東征，屯次鄉里，北望貴土，乃心陵墓。裁致薄奠，公其尚饗！

奇怪的是，按《後漢書．橋玄傳》所記，是說曹操「過玄墓，輒悽愴致祭」，而《三國志．武帝紀》卻說「遣使以太牢（牛、羊、豬三牲全備）祀橋玄」。若從這篇祭文中所示的「北望貴土，乃心陵墓」看來，似乎曹操並未親自臨祭。不管怎樣，但就這篇祭文的內容足見曹操對橋玄的敬重和懷念之情，從而反映出橋玄和曹操非同尋常的交誼。特別是其中曹操因橋玄對他的獎譽和幫助，聯想到孔子自稱不如他的弟子顏淵，以及本朝李生讚嘆他的學生賈復有「將相之

狩獵出行畫像磚　東漢

畫像磚上設有色彩，在漢代畫像磚中別具一格。

器」這麼兩件事，表明橋玄對他在年輕時侯的識拔，使他久久不能忘懷。

曹操回到許都，經過一番安排之後，下令進軍官渡，做好用兵河北的準備。可是就在這年五月間，袁紹發病嘔血而死了。消息傳來，曹操感慨想起他和袁紹在世時的一番爭鬥和交往，等過了百日之後，直到九月間，他才下令渡河進兵。

原來，袁紹最喜愛小兒子袁尚，打算立他爲後嗣，可是還沒有來得及明確表態，袁紹就死了。這麼一來，平時迎合袁紹心意擁戴袁尚的審配、逢紀，與素來支持袁紹長子袁譚的辛評、郭圖等人，自然分成了兩派。袁紹一死，審配擔心袁譚嗣立對己不利，於是假托遺命立袁尚爲嗣子，以代紹

位。袁譚趕來奔喪，「不得立」，自稱車騎將軍。因此，袁譚和袁尚有了隔閡。時當曹操大軍壓境，袁譚不得已受命出鎮黎陽，袁尚還派了逢紀當監軍。袁譚鑑於曹軍勢大，派人向袁尚請求增派軍隊。袁尚問計於審配，審配認爲，要是給袁譚增加兵眾，萬一他打敗曹軍，必然回過頭來和我們爭奪冀州，不如不發兵，以待其變。因而對袁譚的請兵置之不理。這一下，可把袁譚氣炸了，一怒之下就把袁尚派來的監軍逢紀殺掉了。

曹操正是利用袁尚和袁譚的衝突，渡河進攻袁譚的。袁譚連戰皆敗，不得已再次向袁尚請求發兵。這時，袁尚雖然擔心黎陽有失，可是他更害怕增兵加強了袁譚的實力，於是乾脆請審配守鄴城，他親自率兵前去幫助袁譚。

二袁在黎陽城下，和曹軍展開激戰。從這年九月直到下一年二月，經過多次交鋒，二袁戰敗入城固守，再也不敢出戰了，曹操揮兵將黎陽圍住。

這段期間，袁尚派遣他所任命的河東太守郭援，與并州刺史高幹，聯絡駐在平陽（屬河東郡）的南匈奴單于呼廚泉，大起三路兵馬進攻河東，從西邊牽制曹軍。接著，又派人與關中諸將馬騰等建立關係。對此，曹操在使司隸校尉鍾繇圍南匈奴於平陽的同時，並令人說服了馬騰。馬騰派遣長子馬超率兵萬人支援鍾繇。馬超部將南安人龐德，勇猛異常，汾水一戰而陣斬郭援，南匈奴也隨之而降。曹操正是在解除了西顧之憂後，這年二月下令奮力攻城，二袁棄城而逃，於是占領了黎陽。

曹操占領黎陽後，乘勝追擊。四月間，曹操追二袁至鄴城，把鄴城郊外的麥子全部收割，以充軍食。這時，曹操謀士郭嘉鑑於從去年九月進兵，到現在已大半年過去了，光打下黎陽也費了近半年的時間，提出暫時撤軍以觀其變的建議，他向曹操說「袁紹愛此二子，不知立誰好，今此二人權力相當，各有黨羽。我們急攻之，他們則聯兵自保；若我們緩怠之，他們則互相爭鬥。我們不如南向荊州，以待其變。等他們發生變亂的時候，再來收拾他們，就可一舉而定河北。」於是曹操納郭嘉之計，這年五月收兵還許，留大將賈信屯兵黎陽觀變。

果然不出郭嘉所料，曹軍一退，袁譚就向袁尚提出要求說：「我的將士鎧甲不精，故上次為曹操所敗。現在曹軍退走，人懷歸心，應乘其渡河之際，出兵掩襲，可獲全勝，這可是個好機會，千萬不可錯過。」袁尚本來就不放心，乾脆來個不理會，既不談出兵，也不說換甲。袁譚大怒，他的心腹謀士郭圖、辛評又乘機挑撥說：「過去先君（指袁紹）把您過繼給伯父的，全是審配出的鬼點子。」袁譚正在氣頭上，眞是一撥就著，立刻披掛上馬，引兵進攻袁尚，雙方激戰於鄴城門外。袁譚戰敗之後，引著人馬退還南皮（屬勃海郡，在今河北滄縣西南）去了。

袁譚袁尚關係表

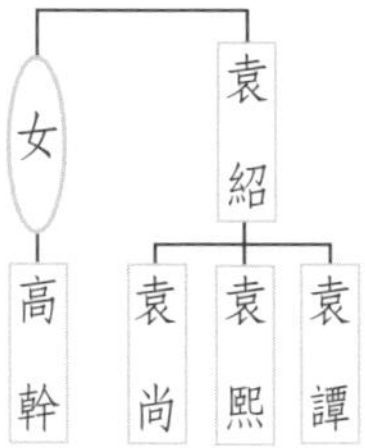

這時，別駕王修從青州趕來勸袁譚與袁尚和好，並說兄弟好比「左右手」，不可毀傷，千萬不要聽信讒言，受人挑撥。他特別語重心長說：「若斬佞臣數人，復相親睦，以御四方，可橫行天下。」袁譚不聽，非要和他的兄弟見個高下，結果又被袁尚打敗，退守平原，被袁尚圍住。

這期間，遠在荊州的劉表也十分擔心袁氏兄弟相爭，河北落入曹操之手，他分別給袁譚、袁尚寫了信，勸他們不要「忘先人之仇，棄親戚之好」，他還特別提到不要「遺同盟之恥」。這個劉表也眞有意思，官渡之戰時，袁紹請他出

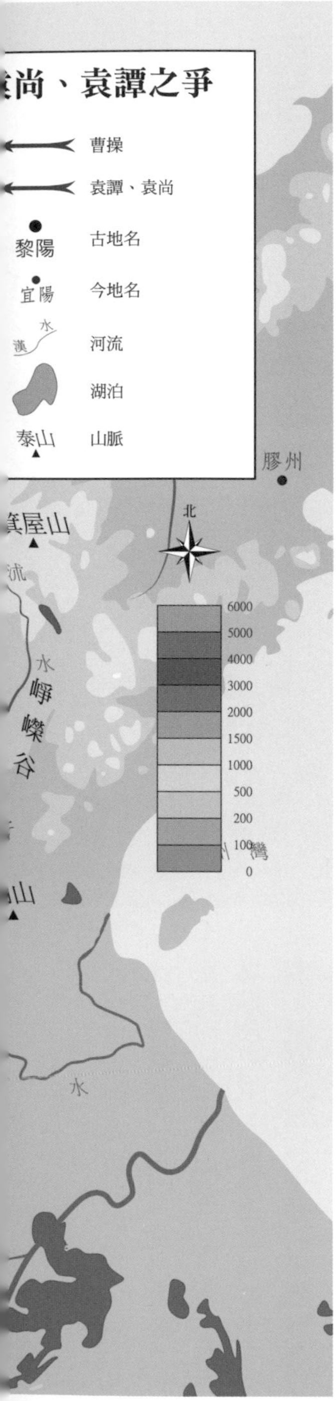

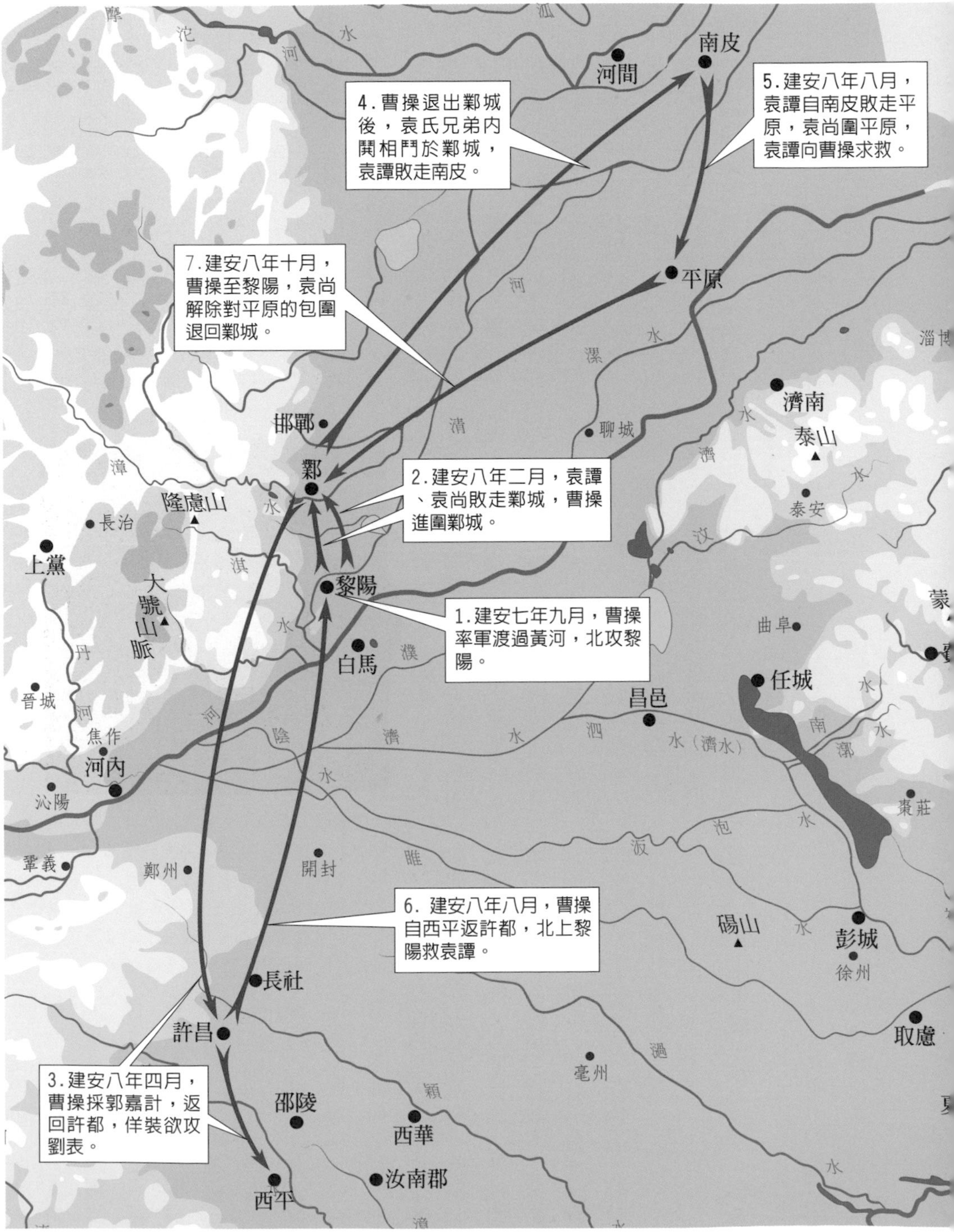
1.建安七年九月，曹操率軍渡過黃河，北攻黎陽。
2.建安八年二月，袁譚、袁尚敗走鄴城，曹操進圍鄴城。
3.建安八年四月，曹操採郭嘉計，返回許都，佯裝欲攻劉表。
4.曹操退出鄴城後，袁氏兄弟內鬨相鬥於鄴城，袁譚敗走南皮。
5.建安八年八月，袁譚自南皮敗走平原，袁尚圍平原，袁譚向曹操求救。
6. 建安八年八月，曹操自西平返許都，北上黎陽救袁譚。
7.建安八年十月，曹操至黎陽，袁尚解除對平原的包圍退回鄴城。
南皮
河間
平原
濟南
泰山
泰安
聊城
邯鄲
鄴
隆慮山
長治
上黨
大號山脈
黎陽
白馬
任城
曲阜
昌邑
晉城
焦作
河內
沁陽
鞏義
鄭州
開封
碭山
彭城
徐州
長社
許昌
取慮
亳州
邵陵
西華
汝南郡
西平
棗莊
淄博

兵，他許之而不至，這時他倒感到了威脅，要和二袁加強同盟了。可惜爲時已晚。就在袁譚被袁尚圍困在平原時，袁譚無計可施，竟至派遣辛評的弟弟辛毗向曹操求救，寧可把冀州獻給曹操，也不讓給他這個兄弟。

值當這年秋天八月，曹操剛出兵南擊劉表，屯兵西平（今河南西平縣西），辛毗就跑來見曹操了。待辛毗說明來意後，曹操立即召集謀士商議，大多以爲宜先解決劉表，「譚、尚不足憂也」。軍師荀攸獨排眾議，認爲劉表「坐保江漢之間，其無四方之志可知矣」，可是不要忽略了「袁氏據四州之地，帶甲數十萬」，要是「二子和睦以守其成業，則天下之難未息也」。爲此，他建議曹操應趁「其亂而取之」，千萬不要錯過這個機會了。

值得一提的是，這個來請曹操援救袁譚的辛毗也眞有意思，他也對曹操說：「今二袁不務遠略而內相圖，可謂亂矣。」並稱說：「且四方之寇，莫大於河北，河北平，則六軍盛而天下震矣。」確如胡三省在《資治通鑑》注上所稱，觀辛毗之言，哪裡是在爲袁譚「請救」，簡直是在勸曹操乘勢而「取河北也」。曹操大喜，立即揮師北還，進軍河北。

這年十月，曹操還至黎陽。袁尚在平原得知曹軍渡河的消息，急忙解圍而去，還保鄴城。撤圍時，袁尚部將呂曠、高翔叛歸曹操，曹操封二人爲列侯。袁譚卻私下刻了兩顆將軍印送給呂曠、高翔。不料呂、高二人卻把印給曹操送去。曹操這才明白袁譚並非眞心歸附。對此，曹操表面上不動聲色，並派人爲他的兒子曹整聘求袁譚的女兒，以安其心，然後引軍而還。這大概是「將欲取之，必姑與之」的意思。或許是曹操感到河北還亂得不夠，不妨再看一些時候，好事不在忙上。

「漢匈奴歸義親漢長」青銅印

此印為東漢中央政府贈給匈奴族首領的官印。印文形式承自西漢宣帝以來傳統，在贈給少數民族首領官印之首，屬「漢」字，下為民族名，並在民族名的前後加上「歸義」等封號，又常以陀鈕作為這種印的基本鈕式。

二、占鄴城，平四州

第二年（建安九年，西元二〇四年）春正月，曹操遣軍渡河，遏阻淇水（此水至黎陽入河）入白溝（淇水東經內黃縣南，爲白溝）以通糧道，作進討袁尙的準備。二月間，袁尙再次進攻袁譚於平原，留審配、蘇由守鄴城。曹操趁機由洹水直趨鄴城。蘇由欲作內應，事機敗露，與審配在城中展開一場混戰。蘇由戰敗之後，出奔曹操。

曹操臨城指揮將士攻城。雙方爭戰十分激烈，曹兵在城外挖地道，審配就在城內作深溝，晝夜防備。不料審配部將馮禮又暗降曹操，開城門放進曹兵三百人，審配得到報告，閉門封鎖，「入者皆沒」。曹軍又起土山攻之，亦無濟於事。這時，曹操得知袁尙部將武安（屬魏郡）長尹楷屯兵毛城，打通上黨（郡治長子，在今山西長治市）糧道。四月間，曹操留曹洪圍攻鄴城，親自率兵進擊尹楷，「破之而還」，又乘勝打下邯鄲（今河北邯鄲市）。一時軍威大盛，河北郡縣紛紛投誠。黑山軍首領張燕這時也派人來向曹操表示服從，曹操拜他爲平北將軍。

五月間，曹操放棄土山、地道等急攻辦法，採用「鑿塹圍城」，周回四十里，以表示絕其內外作久困的打算。開初，濠溝挖得很淺，「示若可越」，審配在城上「望而笑之」，一點也不擔心。不料曹軍一夜工夫，就挖得「廣深二丈」，決引漳河水以灌城。這一下，審配再也笑不出來了。從五月至八月，城中餓死者「過半」。

七月間，袁尙得知鄴城告急，慌忙撤平原之圍，率兵萬人還救。曹操得到報告，立即召集諸將商議，大家都以爲「歸師勿遏」，不如避之。曹操卻不以爲然，他認爲：「要是袁尙從大道來還救，當避之；若循西山小道而歸，說明他心虛膽怯，可一戰而擒獲。」曹操這麼考慮，也是兵法上所說「觀敵之動」的意思。果然，袁尙不是從大道而進，而是循西山小道而歸。曹操早有安排。當袁尙進至離鄴城十七里之地，瀕臨滏水爲營，與城中舉火爲號時，曹操分兵擊退了由城中出來接應的審配兵馬，並親自指揮軍隊圍困袁尙歸軍。袁尙大爲恐懼，急忙派遣使者向曹操請降，曹操不允。袁尙大敗，其將馬延、張顗臨陣投誠。袁尙倉皇敗奔中山（今河北定縣）而去。

這一仗，曹軍大勝，盡獲其輜重，又撿得袁尙印綬、節鉞及衣物等。曹操命人以示城中，城中「崩沮」，一片驚慌。八月間，審配姪兒審榮守東門，暗降曹操，夜開城門，放曹兵入，與審配軍在城中展開激戰，審配戰敗被擒，「聲氣壯烈」，不屈而死。在這一點上，審配倒算得上是袁氏的一個忠臣，可是他不顧大局，促使兄弟相爭，也算得上是敗壞袁家的一個罪人。

曹操進入鄴城後，不僅慰勞袁紹妻子，優待袁紹家屬，而且還親自臨祭袁紹墓，「哭之流涕」，非常悲傷祭奠了一番。對此，晉人孫盛頗有議論，認爲袁紹「因世艱危，遂懷逆謀」，而曹操乃「盡哀於逆臣之家，加恩於饕餮之室」，實在是荒謬之舉。豈知曹操還爲其子曹丕納了袁紹次子袁熙之妻甄氏，這件事在當時就引起了孔融的不滿，他從許都寫信給曹操說：「過去武王伐紂，以妲己賜周公，想必明公仰慕古人，可喜可賀。」曹操看後，倒給弄糊塗了，他可沒聽說過這段歷史。後來他爲此當面向孔融討教，孔融笑著說：「按情理說，這不是不可能的事。想想看，以武王之英明，怎麼能殺大美人妲己呢？把她賜給周公以酬功，豈不是兩全其美嗎？」曹操這才恍然大悟，原來孔融是在譏諷他。

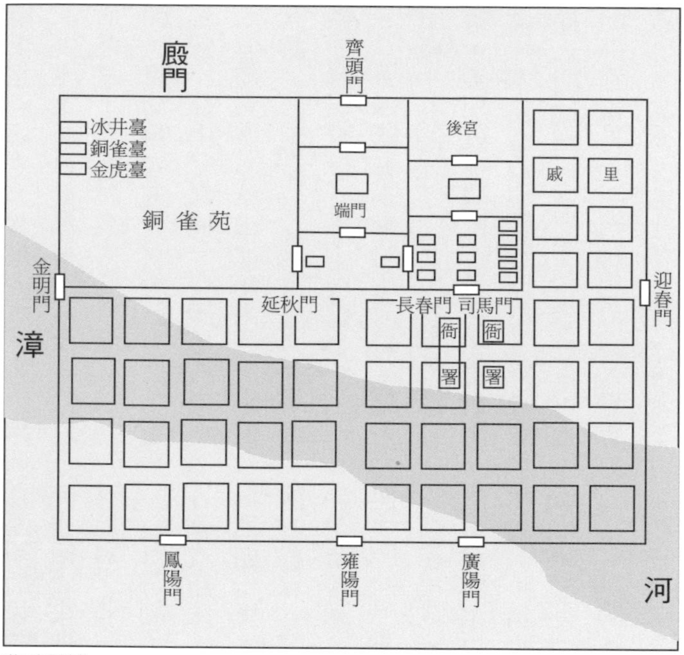

曹魏鄴城

鄴城遺址位於臨漳縣西南二十公里處漳河北岸的鄴鎮。鄴北城始建於春秋齊桓公時，戰國時屬魏，西門豹曾為鄴令，投巫治河。兩漢時為魏郡治所，東漢末為冀州牧袁紹駐地。官渡之戰後，曹操攻占鄴城。建安十八年（二一三年），曹操為魏公，定都於此。此時鄴城東西三．五公里，南北二．五公里，外城七門，城內以一條東西橫街將城劃分為南北兩區，北區地勢較高，其中部築建宮殿和衙署，西部置苑囿，西北城隅築金鳳、銅雀、冰井三座高臺。南區為居民區，分長壽、吉陽、永平、思忠四里。曹操在鄴十六年，此城成為當時北方政治、軍事、經濟、文化中心，建安文學誕生地。

這年九月，曹操在兼領了冀州牧之後，立即下了一道命令說：「河北罹袁氏之難，其令無出今年租賦。」（〈蠲河北租賦令〉）宣布免除河北地區當年百姓的賦稅。接著，又發布了一通〈收田租令〉，令云：

有國有家者，不患寡而患不均，不患貧而患不安。袁氏之治也，使豪強擅恣，親戚兼併，下民貧弱，代出租賦，賣鬻家財，不足應命。審配宗族，至乃藏匿罪人，爲逋逃主。欲望百姓親附，甲兵強盛，豈可得邪！其收田租畝四升，戶出絹二匹、綿二斤而已，他不得擅興發，郡國守相明檢察之，無令強民有所隱藏，而弱民兼賦也。

從這通令文中，反映出曹操均平治國的思想，他在令中譴責了袁氏放任豪強兼併土地，迫使貧民百姓困苦不堪的現實狀況，特別提到審配宗族「藏匿罪人」的不法行爲。曹操根據當時當地的情況，把兩漢以來的地稅按收穫量（三十稅一，十五稅一）比例徵收，改爲按定額收，每畝收四升；而把人頭稅（成年人的算賦，小孩的口賦）改爲按戶徵收，每戶交納絹二匹、綿二斤。唯其曹操嚴令「不得擅興發」，不准任意加重人民的額外負擔，相對來說，人民的負擔確實有所減輕。曹操在令中具體要求郡國守相「明檢察之」，監督施行，不得讓豪強「有所隱藏」，把賦稅轉嫁到人民身上。曹操這麼做，無疑對穩定當時新統治區的社會秩序，爭取民心，確實有一定的作用。

這年五十歲的曹操，「戎馬不解鞍，鎧甲不離傍」（〈卻東西門行〉），經過兩年多的時間，好不容易攻下袁氏老巢——冀州鄴城。打下鄴城，並不等於就取得了整個河北地區，更不等於這個地區就安定下來了。現在擺在他面前要做的事實在太多了。歸總來說，從政治上收攬人心，和從軍事上發展和鞏固勝利，這是曹操和他的謀士所面臨的當務之急。

開初，袁尚派遣從事安平人牽招至上黨督辦軍糧，牽招還未回來，就聽說袁尚已敗奔中山去了。牽招勸說袁紹外甥并州刺史高幹迎接袁尚，「並力觀變」，高幹卻另有打算，不但置之不理，還「陰欲害招」。牽招得知情況，嘆息了一番，知道袁氏再也無能爲力了，於是向東投歸了曹操。曹操得牽招大喜，仍以他爲冀州從事。

曹操聽說清河人崔琰才能優越，袁紹二子交鋒，「爭欲得琰」，琰稱疾固辭。曹操占領鄴城後，徵辟崔琰做了冀州別駕。

一天，曹操高興對崔琰說：「昨按戶籍，可得三十萬眾，冀州眞是一個大州呵！」崔琰一聽，正色對曹操說：「今天下分崩，二袁兄弟爭戰不休，冀州百姓處在水深火熱之中，屍骨暴露於原野，未聞王師存問風俗，救民於塗炭，而斤斤計較於甲兵，以此爲先，這豈是我州士民所望於明公的嗎！」曹操聽了，立刻改容向崔琰稱謝說：「先生說得是。」當時在場的賓客莫不爲之驚訝！大家都佩服崔琰的剛正卓識。對此，後世注《資治通鑑》的胡三省卻感嘆說：「此操之所以重崔琰，亦不能不害崔琰也。」聯繫後來的事實，倒也很能

曹　操

卻東西門行

鴻雁出塞北，乃在無人鄉。
舉翅萬餘里，行止自成行。
冬節食南稻，春日復北翔。
田中有轉蓬，隨風遠飄揚。
長與故根絕，萬歲不相當。
奈何此征夫，安得去四方！
戎馬不解鞍，鎧甲不離傍。
冉冉老將至，何時返故鄉？
神龍藏深泉，猛獸步高岡。
狐死歸首丘，故鄉安可忘！

說明這一點。

再就眼前發生的另一樁事來說，也引起了後世對曹操的非議。在官渡之戰中投歸曹操的那個許攸，「自恃勳勞」，常和曹操「相戲」，逗樂取笑，大概一則因他和曹操是少年之交，二則他有大功於曹操。在曹軍攻下鄴城後，他呼曹操小字說：「阿瞞，你若是不得我，怎麼能得到冀州呢？」曹操聽了，表面上卻笑著說：「你言之有理。」而實際上卻「內嫌之」，打心眼裡恨著他。這是一次。再一次，一天許攸出鄴城東門，向左右隨從的人說：「曹家要是不得我，焉能出入此門也。」當有人把這事告密後，曹操再也忍不住了，立即把許攸「收之」，下獄殺掉了。

但也有個例外。那個爲袁紹作〈討曹檄文〉的陳琳，在攻下鄴城後前來投歸曹操時，曹操對他說：「你爲袁本初作檄文，盡可數落我的罪狀就行了，你怎麼把我的父親和祖父都拉扯上了呢？」陳琳趕忙謝罪，史稱曹操「愛其才而不咎」，也就把他給放過了。

曹操占領鄴城後，并州刺史高幹擔心曹操移兵打他，自料不是曹操的對手，於是向曹操表示歸降。曹操接受了，仍以他爲并州刺史。可是就在曹操進圍鄴城的時候，袁譚竟又背著曹操圖謀不軌，接連奪取甘陵、安平、勃海、河間等好幾個城池，並乘勢進兵中山，一舉打敗袁尚，逼得袁尚逃往幽州依附他二哥袁熙，袁譚把袁尚軍隊全都接收過來，還屯龍湊，準備奪回鄴城，再收復冀州。曹操大怒，派遣使者送書給袁譚，責備他出爾反爾，背信負約。還把他的女兒送回，和他斷絕了婚姻關係。

這年十二月，曹操進軍擊討袁譚，攻打平原。袁譚放棄平原，退保南皮。曹操進入平原，分遣諸將略定郡縣。次年春正月，曹操冒著嚴寒，進兵與袁譚激戰於南皮城

胡漢戰爭圖

河南新野縣樊集出土畫像磚

下，「士卒多死」。曹操眼看這麼硬拚下去，損失太大，打算退兵。曹仁之弟議郎曹純諫阻說：「現在我們孤軍深入，難以持久，若進不能克，退必喪威。」曹操聽了，奮然舉臂，親自擂鼓督戰，一舉打下南皮，袁譚出奔，曹操遣兵「追斬之」。曹操入城後，收斬郭圖等及其妻、子。審配、郭圖這兩個唆使二袁爭鬥的禍首，到此先後爲曹操除掉了。自此，青州、冀州全部落入了曹操之手。

這時，郭嘉勸曹操多辟河北名士以爲掾屬，使「人心歸附」，曹操欣然採納。這期間，那個曾勸袁譚兄弟和好的王修，在袁譚死後，向曹操請求收葬袁譚的屍首，曹操答應了。並辟他爲司空掾。曹操又用陳琳和陳留人阮瑀爲記室令史，主管機要文書。還徵辟涿郡人劉放參司空軍事。

經過一番休整之後，曹操準備收復幽州了。哪知曹操兵馬未動，就聽說幽州內部倒先打起來了。曹操只好屯兵觀變，俟機而動。

原來，幽州刺史袁熙部將焦觸、張南眼看袁家大事已去，趁袁熙不備，發動兵變，突然襲擊，一下子就把袁熙和袁尚趕到了遼西投奔烏桓去了。袁熙去後，焦觸自稱幽州刺史，並率領諸郡縣太守、令長等舉州向曹操投降。曹操大喜過望，立即就封焦觸、張南等人爲列侯。更使曹操寬心的是，這年四月，過去縱橫河北，曾使袁紹傷透腦筋的河北

曹　操

苦寒行

北上太行山，艱哉何巍巍！
羊腸坂詰屈，車輪為之摧。
樹木何蕭瑟，北風聲正悲！
熊羆對我蹲，虎豹夾路啼。
谿谷少人民，雪落何霏霏！
延頸長嘆息，遠行多所懷。
我心何怫鬱？思欲一東歸。
水深橋梁絕，中路正徘徊。
迷惑失故路，薄暮無宿棲。
行行日已遠，人馬同時飢。
擔囊行取薪，斧冰持作糜。
悲彼〈東山〉詩，悠悠令我哀。

黑山軍首領張燕親率十餘萬眾前來歸附他了，曹操喜不自勝，立刻封張燕爲安國亭侯。

曹操正在興頭上，忽然接到報告，說袁熙兄弟逃到遼西後，聯絡三郡烏桓起兵攻打曹操所置都督幽州六郡的度遼將軍鮮于輔於獷平（今北京密云東北）。曹操感到形勢嚴重，經過一番安排之後，這年秋八月，曹操親提大軍渡過潞水援救鮮于輔。烏桓得知曹操親自統兵到來，大肆擄掠一番之後，就退回塞外去了。曹操正要進兵追擊，忽然又得到并州刺史高幹背反的消息，於是收兵而返，把烏桓的事暫時放一放。

這年十月，高幹正是趁曹操擊討烏桓之機，舉州叛變的。他首先抓住上黨太守，以兵拒守壺關口（上黨縣有壺山口，因險置關山口上。壺關在今山西長治市東南）。曹操派大將樂進、李典率兵進討，連戰皆勝，只因壺關山口險要，一時難以攻下。

直到第二年（建安十一年，西元二〇六年）春天，曹操以崔琰輔佐曹丕留守鄴城，他冒著嚴寒親率大軍擊討高幹。他在路上寫下〈苦寒行〉詩一首，記述了當時行軍的艱辛，以及抒發了他翦除群雄的強烈願望。

壺關被圍達三月之久，終於被曹軍攻下了。高幹隻身入匈奴求救，匈奴單于不願和曹操結怨，拒絕了他。高幹無可奈何，只好帶著從騎數人往南投奔荊州牧劉表，豈知走到上洛（屬京兆，在嶢關東南）地方，爲上洛都尉王琰「捕斬之」。王琰把高幹的首級給曹操送去後，曹操封王琰爲列侯，并州悉平。自此，青、并、幽、冀四州之地，全部納入了曹操的直接統治之下，劃入曹操集團的勢力範圍。

曹操任用能吏陳郡柘（今河南柘城縣北）人梁習以別部司馬領并州刺史。梁習一到晉陽（并州州治，在今山西太原市西南），就大刀闊斧打擊豪強，一方面徵發其部

建安七子

「建安七子」又號「鄴中七子」，指東漢末年建安時期曹氏父子之外的七位著名文人——孔融（字文舉）、陳琳（字孔璋）、王粲（字仲宣）、徐幹（字偉長）、阮瑀（字元瑜）、應瑒（字德璉）、劉楨（字公幹）。其中除孔融與曹操政見不合，其餘六位多視曹操為知已，文風與曹操父子類似，「慷慨以任氣，磊落以使才，造懷指事，不求纖密之巧，驅詞逐貌，唯取昭晰之能」。後世稱這種風格為「建安風骨」、「漢魏風骨」，又稱「建安體」。

建安九年（二〇四年），曹操占據鄴城，在北方營造了以鄴城為中心、相對安定的社會環境，飽經戰亂之苦的眾多文人相繼奔往鄴城，形成了以「三曹」為領袖、「七子」為代表的鄴下文人集團，發展並繁榮了建安文學，在中國文學發展史上占有重要地位。

曲爲「義從」，補充軍隊，同時又把豪強送到鄴城加以管制。有不從命者，梁習不惜以兵致討，前後「斬首千數，降附者萬計」。這麼一來，連北邊的匈奴單于也表示「恭順」，名王（匈奴諸部王）也俯首聽命。經過梁習整治之後，史稱其「邊境肅清，百姓布野，勤勸農桑，令行禁止」，并州大治。當地父老稱讚他說：「自所聞識，未有如（梁）習者。」不僅如此，梁習還向曹操舉薦了一些避難到并州的名士，如河內人常林、楊俊、王象、荀緯，以及太原人王凌等，曹操全都把他們委任爲縣令、長，這些人後來都「顯名於世」。

竹林七賢

清代，楊柳青木版年畫

竹林七賢，為三國魏晉時七位名士：阮籍、嵇康、山濤、劉伶、阮咸、向秀、王戎，因他們常集於山陽（今河南修武）竹林下，肆意酣暢，故而得名。

開初，山陽人仲長統游學到并州，高幹久聞其名，待以上賓之禮，並向他請教「世事」。仲長統直率對高幹說：「足下有雄志而無雄才，好士而不能擇人，我眞爲足下感到擔心。」高幹卻自以爲多才，「不悅統言」，聽了很不高興，仲長統也就離開了。高幹死後，荀彧向曹操舉薦仲長統，曹操任命他做了尚書郎。仲長統著論《昌言》（《通鑑》胡三省注：「孔安國曰：昌，當也。當理之言。」），其論「治亂」甚當，揚名於當世，流傳於後世，頗爲言治者所稱道。

曹操在去年用兵并州之前，九月間就下了一道〈整齊風俗令〉，令云：

阿黨比周，先聖所疾也。聞冀州俗，父子異部，更相毀譽。昔直不疑無兄，世人謂之盜嫂；第五伯魚三娶孤女，謂之撾（讀抓）婦翁；王鳳擅權，谷永比之申伯；王商忠義，張匡謂之左道：此皆以白爲黑，欺天罔君者也。吾欲整齊風俗，四者不除，吾以爲羞。

曹操在令中譴責結黨營私，說是「先聖所疾也」，是古代聖賢所痛恨的事。他針對冀州惡俗，連父子也不相容，互相誹謗的情況，引了漢朝四個顚倒黑白、清濁不分的事例來加以印證。爲此，他在令中表示，這類惡俗不除，「吾以爲羞」，下決心要整頓社會風氣，務使吏治清明。此前，曹操在誅袁譚之後，還下過一道命令說：「其與袁氏同惡者，與之更始。」允許他們改惡從善。又下令「不得復私仇」，禁止「厚葬」，這些都是爲了整頓社會秩序，扭轉社會風氣，爲安定民心而採取的必要措施。

曹操收定河北之後，爲了最後掃除袁氏殘餘勢力，不得不出兵征伐烏桓。曹操也深知，要征服烏桓殊非易事，必須在人力、物力等各方面做好充分準備才行。他首先動用了大批人民開鑿了兩條水渠，一是從呼沱入泒（音孤）水的平虜渠，一是從泃（音句）河到潞河的泉州渠，作爲運糧的航道，以確保前線的供應。

第二年（建安十二年，西元二〇七年）春二月，曹操回到鄴城，論平河北之功，專門下了一道〈封

顚倒黑白四事例

四事分別見於《漢書·直不疑傳》、《後漢書·第五倫傳》、《漢書·谷永傳》、《漢書·王商傳》。大意是說：直不疑無兄，何以「盜嫂」；第五伯魚（第五倫字）三娶孤女，如何打婦翁；王鳳專擅朝權，谷永反把他比作申伯（周宣王舅父）之忠；而王商明明忠義，張匡卻誣告他以「左道」亂政。

功臣令〉，令云：

吾起義兵誅暴亂，於今十九年，所征必克，豈吾功哉？乃賢士大夫之力也。天下雖未悉定，吾當要與賢士大夫共定之；而專饗其勞，吾何以安焉！其促定功行封。

曹操在令中追述他自陳留己吾起兵，到今天已十九年（中平六年至建安十二年，西元一八九～二〇七年），其所以「所征必克」，不全是他個人的功勞，大家都出了力。況且現在天下未定，還要大家出謀獻策「共定之」，功勞都算在他一人的身上，於心不安。為此，曹操要求大家都把功勞列出來，以便把這次「論功行封」的事盡快完成。

於是，曹操首先發表自己的意見說：「忠正密謀，撫寧內外，文若是也。公達其次也。」足見他對尚書令荀彧、軍師荀攸運籌帷幄之功極為讚賞。為此，他特別上表論荀彧「功狀」，增封荀彧邑千戶。經過一番評論之後，大封功臣二十餘人為列侯，其餘各依功勞大小受封，並免除陣亡將士家屬的徭役。就在這年大封功臣之後，曹操開始北征烏桓了。

三、北征烏桓

東漢後期，烏桓（又稱烏丸）這支我國東北方的少數民族，大體分為上谷（今河北懷來縣東南）、遼西（今遼寧義縣西）、遼東（今遼寧遼陽市北）、右北平（今遼寧凌源縣西南）四部，居住在今天河北北部和遼寧西部一帶。漢靈帝初年，遼西烏桓大人（首領）丘

運糧水渠地理位置

呼沲，即今河北省之滹沱河。泒水，即指今大沙河循大清河至天津入海的河流。泉州渠，因渠道南起泉州縣（今河北武清東南）境而得名。渠水上承潞河（今天津海河），下入鮑丘水，在今寶坻縣境合口。

曹操運糧河

河南許昌市郊，三國曹操運糧河。

東漢與外部民族關係簡表

族名	生活範圍	與中央王朝關係
匈奴	北匈奴位漠北，南匈奴居漠南，不斷內遷。	光武帝時相互友好。章帝時，大敗北匈奴，南匈奴歸附漢。
烏桓	東北烏丸山一帶	歸附漢
夫餘	松花江流域	臣屬於漢
高句麗	夫餘南	臣屬於漢
挹婁	夫餘北，今牡丹江以東、松花江以南一帶。	臣屬於漢
羌族	早期分佈在今青海東部、湟河流域和以西以北等地，後東遷入中原，與漢人雜居。	內屬於漢
蠻族	今兩湖、兩廣和四川地區	歸附於漢
鮮卑	東北，鮮卑山一帶	隨匈奴歸附東漢

力居、上谷烏桓大人難樓、遼東烏桓大人蘇僕延、右北平烏桓大人烏延相繼稱王。其中以遼西烏桓勢力最強。漢靈帝中平四年（一八七年），中山太守張純反叛朝廷，聯絡遼西烏桓王丘力居，入寇青、徐、幽、冀四州。第二年，朝廷以劉虞出任幽州牧，劉虞「購募斬純首」，出賞格招募胡人殺死了張純，丘力居膽怕，北邊暫時安定下來。

漢獻帝初平元年（一九〇年），丘力居死了，其子樓班年少，其姪蹋頓以「有武略」代立，並總攝遼西、遼東、右北平三郡烏桓，「眾皆從其號令」。從漢獻帝建安元年（一九六年）開始，也就是在曹操迎獻帝都許之後，由於袁紹和公孫瓚連年爭戰不休，蹋頓派遣使者向袁紹請求「和親」，並多次出兵幫助袁紹攻打公孫瓚。袁紹在擊滅公孫瓚之後，曾假借天子的名義，賜封蹋頓爲烏桓單于，並同時封遼東烏桓王蘇僕延爲左單于、右北平烏桓王烏延爲右單于。袁紹在封三郡烏桓王爲單于的版文中說：「烏桓單于都護部眾，左、右單于受其節度，他如故事。」仍確立了蹋頓在三郡烏桓中的統治地位。後來由於丘力居兒子樓班逐漸長大，左單于蘇僕延率領部眾尊奉樓班爲單于，以蹋頓爲王。但蹋頓「猶秉計策」，仍然掌握大權。袁紹敗亡後，袁熙、袁尚兄弟逃到遼西投奔蹋頓時，幽、冀兩州吏民隨之逃奔烏桓的達十萬餘戶之多。袁氏兄弟想依靠蹋頓，憑藉烏桓的力量，準備再和曹操作一番較量，以圖恢復舊業。曹操也深知，不征服烏桓，不掃除袁氏殘餘勢力，北邊

魏國封邑排座次

封　戶	姓　名	封　侯
一萬二千戶	曹　爽	封武安侯
九千六百戶	滿　寵	封昌邑侯
四千三百戶	張　郃	封鄚侯
三千五百戶	曹　仁	封陳侯
三千五百戶	臧　霸	封良成侯
三千一百戶	曹　眞	封邵陵侯
三千一百戶	徐　晃	封楊侯
二千七百戶	郭　淮	封陽曲侯
二千六百戶	張　遼	封晉陽侯
二千五百戶	夏侯惇	封高安鄉侯
二千五百戶	曹　休	封長平侯
二千一百戶	曹　洪	封都陽侯
二千戶	荀　彧	封萬歲亭侯
一千九百戶	文　聘	封新野侯
一千三百戶	華　歆	封博平侯
一千三百戶	陳　群	封潁陰侯
一千二百戶	王　朗	封蘭陵侯
一千二百戶	樂　進	封廣昌亭侯
一千二百戶	于　禁	封益壽亭侯
一千戶	郭　嘉	封洧陽亭侯
一千戶	董　昭	封成都鄉侯
九百戶	夏侯尚	封昌陵鄉侯
八百戶	鍾　繇	封定陵侯
八百戶	夏侯淵	封博昌亭侯
八百戶	賈　詡	封魏壽鄉侯
八百戶	程　昱	封安鄉侯
七百戶	荀　攸	封陵樹亭侯
七百戶	許　褚	封牟鄉侯
六百戶	陳　矯	封東鄉侯
六百戶	呂　虔	封萬年亭侯
五百五十戶	杜　襲	封平陽鄉侯
四百戶	李　通	封都亭侯
三百戶	辛　毗	封潁鄉侯
三百戶	劉　曄	封東亭侯
三百戶	李　典	封都亭侯
一百戶	孫　禮	封大利亭侯
三戶	龐　德	封關門亭侯
	典　韋	沒有封侯

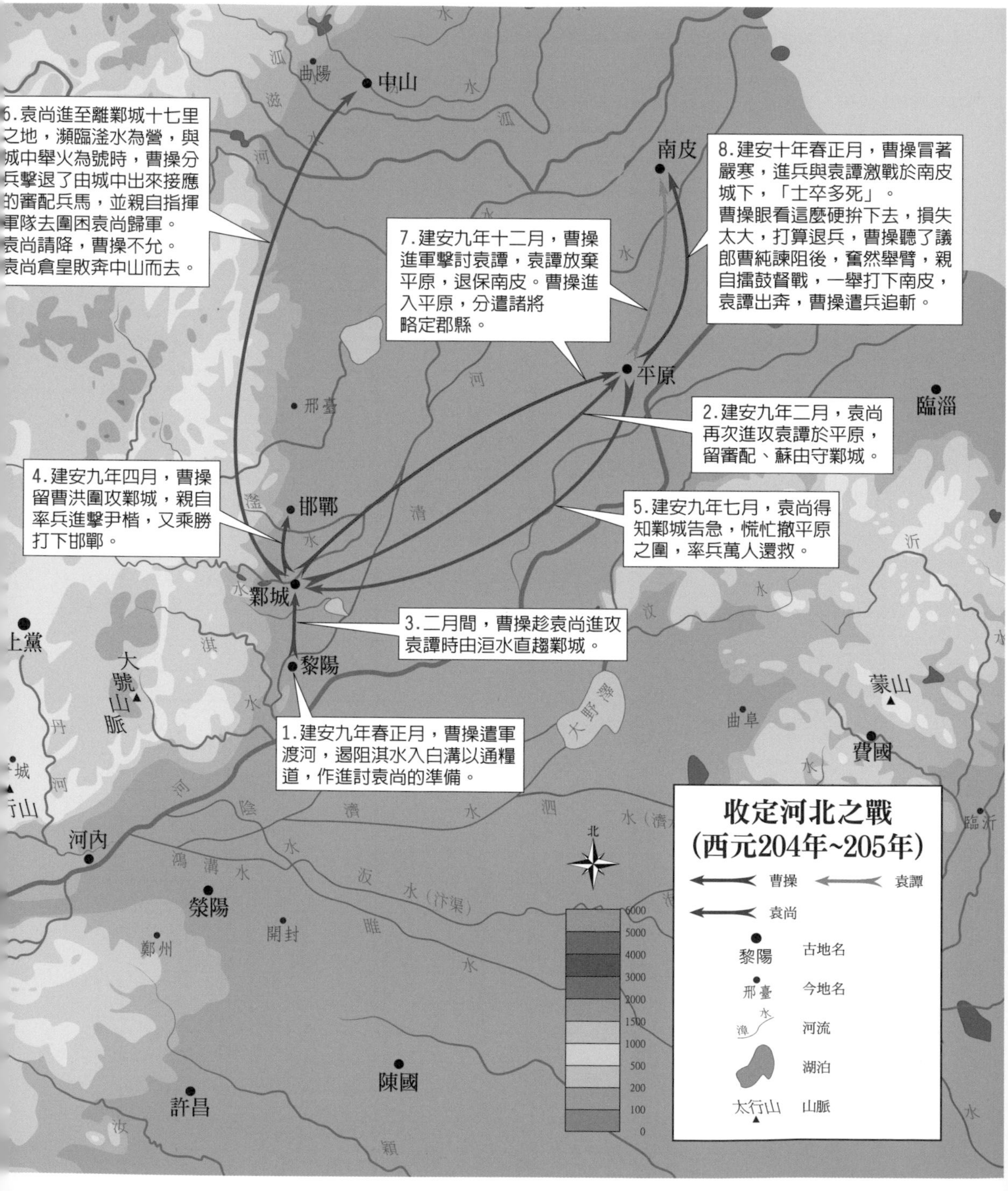
收定河北之戰
(西元204年~205年)
曹操
袁譚
袁尚
黎陽 古地名
邢臺 今地名
漳水 河流
湖泊
太行山 山脈
1.建安九年春正月，曹操遣軍渡河，遏阻淇水入白溝以通糧道，作進討袁尚的準備。
2.建安九年二月，袁尚再次進攻袁譚於平原，留審配、蘇由守鄴城。
3.二月間，曹操趁袁尚進攻袁譚時由洹水直趨鄴城。
4.建安九年四月，曹操留曹洪圍攻鄴城，親自率兵進擊尹楷，又乘勝打下邯鄲。
5.建安九年七月，袁尚得知鄴城告急，慌忙撤平原之圍，率兵萬人還救。
6.袁尚進至離鄴城十七里之地，瀕臨滏水為營，與城中舉火為號時，曹操分兵擊退了由城中出來接應的審配兵馬，並親自指揮軍隊去圍困袁尚歸軍。袁尚請降，曹操不允。袁尚倉皇敗奔中山而去。
7.建安九年十二月，曹操進軍擊討袁譚，袁譚放棄平原，退保南皮。曹操進入平原，分遣諸將略定郡縣。
8.建安十年春正月，曹操冒著嚴寒，進兵與袁譚激戰於南皮城下，「士卒多死」。曹操眼看這麼硬拚下去，損失太大，打算退兵，曹操聽了議郎曹純諫阻後，奮然舉臂，親自擂鼓督戰，一舉打下南皮，袁譚出奔，曹操遣兵追斬。
中山
曲陽
南皮
平原
臨淄
邢臺
邯鄲
鄴城
黎陽
上黨
大號山脈
蒙山
曲阜
費國
大野澤
河內
滎陽
開封
鄭州
陳國
許昌
滋河
滏水
清河
淇水
丹河
汶水
沂水
陰溝
濟水
泗水
鴻溝水
汳水(汴渠)
睢水
汝
潁
北
6000
5000
4000
3000
2000
1500
1000
500
200
100
0

就不會安定。

因此，這年在大封功臣之後，曹操在鄴城召開軍事會議，商討北征烏桓的問題。可是會議一開始，他的部下諸將都勸阻他說：「袁尚兄弟逃奔烏桓，再也無能爲力了，何況烏桓蹋頓等人貪婪成性，六親不認，豈能白白去爲袁尚賣命。要是我們出兵深入塞外攻打他們，萬一在荊州的劉備勸說劉表趁機襲取許都，後悔就來不及了。」

對此，謀士郭嘉力排眾議，他向曹操分析說：「明公雖然威震天下，可是烏桓人卻仗著和我們離得遙遠，必不提防早作準備。我們乘其無備，出其不意來個突然襲擊，一定可以擊敗他們。這是問題的一個方面。可是另一方面，我們不能不看到，過去袁紹素來有恩於烏桓，在河北地區影響也大，而今袁氏兄弟尚還活著。現在四州之民，逼於明公之威而歸附，百姓還沒有得到多少好處，要是我們捨北而征南，袁尚借三郡烏桓之兵，招其效忠袁氏的死節之臣，這麼一來，民、夷俱應，蹋頓必生野心，乘虛而入，恐怕青、冀二州非明公之所有也。」

郭嘉說到這裡，看見曹操緊盯住他，他張眼掃視了一下諸將，接著對曹操說道：「至於說到劉表，不過是個坐談客而已，他自知才能不及劉備，對劉備早存戒心，重用則恐不能控制，輕任吧則怕劉備又不盡心。正因爲是這樣，我們雖空國遠征，明公也用不著擔心。」曹操聽了，大爲振奮，於是決定北征。

這年五月，曹操統領大軍至易縣（今河北雄縣西北）時，忽然想起故北中郎將涿郡人盧植來了。盧植曾因反對董卓廢少帝而逃歸鄉里，於初平三年（一九二年）病逝。曹操立即派遣屬官爲盧植修墳墓，並致祭奠。同時，並給涿郡太守下了一道命令，令云：

故北中郎將盧植，名著海內，學為儒宗，士之楷模，乃國之楨幹也。昔武王入殷，封商容之閭，鄭喪子產而仲尼隕涕。孤到此州，嘉其餘風。《春秋》之義，賢者之後，有異於人。敬遣丞掾修墳墓，並致薄醊，以彰厥德。（〈告涿郡太守令〉）

商容子產餘風

殷大夫商容因諫阻紂王而遭貶黜，周武王興兵滅紂入朝歌（殷都，在今河南淇縣西）後，封商容之閭（里巷），表彰其忠。事見《尚書．武成》。鄭大夫子產（公孫僑字）死後，孔子流著眼淚說：「古之遺愛也。」事見《左傳．昭公二十年》。

曹操在這裡表彰盧植是名著海內的儒學大師，又是士大夫的楷模，國家的棟梁。曹操更以殷代的忠臣商容及春秋時鄭國的子產來比喻盧植，「嘉其餘風」，稱道盧植留下的懿言美行。曹操這麼做，顯然是爲了吸引更多的河北人士來爲他的事業效力。

果然這時，有一位河間人邢顒前來投奔曹操了。這個邢顒，曾追隨幽州牧劉虞的從事無終（今天津市薊縣）人田疇到徐無山（今河北玉田縣北）避亂達五年之久，及至曹操兵定冀州後，他對田疇說：「自黃巾以來，二十餘年，海內大亂，百姓流離。聽說現在曹公法令嚴明，百姓受夠了亂離之苦，眼看天下快要太平了，請讓我就此回家去吧！」於是邢顒收拾行裝離開田疇回故鄉去了。這時他來投奔曹操，是要向曹操舉薦他的老朋友田疇，讓田疇出來幫助曹操征服烏桓。曹操聽邢顒一提起田疇，十分高興，立即就派遣使者前去，並任用邢顒爲冀州從事。

說起田疇，倒眞是個奇人。當劉虞被公孫瓚殺害後，他率領宗族數百人避亂到徐無山中，建城邑，立法度，興學校，重教化，在那裡成了個規模。其影響所及，連北邊的烏桓、鮮卑都不敢侵犯他。後來袁紹兼併公孫瓚統治幽州時，得知他的才能，曾多次遣使召請出山，又授他以將軍印，他都拒絕了。可是這時曹操使者到來，向他轉述了曹操之意，他當即就答應了，並立刻吩咐門生整裝趕路。他的門生感到意外，問他：「過去袁公仰慕先生，禮請五次，您都回絕了。今曹公使者一來，您唯恐去晚了。這是怎麼一回事呢？」田疇笑著說：「這不是你們所能明白的。」原來田疇非常痛恨烏桓入寇，蹂躪他的鄉郡，多次殺害了郡裡的知名人士。所以他

步出夏門行

觀滄海

東臨碣石，以觀滄海。
水何澹澹，山島竦峙。
樹木叢生，百草豐茂。
秋風蕭瑟，洪波湧起。
日月之行，若出其中；
星漢粲爛，若出其裡。
幸甚至哉！歌以詠志。

龜雖壽

神龜雖壽，猶有竟時。
騰蛇乘霧，終為土灰。
老驥伏櫪，志在千里；
烈士暮年，壯心不已。
盈縮之期，不但在天；
養怡之福，可得永年。
幸甚至哉！歌以詠志。

（《晉書・樂志下》題作〈碣石篇〉）

一聽說曹操請他前去幫助征服烏桓，正合他的心意，立即就收拾前往了。

田疇隨使者來到曹操軍中，曹操當天就拜他爲司空戶曹掾。可是曹操在和田疇一番交談之後，第二天就下令說：「田子泰（田疇字）非吾所宜吏者。」意思是說，田疇不宜做他府中的吏員，應該直接做父母官，才能充分發揮他的才幹。於是推舉他爲茂才（即秀才，爲漢時薦舉科目之一，東漢因光武帝劉秀名諱而改），並任命爲蓨（讀條。屬勃海郡，在今河北景縣南）令，暫時留在軍中，隨軍從征。

這時，郭嘉提醒曹操說：「兵貴神速，今奔千里襲擊敵人，輜重多，行動遲緩，要是敵人得知消息，必然防備。」爲此，他建議曹操：「留下輜重，輕軍兼程而進，出其不意打擊敵人。」於是曹操採納了郭嘉的意見，率領輕軍兼程倍道趕到了無終。

一到無終，值當夏季多雨。曹操本想從無終傍海，向北進擊烏桓，不料被雨水所阻，道路泥爛，「濘滯不通」。接著又得到報告，說烏桓人已經守住前面的關口要道了。曹操甚爲愁悶。因田疇是本地人，曹操問他有何良策？田疇告訴曹操說：「沿海這條路，夏秋時節常遭水淹，淺不通車馬，深不載舟船，這種困難情形已經歷時很久了。過去北平郡治在平崗（今遼寧凌源縣西南），到平崗是走出盧龍（今河北喜峰口）到柳城（今遼寧朝陽市南）這條路。可是這條路自光武帝時就已毀壞，至今已近二百年了，不過還有小路可通。現在烏桓人以我軍在無終受阻，必不防備這一邊。若

曹操觀滄海

河南許昌曹丞相府「曹操觀滄海」浮雕。

我們馬上回軍，悄悄從盧龍塞越過白檀（今河北承德市西南）之險，進入空虛之地，路近而便，掩其不備，蹋頓就可不戰而擒。」曹操聽了，愁眉頓展，轉憂爲喜，依計而行。

從無終退軍時，曹操立大木表於路旁，上面寫著：「方今暑夏，道路不通，且俟秋冬，乃復進軍。」蹋頓得到報告，也就以爲曹操退兵回去了。豈知曹操兼程改道，以田疇作嚮導，引軍上了徐無山，兵出盧龍塞，奔襲五百里，穿過平崗，登上離柳城只有二百餘里的白狼堆（今遼寧建平縣南）時，盤踞柳城的蹋頓及二袁兄弟這才得知消息，嚇得目瞪口呆，慌忙佈置抵抗，蹋頓和二袁兄弟，以及遼西單于樓班、遼東單于蘇僕延、右北平單于烏延等糾集數萬騎兵前往堵截，與曹軍激戰於白狼山下的汎城（今遼寧朝陽市附近）。

値當秋天八月，曹操登上白狼山觀陣，但見烏桓騎兵蜂擁而至。這時，曹軍輜重在後，前面披甲的將士不多，曹操左右的人都有些擔心。唯張遼勸曹操力戰，「氣甚奮」。當曹操十分鎭靜，看見敵騎雖眾，隊伍卻非常凌亂時，他立刻命令張遼爲前鋒，打頭陣，只許勝，不許敗。於是張遼率領一隊兵馬，居高臨下，一馬當先，勢如猛虎下山崗，衝入敵群，「虜眾大崩」，張遼臨陣斬了蹋頓。曹操揮兵大進，殺得烏桓兵東逃西散，曹軍追至柳城，「胡、漢降者二十餘萬口」。二袁兄弟和蘇僕延、樓班、烏延等率數千騎，倉皇敗逃，往遼東投奔遼東太守公孫康。

曹操進入柳城時，身邊的謀士中有人勸他斬草除根，乘勝追擊二袁兄弟。曹操說：「我要讓公孫康把袁尚、袁熙的首級給我送來，用不著再煩勞我的軍隊了。」大家都感到迷惑不解。曹軍在柳城休整了一個月。九月間，當曹操下令自柳城班師南還時，遼東太守公孫康果然派人送二袁兄弟的人頭到來，而且還把蘇僕延、樓班、烏延三個單于的首級也一併送來了。曹操部下諸將問他：「主公收兵南還，而公孫康卻斬二袁之首來獻，這是怎麼一回事呢？」曹操笑著說：「這有甚麼不明白的。公孫康素來畏懼袁氏奪他的地盤，而今二袁投奔他，我若以兵相逼，他們就會聯合起來對付我。反之，我不加兵於遼東，公孫康落得做個人情，殺二袁以附我，表示服從朝廷，這是勢所必然嘛！」大家這才恍然大悟，心服口服了。於是曹操封公孫康爲襄平侯，拜左將軍。

曹操平定三郡烏桓，翦滅袁氏殘餘勢力，又不戰而威服遼東，北方的邊患消除了。歷經八年，曹操算是最後完成了北方統一而結束了中原地區長期混戰的局面。北方的安定，經濟的恢復和發展，對支援曹操後來進行的南下戰爭提供了大量的人力和物力。曹操遷烏桓萬餘落入居內地，還從三郡烏桓降兵中挑選一部分編練成軍，在以後的戰爭中發揮了作用，從而贏得「天下名騎」之稱。

曹操自柳城班師，取道南返，在他經過渤海之濱時，登上碣石山（在今遼寧綏中縣，山海關外十五公里處），寫下了著名的詩篇〈觀滄海〉。他在詩中借抒寫大自然的旖旎風光，來表現他滿懷勝利喜悅的豪邁情懷。

可是就在回軍的路上，他的心腹謀士，年僅三十八歲的郭嘉卻病逝了。曹操親自臨祭，「哀甚」，哭得很傷心。他對身邊的荀攸等人說：「諸君年紀和我差不多，算是同一輩人，唯獨奉孝最年輕。待天下大定，我打算把身後事託付於他，哪知他中年夭折，這難道是命中註定的嗎？」爲表彰郭嘉，曹操上表獻帝，「追思嘉勳」，請求增封郭嘉食邑八百戶，連同以前所封的共一千戶。並諡郭嘉爲貞侯。

曹操還給在許都的荀彧寫了信，傷悼郭嘉，說郭嘉年不滿四十，和他相與周旋十一年之久，「阻險艱難，皆共罹之」。並在信中稱道郭嘉「通達」，聰慧，「見世事無所凝滯」，腦子反應很快，所以屢建奇策。後來曹操在荊州打了敗仗，又想起了他這位「深通有算略」的年輕謀士。足見曹操對失去郭嘉久久不能忘懷。郭嘉不失爲三國時代一位傑出的智謀之士。

大概曹操對郭嘉之死感慨諸多，他在回師途中，還寫下了一篇名之爲〈龜雖壽〉的詩章，來感嘆人生的短促。他在詩中說：神龜雖然長壽，還是有死的一天；騰蛇雖能駕霧，也免不了化作塵土一團。而伏在棚裡的「老驥」，卻仍想著牠馳騁千里的氣概；有抱負的人即使到了晚年，壯志也絲毫不減。曹操進而聯想到：固然人的壽命有長短，不僅僅在於天意，只要好好保養，就可以益壽延年。當時這年五十三歲的曹操，以感嘆人生的短暫，來勉勵自己在有生之年，通過加強鍛鍊來增強體質，從而爭取更多的時間，爲實現他的宏偉抱負而去做更大的貢獻。

曹操平定三郡烏桓，威名遠揚。這年冬十一月，曹操回至易水（今河北易縣西）時，代郡（治高柳，在今山西陽高縣西北）烏桓單于普富盧、上郡（治膚施，在今陝西榆林縣東南）烏桓單于那樓率領著名王，並帶上禮物來向曹操慶賀，表示服從朝廷。這時，曹操猛然想起去年討伐高幹時，高幹在壺關兵敗後向匈奴求救，南匈奴單于呼廚泉不幫助高幹這件事。他認爲南匈奴對朝廷的態度還比較好，他打算派遣使者到南匈奴去爲他了卻一樁心事，把老朋友蔡邕的女兒蔡文姬接回來。因此，曹操一回到鄴城，立即就派遣使者前往南匈奴了。

四、文姬歸漢

原來，曹操和陳留圉（讀雨。今河南杞縣南）人蔡邕交誼深厚。董卓把持朝政時，爲了收攬人心，特別是爲了取得士大夫對他的支持，不惜用威脅的手段把當代名儒蔡邕請去爲他裝點門面，表示很重視名士。董卓也確實對蔡邕非常「敬重」，三日之間，三遷其官。任他出任巴郡太守，又留在朝中作侍中。初平元年（一九〇年），拜爲左中郎將，隨從獻帝遷都長安，進封高陽鄉侯。蔡邕身不由己和董卓交往，但他對董卓的所作所爲卻有過勸諫。在他對董卓屢諫不聽時，也曾打算逃往山東。

當董卓被王允計殺後，蔡邕在王允坐間，「殊不意言之而嘆，有動於色」。可就是這一聲感到意外的嘆息，卻闖了大禍。王允視他爲同情董卓，立即把他收付廷尉治罪。不管蔡邕如何認錯，甚至表示願受「黥首刖足」的重刑，讓他以刑餘之身完成《後漢記》這部史書的撰寫工作，王允也拒不答應。士大夫爲此紛紛向王允說情，當時身居太尉之位的馬日磾也向王允請求說：「伯喈（蔡邕字）是當今少有的大才子，他對本朝故事又很熟悉，應當讓他續成後史，爲一代大典。而他所犯的罪又實在算不了甚麼，若殺了他，恐失眾望呵！」王允不但仍不允許，竟至還說當初漢武帝沒有殺司馬遷是件憾事，讓司馬遷寫成《史記》那樣的「謗書」，流傳於後世。時年六十一歲的蔡邕就這麼被王允殺害了。

這件事曹操知道後，一直爲他這位老朋友的屈死而憤憤不平。後來，曹操又得知伯喈的女兒蔡文姬在故鄉遭亂，於興平年間（一九四～一九五年）流落到南匈奴。而且還聽說再嫁給了南匈奴的左賢王，這又使曹操嘆

熹平石經殘石

東漢熹平4年-光和元年（西元175年-183年）

東漢蔡邕等人以隸書寫定《詩》《書》《易》《儀禮》《春秋》《公羊傳》《論語》等七經，刻成四十六碑，立於洛陽太學，這就是熹平石經，是中國最早的官定儒家經本。

息不已。這年曹操平定三郡烏桓，北方安定了，他想起了老朋友的這位女兒，又因蔡邕死後別無後人，非要把文姬接回來。爲此，曹操特地命使者帶上金璧一雙，務必把蔡文姬贖回。

蔡文姬就是蔡琰，文姬是她的字。《後漢書》注引的《烈女後傳》又說她「字昭姬」。史傳中稱她「博學有才辯，又妙於音律」，可見她學識不凡，並有口才，而且還精通音樂。劉昭《幼童傳》也記載了她聞弦知音的故事。蔡文姬早年嫁給河東衛仲道爲妻，衛仲道死後，沒有留下兒女，使她年輕守寡，回到陳留老家居住。後來他父親又遭屈而死，更使她舉目無親，無枝可依了。

就在她父親屈死的那一年（初平三年，西元一九二年），董卓派部將李傕、郭汜、張濟等出兵關東，大肆搶掠陳留、潁川等郡縣，所過之處，「殺虜無遺」。蔡文姬親身經歷了這次災難，這在她後來寫的自傳體長篇敘事詩〈悲憤詩〉中有所反映。大概蔡文姬就是在這次變亂中離開故鄉的。後來又輾轉流落到南匈奴，嫁給了左賢王，還生了兩個兒子。當曹操派使者贖她時，她在匈奴已生活了十二個年頭了。

匈奴左賢王固然不願意他這位知書識禮的妻子離開，但卻懼怕曹操之勢，不能不答應了。而蔡文姬在曹操使者來贖她回去時，雖然感到意外而高興，可是想到要離開她的親生兒子，卻又感到十分悲痛，她在〈悲憤詩〉中寫道：「己得自解免，當復棄兒子。天屬綴人心，念別無會期。存亡永乖隔，不忍與之辭。」但她爲了回到自己思念已久的父母之邦，還是毅然割下了母子「情戀」，離開了。

蔡文姬隨使者回到鄴城後，曹操把她再嫁給了屯田都尉董祀，讓她重新建立起一個新的家庭。這時，蔡文姬雖然有了個好的歸宿，但她卻爲自己半生的遭遇而感到悽涼悲戚，以至覺得壽命已盡，無法再生存下去了。大概經別人的勸慰後，她才逐漸振作起來，勉強活了下去。她只好把自己今後的命運寄托在新的家庭，寄托在新人董祀身上。可是她又常因自己經過顛沛流離而被人視爲卑賤的人，擔心自己再被新人遺棄。她把這些思想感

蔡文姬聞弦知音

《後漢書·列女·董祀妻傳》李賢等注引劉昭《幼童傳》：「（蔡）邕夜鼓琴，弦絕。琰曰：『第二弦。』邕曰：『偶得之耳。』故斷一弦問之，琰曰：『第四弦。』並不差謬。」

受和眞實心情都寫進了她的〈悲憤詩〉中。

蔡文姬眞是命途多舛，就在她剛嫁屯田都尉董祀不久，董祀就出了事，而且犯了死罪。這對蔡文姬來說，有如晴天霹靂，她不顧一切跑到曹操跟前求情。正值曹操在府中大宴賓客，公卿名士和遠方使者濟濟一堂。曹操一聽說蔡文姬來求見，心裡明白是怎麼一回事了。他掉頭對賓客說：「蔡伯喈的女兒在外面要見我，乾脆請她進來和諸君見見面。」於是讓人把蔡文姬請了進來。

蔡文姬來到堂上，賓客莫不感到驚訝，但見她披頭散髮，赤著雙腳，一進來就跪在曹操面前，「叩頭請罪」，哀求曹操赦免她的丈夫董祀，「音辭清辯，旨意酸哀」，話說得既悲哀感人，嗓音又清脆動聽，滿堂賓客「皆爲改容」，深表同情。曹操點了點頭，說：「事情固然値得矜憐，可是文書已經批下去了，這怎麼辦呢？」蔡文姬央告說：「明公廄馬萬匹，虎士成林，何惜一騎快馬，而不救垂死之命呵！」曹操聽了，深爲感動，立即寫了赦書，派人飛馬送去，免了董祀的罪。

那天天氣寒冷，曹操賜給蔡文姬「頭巾履襪」。曹操問蔡文姬：「聽說夫人家中過去有不少墳籍（古書），現在還能記憶否？」蔡文姬感慨說：「原先亡父留給我的書有四千多卷，幾經遭難，盡都散失了。現在能夠記憶的，大概只有四百餘篇了。」曹操聽了，非常高興說：「我馬上就派十個吏員幫夫人把能背誦的都抄寫下來，如何？」蔡文姬趕忙回答說：「《禮記》上說：『男女有

蔡琰

蔡琰，字文姬，又作昭姬，陳留圉（今河南杞縣）人。著名的女詩人。文學家蔡邕（字伯喈）之女。幼博學多才，好文辭，精於音律。初嫁河東衛仲道，夫亡無子，歸母家。漢末天下大亂，先被董卓軍強迫西遷長安，接著又於興平二年（一九五年）被南匈奴軍所虜，為匈奴左賢王之妻，生二子，在匈奴度過十二年。「文姬歸漢」是盛傳不衰的歷史佳話。據《後漢書．董祀妻傳》記載，「曹操素與邕善，痛其無嗣，乃遣使者以金璧贖之，而重嫁於祀」。是曹操於建安十二年（二〇七年），遣使者持金璧到南匈奴贖回蔡琰。蔡琰回到中原後，再嫁屯田都尉董祀。曾回憶繕寫亡父作品四百餘篇。

蔡琰今存作品，有五言〈悲憤詩〉及騷體各一篇，又有《胡笳十八拍》。

別，禮不親授。』還是請明公給我紙筆，讓我自己來寫吧，一定遵命寫好奉上。」據說蔡文姬把寫好的文稿呈上曹操後，曹操還請了當時的一些宿儒耆老來加以核對，「文無遺漏」。

有關蔡文姬和曹操在歷史上的關係，見之於史籍記載的，僅此而已。後世根據文姬歸漢這件史實，寫成小說，編成戲曲，由來已久，流傳甚廣。值得澄清的是，早在元代至治年間（一三二一～一三二三年）刊刻的《三國志平話》裡，竟至說「蔡文姬和番復回，曹公又收在宮中」，這顯然是把曹操在歷史上做的這件美事當成醜事來宣揚，給曹操臉上抹了黑。自元、明、清以來，先後把文姬歸漢這個歷史故事搬上舞臺的，有元人金志甫的《蔡琰還朝》、明人陳與郊的《文姬入塞》、南山逸史的《中郎女》，以及清人尤侗的《弔琵琶》等雜劇。當代已故的著名京劇表演藝術家程硯秋也編演了《文姬歸漢》，他還把有關蔡文姬的《胡笳十八拍》譜入劇中，唱腔悲婉感人。

值得一提的是，郭沫若先生編寫的歷史劇《蔡文姬》，在表現曹操廣羅人才、力修文治，以及在增進民族團結等方面有著積極的意義，但劇中說曹操接蔡文姬回來，目的就是爲了撰修《續漢書》，卻史證不足。《後漢書．董祀妻傳》明明是說曹操「素與邕善，痛其無祠，乃遣使者以金璧贖之」，並沒有提到曹操爲修《續漢書》而迎蔡文姬歸來這麼回事。至於劇中反映屯田都尉董祀「犯法當死」這件史實，卻與蔡文姬歸漢其事本身無關。

《文姬歸漢圖》

蔡文姬，原名琰，父即名儒蔡邕。文姬幼承家學，博覽群籍而富才辯，又深諳音律。獻帝初平二年（191），董卓為禍，天下大亂。文姬遭入侵的羌胡所擄，且被一路挾持北向。興平年間，南匈奴左賢王去卑脅迫與她成了親，從此羈留胡地達一十二年，並育下二子。直至曹操當政，因念及與蔡邕舊日的情誼，方遣使攜帶金帛，前往胡中，將文姬贖回。

董祀因何犯了死罪，史書上雖沒有交待，不過，明白無誤的是，董祀犯罪卻在蔡文姬已嫁董祀之後，而蔡文姬之救董祀，顯然不是如劇中所說的要向曹操澄清甚麼「私通外人，行爲不端」了，而純屬是出於夫妻之情，特別是她的悲慘遭遇，再也經受不起人生道路上的坎坷波折了。

說起撰修國志，一般都是當昇平之世的盛舉，至少也要在國家稍安的時候才能進行。就拿當時的情況來說，蔡文姬的父親蔡邕曾和盧植、韓說等人撰補《後漢記》，就因當時天下大亂，「遭事流離」，社會秩序極不安定，沒能成功。後來王允要殺蔡邕時，不少士大夫以此爲蔡邕說情，也未能辦到。在亂世修志，不其難乎！曹操當時雖然平定烏桓，統一了北方，但作爲帝國的權臣，要進而統一天下，擺在他面前要做的事實在太多了，或許曹操當時還想不到這上面來。若曹操當時眞要修志的話，史傳上不會沒有明確記載的。尤其是接一代明儒蔡伯喈之女回來主持這件事，想必更會大書特書的。

不過，曹操在蔡文姬回來後，因偶然問及她家所藏之「墳籍」，蔡文姬憑記憶保存下來四百餘篇古代典籍文獻，應該說，蔡文姬不愧是我國古代一位博學多才而又聰慧過人的女才人。在保存古代典籍文獻這一點上，蔡文姬是有功的。大概唯其是如此，後來人們瞭解她一生的遭遇，對她寄與了無限的同情。也正因爲是這樣，後來有人根據她的遭遇，寫出了著名的《胡笳十八拍》歌詞，甚至說這首悲婉動人的歌詞就是她自己寫的。

蔡文姬的事蹟在當時就爲人們眾口流傳，至今保存在《後漢書》中的〈悲憤詩〉二章，稱她是「感傷亂離，追懷悲憤」而寫成的，確

蔡文姬的《胡笳十八拍》

參考郭沫若〈談蔡文姬的《胡笳十八拍》〉（《蔡文姬》，文物出版社一九五九年四月版）。郭文批評「近代搞文學史的人大抵都認它（指《胡笳十八拍》）為偽作」。郭老據初唐李頎〈聽董大彈胡笳聲〉一首詩，認定在唐以前就有蔡文姬的《胡笳十八拍》了。但究竟蔡文姬自己作過這首歌詞否？讀了郭文，仍不甚了了。姑從眾說。

〈悲憤詩〉二章

《後漢書·列女·董祀妻傳》稱蔡琰「後感傷亂離，追懷悲憤，作詩二章」。其〈悲憤詩〉二章，一為五言體（一百八句），一為楚辭體（三十八句），皆附於傳後。

實以她的親身經歷，深刻反映了當時的社會現實和廣大人民的悲慘命運。卻也有人說這兩篇詩章是託名蔡琰所作的，或是經民間「修補」而成的。不過這種說法，從另一個角度來看，倒生動反映了歷來人們對蔡文姬命運的關心。

不管怎樣，蔡文姬悲劇的一生具有典型的社會意義和強烈的時代氣息，深爲當世及後世人們的同情。但在當時，曹操把她從南匈奴贖回，修志事可不必有。曹操出於對故友蔡邕的交誼，「痛其無嗣」，總算了卻了他的一樁心事。

就在曹操征服烏桓，蔡文姬自匈奴歸來的第二年（建安十三年，西元二〇八年）春天，曹操在鄴城做玄武池習練水軍，做南進的準備了。

曹操大事年表

東漢		
建安六年	二〇一年	五月，袁紹病死。九月，征討袁紹二子殘部，袁譚、袁尚屢敗退，固守不出。
建安八年	二〇三年	三月，大破袁譚、袁尚軍。四月，進軍鄴（今安陽）。五月，回師許都，留賈信屯黎陽。八月，征討劉表。十月，復北進，袁尚軍挫敗。
建安九年	二〇四年	二月，攻打鄴城。五月，決漳水灌城，城內大半人餓死。七月，大破袁尚援軍。八月，克鄴城，斬殺審配，祭袁紹，善待袁紹家眷。九月，免河北賦稅一年，漢獻帝封冀州牧。十二月，進軍南皮，整頓地方。
建安十年	二〇五年	正月，大破袁譚軍，袁譚戰死，冀州平定。四月，黑山軍張燕率兵卒十餘萬來降，被封列侯。八月，征討烏桓。
建安十一年	二〇六年	正月，圍壺關征討袁紹外甥高幹，高幹敗走，後被殺。八月，曹操軍東征海賊管承部，獲勝。
建安十二年	二〇七年	從郭嘉計，北征三郡烏桓。率軍出盧龍塞（今河北喜峰口至冷口一帶），進軍柳城（今遼寧朝陽西南）。八月，於白狼山大勝烏桓，斬殺烏桓王蹋頓，迫降胡、漢軍二十多萬。九月，公孫康殺袁尚、袁熙，函首來獻。北方統一。

第八章 舉兵南征

一、南下荊州

曹操在平定三郡烏桓、統一中原之後，要南下荊州，進而收定江東，這是他早就謀成計定的大事。他深知，不征服南方，就不能眞正實現他挾天子以令諸侯、平定天下的最終戰略目標，至多只能割據地方，成爲一方的霸主。他更清楚，要舉兵征南，還得在軍事、政治以及在人事安排等各方面做好充分準備才行。

從這年春天開始，他在鄴城造玄武池加緊習練水軍的同時，他命張遼、于禁、樂進各統一軍，也加強對步兵和騎兵的操練。由於張、于、樂「三將任氣，多共不協」，曹操派司空主簿趙儼「並參三軍」，臨事「訓諭」，務使其同謀協規，不得各行其是。經過趙儼協調，三將「遂相親睦」，步調一致了。

正當曹操練兵中原，加緊籌措南征的時候，忽然得到報告，說孫權趁劉表病重之機，納荊州降將甘寧之計，爲他父親孫堅報仇，一舉擊滅了劉表的夏口守將江夏太守黃祖，還屠了夏口城，並「虜其男女數萬口」。曹操不禁暗自心驚，要是荊州落入孫權之手，事情就麻煩了。接著，又得知消息，說劉備自去年冬天三顧茅廬請得諸葛亮相助，今非昔比，勢力大增。劉表病重時，已託付荊州於劉備了。這後一個消息可使曹操有點忍耐不住了，他相當瞭解劉備是怎樣的一個人，又聽說諸葛亮是個了不起的智才，要是荊州爲劉備坐得，就比落入孫權之手更難辦了。有鑑於此，曹操決心搶在劉表病死之前拿下荊州。

這年六月，曹操爲了排除干

擾，加強對朝廷的控制，他上表漢獻帝，「罷三公官，置丞相、御史大夫」，表面上是恢復西漢初年的丞相和御史大夫制度，可是實際上卻以他爲丞相，事權歸一，總攬朝政。而原來職掌監察大權、地位僅次於丞相的御史大夫形同虛設。爲了安排好人事，他以冀州別駕從事崔琰爲丞相東曹掾，與毛玠「並典選舉」，大量選拔「清正之士」出來做官。司馬懿就是這時經崔琰推薦，而被曹操徵辟爲丞相文學掾的。

與此同時，曹操對關中割據勢力極不放心，特別是對馬騰父子心存芥蒂。他早就聽說馬騰長子馬超在隨鍾繇討伐郭援的戰爭中英雄無比，他的部下將士也勇敢善戰。曹操曾想徵辟馬超入朝，沒能辦到。這次他要用兵南方，如何放心得下。爲此，他派張既去關中無論如何也要把馬騰請到朝中來。張既倒眞費了一番唇舌，終於把馬騰請了來。曹操上表獻帝，封馬騰爲衛尉，只好以其子馬超爲偏將軍，「使領騰營」，留在關中。曹操還放心不下，乾脆把馬騰的家屬統統遷到鄴城加以控制。

七月間，曹操在安排好朝中大事之後，就迫不及待發兵南下了。可是就在出兵的第二個月，曹操心裡還很不踏實，老掛記著朝中的事情，擔心在他離開之後會鬧亂子。這時他倒眞想起了一個人來，這個人不解決，他實在有點不放心。於是曹操任用光祿勳山陽人郗慮爲御史大夫，監察朝廷動向，作爲他的副手，而把這件事交給他辦。曹操當時急於要辦的這個人，不是別人，就是那個曾經譏諷他「以妲己賜周公」的太中大夫孔融。

原來，孔融依仗自己有才又有名望，不僅多次「戲侮」曹操，而且還提出恢復「王畿之制」，以京都周圍千里之內，歸屬朝廷直接管轄，以此限制曹操勢力的膨脹。而曹操卻也因孔融「名重天下」，對他只好「外相容忍而內甚嫌之」。這年孔融竟敢當著孫權使者的面，對曹操進行「訕謗」，致使曹操實在忍無可忍。再加之孔融和劉備頗有交情，劉備曾經上表推舉過孔融爲青州刺史。現在曹操用兵荊州，對於把孔融這樣的人留在朝中，如

三公名目

《通鑑》胡三省注：「漢初，以丞相、御史大夫、太尉為三公，哀帝元壽二年（前一年），以大司馬、大司徒、大司空為三公，（光武）中興以來，以太尉、司徒、司空為三公。今雖復置丞相、御史，而操自為丞相，事權出於一矣。」

何放心得下。曹操明知郗慮與孔融素來不和，他以郗慮爲御史大夫，其用意是十分清楚的。而郗慮也很明白曹操的意思，他收集了孔融的一些言行「構成其罪」，指使丞相軍謀祭酒路粹上書奏告，無非是說孔融「欲規不軌」，「大逆不道」，眞是欲加之罪，何患無詞。於是曹操收誅孔融，甚至連孔融的妻、子也統統殺掉。可見曹操對孔融的忌恨之深。

曹操在誅除孔融之後，他還專門下了一道「宣示孔融罪狀」的命令。奇怪的是，曹操在這道命令中，隻字不提孔融圖謀不軌，而只說他不講孝道的所謂「敗倫亂理」之言。顯然曹操之殺孔融，純屬門戶之見。孔融以其名望而維護漢室，不滿曹操專權，不附曹操之勢，這是他之被殺的根本原因。當時曹操征南之不放心，就是因爲朝廷內外還有不少像孔融這樣的人存在。這對曹操當時來說，不能不感到是一個威脅。

就在曹操殺了大名士孔融之後，他才放心率領大軍加速南進了。這時，曹操納荀彧之計，取道宛城、葉縣，「間行輕進」，以輕軍在前，大軍繼後。可是就在這個月曹軍先頭部隊剛出發不久，荊州牧劉表就病死了。

九月間，曹操一到新野（今河南新野縣南），劉表少子劉琮就派使者拿著節仗來迎降他了。這不但出乎曹操的意外，就連曹操部下諸將也都感到奇怪，「皆疑其詐」，大家甚至懷疑劉琮此舉別有用心。倒是謀士婁圭不以爲然，從容對大家說：「而今天下紛爭，誰都仗著王命以抬高自己的身價，今天人家拿著朝廷的節仗來歸順，是必出自眞誠，用不著再多疑了。」曹操聽了，點了點頭。他從降使口中瞭解荊州納降的眞實情況。

原來劉表一死，劉表後妻蔡夫人夥同其弟蔡瑁及劉表外姪張允等人，不迎立長子劉琦，而以少子劉琮爲嗣。荊州大將章陵太守蒯越和謀士傅巽等都勸說劉琮投降曹公，並向他分析擺在面前的形勢是：曹公以天子的名義來征伐，以下抗上，拒之不順，此其一。其二，劉荊州一死，公子剛繼位，局勢尚未穩定，就想抗拒朝廷大軍，是很危險的。其三，若以劉備抵禦曹公，勢力懸殊，是萬難成功的。還特別提醒劉琮：若用劉備抵禦曹公，倘若不勝，後果將不堪設想；假若劉備能抗得住曹公，「則備不爲將軍（指劉琮）下也」，荊州也會被劉備奪去。劉琮眼看大勢已去，就背著屯兵樊城的劉備投降了。

曹操一聽說劉備還蒙在鼓裡，正要下令進兵，忽然傳來劉備向南撤退的消息。曹操不禁大驚，他非常擔心劉備向南搶占江陵（南郡郡

劉備於新野敗給曹操後，與大批民眾一起撤退，並且命趙雲保護老少。但趙雲在混亂中與甘夫人、糜夫人及阿斗失散了，於是他奮不顧身衝入重圍，七進七出長板坡，救出甘夫人與阿斗。

治，在今湖北江陵），要是江陵這個長江邊上的荊州戰略要地落入劉備之手，再加之過去劉表貯存在江陵的大批軍械糧食用來裝備他的軍隊，就會使整個戰局向著不利於自己的方面轉化。因此，曹操拋開輜重車輛，率領輕軍趕到襄陽。可是一到襄陽，得知劉備早已從襄陽過去了。曹操還來不及撫慰荊州降臣，立刻選「精騎」五千，由他親自率領，以一日一夜行三百里，急追劉備，終於在當陽縣（今湖北當陽縣東）東邊的長秔地方追上了。

原來劉備在樊城一得知劉琮投降了曹操，立即和諸葛亮、徐庶等商議，決定向江陵撤退。這倒眞是被曹操看準了的。劉備過襄陽時，劉琮左右及荊州百姓紛紛追隨劉備南行。劉備這支軍隊和百姓相雜的隊伍，到了當陽，人數竟增至十餘萬眾之多，輜重車達數千輛，浩浩蕩蕩，道路擁塞，一天才走十多里。當曹軍追至，劉備的隊伍被曹操的騎兵一衝，頓時大亂。這時劉備連妻子也顧不上了，以張飛斷後，急忙和諸葛亮、徐庶等率領數十騎向側面漢水邊奔走，前去會合關羽水軍。當陽這一仗，曹操不僅「大獲其人眾輜重」，劉備的兩個女兒也被曹操部將曹純擄獲了。特別是徐庶的母親被曹操所獲，致使徐庶辭別劉備，投歸了曹操。好在劉備的甘夫人和一歲的弱子阿斗，賴趙雲保護，「皆得免難」。

曹操得知劉備與關羽水軍會合後，渡過漢水，又得到從江夏趕來接應的劉琦軍的支援，退往夏口去了。曹操暫時放過劉備，按既定計畫，乘勝進兵占領了江陵。曹操占領江陵後，立刻下令「荊州吏民，與之更始」，允許荊州的官吏和百姓投誠。曹操在兵不血刃地收復了長江以北的南陽、章陵、江夏、南郡等荊州四郡之後，立即派遣零陵人劉巴過江去「招納」長沙、零陵、桂陽等三郡。又委派京兆人金旋爲武陵太守。一時荊州八郡全都落入曹操之手。收編荊州降軍七、八萬人，得水軍「艨衝鬥艦」一千多艘。

曹操爲表彰荊州「服從之功」，任劉琮爲青州刺史，封列侯。劉琮以下，「蒯越等侯者十五人」。曹操得蒯越甚喜，他寫信給在許都的荀彧說：「不喜得荊州，喜得蒯異度（蒯越字）耳。」足見他對這位過去輔佐劉表的重要將領和謀士多麼器重。與此同時，他把曾經勸劉表歸附他而觸怒了劉表的韓嵩從監獄中解救出來，「待以交友之禮」，把他當至交好友看待，並請他「條品州人優劣」，推舉荊州人士。曹操任韓嵩爲大鴻臚，蒯越爲光祿勳，劉先爲尚書，鄧義爲侍中，又以南陽人韓暨爲丞相士曹屬，河東人裴潛參丞相軍事，並選拔王粲、和洽、劉廙等名士「皆爲掾屬」。特別重用劉表大將文聘，「使統本兵」，任他爲江夏太守。

這時，曹操威服荊州，聲震天下，連遠在西蜀的益州牧劉璋也向曹操表示臣服，「始受征役，遣兵給軍」，爲曹操提供兵餉。值得一提的是，當時劉璋派遣益州別駕張松到荊州向曹操表示「致敬」之意，曹操卻因戰勝而驕，又以貌取人，看不起「爲人短小」、其貌不揚的張松。儘管當時曹操主簿楊修瞭解張松是一個智士，勸曹操徵辟張松，曹操也不採納。而張松到荊州，本因劉璋無能，欲投靠曹操，做一番事業。萬沒料到曹操待他如此無理。當張松回到成都時，值當曹操兵敗北還，於是他向劉璋「疵毀」曹操，並勸劉璋和曹操斷絕往來，轉而傾心結好劉備，導致後來劉備西進益州而成三國鼎足之勢。東晉史家習鑿齒對此感嘆說：「昔齊桓一矜其功而叛者九國，曹操暫自驕伐而天下三分，皆勤之於數十年之內，而棄之於俯仰之傾，豈不惜乎！」並由此得出「曹操之不能遂兼天下」的結論。後來形勢的發展和演變，卻也充分證明了這一點。

事實正是如此，曹操當時在江陵眞是驕矜自得，他既不把逃奔夏口、又過江退守樊口（今湖北鄂城縣西北）的劉備放在心上，也不把擁兵柴桑（今江西九江市西南）「觀變」的孫權看在眼裡。他滿以爲可以沿江東下，一舉而擊滅劉備，進而威逼江東，使孫權俯首聽命，步劉琮之後塵，再一次收到不戰而能屈敵之兵的效果。爲此，曹操躊躇滿志給孫權送去了一封書信，信中稱說：

近者奉辭伐罪，旄麾南指，劉

魏兵制

魏軍分為中軍（中央軍）和外軍（地方軍）。

- 中央軍　大將軍
  - 中軍　中領軍
    - 領軍將軍——中護軍
    - 護軍將軍
      - 五校尉
      - 中壘
      - 武衛三營
  - 外軍　都督多為刺史兼銜——諸州軍事

曹操在征戰過程中採取「留屯」之法：平定一地，即留部分軍隊駐防。「留屯制」後發展為「都督制」。留屯在外將軍及都督所領之軍稱「外軍」，中央直屬之軍稱「中軍」。

魏中軍即禁軍，負責宿衛皇宮、拱衛京師。留屯各地的外軍都督，是代表中央分駐各地的軍事長官，所領軍隊是不同於州郡兵的中央軍隊，代表中央行征伐鎮壓之權。

魏的軍隊分為中軍和外軍。中軍由中領軍統令，中領軍掌資重者為領軍將軍。出征時則置行領軍，其屬有中護軍，掌武官選舉，出征時督護諸將，掌資重者為護軍將軍，又有武衛、中壘二將軍，屯騎、步兵、越騎、長水、射聲五校尉。京師武官還有城門校尉和殿中將軍。外軍即地方軍，由都督諸州魏地方軍為州郡兵。

除上述外，魏國實行屯田制。魏屯田分民屯和兵屯兩種。民屯管理體系是：大司農掌全國民屯，典農中郎將掌一州郡民屯，典農都尉掌一縣民屯，屯司馬掌民屯一個最基層的生產單位——屯。每屯有屯田客五十人，種稻粟，植桑麻，收穫的百分之五十～六十上繳官府，不服兵役，實行軍事化管理。兵屯晚於民屯，保持原有的軍事編制，置於與吳蜀相交的邊境。東吳也有軍事統率，多為刺史兼銜。類似的兵屯和民屯。

魏實行士家制即世兵制。魏戶籍分三種：民戶、屯田客、軍戶。軍戶即士家，世代當兵，或服挽船、養馬、鼓吹等各種勞役。士家婦孺與尚未輪代的男丁，也要為官府耕田或服役。士家身分低於平民，只能與士家通婚，士逃亡，妻子沒官為奴。士家制是特定條件下用私人部曲方式組織國家軍隊的制度，帶有強制性和奴役性。

琮束手。今治水軍八十萬眾，方與將軍會獵於吳。

很明顯，曹操之不及時出兵東下，就是想用這種恫嚇之詞來使孫權臣服，盡快向他投降。

而當時在曹操集團內部引起的一番爭論，也使曹操在思想上產生了一種錯覺。當曹操在江陵聽說劉備兵敗之後投奔了東吳，不少的人認爲孫權「必殺（劉）備」。顯然這些人只看到孫、劉之間有衝突的一面，而忽略了在大敵當前又有可能聯合的另一面。在這一點上，曹操的謀士程昱可謂慧眼獨具，比誰都看得清楚，他認爲：曹公南下荊州，威震江東，孫權雖有謀略，「不能獨當」。劉備早有「英名」，而他手下的關羽、張飛又「皆萬人敵」，孫權必定「資之以禦我」，豈可「得而殺也」。按理說，程昱之見，在當時至少應當提醒曹操對孫、劉結盟的可能性引起警惕。可是曹操卻不以爲然，他大概由於勝利來得太快，因戰勝而驕，恐怕他連想都沒有想到這上面來。在送出這封「會獵於吳」的書

楊修

楊修，字德祖，弘農華陰（今陝西華陰東）人。出身世家名門，高祖楊震、曾祖楊秉、祖楊賜、父楊彪四世三公，官職顯赫，與袁氏世家並駕。才學聲名，與孔氏世家齊驅。且為袁術外甥。楊修因家學淵源，又才思敏捷，聰穎過人，當時頗有令名。建安中舉孝廉，任郎中，後任丞相府主簿。

歷史上，楊修並沒有在《三國演義》中寫的建安二十年（二一五年）死於漢中，而是二十四年（二一九年）秋被曹操處死（楊修墓現在華山腳下河灣村附近，僅存一通墓碑位於村西南魏長城遺址）。且楊修之死有更深層的原因。

楊彪夫人、楊修之母是袁術之妹，楊修是袁術的外甥，兩大名門世家之後，身分門第與曹操不能同日而語。政治觀念上，楊修與其父楊彪，同孔融、禰衡等清議復古派一路，從根本上深遭曹操所忌。更重要的，是楊修參與了奪嫡之爭。曹操長子曹昂原是曹操最中意的接班人，但死於宛城之役。曹操次子曹丕、三子曹植是嗣位的角逐者。

楊修初任丞相主簿，應該說受到曹操青睞。《三國志・曹植傳》注記載，楊修年二十五歲，「以名公子有才能」，為曹操所器重，「是時，軍國多事，修總知外內，事皆稱意。自魏太子已下，並爭與交好」。

信之後，或許他還相信孫權會殺劉備以邀功，舉江東以投順。

然而事實卻與曹操的主觀願望相反，正是孫權在收到他這封恫嚇信之後，經過諸葛亮和江東戰略家魯肅、周瑜等人的頻繁接觸，說服了孫權，使孫、劉聯軍抗曹的局面很快就形成了。當然，雄才大略的曹操，絕不會消極坐等孫權前來投降的。他在對孫權進行政治訛詐的同時，也在積極做軍事進攻的一切準備。萬一孫權置之不理，就乘勢東下，務收江南而後快。從這年九月曹操進占江陵，到這年冬天出兵東下時，他在軍事上也經過差不多近兩三個月的準備了。

就在曹操「欲順江東下」的時候，謀士賈詡勸諫他說：「明公破滅袁氏之後，現在又占領荊州，威名遠揚，軍勢大盛。若能以荊州之富饒，安撫百姓，使之休養生息，用不著多久，也不必興師動眾，孫權就會納土歸降的。」賈詡之諫，不用說是從長遠的利益來爲曹操著想的。而曹操卻著眼於眼前的現實，要是不解決劉備，收服江南，荊州又如何能安？況且馬超、韓遂「尙狼顧關右」，他也不能老是「安坐郢都以威懷吳會」，更何況曹操正因孫權竟敢藐視他而不予理會，必欲踏平江南才能解恨。曹操當時正在火頭上，賈詡的話如何聽得進去。

豈知曹操這一去，丟千軍，喪萬馬，倉皇敗北，不僅給他一生的事業帶來最大的遺憾，而且也使天下的形勢爲之急轉，在漢末紛爭之世，重新佈下了一盤棋局。

二、兵敗北還

當曹操冒著嚴寒，親統大軍從江陵順流東下，進至赤壁（今湖北蒲圻縣境，在長江南岸）時，就和孫、劉聯軍遭遇上了。初一交鋒，曹軍就吃了敗仗，退守江北的烏林，與孫、劉聯軍隔江對峙。這證明了諸葛亮、周瑜所預料的北軍遠來疲憊，不習水戰的事實。初戰得勝，大大鼓舞了南軍的士氣，增強了必勝的信心。

可是曹操屯兵烏林，紮下營寨，江邊棋佈戰艦，仍好一派氣勢。然而就在這時，北軍中卻有不少人因不服水土已生疾病，再加之北軍將士又經受不住江上風浪的顛簸，暈船嘔吐的現象也十分嚴重，這不能不使曹操感到憂慮。這一點卻也在諸葛亮、周瑜的預料之中。對此，曹操在沒有辦法之中想出了一個辦法，他下令將戰船頭尾相互鎖連起來，以改善由於船身搖晃而使北軍暈吐的狀況。殊不知這麼一來，卻被周瑜部將黃蓋發現，趁機向周瑜獻上火攻之策。經過一番安排之後，周瑜使黃蓋派人給曹操獻

「降書」來了。書云：

蓋受孫氏厚恩，常為將帥，見遇不薄。然顧天下事有大勢，用江東六郡山越之人，以當中國百萬之眾，眾寡不敵，海內所共見也。東方將吏，無有愚智，皆知其不可。惟周瑜、魯肅偏懷淺戇，意未解耳。今日歸命，是其實計。瑜所督領，自易摧破。交鋒之日，蓋為前部，當因事變化，效命在近。

掾屬為何官職

見《資治通鑑》卷六十五獻帝建安十三年（二〇八年）。胡三省注：「漢公府並有掾、屬、東、西曹掾比四百石，余曹比三百石，其屬比二百石。三公為天子之股肱，掾、屬則三公之喉舌，魏、晉置，多者或數十人。」曹的主管官員稱「掾」，副職稱「屬」。

曹操得書甚爲驚異，可是當他反覆細審書意，又對下書之人經過一番「密問」之後，覺得合乎情理。曹操早已瞭解自上次送書孫權之後，江東主張投降的人不少，從黃蓋這封書中所稱「東方將吏，無有愚智，皆知其不可」，豈不得到充分證明了嗎！連江東宿將黃蓋也來投順，更使他感到江東將士逼於他的軍威而爲之膽寒，實在是不堪一擊的。不用說，曹操特別對黃蓋在書中向他表示在「交鋒之日」，願爲「前部」，並稱「因事變化，效命在近」，格外欣賞。爲此，曹操情不自禁讓下書之人帶話給黃蓋：「若黃將軍果能如此，朝廷當授以爵賞，不用說要超過這前後所有來投順的人。」當即具體約定了黃蓋來降的時間和暗號。

到那日，曹操正在樓船上與眾文武計議軍情，得報江對岸約有數十艘艨衝鬥艦順風飄向大營而來。曹操點了點頭，喜上眉梢，哪知正當他傳令迎接黃蓋來降時，忽又得報：黃蓋詐降！水寨起火了！他急忙起身，推窗一望，他和身邊的謀士莫不驚慌起來，但見遠處對岸鼓角齊鳴，江面上無數戰艦直衝過

蒙衝
出自北宋官修軍事著作《武經總要》。

來，而近處營外又是一片殺喊之聲。恰遇這天東南風大作，火借風威，風助火勢，曹軍水寨霎時「煙炎張天」，並延及岸上營寨，頓使曹軍人馬陷入一片火海之中。眾將慌忙保護曹操捨船上馬，倉皇敗北，冒煙突火而逃。這就是至今人們也還在津津樂道的「火燒赤壁」的故事。其實燒的是烏林，映紅了江面，照紅了對岸山上的「赤壁」倒是不假。

耐人尋味的是，凡是看過《三國演義》或戲曲《群英會》的人，都對曹操在這次戰爭中的失敗印象很深，說他錯用了一個人，所謂「曹操背時於蔣幹」的話，早就眾口流傳，幾乎家喻戶曉。人們一想起京劇名丑肖長華在《群英會》中飾演的蔣幹，其癡呆之狀，就令人忍俊不禁。

其實，從歷史記載來看，蔣幹其人在赤壁之戰中，並未為曹操充當說客過江去勸降過周瑜，當然也就談不上周瑜巧設群英會使蔣幹中計盜書，從而致使曹操殺掉荊州降將水軍都督蔡瑁、張允這麼回事了。至於曹操因黃蓋之「降」，再次派蔣幹過江探聽虛實，從而引來龐統獻「連環計」，致使曹操用鐵環連鎖戰船以利於東吳的火攻戰取，這也是沒影子的事。不過，小說和戲曲中著力渲染的蔣幹兩次過江導致曹操敗北的藝術加工，雖然使歷史上的蔣幹蒙受了不白之冤，但也深刻揭示出曹操在這次戰爭中驕傲自滿、好壞分不清的內在心理。

當然，小說並非歷史。據史而稱，蔣幹倒真為曹操當過說客，而且對象也恰是周瑜。問題是蔣幹說周瑜這件事並不是在赤壁之戰當中進行的，而是在赤壁戰後的第二年發生的事。況且歷史上的九江人蔣幹，「有儀容，以才辯見稱，獨步江、淮之間，莫與為對」，顯然與小說和舞臺上的蔣幹面目迥異，從內在到外表都大不相同，蔣幹不僅有才有貌，而尤以其才辯在江淮人士中無人可敵。這次是曹操聽說周瑜「年少有美才」，自以為可以游說周瑜投順，他「密下揚州」，親自安排蔣幹去的。

值得一提的是，儘管蔣幹這次游說周瑜並未達到目的，但他回來向曹操稱說周瑜「雅量高致，非言辭所能間也」，提醒曹操不要輕視江東周郎。可見蔣幹不僅有才，而且有識。很明顯，藝術家出於對曹操在赤壁之戰中驕兵敗北的渲染，不惜把蔣幹其人其事完全加以錯落顛倒，又拉上龐統來使曹操上當，實在冤枉了歷史上的蔣幹。

至於《三國演義》中說龐統在赤壁之戰中向曹操獻了「連環」之計，卻查無史據，這位被襄陽大名士龐德公讚為「鳳雛」，與諸葛亮

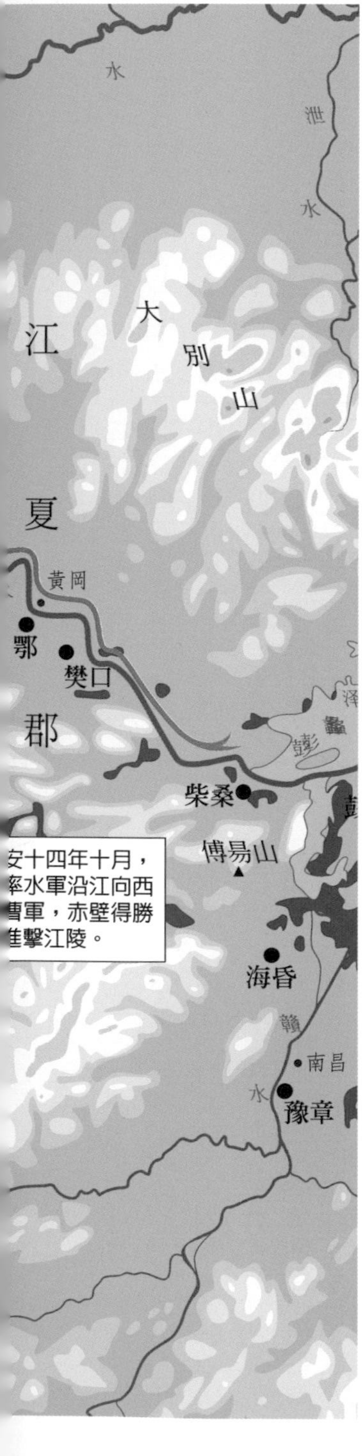

美稱為「臥龍」齊名的三國智士，當時不僅在荊州很有名氣，被劉表謀士傅巽「目為半英雄」，而且在江東也負盛名，和魯肅、周瑜等人頗有交誼。後來龐統當過周瑜功曹，周瑜死後，又經魯肅舉薦投歸劉備，成為劉備集團的核心人物，在輔佐劉備西定益州的戰爭中出謀獻策，立下大功。

奇怪的是，史籍中卻無龐統在赤壁之戰中活動的記載。顯然《三國演義》和戲曲出於烘托氣氛，增加層次，借重龐統的名望使曹操相信，以他來獻「連環計」讓曹操上當，從而使周瑜火攻得逞。其實，從歷史記載來看，當江東宿將黃蓋向周瑜「建策火攻」時，說是「觀操軍船艦首尾相接，可燒而走也」。究竟曹操連鎖戰船是誰出的點子，史無明載。根據當時曹軍將士不服水土，「已有疾疫」發生的情況，要把戰船連鎖起來，以避免江上風浪顛簸而減少暈船嘔吐的現象，是完全可以理解的。這個主意既然史書上沒有記載是誰出的，像這麼大的事情，也只有一軍主帥的曹操才能作出決定，或許這個主意就是曹操自己自作聰明想出來的。

正是曹操下令把戰船頭尾相互鎖連起來，自以為得計，卻因此而給了聯軍以可乘之機，如前所述，周瑜採納了黃蓋的建議，施用詐降計，以火攻戰取，與劉備併力，一舉擊敗了曹軍。曹操冒煙突火，急忙率領敗殘人馬，取道華容（今湖北監利縣西北），從陸路往江陵逃奔。這就是我國歷史上又一次以弱勝強，以少勝多的著名戰役——赤壁大戰。這次大戰，孫劉聯軍以五萬兵力大破曹軍二十多萬，迫使曹操兵敗北還。

就在曹操取道華容往江陵逃奔時，他忽然想起了沿江還停留著不少船艦軍資，立即派人到江邊放火燒掉，以免落入孫、劉之手。《演

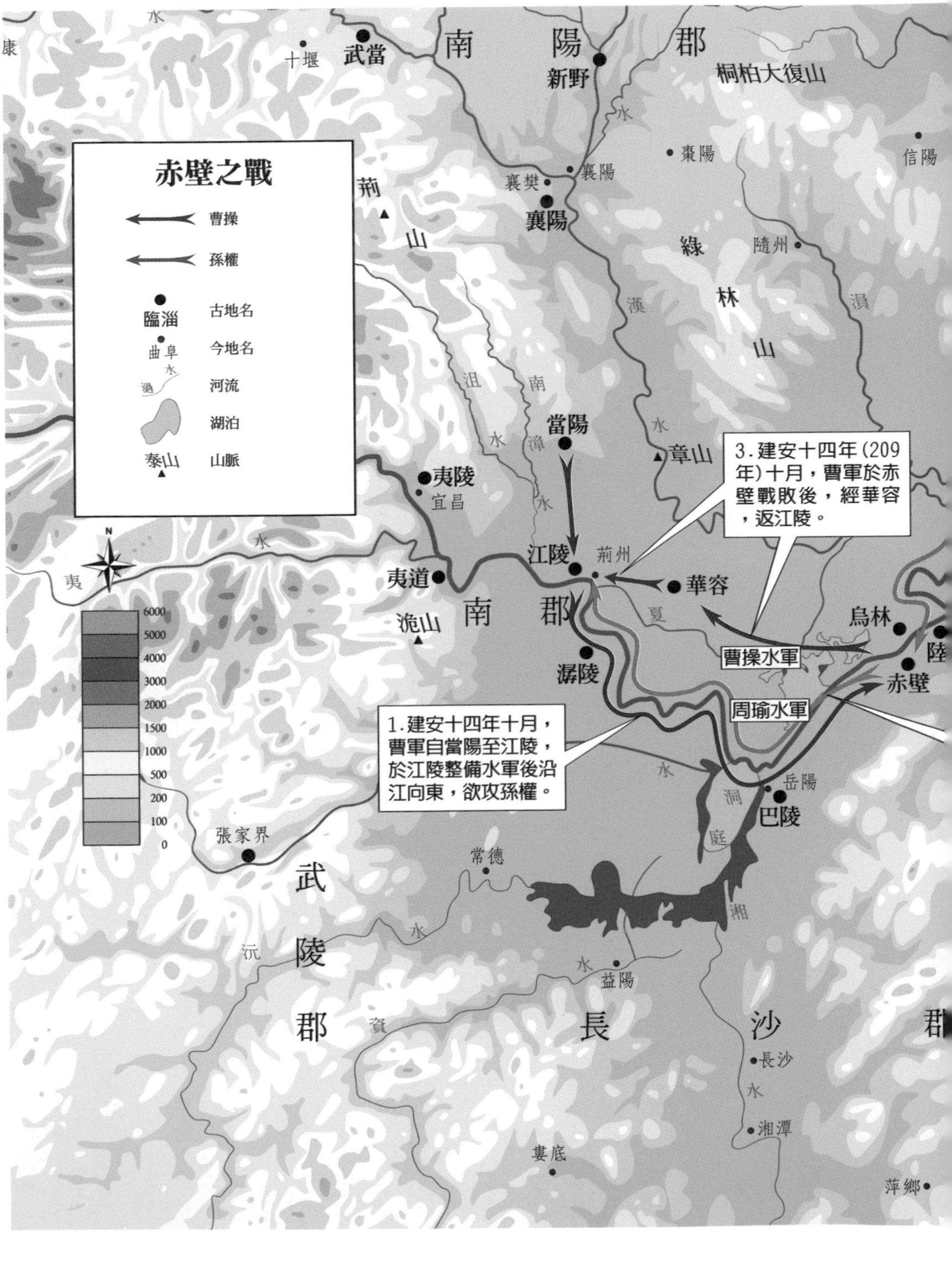
赤壁之戰
曹操
孫權
臨淄
古地名
曲阜
今地名
河流
湖泊
泰山
山脈
6000
5000
4000
3000
2000
1500
1000
500
200
100
0
N
1. 建安十四年十月，曹軍自當陽至江陵，於江陵整備水軍後沿江向東，欲攻孫權。
3. 建安十四年(209年)十月，曹軍於赤壁戰敗後，經華容，返江陵。
曹操水軍
周瑜水軍
南陽郡
武當
十堰
新野
桐柏大復山
棗陽
信陽
襄陽
襄樊
荊山
綠林山
隨州
漢水
溳
沮水
南漳水
當陽
章山
夷陵
宜昌
江陵
荊州
華容
夷道
夷水
南郡
潙山
夏
烏林
赤壁
孱陵
岳陽
巴陵
洞庭
張家界
常德
武陵郡
沅水
湘
益陽
資
長沙郡
長沙
湘潭
婁底
萍鄉
康

義》中著力渲染了曹操敗逃時在華容道爲關羽所阻的尷尬場面，這雖然不見之於史傳，但曹操在華容道，「遇泥濘，道不通」，又遭「大風」的狼狽情景卻是史實。更令人不堪的是，曹操擔心後面追兵到來，命令老弱殘兵負草塡道，讓他率領親騎通過，史稱其「羸兵爲人馬所蹈藉，陷泥中，死者甚眾」，實在慘不忍睹。

曹操後來在回顧這次赤壁敗逃的狼狽情形時，寫信給孫權說：「赤壁之役，值有疾病，孤燒船自退，橫使周瑜虛獲此名。」這雖然是曹操在打了敗仗之後，一種自我解嘲的言詞，但也可見曹操對這次失敗還很不服氣，久久不能忘懷。不過，曹操當時在打了敗仗之後，到底還是冷靜了下來，他想起了上一年死去的「見時事兵事，過絕於人」的年輕謀士郭嘉，不禁感嘆說：「若郭奉孝尚在，也不至使我遭到這樣的慘敗了。」顯然這是他故意說給部下聽的，讓大家都對這次戰爭的失敗分擔一點責任。其實，曹操之所以這麼說，還有更深一層的意思，他是要讓他和謀士面對現實，總結失敗的教訓，再不要犯同樣的錯誤了。

就在這年十二月，正當劉備、周瑜率領聯軍水陸並進，追趕曹操至南郡的同時，孫權在東邊爲了配合聯軍西線作戰，親自率領軍隊圍攻合肥（今安徽合肥市）。曹操一到江陵，得知合肥告急，立即留下征南將軍曹仁、橫野將軍徐晃保江陵，又留折衝將軍樂進守襄陽，然後急匆匆退回北方，再派兵馳援合肥。

赤壁之戰後的曹操，他從孫劉結盟的大局出發，因曹仁在江陵被周瑜、劉備長期圍攻，傷亡「甚眾」，很難守住，只得命曹仁放棄江陵，退保樊城。從此襄陽、樊城一直被曹操占據，成爲他在南面的重要屏障。

赤壁之戰後，孫權的江東政權更加鞏固了。而劉備也在荊州站穩了腳跟，不僅從曹操手裡奪占了長江以南的武陵、長沙、零陵、桂陽等荊州四郡，後來又通過政治手腕從孫權手裡取得了南郡。特別是劉備控制江陵以後，爲他西進益州提供了必要的支援基地。在劉備進占益州，打下漢中後，與江東孫吳、北方曹魏鼎足而立，三國分立的局面算是最後形成了。應該說，這一局面的出現，赤壁之戰肇其端，漢中之役終其始。可見曹操一生的功業，赤壁之戰爲決定關鍵，要想統一天下，其難乎！三國之世，鬥智，鬥力，鬥勇，眞是人才輩出，各顯神通，誰要是踩虛了腳，誰就會陷入被動的境地。

曹操南下荊州並不錯，時機也選擇得好，錯就錯在他沒有很好鞏固勝利，發展勝利。或者說，他沒有在鞏固勝利的基礎上發展勝利。就當時荊州內部的情形來說，對曹操也潛伏著一種危機。就在曹操進兵江陵、深入荊州腹地時，劉琮部將王威對劉琮說：「曹操聞將軍既降，劉備已走，必懈弛無備，驕兵輕進。若給我奇兵數千，於險要之處邀擊他，一定可以把他擒住。擒獲曹操，就可威震天下，豈止保守荊州而已。」好一個有智有膽的王威，惜乎他遇著劉琮這樣的窩囊廢，計不得施。

姑且不說王威之計未能施行，要眞的乘曹操當時之驕兵輕進，出其不意來個突襲，對曹操來說也是很危險的。確如胡三省在《資治通鑑》注上所稱：「使琮用威言，操其殆矣！」即使曹操不爲所擒，也會挫折他的威風，使他有所收斂，至少會以更多的時間和精力來撫定荊州，不會那麼躊躇滿志給孫權送去恫嚇信，急於求成對江東用兵。

再說，中原戰亂不休時，荊州地區比較而言，還算是一個較爲安定的區域。史稱：「自中平以來，荊州獨全，及劉表爲牧，民又豐樂。」劉表身當漢末亂

華容道

《三國演義》寫赤壁戰前，諸葛亮算定曹操必敗走華容，曹操果然由烏林向華容道敗退，並在途中三次大笑諸葛亮、周瑜智謀不足。然而，笑出了關雲長，且又在有一夫當關之險的華容狹路上，加之曹軍幾經打擊，此時已無力再戰，無奈，曹操只得親自哀求關羽放行，關羽念舊日恩情，義釋曹操，使曹操得以回到江陵。

世，雖無經略遠圖之志，但他守土安民還是很有辦法的。特別是劉備到荊州的數年間，更得民心，荊州地區的豪傑紛紛歸附他，以致引起了劉表對他的疑忌。及至曹操南下荊州，劉備從樊城撤退過襄陽時，「荊楚群士從之如雲」，而且連劉琮左右的人也和荊州百姓一道追隨劉備南行，顯見其得人心之深。這種情況卻沒有引起曹操的足夠重視，以致給他帶來最終慘敗的結局。

人心向背是戰爭勝負的關鍵。這一點諸葛亮當時是看得很清楚的，他對孫權分析說：「荊州之民附操者，逼兵勢耳，非心服也。」周瑜亦向孫權談到這一點，說曹操「以疲病之卒，御狐疑之眾，眾數雖多，甚未足畏」。看來，聰明的軍事家都是很重視民心的。以曹操之智，他又何嘗不懂得這一點呢？

但從曹操當時的舉動來看，只

《赤壁圖》（局部）
金 武元直繪
國立故宮博物院藏
赤壁位於今湖北省蒲圻縣境內，因三國時期的赤壁之戰而聞名後世，是後代文人畫家筆下的常見題材。

能說明他在劉表病死，劉琮舉州投降所造成的大好形勢下，因勝利來得太快而沖昏了頭腦，既不聽賈詡勸他在占領荊州之後，應「撫安百姓，使安土樂業」，以爭取民心的一番話，也不重視程昱提醒他注意孫劉結盟的可能性。反觀過去他在戰爭中還能從善納諫、克敵制勝的情況看來，這次勝利卻使他產生了剛愎自用、驕傲輕敵的思想情緒，從而招致慘敗，給他一生的事業帶來無可挽回的損失。

值得一提的是，注《三國志》的裴松之卻替曹操辯解說：「至於赤壁之敗，蓋有運數。實由疾疫大興，以損凌厲之鋒，凱風自南，用成焚如之勢。天實爲之，豈人事哉？」好一個裴松之，他竟把這次戰爭的成敗歸之於「運數」，天命使然，至於「人事」——人的因素，在這次戰爭中是不起作用的。具體說，他認爲這次戰爭是天降「疾疫」給曹軍，使曹軍喪失了戰鬥力，天又助聯軍以「凱風」（東南風），火焚了曹營。由此得出結論：曹操之東下，「非失算也」，而賈詡勸諫曹操之規謀，「爲無當矣」。

大概後世小說家因此而頓生靈感，創造出諸葛亮借東風的故事來加以反證，說明風還是人「借」來的，人怎麼會不起作用呢？

倒是清代學者顧千里說得好：「赤壁之役，亦有人事，豈盡天爲之哉，

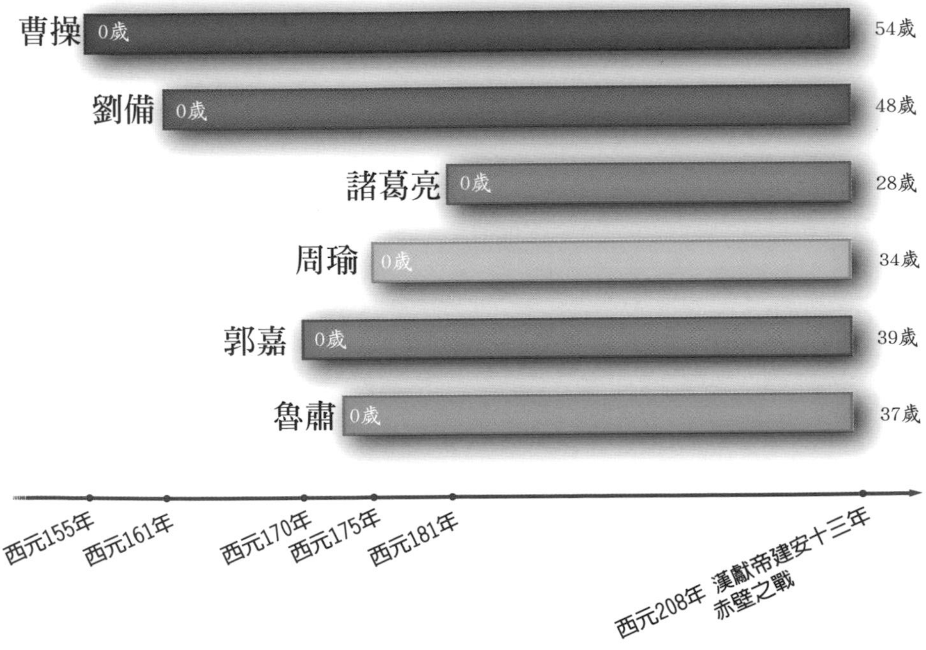

紫髯（孫權）、大耳（劉備）皆命世之雄，非操所遽能併吞者，（賈）詡蓋審之，當時未便直言，故姑爲寬緩之辭耳。」從當時的情形來說，若曹操納賈詡之見，用較長的時間鞏固荊州，積極備戰，用已取得的荊州上千艘戰艦爲基礎，建立起一支強大的水軍，恐怕形勢的發展將會出現另外一種情況，至少不會演成那種因勝利得快而失敗得也慘的尷尬局面。

歷史是公正的，也是無情的。這對那些因勝利而驕的統治者來說，既是一個普通的常識，也是一個永恆的眞理。對於曹操這次用兵東下及其後果，還是習鑿齒概括得好：「曹操暫自驕伐而天下三分。」從此，漢末的歷史開始進入了一個新的階段，三分鼎立，勢所難免了。

當然，任何英雄人物也難免犯這樣那樣的錯誤，問題在於能不能從所犯的錯誤中吸取有益的教訓，若能如此，仍不失爲英雄。這年曹操一回到北方，立即派兵馳援合肥，務必擊退孫權的進攻，穩定住淮南的局勢。只有這樣，才不至於因赤壁之敗而動搖他在北方的統治基礎，從而促使他西進關中進一步統一北方。唯其如此，才能眞正吸取赤壁之敗的教訓，在鞏固勝利、發展勝利的基礎上，再俟機南下，以雪赤壁之恨。不過，從以後形勢的演變和集團的分合之爭來看，這只不過是曹操的一廂情願罷了。

我們還是沿著曹操在歷史上的腳印，看看他在赤壁之戰後，從馳援合肥開始，是怎樣收拾局面，堅定走完了他一生的道路的。

三　馳援合肥

這年十二月曹操自江陵北還後，就聽說孫權以十萬大軍圍攻合

陶船
東漢
1954年廣東廣州先烈路出土
舵是中國古代造船技術上重要的發明。這件陶船上的舵是世界上發現的較早舵的形象。

肥，他擔心合肥有失，立刻派大將張喜率領一千騎兵援救。這倒令人不解，一千騎兵如何能解敵十萬之圍？這時，曹操倒眞感到窘迫不堪了，赤壁兵敗，元氣大傷，而今江陵戰事未息，還得派兵支援，合肥又開兵釁，實在使他無兵可調。他只好囑咐張喜過汝南時把汝南兵帶上。不料汝南兵「頗復疾病」，也染上了疾病。儘管如此，曹操還是催促張喜火速進兵，馳援合肥。

張喜在路上又得到揚州刺史派遣主簿來迎請他。奇怪的是，等張喜趕到合肥時，孫權已經撤圍而退兵了。這到底是怎麼一回事呢？

原來，孫權因合肥城高堅厚，久攻不下，又忽然從被俘的敵人使者身上搜出書信，得知曹操以步騎四萬來救。再加之西邊周瑜和曹仁在江陵爭戰激烈，他也得派兵支援，於是只好暫時從合肥撤兵了。

其實，孫權之從合肥撤圍完全是中了敵人之計了。當時住在壽春的揚州治中平阿（今安徽懷遠縣西南）人蔣濟，因救兵久而未至，他向刺史獻密計，詭稱得張喜之書，說曹公以步騎四萬來解合肥之圍，大軍已到雩婁（屬廬江郡）了。請派主簿前去迎接張喜，並分遣三部使者「齎書」衝圍與城中將士通消息，讓他們增強信心，堅守以待。結果一部使者入了城，二部使者爲孫權所獲。孫權得此「消息」，也就退兵了。

第二年（建安十四年，西元二○九年）春三月，曹操親統大軍至譙縣，這時孫權已從合肥撤兵了。他下令「作輕舟，治水軍」，加緊趕造戰船，操練水軍。曹操深知今後想守住淮南，和孫權在江、淮間

曹　操

短歌行

對酒當歌，人生幾何？
譬如朝露，去日苦多。
慨當以慷，憂思難忘。
何以解憂？唯有杜康。
青青子衿，悠悠我心。
但為君故，沉吟至今。
呦呦鹿鳴，食野之苹。
我有嘉賓，鼓瑟吹笙。
明明如月，何時可掇？
憂從中來，不可斷絕。
越陌度阡，枉用相存。
契闊談讌，心念舊恩。
月明星稀，烏鵲南飛，
繞樹三匝，何枝可依？
山不厭高，海不厭深。
周公吐哺，天下歸心。

對抗，沒有強大的水軍是不行的。這年秋天七月，曹操取水路自渦水入淮，再出肥水至合肥。曹操一到合肥，他在撫慰淮南將士後，想起近年來在戰爭中遭到挫折，又遇疫病流行，大批將士死亡，爲此，他下了一道〈存恤從軍吏士家室令〉，令云：

自頃以來，軍數征行，或遇疫氣，吏士死亡不歸，家室怨曠，百姓流離，而仁者豈樂之哉！不得已也。其令死者家無基業不能自存者，縣官勿絕廩，長吏存恤撫循，以稱吾意。

很明顯，曹操此令是爲撫恤死亡將士家屬以安定軍心而下的。他在令中爲自己開脫，說是因戰爭和疫病，而致使家人不得團聚，百姓流離失所，「仁者豈樂之哉？不得已也」，稱他這個講仁愛的人是不願意這樣的，是不得已的呵！他命令對凡是死者沒有產業，家人不能養活自己的，地方縣官要照常供應口糧，軍隊長官要給以撫恤、慰問。只有這樣，他才感到心安。

與此同時，曹操對淮南郡縣進行調整。當時淮南地區是曹操破滅袁術後所置揚州刺史管轄的區域，州治在壽春。當曹操與袁紹逐鹿中原時，他用沛國相人劉馥爲揚州刺史，「任以東南之事」。這個劉馥也眞有辦法，他受命之後，「單馬造合肥空城，建立州治」，又撫安江、淮間群帥。數年之間，「恩化大行，百姓樂其政」，流落外地的淮南之民紛紛歸來。於是劉馥聚諸生，立學校，大興文治，同時又推廣屯田，修復芍陂、茹陂等淮南古老水利工程。這麼一來，淮南大治，「官民有畜」，公家和百姓都有了積蓄，收到了國富民安的實效。尤其是劉馥把合肥城築得非常堅厚，又「高爲城壘，多積木石」，並貯存「魚膏數千斛」，以爲「戰守」之用。所以這次孫權以十萬大軍圍攻合肥達三月之久，結果無功而返。

値得一提的是，這位爲曹操收功淮南的劉馥，在去年孫權進攻合肥之前就死了。史書上並未說明他是怎麼死的。而《三國演義》卻說他隨曹操南下荊州，東征孫權，在曹操宴長江作歌聲中，因指出曹操歌詞中有「不吉之言」，而被曹操手起一槊刺死。第二日曹操酒醒，「懊恨不已」，以三公之禮厚葬他，又派軍士護送靈柩回籍安葬。這倒把個劉馥之死交待得清清楚楚了。

可是，從《演義》中所示曹操作的這首著名詩歌〈短歌行〉的內容來看，一開始就說「對酒當歌，人生幾何？譬如朝露，去日苦多」，這種感觸人生短促的低沉情緒，與當時曹操因戰勝而驕，務吞孫、劉的氣勢實在不相稱。無怪有人說這首歌應是在赤壁之戰以後所作，由於曹操在軍事上遭挫，對事業大志帶來阻礙，因此感到時光流逝，年華易老，而寫下了這麼慨嘆不已的詩句。若眞是這樣，劉馥之死和曹操作歌就完全是兩回事了。

不管怎樣，曹操因揚州刺史劉馥在去年死了，淮南又遭兵災，他以「曉達軍事」的丞相主簿太原人溫恢出任揚州刺史，而以足智多謀、「才兼文武」的蔣濟爲揚州別駕，作爲溫恢的副手，對揚州所屬郡縣進行整頓，選用能吏作郡縣之官，並把州治由壽春移治合肥。與此同時，「開芍陂屯田」，使淮南成爲一個生產糧食的重要基地。而以淮南人倉慈爲綏集都尉，管理屯田事宜。這期間，曹操又派盪寇將軍張遼督師，率領張郃、牛蓋等討平在廬江一帶發生的陳蘭、梅成叛亂。曹操留下張遼與樂進、李典等統兵七千人鎮守合肥，他囑咐張遼、樂進等人說：「揚州刺史溫恢通曉軍事，凡事多和他商量。」一定要守住合肥這個東南面的戰略要地。

曹操在把淮南的事安排就緒之後，於這年冬十二月率軍回到譙縣。這時，因曹仁在江陵和周瑜爭戰一年多，傷亡太大，他命曹仁放棄江陵，退保襄、樊。自此，從合肥到襄、樊構成了一條從東到西的南面防線，曹操集團和孫、劉爭鬥的局面，算是暫時在地域上相對穩定了，由軍事進攻轉入軍事防禦。但在以後曹操收定關中、平定隴西的數年間，他何嘗一刻忘記了南方。建安十七年（二一二年）曹操因孫權於上一年把都城從京口（今江蘇鎮江市）西遷到秣陵（今江蘇南京市），今年又納呂蒙之策，在通往巢湖的濡須口（今安徽無爲縣東北）夾水立塢，這不是明擺著要向他爭奪淮南之地嗎？這年冬天十月，曹操便決定採取先發制人，以攻爲守，對孫權用兵。可是就在他正要出兵時，卻發生了一件使他很不愉快的事情。

原因是，董昭因曹操去年擊敗馬超、韓遂，收定關中，向曹操稱頌所謂「匡世」之功，並說曹操功大權重，與他的爵位不相稱，反倒使人「疑己」，不如乾脆以丞相進爵國公，備九錫，名正言順，「以彰殊勳」。曹操打心眼裡樂意接受，就授意董昭與列侯、諸將商量著辦，特別囑咐董昭要徵求尚書令荀彧的意見。殊知荀彧對此非常反感，他認爲：「曹公本興義兵以匡朝寧國，秉忠貞之誠，守退讓之實。君子愛人以德，不宜如此。」他直率批評董昭等人這麼做是授人以柄，有損於曹公的「忠貞」、「退讓」之德。由於荀彧持這種態度，倒眞使曹操感到有些難堪了。曹操只好顧而言他，暫時把當國公的事放下，認眞和荀彧商議起出征孫權的事來了。

這次出兵之前，曹操命記室令史阮瑀代筆給孫權寫了一封很長的書信〈爲曹公作書與孫權〉，辭意十分委婉，反覆向孫權講明形勢，妄圖從政治上爭取孫權，拆散孫劉聯盟。這應是他繼赤壁戰後第二年在揚州安排蔣幹前去游說周瑜未獲成功之後，再進而對孫權採取政治爭取的一次嘗試。

從這封書信的內容來看，歸總起來有這麼幾層意思：一是說他和孫權在赤壁之戰後絕交已有三年了，但他還沒有忘記從前和孫氏兄弟的親密交往，特別提到他們兩家的婚姻關係，希望彼此有所諒解。二是表明他對孫權始終是友好的，說孫權之拒絕王命，完全是受了小人的挑撥，再加之劉備的煽動，以致和他不斷發生摩擦，要孫權認識這一點，不要再被人利用了。三是說赤壁之戰是他因軍隊遭受瘟疫，主動燒船自退，而從江陵撤兵，是有意把荊州讓給孫權，以此表明對孫權友好的誠意。四是告訴孫權，說他往年在譙郡所造船隻，並沒有進攻他的打算，請孫權不要誤會。但他也請孫權衡量自己的力量能否與他抗衡，長江雖然寬廣，但防線很長，未必能守得住。五是說他抱著和孫權恢復過去友好的願望，他從來沒有把孫權當敵人來看待，希望孫權認明形勢，只要他與劉備決裂，就付他以長期治理江南的重任。最後，曹操隱諱責備孫權阻斷王命，不服從朝廷，他之所以按兵不動，「遣書致意」，就是在期待著孫權的回心轉意。

撞車頭
三國
安徽合肥新城出土，中國人民軍事博物館藏
撞車頭是安裝在撞車上的攻城器具。

不難看出，曹操這封書信寓剛於柔，倒眞動了一番腦筋，目的只有一個，就是拆散孫劉聯盟，以達到收撫孫權的目的。當然，這封書在當時對孫權來說是不起作用的，因爲這時孫、劉兩家爲共同對付曹操而形成的這個同盟，由於魯肅和諸葛亮的維護，相處得還很不錯。但從長遠來看，曹操這封書信對孫權又未嘗不無影響，特別是在魯肅死後，吳、蜀關係的惡化，尤其當關羽在荊州勢力的膨脹時，不僅使曹操，而且也使孫權感到了威脅，形勢不是演變到孫權倒向曹操一邊了嗎？可見三國紛爭，諸葛亮始終堅持聯吳以爭天下，而曹操又何嘗不聯吳呢？同是一個策略，因時而異，因事而異，因人而異，效果大不相同。不過，當時曹操對孫權算是白下功夫了。

曹操正是因孫權對他置之不理，親統大軍南下。他先表請荀彧到譙縣慰勞將士。然後又把荀彧留在軍中，以侍中光祿大夫，持節，參丞相軍事，隨軍從征。當曹操率領大軍向濡須進發時，而又留下荀彧在壽春養病。沒幾天，荀彧就死了，終年整五十歲。

耐人尋味的是，《三國志・荀彧傳》說他是「以憂薨」。當然，荀彧憂從何來？明眼人一望而知，曹操不除掉他是不好當國公的。這雖然是陳壽的隱筆，不過他用這個「憂」字來說荀彧之死，也可見其用心之良苦了。倒是裴松之注引的《魏氏春秋》把這個「憂」字注解清楚了。原來是曹操派人給荀彧送去一個食盒，打開「乃空器」，裡面甚麼也沒有，於是荀彧無可奈何，只好「飲藥而卒」。不管怎樣，曹操在這次征南途中總算把手下這位阻礙他進爵高升的大謀士送上了西天。

第二年（建安十八年，西元二一三年）春正月，曹操進兵濡須口，號稱步騎四十萬大軍，氣勢洶洶，一舉攻破孫權在長江西面的大營，並捉獲了孫權的都督公孫陽。孫權得知消息，急忙率軍七萬趕來

吳大帝——孫權
曹操：「生子當如孫仲謀（孫權字），劉景升兒子若豚（豬）犬耳！」

迎戰。雙方相拒月餘，曹操再也占不到便宜。一天，曹操望見江東舟船靈便，器械精良，「軍伍整肅」，不禁想起了劉表的兒子劉琮和劉琦，嘆息說：「生子當如孫仲謀（孫權字），劉景升兒子若豚（豬）犬耳！」正當曹操這次用兵感到進退爲難時，孫權寫信給曹操說：「春水方生，公宜速去。」又在另一紙上寫著：「足下不死，孤不得安。」曹操看了，點了點頭，回頭對諸將說：「孫權不敢小看我。」於是下令班師。

這年四月，曹操回到鄴城。五月，漢獻帝進封曹操爲魏公，加九錫。這時荀彧已死，再也沒有人敢發議論了。一天，曹操聽說揚州別駕蔣濟奉使到鄴，立即起身迎接他。何以曹操對蔣濟這麼優禮相待呢？

原來曹操曾在譙縣問計於蔣濟，打算把濱江郡縣的淮南百姓「內移」，免遭孫權的擄掠，以此徵求蔣濟的意見。蔣濟卻認爲「民無他志，人情懷土，實不樂徙」，勸阻曹操，而且還特別提醒他，要是真的這麼做，恐怕會使百姓「不安」，引起騷亂。曹操不聽，果如蔣濟所料，致使廬江、九江、蘄春、廣陵等地十餘萬戶「皆東渡江」，投歸了孫權，從而使長江西面頓成空虛之地，以至合肥以南僅剩下一座皖城（屬廬江郡，在今安徽潛山縣）了。這天曹操得知蔣濟到來，想起了此事，他迎著蔣濟朗聲大笑說：「我本欲使民眾避賊，結果反把他們驅趕過去了，還是你有先見之明啊！」曹操調任蔣濟爲丞相主簿西曹掾屬，從此蔣濟成爲曹操身邊的重要謀士了。

次年七月，曹操因孫權奪取了皖城，再次對孫權用兵。參軍傅幹鑑於這時劉備已占領益州，天下形勢發生了較大的變化，他認爲「吳有長江之險，蜀有崇山之阻，難以威服」，用武力征服是不可能的。他勸曹操最好「按甲寢兵，息軍養士」，注重文治。他說：「若修文以濟之，則普天之下，無思不服矣。」又提醒曹操說：「今舉十萬之眾，頓之長江之濱，若賊負固深藏，則士馬不能逞其能，奇變無所用其權，則大威有屈而敵心未能服矣。」曹操不納，結果留兵合肥，無功而還。在這次征南途中，他的另一個重要謀士荀攸病死了。曹操對失去荀攸，十分悲痛，「言則流涕」。

下一年（建安二十年，西元二一五年）八月，孫權趁曹操用兵漢中之機，親率十萬大軍進攻合肥。而張遼與樂進、李典等守合肥之軍才七千人。事貞湊巧，孫權大軍剛至，而曹操派的護軍薛悌也到了合肥。原來曹操雖身在西邊，卻對東邊的事放心不下，他寫了一封密令交與護軍薛悌，密封上面寫著：「賊至乃發」四字，叫他兼程趕往合肥。薛悌一到合肥，立刻與張遼等人拆開密封一看，見裡面寫的是：「若孫權至者，張、李將軍出戰，樂將軍守，護軍勿得與戰。」想必曹操以張遼、李典勇銳可戰，樂進持重可守，護軍薛悌是文吏就不必參與戰事了。可是當時大家看了，面面相覷，大概各人心中都在想：以七千兵馬拒敵十萬之眾，既要守城，又要出戰，這能行嗎？

倒是張遼從中悟出了道理，他對諸將軍說：「曹公遠征在外，要

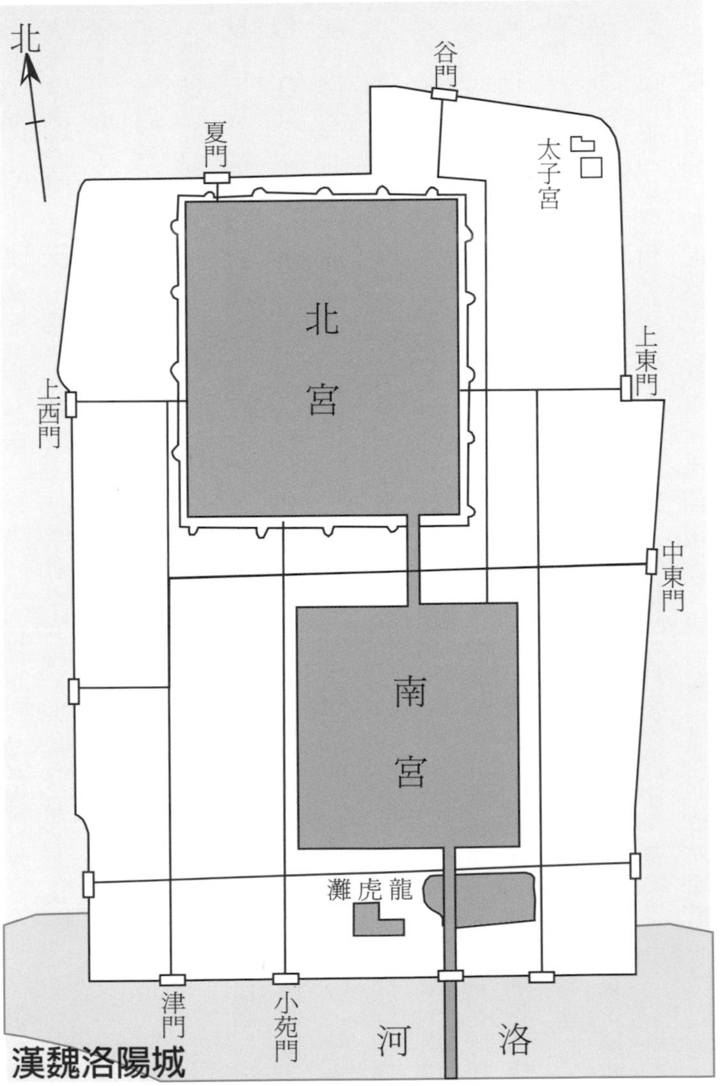

漢魏洛陽城

洛陽城在今洛陽市東十五公里處，由曹丕於黃初元年（二二〇年）在東漢洛陽城基礎上修建而城。成長方形，城垣周長約一萬四千三百四十五公尺。西、北、東垣共計城門十二座，其中西垣三座。從南到北依次為廣陽門、西明門、閶闔門；北垣二座，從西至東依次為大夏門、廣莫門；東垣三座，從北至南依次為建春門、東陽門、清明門；南垣應有四門，自東至西依次為開陽門、平昌門、宣陽門、津陽門。城西北隅仿鄴城三臺建金墉城。洛陽城仿鄴城，城北為宮城，城南為官署、居民區。

等救兵是不可能的。他教我們趁敵人未合圍之時，主動出擊，挫其銳氣，以安眾心，然後就容易守城了。」儘管張遼這麼說了，樂進等人還是感到懷疑，都不開腔。張遼見此光景，不禁大怒說道：「成之機，在此一戰。諸君若疑，我只有獨自出戰了。」李典雖然平素與張遼不和，這時他可被張遼這種勇當重任的精神感動了，於是慨然說：「這是國家大事，不管你的計策如何，我怎能以私人成見而不顧公義呢？我願隨君出戰。」於是張遼當夜選拔敢戰之士八百人，大加犒勞，第二天一早就和李典出戰了。

翌日清晨，張遼披甲持戟，一馬當先，衝入敵陣，連殺數十人，斬敵二大將，高呼著自己的名字，直搗孫權麾下。孫權一時大驚，不知所措，急往高處退走，以長戟自衛。張遼叱責孫權下來和他決戰。孫權起初不敢動，後望見張遼兵眾不多，乃指揮軍隊「圍遼數重」，張遼衝開重圍，孫權將士「無敢當者」。這一仗，自晨戰至日中，吳軍銳氣大傷。張遼回到城中，「眾心乃安，諸將威服」，於是大家齊心協力，士氣高漲，決心堅守到底。

確如晉人孫盛所稱：合肥之守是「勝而後守，守則必固」。孫權圍合肥十餘日，知不可拔，只好下令撤軍。不料退兵時，張遼望見孫權和諸將停留在逍遙津（在合肥東邊）北岸，立即率領步騎掩至，要不是東吳大將甘寧、凌統等奮力死戰，孫權險些被張遼捉住。曹操得到報告，對張遼智勇退敵大加讚賞，立刻拜為征東將軍。

建安二十一年（二一六年）春二月，也就是張遼守城退敵的第二年，曹操在占領漢中後回到鄴城，五月進封為魏王。這年十月再次南征孫權。到合肥後，曹操特地察看了張遼擊敗孫權的戰處，「嘆息良久」。於是為張遼增加兵眾，隨他一同征進。

次年春正月，曹操進至居巢（今安徽巢縣東北）。二月，孫權在濡須口築城拒守。曹操進兵擊敗孫權後，孫權遣使「請降」。這時，曹操鑑於西邊事重，巴不得與孫權講和，也立刻派使者回報孫權，與之「修好」。但是，曹操對孫權絕不會掉以輕心，他在下月引軍北還時，留下伏波將軍夏侯惇都督曹仁、張遼等二十六軍屯駐居巢，以防備東吳。

以上就是自赤壁之戰以後，曹操從馳援合肥開始，確保淮南屏障，與東吳連年爭戰的情況。現在我們回過頭來，看看曹操在赤壁之戰後，他是如何收定關隴，進一步統一北方，再進而與劉備集團爭奪漢中、鏖戰荊襄的種種活動。

曹操大事年表

東漢		
建安十三年	二〇八年	正月，回到鄴城，造玄武池操練水軍。六月，封丞相。七月，南征劉表。八月，劉表病亡，幼子劉琮代位。九月，進至新野，劉琮投降。進軍江陵。十二月，赤壁大戰，曹軍不習水戰，且瘟疫盛行，大敗於孫權、劉備聯軍，被迫退兵。
建安十四年	二〇九年	大治水軍，鞏固自身勢力，穩定北方，並設揚州郡縣長吏，開芍陂屯田。
建安十五年	二一〇年	冬，造銅雀臺。
建安十六年	二一一年	正月，太原商曜等叛亂，派遣夏侯淵、徐晃包圍破之。三月，派鍾繇討伐張魯。派曹仁討伐馬超、韓遂。七月，西征迎戰馬超軍，派徐晃、朱靈等夜渡蒲阪津，據西河爲營。自潼關北渡，被馬超截擊。拒渭口，多設疑兵，暗中用舟載兵入渭，造浮橋，深夜分兵結營於渭南，馬超劫營，中伏敗北。求和，不許。九月，渡渭水，離間馬超、韓遂，大勝，馬超敗走涼州。十月，北征楊秋，圍攻安定，楊秋投降。
建安十七年	二一二年	正月，回到鄴城。效仿漢初蕭何故事，贊拜不名，入朝不趨，劍履上殿。十月，曹操再次征討孫權。
建安十八年	二一三年	正月，進軍濡須口，攻破孫權江西大營，俘孫權軍都督公孫陽。併中原十四州爲九州。五月，封魏公。七月，始建魏社稷宗廟。九月，作金虎臺，鑿渠引漳水入白溝疏通河道。十月，分魏郡爲東西部，設置都尉。十一月，初置尚書、侍中、六卿。

第九章 平定關隴

一、求賢明志

赤壁之戰後，曹操回到北方，他在派兵馳援合肥的時候，鑑於這次征南失敗，使朝野震動，人心不安，他還得留在朝中做一番鎮撫內外，安定人心的工作。與此同時，他在對南方由軍事進攻轉入軍事防禦之後，因而收定關中，進一步統一北方，也就自然提上了議事日程。

不用說，曹操深知在用兵關中之前，必須首先解除孫權對淮南的威脅，要是不能鞏固淮南這個東南屏障，這對他今後用兵關中是極爲不利的，甚至會使他陷入兩線作戰的被動困境。所以在赤壁之戰的第二年他親統大軍到合肥，興屯田，整頓揚州郡縣，務把淮南地區建設成爲一個抗禦東吳的戰略根據地。後來事實證明，曹操鞏固淮南而經營北方這一戰略防禦方針是極其正確的。孫權多次對淮南用兵都無濟於事，曹操終於在赤壁戰後數年間進一步統一北方了。

當然，赤壁戰後作爲勝利者的孫、劉兩家，也在積極鞏固和發展自己的勢力範圍。曹操清楚看到，若要再和孫、劉重開兵釁，必須在政治上、軍事上以及經濟上做好充分準備才行，這絕不是短時間內所能辦到的。就政治上而言，曹操在赤壁戰後繼續奉行「挾天子而令諸侯」的方針，利用他在政治上的這一巨大優勢來挽回他在戰爭中的損失，重新樹立他的統治權威。曹操爲了加強和鞏固自己的權力，他和同時代的政治家一樣，十分注重嚴明行賞，舉賢任能。赤壁之敗使他在軍事上遭到挫折，感到前途多舛，壯志難酬，尤須獎功懲過，拔擢英才，在他有生之年，身當紛爭之世，盡自己最大的努力來爭取實現統一的大業。

赤壁戰後的第二年，曹操想起前年北征烏桓歸來，他專門上了一道表章〈表論田疇功〉，爲在這次戰爭中立下大功的田疇請功，「以旌其美」，漢獻帝封田疇爲亭侯，食邑五百戶。可是田疇卻認爲自己過去沒能替舊主幽州牧劉虞報仇，逃避到徐無山中，「志義不立」，就不應該再享受榮譽了。因此，他堅決辭謝封爵，「固讓不受」。而曹操當時「知其至心」，體諒田疇這一番至誠之心，也就不勉強他了，並且還下了一道〈聽田疇謝封令〉，表彰田疇是一位「高尚」的人，聽其不受封賞。然而這時，曹操卻感到當時那麼處理不妥，認爲聽任田疇讓封，無非是成就了一人的清高之名，而有損於「王法大制」，違反了論功行賞的制度。

為此，曹操這年又專門下了一道〈爵封田疇令〉來表明自己的態度，希望田疇「宜從表封」，接受前次爲他上表所請的封賞。曹操最後在令中說「無久留吾過」，不要使他的過失長期存在下去。儘管如此，田疇卻仍然堅決辭讓，竟至「上疏自陳，以死自誓」，寧死也不接受。這麼一來，倒引起了朝中主管刑政的官吏不滿，有人提出彈劾田疇，認爲他「苟立小節」，不顧大局，建議「免官加刑」。

對此，曹操十分冷靜，下令叫兒子曹丕和眾大臣討論這件事。曹丕認爲田疇這麼做，和春秋時楚國子文「辭祿」，申包胥「逃賞」一樣，「宜勿奪以優其節」，不應強奪他的志氣，還該表彰他的節操。尚書令荀彧、司隸校尉鍾繇也贊同這個看法。可是曹操還不死心，他因田疇和夏侯惇相處很好，命夏侯惇「以情喻之」，再去勸勸田疇。殊知田疇正色對夏侯惇說：「我不過是個負義逃竄之人而已，能夠蒙受朝廷的恩典活下來就感到非常

辭祿 逃賞

《通鑑》胡三省注引《國語》：「鬥且曰：楚成王聞子文（鬥穀於菟字）之朝不及夕也，以令尹秩之。成王每出子文之祿，必逃，王止而又復。人謂子文曰：『人生求富，而子逃之，何也？』對曰：『夫從政者，以庇民也。民多曠者，而我取富焉，是勤民以自封也，死無日矣。我逃死，非逃富也。』」《通鑑》胡三省注引《左傳》：「吳破楚入郢，申包胥如秦乞師，立依庭牆而哭，日夜不絕聲，勺飲不入口者七日，秦師乃出，大敗吳師。楚子（指楚昭王）入於郢，賞申包胥。包胥曰：『吾為君也，非為身也，君既定矣，又何求！』遂逃賞。」

幸運了，豈可以出盧龍之塞來換取爵賞，縱然國家私恩於我，難道我能無愧於心嗎？將軍您是很瞭解我的，尚且如此，若一定要逼我接受，我情願效死，刎首於將軍之前。」言未畢，「涕泣橫流」，慌得夏侯惇趕忙回報曹操。這一下，曹操「知不可屈」，不禁喟然長嘆，只好拜田疇爲議郎收場。不管怎樣，這件事反映了曹操重視刑賞，尤其注重獎拔有功之臣，以此延攬更多的人來爲他效力。

這年丞相掾和洽鑑於崔琰、毛玠掌管選舉，而其選官任吏「先尚儉節」，以「儉節」來作爲衡量一個官吏好壞的首要條件。這麼一來，固然使官吏養成節儉之風是好事，可是卻被一些弄虛作假的人有了鑽營的機會，走到了另一個極端。爲此，和洽對曹操說：「選拔天下人才，是看他能否眞有本事，他所擔負的職位和他的才能是否相當，不可以其節儉與否來加以取捨。提倡儉樸，用以修身則可，若以此取士，就未免有些片面，所失或多。現在朝廷的風氣是，官員中有穿新衣、乘好車的，就說他不廉潔；反之，不修邊幅、常穿敝舊衣服的，就說他廉潔。致使一般士大夫故意污辱其衣，藏其輿服，而朝府大吏，還有攜帶飯食入官寺的。

然而立教觀俗，貴在處中適當，不可偏激，只有這樣才能行之久遠。可是而今卻崇尚一些難堪之行來束縛大家的手腳，要是這麼勉強下去，必定會帶來弊端。古時推行大教，務在通人情而已。凡過激之行，則容易被人鑽漏洞，爲好成壞。請丞相詳察之。」曹操聽了，連連點頭，他認爲和洽這一番話說得很中肯，要成就大事，收羅人才，豈能以一「儉節」繩之。

於是，曹操在下一年，也就是建安十五年（二一〇年）春天，爲此專門下了一道〈求賢令〉，明確提出「唯才是舉」的用人方針，令云：

自古受命及中興之君，曷嘗不得賢人君子與之共治天下者乎！及其得賢也，曾不出閭巷，豈幸相遇哉？上之人不求之耳。今天下尚未定，此特求賢之急時也。「孟公綽爲趙、魏老則優，不可以爲滕、薛大夫」。若必廉士而後可用，則齊桓其何以霸世！今天下得無有被褐懷玉而釣於渭濱者乎？又得無盜嫂受金而未遇無知者乎？二三子其佐我明揚仄陋，唯才是舉，吾得而用之。

不難看出，曹操在令中一開始就總結歷史經驗，認爲自古以來的開國皇帝和中興之君，沒有一個不是得到賢才和他共同來治理好天下的！而所得之賢才，又往往不出里巷，這絕不是機遇，而是當政的人求訪得來的。有鑑於此，曹操立足現實，指出現在天下未定，正是求賢最迫切的時刻。曹操舉出具體事例來說明他自己對賢才的認識和使用，他引了孔子的話，說春初時魯大夫孟公綽是個廉士，要是讓他做晉國趙、魏兩家的家臣「則優」，其才幹是綽綽有餘的，但卻不能勝任像滕、薛那樣小國的大夫。原因很簡單：適宜做大國貴族家臣的，不一定適合做小國的大夫。因爲小國的大夫位高責重，非有應付大國的才能不可。這說明因材授任，廉士不一定就有應變之才。曹操針對當時崇尚「儉節」在選用人才上的極端，提出若必廉士而後可用，那麼齊桓公當年就不能建立霸業。因爲輔佐桓公創建霸業的管仲「富擬公室」，就不是個廉士。

曹操進而指出，現在天下豈無「被（披）褐懷玉」而像姜子牙當年垂釣於渭濱那樣的人才？又怎能會沒有像陳平當年那樣蒙受「盜嫂受金」的污名而未遇著像魏無知那樣舉薦的人呢？他希望左右的人「明揚仄陋」，幫他把那些出身貧賤而被埋沒的賢才發現和推舉出來，只要有才能就予以重用。

後來，曹操於建安十九年（二一四年）、建安二十二年（二一七年）又先後下了〈敕有司取士勿廢偏短令〉、〈舉賢勿拘品行令〉，反覆強調了他在用人上這個「唯才是舉」的方針。他要求人事主管部門和各級地方官吏在舉拔人才上，力戒求全責備，「勿廢偏短」，即便有這樣那樣的缺點也不妨，只要眞有才能就行。他在這兩道令中，又再次提到陳平，說陳平並沒有較好的品行，而「負污辱之名」，但他卻能和蕭何、曹參及韓信等人輔佐漢高祖「成就王業，聲著千載」。

陳平
曹操希望左右的人「明揚仄陋」，幫他把那些出身貧賤而被埋沒的賢才發現和推舉出來，只要有才能就能予以重用，如同當年蒙受「盜嫂受金」污名陳平，卻能為漢高組獻計，助開國大業一般。

　　除陳平而外，曹操還提到戰國時的吳起、蘇秦。說吳起貪圖爲將，竟殺其齊妻而取信魯君，又說他曾爲求官而散盡千金，母親死了也不歸家。可是他在魏爲將，使秦國不敢東侵，在楚爲相，使韓、趙、魏三國不敢南犯。說到戰國時期的縱橫家蘇秦，曹操認爲他雖然反覆無信，但卻能扶持弱燕，合縱六國以抗秦，做出一番非同尋常的事業。無怪乎曹操感嘆說：「有行之士，未必能進取，進取之士，未必能有行也。」他再次希望把那些哪怕是「負污辱之名，見笑之行，或不仁不孝，而有治國用兵之術」的人統統推舉出來，他要求部下「各舉所知，勿有所遺」。這充分反映了曹操爲謀求大業而急求人才的迫切心情。大概經過一番努力，在曹魏集中了大量的人才，形成了「謀臣如雲，武將如雨」的興旺局面，儘管終曹操之世，未能平定天下，但卻爲後來西晉的統一在這方面奠定了基礎。

　　就在下〈求賢令〉的這一年冬天，曹操在鄴城建銅雀臺，高十丈，有屋百餘間。鑄大銅雀，高一丈五尺，置於樓頂。臺成，曹操命諸子登臺作賦，他的第三子十八歲的曹植「援筆立成」，寫得很出色，使曹操「甚異之」。

　　這時，曹操深感他在兼併群雄，消

曹操大宴銅雀臺

東漢建安15年春，曹操在鄴郡漳河畔建銅雀臺，旁建玉龍、金鳳兩臺，各高十丈，金碧交輝。臺成，曹操在銅雀臺歡宴文武百官。為試武將弓箭，掛紅錦戰袍於柳枝上，下設箭垛，射中者戰袍賜之。圖即繪此場景。

除異己，逐步統一北方的戰爭中，由於在政治上實行「挾天子而令諸侯」，或所謂「奉天子以令不臣」的策略方針，再加上平時一些宣揚「不信天命」的言論，以致引起了不少心存漢室的人對他的懷疑，從而不斷攻擊他「有不遜之志」。早在建安五年（二〇〇年），也就是在官渡之戰的前夕，他鎮壓了車騎將軍董承等人聯絡劉備發動的政變。而在前年南下荊州時，他又毅然處決了反對他而維護漢室的大名士孔融。曹操心裡很明白，單靠暴力鎮壓並不能平息政敵對他的這種攻擊，也不可能解決這場政治思想領域裡的是非之爭。尤其赤壁之戰使他在軍事上遭到挫折，形勢的發展對他十分不利，更加助長了擁漢派對他的抨擊。

面對現實，曹操爲了籠絡人心，安撫部下，他於這年十二月下了一道〈讓縣自明本志令〉，他在敘述自己入仕以來的思想經歷時，反覆表明他無「不遜之志」的野心，爭取社會同情，以達到消除政敵對他攻擊的目的。

無疑這是一篇反映曹操生平和探討曹操思想發展的重要文獻。歸總起來看，有這麼幾層意思：曹操在令文中，一開始就說他二十歲上舉孝廉時，認爲自己本非山林隱居的知名之士，擔心世人把他視爲平庸之輩，打算做個像樣的太守，以此揚名於世。可是在他任濟南相時，「除殘去穢」，公正舉拔人才，卻得罪了宦官，恐遭致家禍，不得不以病辭官了。這表明他登上仕途，只想匡時濟世，並無甚麼野心。這是第一層意思。

第二層意思，說他辭官以後，打算隱居二十年，等天下安定以

曹操用典例落

「富擬公室」，語出《通鑑》胡三省注。「管仲富擬公室，築三歸之臺，塞門反坫，縷簋朱紘，桓公用之而霸。」「被褐懷玉」， 語出《老子》。褐（讀河），粗布短衣。這裡用「被褐懷玉」來比喻懷才不遇的貧賤之人，具體指當年垂釣於渭濱而為周文王訪賢得到的姜子牙。「盜嫂受金」，見《史記·陳丞相世家》。陳平因魏無知引薦而被劉邦拜為都尉，後遭人讒毀，說他居家時與嫂子私通，任都尉後又受諸將賄賂。劉邦為此責問魏無知，無知說：「楚漢相距，臣進奇謀之士，顧其計誠足以利國家耳？且盜嫂受金又何足疑乎？」「明揚仄陋」，語出《尚書·堯典》：「明明揚仄陋。」揚，舉也。仄陋，指微賤之人。這裡是說曹操要大家明察舉薦真有本事的貧賤人。

讓縣自明本志令

孤始舉孝廉，年少，自以本非巖穴知名之士，恐為海內人之所見凡愚，欲為一郡守，好作政教以建立名譽，使世士明知之；故在濟南，始除殘去穢，平心選舉，違忤諸常侍。以為強豪所忿，恐致家禍，故以病還。

去官之後，年紀尚少，顧視同歲中，年有五十，未名為老，內自圖之，從此卻去二十年，待天下清，乃與同歲中始舉者等耳。故以四時歸鄉里，於譙東五十里築精舍，欲秋夏讀書，冬春射獵，求底下之地，欲以泥水自蔽，絕賓客往來之望，然不能得如意。後徵為都尉，遷典軍校尉，意遂更欲為國家討賊立功，欲望封侯作征西將軍，然後題墓道言「漢故征西將軍曹侯之墓」，此其志也。

而遭值董卓之亂，興舉義兵。是時合兵能多得耳，然常自損，不欲多之；所以然者，多兵意盛，與強敵爭，倘更為禍始。故汴水之戰數千，後還到揚州更募，亦復不過三千人，此其本志有限也。後領兗州，破降黃巾三十萬眾。又袁術僭號於九江，下皆稱臣，名門曰建號門，衣被皆為天子之制，兩婦預爭為皇后。志計已定，人有勸術使遂即帝位，露布天下，答言：「曹公尚在，未可也。」後孤討擒其四將，獲其人眾，遂使術窮亡解沮，發病而死。及至袁紹據河北，兵勢強盛，孤自度勢，實不敵之，但計投死為國，以義滅身，足垂於後。幸而破紹，梟其二子。又劉表自以為宗室，包藏奸心，乍前乍卻，以觀世事，據有當州，孤復定之，遂平天下。身為宰相，人臣之貴已極，意望已過矣。今孤言此，若為自大，欲人言盡，故無諱耳。設使國家無有孤，不知當幾人稱帝，幾人稱王。

或者人見孤強盛，又性不信天命之事，恐私心相評，言有不遜之志，妄相忖度，每用耿耿。齊桓、晉文所以垂稱至今日者，以其兵勢廣大，猶能奉事周室也。《論語》云：「三分天下有其二，以服事殷，周之德可謂至德矣。」夫能以大事小也。昔樂毅走趙，趙王欲與之圖燕，樂毅伏而垂泣，對曰：「臣事昭王，猶事大王；臣若獲戾，放在他國，沒世然後已，不忍謀趙之徒隸，況燕後嗣乎！」胡亥之殺蒙恬也，恬曰：「自吾先人及至子孫，積信於秦三世矣；今臣將兵三十餘萬，其勢足以背叛，然自知必死而守義者，不敢辱先人之教以忘先王也。」孤每讀此二人書，未嘗不愴然流涕也。孤祖父以至孤身，皆當親重之任，可謂見信者矣，以及子桓兄弟，過於三世矣。孤非徒對諸君說此也，常以語妻妾，皆令深知此意。孤謂之言：「顧我萬年之後，汝曹皆當出嫁，欲令傳道我心，使他人皆知之。」孤此言皆肝鬲之要也。所以勤勤懇懇敘心腹者，見周公有〈金縢〉之書以自明，恐人不信之故。

然欲孤便爾委捐所典兵眾以還執事，歸就武平侯國，實不可也。何者？誠恐己離兵為人所禍也。既為子孫計，又己敗則國家傾危，是以不得慕虛名而處實禍，此所不得為也。前朝恩封三子為侯，固辭不受，今更欲受之，非欲復以為榮，欲以為外援為萬安計。孤聞介推之避晉封，申胥之逃楚賞，未嘗不捨書而嘆，有以自省也。奉國威靈，仗鉞征伐，推弱以克強，處小而擒大，意之所圖，動無違事，心之所慮，何向不濟，遂蕩平天下，不辱主命，可謂天助漢室，非人力也。然封兼四縣，食户三萬，何德堪之！江湖未靜，不可讓位；至於邑土，可得而辭。今上還陽夏、柘、苦三縣户二萬，但食武平萬户，且以分損謗議，少減孤之責也。

後再出來做官。所以他回到家鄉，修了書房，過著「秋夏讀書，冬春射獵」的悠閒自在的生活。然而後來卻被朝廷徵召爲都尉，又升爲典軍校尉，只好改變主意，再爲國家效力，希望能夠封侯，做個征西將軍，死後能在墓前石碑上刻上「漢故征西將軍曹侯之墓」的字樣就行了。這表明他當時的志向就是如此，哪有甚麼野心呢？

第三層意思，曹操追述他舉義兵，從討董卓，直到他出任兗州牧，收降黃巾三十萬人，由於他勢力的擴大，使袁術想當皇帝都不能不有所畏懼。後來在群雄爭鬥中，他終於滅袁術，破袁紹，又平定了荊州。說他現在身爲宰相，「人臣之貴已極」，大大超過他原來的願望了。這是曹操表白他再沒有甚麼過高的要求，以此消除別人對他的懷疑。不過，曹操在這層意思中所說的假若國家沒有他，「不知當幾人稱帝，幾人稱王」，這倒說的是事實。

第四層意思，曹操指稱有人見他勢力強盛，又不信天命之事，私下議論他有「不遜之志」，使他感到不安。他先以齊桓、晉文兵勢強大而尊奉周室來自比，再用文王得天下三分之二猶服事殷以自喻，又拿樂毅忠於燕王、蒙恬忠於秦君來反覆表明自己對古代忠臣義士的感佩和嚮往，進而聯繫自己身當「親重之任」，蒙受國恩已「過於三世」，以此表示他對漢室的耿耿忠懷，但他卻唯恐別人不理解他。

最後，曹操針對政敵對他的攻擊，乾脆表明他的態度：要他放棄軍權，歸就武平侯國是不可能的。這既是替自己子孫打算，也是爲國家著想。他認爲自己一失敗「則國家傾危」，他不會爲「慕虛名而處實禍」的。顯然曹操表示要牢牢掌握軍權，決不向他的政敵示弱。他說此前朝廷加封他的三個兒子爲侯，本不想接受，現在打算接受了，不是以此爲榮，而是借此作外援，爲「萬安計」。曹操最後在令文中宣稱，現在天下未定，「江湖未靜」，他不能讓位，至於封地，是可以退讓的。他把自己原來兼有四縣三萬戶的封地，讓出三縣二萬戶退還給國家，只享受武平縣一萬戶的租稅，說是以此減少別人對他的誹謗，同時也可稍稍減輕自己的過失。

從曹操這篇令文看來，似乎無處不表現他對漢王室的忠心，他對國家民族命運的關注，他既公忠體國，又任勞任怨，面對政敵對他的攻擊，他做了這麼長一篇文章來自我表白。可是就在兩年之後，當他要進位魏公時，尚書令荀彧勸他「秉忠貞之誠，守退讓之節」，他就不能忍受了，以致把這位曾爲他出謀劃策、掃滅群雄而立下大功的心腹謀士活活逼死。

不難看出，曹操這篇所謂〈讓縣自明本志令〉，無非是安撫政敵的一種策略手段而已。大概荀彧太老實，過於相信曹操這篇表面文章了。說實在的，曹操並不是不想取代漢家天下，只不過在條件不成熟時，他絕不會輕舉妄動的。何況當時處在赤壁戰後形勢發展對他不利的情況下，他不能不這麼做。值得注意的是，曹操在從政治上安撫敵人、爭取社會同情的同時，他「唯才是舉」，大量羅致人才，壯大自己的力量，決心沿著他既定的道路，堅定地走下去。

第二年（建安十六年，西元二一一年）春正月，漢獻帝把曹操讓還的三縣二萬戶「減戶五千」，其餘一萬五千戶分別封給了他的三個兒子，以曹植為平原侯，曹據為范陽侯，曹豹為饒陽侯，「食邑各五千戶」。與此同時，曹操以天子的名義任曹丕為五官中郎將，「置官屬，為丞相副」，特別選用清正剛直的名士北海人邴原為五官將長史，作他兒子的助手，進一步加強對朝廷的控制。

就在這一年，曹操開始用兵關中了。

二、敗馬超，滅宋建

曹操南下荊州時，儘管他派張既游說馬騰入朝做了衛尉，但對把其子馬超留在關中卻耿耿於懷。為了牽制和孤立馬超，曹操對關中另一個割據者，與馬騰齊名的鎮西將軍韓遂竭力加以籠絡和爭取。赤壁戰後的第二年，當韓遂派遣心腹將領閻行為使者到鄴城謁見曹操時，不僅受到優禮相待，而且曹操還表舉閻行為犍為（郡治在今四川彭山縣東）太守。閻行西返時，曹操還寫了一封書信給韓遂讓他帶回去。曹操在這封所謂〈與韓遂教〉的信中說：

> 謝文約（韓遂字）：卿始起兵時，自有所逼，我所具明也。當早來，共匡輔國朝。

很明顯，曹操是從思想入手來爭取韓遂，說韓遂開初起兵時是被人逼迫的，這一點他是很清楚的，希望韓遂不要有所顧慮。因此他勸韓遂早點入朝來，和他一起共同輔佐朝廷，治理國家。而閻行也從旁勸韓遂歸附曹公，並說他在鄴城已自請要送他的父親入朝宿衛，認為韓遂「亦宜遣一子，以示丹赤」。儘管韓遂當時表示要過幾年再說，但不久還是把他的兒子和閻行的父母一併送了去。這件事卻引起了馬超的懷疑。就在曹操準備用兵關中的這一年，馬超開誠布公對韓遂說：「過去司隸校尉鍾繇暗示我收取將軍，我認為關東人是信不過的，我沒有做對不起將軍的事。

《倒反西涼》

清末年畫。描繪三國時，曹操誘殺馬騰之後，馬騰之子馬超舉西涼兵大敗曹操為父報仇之事。

現在我的父親在朝中被他們控制，我只好棄父而以將軍爲父，但將軍亦當棄子而以我爲子。」不管閻行如何諫阻，韓遂在曹操用兵關中的形勢逼迫下，終於與馬超聯合了。

耐人尋味的是，《演義》和戲曲中著力渲染的曹操殺馬騰而激起馬超反西涼的這個情節，恰與歷史事實相反。史書上明明是說曹操「誅衛尉馬騰，夷三族」，是在馬超起兵反曹失敗後的第二年（即建安十七年，西元二一二年），也就是曹操在取得了對關中用兵的決定性勝利之後，才將馬騰一家統統殺掉的。後來馬超到了漢中，張魯「欲妻之以女」，予以重用，張魯左右有人勸諫張魯說：「有人若此不愛其親，焉能愛人。」就指的是馬超明知父母兄弟皆在曹操身邊，偏要起兵反叛，連他的雙親都不顧惜，像這樣的人，更不會愛惜別人了。言外之意，是提醒張魯不要輕率把女兒嫁給馬超。張魯聽後，「乃止」。這也證明馬超起兵在前，其父馬騰被殺在後。顯然小說和舞臺上將這兩件史實加以因果顛倒，是出於渲染氣氛的需要，豈知這麼一來，卻把歷史上曹操用兵關中這一複雜的客觀現實簡單化了。

從當時的歷史背景來看，曹操

在赤壁戰後不得不把注意力移轉到經營北方上來。可是當他在經過兩年多的休整之後，準備對關中用兵時，卻感到這是一個非常棘手的問題。他面對當時關中諸將雖然擁兵自重，割據一方，但在名義上卻是服從中央的這一客觀現實，若是貿然加兵，於情理有虧，師出無名，會遭到輿論的遺責。對此，作爲權謀家的曹操，倒眞動了一番腦筋。

這年三月，他表面上派遣鍾繇聲稱討伐漢中張魯，使夏侯淵等統大軍出河東與鍾繇會師關中，以此激起關中諸將叛亂，然後名正言順加以討伐。正如胡三省在《資治通鑑》注上所指出的：「操捨關中而遠征張魯，伐虢取虞之計也。蓋欲討（馬）超、（韓）遂而無名，先張討魯之勢以速其反，然後加兵耳。」這就把問題說得夠明白了。可見馬超之反西涼，確乎是曹操蓄意用兵關中激成的。

曹操這一手果然奏效。關中諸將正是因猜疑鍾繇「欲自襲」，準備襲擊自己，於是起兵反叛了。當馬超、韓遂聯絡侯選、程銀、楊秋、李堪、張橫、梁興、成宜、馬玩等一共十部兵馬，殺氣騰騰屯據潼關時，曹操得知消息，一面胸有成竹派大將安西將軍曹仁督諸將拒之，並敕令諸將說：「關西兵精悍，堅壁勿與戰。」一面命五官中郎將曹丕留守鄴城，以奮武將軍程昱參謀曹丕軍事，又以門下督廣陵人徐宣爲左將軍，留統諸軍，再以樂安人國淵爲丞相府長史，留統府事。他在把朝中大事安排就緒之後，這年秋七月親臨前線指揮作戰了。

這時，曹操身邊的謀士大多建議說：「關西兵馬強壯，又善習長矛，非精選前鋒不可，否則將難以抵擋。」曹操聽了，點了點頭，接著又搖了搖頭，然後從容對大家說：「諸君不必擔心，戰與不戰在我，不在馬超、韓遂，關西兵雖善習長矛，我將使其不得以刺。」大家聽了，將信將疑。可是曹操卻早已謀定在胸，他對發動這次收復關中的戰爭是充滿信心的。八月間，曹操一到潼關，就把兵馬集中，與關西聯軍夾潼關而陣，擺出決戰的態勢。

就在曹軍與關西聯軍夾關對陣不久，一天曹操忽然召見徐晃，問他有何良策破敵？徐晃似有所悟對曹操說：「主公盛兵於此，牽制著敵人的全部兵馬，他們連蒲阪（古黃河渡口，在今山西永濟縣東南）也不知防守，可見其無謀了。要是主公付精兵於我，暗渡蒲阪津迂迴敵後，可一戰成功。」曹操暗自心喜，徐晃之見和他胸中之策眞是不謀而合了。於是，兵不厭詐，機不可失，曹操更加做出要從正面和敵人展開大戰的樣子，而暗地卻派

馬超

馬超，字孟起，扶風茂陵人（今陝西興平東北）。漢伏波將軍馬援之後。祖父馬肅（字子碩），漢桓帝時為縣尉，後失官流落隴西，取羌女生父馬騰（字壽成），故馬超有四分之一羌人血統。馬騰後因討賊有功，拜征西將軍。馬超十六歲從父參加諸侯討董之戰，十七歲在對李傕、郭汜戰爭中，斬殺敵將王方，生擒李蒙，名動天下。建安十一年（二〇六年），馬超受父親馬騰派遣，跟隨曹操司隸校尉鍾繇討伐郭援、高幹於平陽，馬超部將龐德親斬郭援。後馬超被漢室封為衛尉、都亭侯、偏將軍。馬騰進京後，馬超統率其父馬騰之軍。建安十六年（二一一年），曹操行「假途滅虢」之計，逼反馬超。馬超一反，曹操即刻殺了馬騰在京全家三百多口，並在潼關一帶擊敗馬超。馬超敗退涼州，聯合羌部繼續抗曹，十八年（二一三年），幾乎控制了整個涼州。後夏侯淵西征，馬超內部分裂，妻子被部將所殺，無奈之下，投靠張魯。劉備西征，馬超受張魯手下楊松誣陷，歸降劉備，迫使劉璋亦降。劉備平定西川，拜馬超平西將軍、前都亭侯，後升左將軍。稱帝後拜馬超驃騎將軍，領涼州牧，鎮守陽平關（即現陝西勉縣老城）。漢昭烈帝劉備章武二年（二二二年）病逝，終年四十七歲。死後追諡威侯。馬超之子馬承繼承爵位，女嫁與劉備三子安平王劉理。馬超是三國第五大猛將。後人以為《三國演義》前表呂布，後表馬超。人稱「三國英雄數馬超」。在《演義》中，馬超面如冠玉，眼若流星，虎體猿臂，彪腹狼腰。曾與「赤膊上陣」的許褚在渭水大戰二百回合，所率西涼騎兵讓曹軍聞風喪膽，曹操讚道：「馬超不減呂布之勇！」又在葭萌關夜以繼日，點起千百火把，照耀如同白日，與張飛大戰數百回合，劉備讚道：「人言『錦馬超』，名不虛傳。」《演義》中，馬超臨終上書劉備，託付其弟馬岱。稱馬家三百餘口死於曹操之手，馬超一死，僅餘馬岱，請劉備關照。後馬岱在諸葛亮北伐期間有出色表現，官至平北將軍，封陳鄉侯，並在諸葛亮死後斬殺叛亂的魏延。

許褚怒目，馬超不動？

《三國志》〈魏志· 許褚傳〉、〈蜀志·馬超傳〉都說曹操與韓遂「會語」時，馬超「負其多力，陰欲突前捉曹公」，因看見許褚在曹操身邊「瞋目盼之，超乃不敢動」。此事不見本紀。《通鑑考異》認為：「按時超不與（韓）遂同在彼，故疑此說妄也。」今從之。

遣徐晃、朱靈率領步騎四千往北向西，從蒲阪渡過黃河，立營於黃河西岸。這麼一來，頓使關西聯軍陷入腹背受敵的被動局面。

其實曹操這一著棋，當時並沒能瞞過後來被諸葛亮讚之爲「兼資文武，雄烈過人」，不失爲「一世之傑」的馬超。馬超對此早有預料，鑑於曹操軍糧從河東運送，提出「宜於渭北拒之」的防禦之策。按馬超的估計，只要立營渭北，截斷曹操的河東糧道，不出二十日，曹軍「糧盡必走」，走而擊之，可獲大勝。可惜馬超這一應變之策，竟爲韓遂所阻，以致「計不得施」。值得一提的是，馬超這個計策雖未能實現，但後來曹操聽說了，不禁感嘆說：「馬兒不死，吾無葬地也。」足見曹操對馬超之不能容，誓非翦滅不可。

曹操在徐晃、朱靈立營河西之後，這年閏八月，他親自指揮大軍自潼關北渡，前去與徐晃、朱靈會合。那天大隊兵馬剛渡過河去，曹操正與虎衛士百餘人留在南岸斷後，忽然馬超率領步騎萬餘「掩至」，一片殺喊之聲，震天動地。面對這一突然出現的險況，曹操卻顯得十分鎮靜，他「猶坐胡床（坐具）不起」，許褚、張郃等率虎衛士將他團團圍護。馬超見此情景，立刻命令弓弩手亂箭齊發，一霎時箭如飛蝗，「矢下如雨」，許褚、張郃急忙保護著曹操上船。不料許褚剛把曹操扶上船，船工就中箭死了，許褚只好左手舉馬鞍遮蔽曹操，右手搖槳划船。正在這危急關頭，忽見南岸敵軍的弓弩手一下子都掉頭跑了。這到底是怎麼一回事呢？

原來是曹操的校尉丁斐故意「放牛馬以餌賊」，轉移敵人的目標。大概關西軍中缺食，士兵都爭著搶牲口了。這麼一來，曹操也就安然脫離險境到了北岸。將士都紛紛跑來向曹操請安問好，一見面大家都悲喜交集，有人還流著眼淚。倒是曹操想起了當年光武帝的一段經歷，不禁哈哈大笑說：「今日幾爲小賊所困乎！」藉以聊爲自慰。這大概也就是所謂諸葛亮〈後出師表〉中所舉的「殆死潼關」吧！至於《演義》中說，曹操在潼關被馬超殺得割鬚棄袍，卻不見諸史籍。

曹操渡河北上，再從蒲阪渡西河（今山西與陝西間自北向南的一段黃河）與徐晃、朱靈會合後，循河而南，「連車樹柵」，迅速築起了一條通達渭北的甬道，使河東地區提供的軍糧源源不斷運往前線。這一下，曹操更掌握了戰爭的主動權，從而迫使馬超、韓遂等關西聯軍不得不放棄潼關，退守渭口（渭水入黃河處，今陝西潼關縣北）。

這時，曹操針對敵人兵馬移動，他一方面多設疑兵，擾亂敵人的視線。與此同時，暗中以舟船運兵入渭水，搭浮橋，趁敵人不備，乘夜分兵結營於渭南。馬超得知消息，連夜趕來劫營，卻被曹操伏兵擊破。這麼一來，再次迫使關西聯軍移屯渭南，與曹軍相持。至此，曹操仍然堅壁以待，繼續貫徹一開始就制定的「戰在我，非在賊也」這一持久作戰方針，使善習長矛的西涼兵「不得以刺」，終於逼得馬超求戰不能，只好派人向曹操要求割地請和了。

然而這時，曹操的頭腦卻十分冷靜，他想得很多，也想得很遠，要是允許馬超請和，關中何時能平，關中不穩，怎能收定漢中，況且留著馬超、韓遂等人終成後患。於是他在拒絕馬超言和之後，這年九月，下令全軍悉渡渭水。哪知曹軍一部分剛渡過河去，就遭到馬超的騎兵衝突，致使營不得立，再加之地又多沙，連簡單的營壘也築不起來，因而曹軍未能全都渡過河去。

曹軍正在爲此發愁時，謀士婁子伯向他進策說：「今年天寒，可起沙爲城，以水灌之，一夜之間就可成功。」曹操依計而行，乘夜渡兵作城，果然一夜工夫就把城立起來了。於是曹軍悉渡渭水，與關西聯軍對峙於渭南。這一下，馬超、韓遂再也忍不住了，決心與曹操在陣上見個高低，決一雌雄。可是曹操卻依然堅壁以待，不管馬超等人如何挑戰，一概置之不理。於是逼得馬超再次向曹操言和，「固請割地，求送任子」。這一次，曹操納賈詡之計，「僞許之」，假意答應了。

曹操照計而行。這次代表聯軍出面講和的是韓遂，在韓遂約請曹操見面的那天，兩人在陣前交馬相談，談了一陣子，時而歡笑，時而拍手，顯得非常親密無間。原來，曹操和韓遂的父親是同年舉爲孝廉的，他又和韓遂同時出來做官，彼此也可算是老相識、老朋友了。而那天曹操和韓遂談的都是些過去在京都交往的故舊之事，沒完沒了，隻字「不及軍事」。即便韓遂想談，曹操也顧而言他，有意把話岔開。

就在曹操和韓遂交談快要結束時，聯軍陣裡的關中人和胡人都紛紛踮起腳尖想看一看中原鼎鼎大名的曹丞相。曹操見此情景，笑著招呼他們說：「你們想看看曹公嗎？他還不是和你們一樣，並沒有四隻眼睛，兩個嘴巴，只不過多點智慧罷了。」說完之後，和韓遂拱了拱手，就收兵而去了。

韓遂一回營，馬超就迫不及待來見他，問他與曹操言和的情況，曹操是怎麼說的？馬超這一問，倒眞把韓遂給問住了。今天在陣前和曹操聊了半天，既沒有談到割地請和，也沒有說起送子爲質，息兵罷戰。韓遂到底是長輩，他只好如實告訴馬超，說曹公和他只是敘舊聊天，沒談別的，至於軍事方面「無所言也」。但卻因此而引起了馬超的疑心。又過了兩天，曹操派人給韓遂送去一封書信，信上有好幾處都加以改動了，好像似韓遂自己塗改了的。馬超得到消息，求書一看，自以爲甚麼都明白了，憤然而出。自此，韓遂認爲馬超年輕氣盛，任情無禮，而馬超卻對韓遂愈加猜疑了。不用說，曹操施行賈詡之離間計成功了。

曹操正是趁韓、馬不合，相互猜疑之機，突然批下戰書，約與聯軍「克日會戰」。是日，曹操先以輕兵挑戰，馬超率聯軍悉出，雙方爭戰良久，眼看曹軍不敵，霎時，曹營鼓聲大振，曹操縱兩冀虎衛精兵齊出，奮力夾擊，聯軍立即潰敗。渭南這一仗，大破西涼兵馬，陣斬了成宜、李堪，楊秋逃奔安定（郡治臨涇，在今甘肅鎮原縣南），梁興退到鄜城（今陝西洛川縣東南），馬超、韓遂各自走還涼州去了。曾幾何時，熱熱鬧鬧的關西聯軍死的死了，逃的逃了。至此，關中地區眞正落入了曹操之手。

曹操收定關中，無疑是他在赤壁戰後取得的一次重大勝利。而這次用兵關中，卻又顯示了曹操非凡的軍事才能。在慶功宴席上，諸將忍不住向曹操請教說：「開初敵人守潼關，渭北空虛，不從河東渡西河擊馮（讀憑）翊而反集潼關，後來又北渡向西，繞了很大一個彎子，這是何道理呢？」

曹操笑了笑，回答說：「誠如大家所說，開初敵人拒守潼關，要是我們從河東進兵，敵人必定分兵

蕭何佐命功第一

見《三國志· 魏志· 武帝紀》。贊拜不名：即朝拜天子，司儀唱禮不直呼姓名，只報官爵。入朝不趨：入朝見君時不必快走。

劍履上殿：可帶劍穿鞋上殿。這三項特殊待遇，漢初劉邦因蕭何佐命功第一，賜給他享受過。

魏公

《資治通鑑》卷六十六獻帝建安十八年（二一三年）：「五月，丙申，以冀州十郡封曹操為魏公，以丞相領冀州牧如故。」胡三省

注：「時以冀州之河東、河內、魏郡、趙國、中山、常山、鉅鹿、安平、甘陵、平原凡十郡為魏國。」

嚴守各處關津渡口，這麼一來，則西河就過不去了。我是有意集兵潼關，使敵人悉眾南守，則西河之守備就更空虛了，因而徐、朱二將得以順利渡過西河。正因為有了這支兵馬立營西河，我們再引軍北渡，敵人就無能為力了。至於連車樹柵，作甬道循河而南，是如《兵法》所稱：先為不可勝以待敵之可勝。再說渡過渭水立下堅固營壘，敵至不戰，是驕敵之心，可笑敵人不作營壘而但求割地。後來我所以許之，順從其意，是麻痺敵人而不為戒備。時機一到，我集中生力軍突然攻擊，這就是《淮南子》之言，所謂『疾雷不及掩耳』了。用兵之道變化無常，不可拘守成規。」諸將聽了，大為嘆服。

有人又因戰事初起時，看見曹操得知關中諸將的兵馬每到一部，「輒有喜色」，這時也提出來向曹操討教，「問其故」。曹操點了點頭，說：「關中幅員廣大，若是敵人各據險阻以自守，要一個接一個前去討平他們，非得用上一、兩年時間不可。而今他們好不容易都集中到一起，其眾雖多，互不歸服，唯因他們沒有一個能夠統一指揮的主帥，我們就可以把他們一舉殲滅。這比一個

對金抓

「對金抓」是河南地方戲《撞山》中的一幕。故事描寫馬超與馬岱原為堂兄弟，西涼征西將軍馬騰因誅曹操反而被曹殺害，兄弟二人為報父仇又被曹操戰敗，因此長期分散，見面不能相認。一日，戰場相遇，兩人所用武器皆其祖上馬援所傳之金抓，兄弟終於相認而歡聚。

一個收拾他們就容易多了。所以我感到高興。」大家聽了，再次對曹操的卓識遠見表示嘆服。

從曹操這次用兵關中看來，足見其卓智超群，眼光遠大，不失爲三國時期一位傑出的軍事戰略家。在這次戰爭中，正因他料敵之精，識敵之深，知己知彼，他才能樂觀自信，謀成計定而好大喜功，最後終於穩操勝券，達到預期的目的。

九　錫

據《後漢書·獻帝紀》李賢等注引《禮含文嘉》曰：「九錫謂一曰車馬，二曰衣服，三曰樂器，四曰朱户，五曰納陛，六曰虎賁百人，七曰斧鉞，八曰弓矢，九曰秬鬯。」此為古時天子賜給大臣的最高禮遇。

再從關西聯軍失敗的教訓來看，確如胡三省在《資治通鑑》注上所稱：「當此之時，關西之兵最爲精強，而破於操者，法制不一也。」這個法制不一，正是關西聯軍失敗的根本原因，也是曹操看準了而致敵於死地的關鍵所在。不然的話，賈詡之計何以得逞，十部兵馬豈能一舉擊潰。由此可見，統帥的作用，嚴明的紀律，從來都是戰爭成敗的一個帶決定性的因素。即就是曹操在這次戰爭中所說的「軍無適主（適讀嫡，適主就是專主，指統帥），一舉可滅」的道理。在這一點上，從古今成敗的萬千戰例中，可以得到充分的證明。

這年冬十月，曹操親自從長安北征逃往安定的楊秋。大軍圍困安定之後，楊秋投降了。曹操鑑於大局已定，爲了招納叛逃，他讓楊秋恢復爵位，並使之「留撫其民」。曹操本想向西進兵追擊馬超、韓遂，斬草除根，同時再把稱王隴西的宋建一併加以解決，不料河北河間郡爆發了以田銀、蘇伯爲首的亂事，他不得不提兵東歸。十二月，曹操自安定回師時，留下夏侯淵鎮守長安，而以張既爲京兆尹，招撫流民，「興復縣邑」，把關中的勝利迅速鞏固起來，爲他用兵漢中、進窺巴蜀做好準備。

第二年春正月，曹操回到鄴城時，曹丕已派將軍賈信率兵把河間田銀、蘇伯鎮壓了。曹操對關中用兵的勝利，更使他權勢寧赫，聲望增高，漢獻帝不得不下詔表彰他，給他以「贊拜不名，入朝不趨，劍履上殿」三項特權，如漢初蕭何故事。這年五月曹操在誅了馬騰之後不久，命夏侯淵、徐晃等幫助左馮翊鄭渾，討滅了去年逃到鄜城的馬超餘黨梁興。就在這一年，曹操因荀彧諫阻他進位魏公，而在南征孫權的途中，把荀彧逼死於壽春。

下一年（建安十八，西元二一三年）五月，漢獻帝以冀州十郡封曹操爲魏公，仍以丞相兼領冀州牧如故，又加「九錫」以示榮寵。自此，魏國初建，「置丞相已下群卿百僚」，也有一套完備的官制。隨著曹操手中權力的增大，漢帝國也就更加名存實亡了。這年曹操以三女（憲、節、華）爲貴人，送入宮中，從而更直接控制了漢獻帝。就在曹操進位魏公的這一年，馬超在隴西收聚羌、胡兵眾，重新扯起了反曹的大旗。這次馬超起兵，來勢洶猛，倒眞是替父報仇了。隴上郡縣紛紛響應，唯涼州重鎮冀城（爲漢陽郡治，在今甘肅甘谷縣南）固守不聽。這時，馬超盡兼隴右之眾，又得到漢中張魯的支援，派了大將楊昂領兵前來幫助他。馬超以精兵萬餘進圍冀城。從這年正月守至八月，救兵不至，涼州刺史韋康派別駕閻溫出城向夏侯淵告急，又被馬超擒殺，韋康眼看大勢已去，打算投降了，涼州參軍楊阜哭著諫阻也不聽。哪知城門一開，馬超進城就把韋康殺了。可是馬超卻認爲楊阜是個忠臣，不但沒有殺他，而且還對他表示信任。恰好楊阜因妻子死了，他向馬超請了假，回家辦喪事。馬超在殺了韋康占領冀城之後，自稱征西將軍，領并州牧，又督涼州軍事。看來，馬超決心再到東邊和曹操較量一番。

當曹操得知馬超再次起兵反西涼時，暗自心驚，忽然想起了前年自安定回師東歸時，涼州參軍楊阜曾提醒他說：「馬超有韓信、黥布之勇，又甚得羌、胡之心，若大軍東歸，不加防備，隴上諸郡非國家之所有也。」而今果如其言。曹操立命夏侯淵率兵救援冀城，可是夏侯淵還未至而冀城已落入了馬超之手。當

青銅印

三國 魏/西晉

鳥丸、氐、羌、胡、匈奴、屠各為少數民族的名稱，青銅印記錄了中原漢族政權受予少數民族首領的政治名號。

漢中地區的「五斗米道」政權

中平元年（一八四年）二月，張角率「太平道」信徒起事，同年七月，「五斗米道」首領張魯、張修在川中率領道徒起兵響應。張角黃巾軍失敗後，益州（今屬四川）牧劉焉以張魯為督義司馬，張修為別部司馬，初平二年（一九一年），命其攻打漢中蘇固。張修殺蘇固，張魯殺張修，奪其兵眾，劉焉子劉璋又盡殺魯母家室。張魯遂割據漢中，建立政教合一的「五斗米道」教政權。東漢政權無力征討，乃命張魯為鎮南中郎將（一作鎮夷中郎將），領漢寧太守。於是，張魯以政、教首領的雙重身分，在蜀、漢地區大力推行「五斗米道」。

據載，張魯不設長吏，以五斗米道各級首領管理政教事務。入道者初名「鬼卒」，入已久並篤信其教者，號「祭酒」，任統轄教民之職，統領教民多者稱「治頭大祭酒」。張魯自號「師君」即天師，為五斗米道的最高首領。組織系統即：鬼卒—祭酒—治頭大祭酒—師君。

張魯於境內通衢設「義舍」，置義米肉供行人量腹取食，實施寬刑、禁酒等利民措施，史稱「民夷便樂之」。在漢末天下大亂之際，其統治區域巴、漢成為比較安定的地區，延續了近三十年之久。建安二十年（二一五年），曹操攻漢中，張魯降曹。隨著張魯及其部曲的北遷，五斗米道傳播到北方、南方，特別是豪門士族之中，成為全國性的大教派，更名「天師道」。

夏侯淵進兵到了離冀城二百餘里的地方，就和前來迎戰的馬超遭遇上了，與戰不利，夏侯淵打了敗戰。這時，氐王千萬也起兵響應馬超，屯據興國（今甘肅秦安縣東北）。夏侯淵知不可勝，只好引兵退守長安了。

這年九月，馬超正提兵東進，乘勝追擊夏侯淵時，忽然得知向他告假歸家辦喪事的楊阜，竟聯絡了姜敘等幾個涼州將軍共同起兵反對他，馬超怒不可遏，急忙趕回冀城。不料城裡的南安人趙衢等也與楊阜同謀合夥，充作內應，趁馬超出城擊討楊阜、姜敘等人時，關閉了城門，並把馬超的妻、子一家滿門統統殺了，還把人頭從城上拋下去。這一下，可把個馬超氣得半死，致使他「進退失據」，沒奈何只好帶著堂弟馬岱和部將龐德等往漢中投奔張魯。後來，馬超復奪涼州未成，又遭張魯左右之嫉，他留下龐德在漢中養病，帶著馬岱歸降了劉備，成爲劉備的五虎上將之一。

曹操得知馬超兵敗逃奔漢中之後，心中大喜，他大封討伐馬超的有功之臣，「侯者十一人」，並特別嘉獎楊阜，稱他「與群賢共建大功」，「剖心以順國命」，賜爵關內侯。曹操趁馬超兵敗之機，命夏侯淵進兵隴上，徹底掃除隴西的敵對勢力。

第二年（建安十九年，西元二一四年）春天，夏侯淵在打敗從張魯那裡借了兵馬妄圖復奪涼州的馬超之後，正要襲攻駐屯顯親（今甘肅天水縣西北）的韓遂。韓遂得到消息，急忙逃歸金城（今甘肅蘭州市西北），並與屯據興國的氐王千萬聯合，糾集萬餘羌、胡騎兵眾，反主動來與夏侯淵交鋒。結果被夏侯淵厲兵奮擊，一舉打敗，迫使韓遂逃往西平（今青海西寧市），後來（次年）爲部下所殺。與此同時，夏侯淵乘勝進圍興國，氐王千萬棄城而逃，輾轉投奔馬超到蜀中了。到這時，關隴稱兵作亂的反叛勢力一個個都被曹操翦除了，僅剩下一個雖未起兵反抗，但曹操決不允許他再繼續存在下去的土皇帝——稱王枹罕（屬隴西郡，在今甘肅臨夏市東北）的宋建了。

說起這個宋建，正是趁漢末涼州兵亂，在枹罕起兵而形成的一個割據勢力。他在漢末群雄割據中，算是一個特殊的現象，儘管勢力不大，但卻最早稱王。而且他的膽子也不小，自以爲「居河上流」，竟自稱「河首平漢王」，還改了年號，又設置了百官，儼然形成一個「國中之國」。到曹操消滅他這一年，已在隴西稱王三十餘年了。

這年冬十月，曹操命夏侯淵自興國率兵討伐宋建。夏侯淵進兵包圍枹罕，一舉拔之，屠了城，殺了宋建。與此同時，夏侯淵派張郃等人渡過黃河，進兵小湟中（今青海東部），河西「諸羌皆降」。

至此，曹操前後用了四年左右的時間，算是最後收定關隴了。

可是就在這一年，曹操鑑於劉備已從劉璋手中奪占了益州，擔心劉備進窺漢中，再威脅關中，他必須搶在劉備的前面拿下漢中，拱衛關中，待條件成熟，就南下巴蜀，席捲江東，盡他最大的努力來完成平定天下的大業。這年整六十歲的魏公曹操，在收定關隴之後，就積極籌措準備對漢中用兵了。

三、漢中得而復失

漢中是曹操、劉備兩大集團的必爭之地。尤其劉備在占領益州之後，他身邊的有識之士視漢中爲益州之「咽喉」，所謂「若無漢中則

舂米畫像磚
東漢
1955年四川彭山出土
益州是一個地勢十分險固的地方，腹地遼闊，沃土千里，向來稱為天府之國，漢高祖就是靠這塊地盤進取天下，建成了帝業的。

無蜀也」，勢必非奪取漢中不可。當時，漢中郡（治南鄭，在今陝西南鎮縣東）在地域區劃上又屬於益州管轄範圍，豈容他人染指。更不用說，劉備集團之必爭漢中，還有更大的戰略目標，即就是所謂「率益州之眾出於秦川」了。在這一點上，曹操的擔心倒是事實。然而止當曹操趁平定關隴之機，準備乘勝進取漢中時，朝中卻發生了一樁令他感到吃驚的大事件，使他不得不暫時擱下，待他把這件「大事」處理完畢之後，再用兵漢中。這到底是怎麼一回事呢？

話還得從漢獻帝與曹操的關係上說起。

漢獻帝自遷許都以來，史稱其「守位而已」，無非做個掛名皇帝罷了。特別是漢獻帝左右的侍衛之臣又差不多盡都是曹氏親信，他的一言一行皆受人監視。看來，漢獻帝這個皇帝也當得實在可憐，連說話辦事都不能自由，簡直過著形是皇帝、實則囚徒的生活。大概在發生了董承受衣帶詔的那件事以後，曹操對他監視得更嚴了。去年曹操做了魏公，乾脆把三個女兒也送進宮裡去「伺候」陛下，這麼一伺候，使得漢獻帝連吃飯睡覺也得謹慎加小心了。

當然，在這種情況下，朝中也有極個別不怕死的官員，敢於和漢獻帝說點要緊的話。議郎趙彥就是這麼一位。他常向漢獻帝「陳言時策」，談點救時補偏的意見。漢獻帝在孤寂之中，能有趙彥這樣的忠臣常來和他聊聊，至少對他在心裡上總是一種安慰。可是卻因此而引起了曹操對趙彥的討厭，「惡而殺之」，隨便給趙彥加個罪名就殺掉了。或許這件事對漢獻帝刺激太大，在事後見著曹操時氣得渾身發抖，竟自說出了請曹操對他「垂恩相捨」的話，把個曹操弄得十分尷尬，以致「汗流浹背」。自此以後，「不復朝請」，曹操再也不入朝見漢獻帝了。曹操不去見漢獻帝，並不等於漢獻帝就自由了，恐怕日子更不好過。果然不久，就在曹操準備用兵漢中之前，一場「酖殺」皇后的大獄發難了。追本溯源，這事卻與建安五年（二〇〇年）曹操誅殺董承的那件案子直接有關。

原來那一年，曹操在誅了董承及其同黨之後，並夷及三族，哪怕董承之女是漢獻帝的貴人也不放過。當時，漢獻帝因董貴人身懷有孕，再三向曹操求情也不准。董貴人被殺的悲慘情景，使得漢獻帝的伏皇后感到十分恐懼，恐懼之餘，不由得對曹操的凶橫萬分憤恨。於是伏皇后提筆給父親輔國將軍伏完寫了一封書信，言及曹操當時的「殘逼之狀」，請父親暗中設法除掉曹操。可是伏完卻沒有當年董承的那份膽量，不敢發動，只好不哼聲了事。直到這時，雖然伏完於赤壁戰後一年死去，至今已有好幾年了，卻仍被人告了密，還眞被曹操派人搜出了伏皇后寫給父親的那封書信。曹操一見書信，不禁大怒，再也忍不住了。這年十一月，曹操乾脆代替漢獻帝下了一道〈策收伏后〉（〈假為獻帝策收伏后〉）的詔令，命御史大夫郗慮持節前去收繳皇后印綬，同時又派繼荀彧做了尚書令的華歆勒兵入宮，去收捕皇后。

伏皇后得知消息，急忙命內侍緊閉宮門，自己則躲在夾牆內。華歆仗著曹操的權勢，「壞戶發壁」，終把伏皇后從夾牆裡拖了出來。這時，漢獻帝和郗慮坐在外殿，但見伏后披頭散髮，赤著腳，

七姓夷王

《通鑑》胡三省注：「杜濩，賨邑侯也。朴胡，巴七姓夷王也。餘據板循蠻渠帥有羅、朴、督、鄂、度、夕、龔七姓，不輸租賦，此所謂七姓夷王也。其餘戶歲入賨錢，口四十，故有賨侯。孫盛曰：『朴，音浮；濩，音户。』」

被押了出來，心中悲痛已極，呆呆看著她。伏后經過他面前，哭著對他說：「陛下不能救救我嗎？」伏后這一問，漢獻帝不由得落下淚來，無可奈何說：「我亦不知能活到哪天？」又回頭對郗慮說：「郗公，天下豈有這樣的事麼？」就這樣，當了二十年皇后的伏壽，連同她所生的兩個皇子，「皆酖殺之」，都被曹操用藥酒毒死了。並且還株連她的兄弟及其宗族，一共死了一百多人。

在伏皇后被殺之後兩個多月，即就是建安二十年（二一五年）春正月，曹操也不管漢獻帝願不願意，他於前年送進宮做貴人的三女之中，爲漢獻帝選立了他的次女曹節作皇后。這麼一來，漢獻帝更被曹操控制了。又過了兩個月，這年暮春三月，曹操在把朝中大事大體安排就緒之後，就迫不及待調集十萬大軍，親自西征，開始對漢中張魯用兵了。

說起這個張魯，還眞有點來歷。他和曹操還是同郡（沛國）人。他的祖父張陵於漢末流寓蜀

張魯

楊彪，字文先，東漢弘農華陰（張魯，字公祺（一作「公旗」），是「五斗米道」的第三代傳人，於漢中建政教合一的「五斗米道」政權，採取寬惠的統治政策，得到人民擁護和巴夷少數民族首領的支持，得以割據三十年。降操後拜鎮南將軍，封閬中侯（一作「襄平侯」），邑萬户，其五子皆封侯，且與曹操聯姻，後世有稱「張鎮南」。次年張魯卒，諡「原侯」，葬於鄴城（今河北臨漳）東。元武宗至大元年（一三〇八年），追封「太清昭化廣德真君」。

張陵

張陵為「五斗米道」創始人，沛國豐（今江蘇豐縣）人。順帝時入蜀，居鶴鳴山（今成都大邑境）學道，作道書（符書），為人治病傳教，「百姓翕然奉事之以為師」。他則將教民分設二十四「治」，以其中陽平治（今四川彭縣）、鹿堂治（今四川綿竹）、鶴鳴治（今成都大邑）為傳教中心。因入道者需交信米五斗，故俗稱「五斗米道」。張陵死後，其子張衡、孫張魯相繼掌教，世人稱「三張」。道內稱「三師」，即：「天師」張陵，「嗣師」張衡，「系師」張魯。

蘇州桃花塢木版古年畫：天師鎮宅。

中，曾在蜀郡鵠鳴山（又稱鶴鳴山，在今四川大邑縣北）中學道，創立了一種原始道教——「五斗米道」，是因信道的人須出五斗米而得名。張陵死後，張魯的父親張衡繼續傳道。從五斗米道藉宗教來爲人治病、招攬信徒這一點來看，它和當時東邊張角利用「太平道」來組織黃巾軍相彷彿，所以它在統治者眼中被同樣視之爲「妖賊」，或稱「米賊」。張衡死後，張魯又繼父傳道。

黃巾之後，天下大亂，益州牧劉焉「撫納離叛」，「陰圖異計」，任命張魯爲督義司馬，和別部司馬張修一起領兵攻打漢中太守蘇固。豈知打下漢中，殺了蘇固之後，張魯趁機襲殺了張修，「奪其眾」，接收了他的軍隊。自此，漢中被張魯占領了。劉焉死後，其子劉璋繼爲益州牧，由於張魯不把劉璋放在眼裡，致使劉璋一怒之下，殺了他的母親和弟弟，於是兩家「遂爲仇敵」。後來劉璋多次對漢中用兵，都被張魯打敗了，而且還讓張魯占領了一部分巴中（泛指嘉陵江、渠江上游地區）地盤。無怪乎懦弱無能的劉璋只好從荊州請來劉備，幫助討伐張魯，結果引虎自衛，反被虎傷，落得個身走國滅的下場。張魯眼睜睜看著劉備從劉璋手裡奪占了益州，馬超也從漢中投歸了劉備，他正擔心劉備乘勝進兵漢中攻擊，可是劉備的兵馬未到，曹操的大軍卻先來了。

三月間，曹操親統大軍到了陳倉（今陝西寶雞市東），按計畫是從武都（郡治下辯，在今甘肅成縣西）進入氐人居住地區，忽然得到報告，說「氐人塞道」，堵住了去路。曹操立即派遣張郃、朱靈等率兵「攻破之」，掃除了障礙。這年四月，曹操自陳倉出散關（今陝西寶雞市西南），進至河池（屬武都郡，在今甘肅徽縣西）時，又遇氐王竇茂率眾萬餘人「恃險不服」，擋住了去路。五月間，曹操進兵攻打，在把他們聚殲之後，又經過一個多月的艱苦行軍，於這年秋天七月才到達陽平關（今陝西勉縣西北）。

張魯一得到警報，自知不是曹操的對手，打算舉漢中投降。可是他的弟弟張衛不肯，認爲漢中地勢深險，可以守住。於是張衛率領數萬兵馬趕到陽平關，「拒關堅守」，又沿山築城十餘里，以爲久拒之計。

起初，曹操聽涼州從事和武都降人告訴他，說「張魯易攻，陽平關和南、北兩山相去甚遠，很難守住」。及至曹操親臨一看，事實並非如此。陽平關山連關險，眞是一將當關，萬夫莫開。不過，曹操既然來了，不管怎麼困難也得進兵攻取。可是當曹操督率諸軍仰攻關上諸屯時，確實因「山峻難登」，既不能如期攻下敵屯，又傷亡了不少將士，再加之「軍食且盡」，眼看吃的也快完了，這使得一向用兵樂觀的曹操至此也感到有點沮傷喪氣了。到這時，曹操當機立斷，打算拔出軍隊，「截山而還」，以避免更大的損失。

不料曹操派遣夏侯惇、許褚到山上召回兵馬時，恰逢前軍因夜黑迷路，誤入張衛別營，營中敵人大驚奔散。時侍中辛毗、主簿劉曄等在後面得此情況，立即告訴夏侯惇、許褚，說「官兵已占據敵人要屯了」。夏侯惇還眞不敢相信，等他親自向前察看證實之後，立刻飛報曹操。曹操頓時轉憂爲喜，統率諸軍乘險夜襲，猛攻張衛。這一仗，在陣斬了張衛部將楊任之後，張衛眼看大勢已去，乘夜遁逃，曹軍因而搶占了陽平關。

張衛逃回南鄭後，張魯見陽平關丟失，又準備投降了。謀士閻圃告訴他：「若是現在打了敗仗就投降，沒有甚麼好處。不如暫時到巴中依附巴、賨夷帥朴胡、杜濩，與之相拒，然後再俟機歸降，情況就大不相同了。」張魯同意了。當張魯正要放棄南鄭逃奔巴中時，左右又有人勸他把倉庫貯存的寶貨和糧食統統燒掉，以免落入曹操之手。張魯感嘆說：「我本欲歸順朝廷，而未能如願。我現在出走，是暫時避避鋒芒，非有惡意。寶貨倉庫乃國家所有，不可燒毀。」於是他把倉庫全都封存之後，逃奔巴中去了。

曹操兵不血刃到了南鄭，一見倉庫封藏完好，張魯把寶貨糧食全都留給了他，不禁大爲感動，又得知張魯本有歸順之意，於是立即派人到巴中撫慰他。九月間，張魯還

曹丕

曹丕，字子桓。幼有異才，八歲能著文，善騎射，好擊劍，常從曹操征戰。歷任五官中郎將、副丞相，立為魏王世子，鎮守鄴城。曹操去世後，繼位為丞相、魏王，不久代漢稱帝，是為魏文帝，在位七年去世。

曹丕是建安文學代表人物之一，有集二十三卷、《典論》五卷、《列異志》三卷，今多散失。明人編有《魏文帝集》，與曹操集、曹植集合稱《三曹集》。曹丕與曹植，文學才華上曹植占優，政治、軍事才能曹丕更勝一籌。曹丕智囊團中堅與曹植智囊清一色文士不同，是號稱「四友」，具有豐富政治軍事經驗、老謀深算的司馬懿、陳群、吳質、朱鑠。

未來歸降，巴、賨夷帥朴胡、杜濩、任約等倒先來了。他們各舉其衆前來歸附，曹操分巴郡爲巴東、巴西、巴三郡，以朴胡爲巴東太守、杜濩爲巴西太守，任約爲巴郡太守，又都封爲列侯。這年十一月，張魯放心回到了南鄭，舉家向曹操表示臣服。曹操拜張魯爲鎮南將軍，封閬中侯，食邑萬戶，並以「客禮」優待張魯。還爲他兒子曹宇聘娶了張魯的女兒，又封張魯的五個兒子和閻圃等「皆爲列侯」。特別是曹操還收降了去年馬超投劉備時而留在漢中養病的部將龐德，「聞其驍勇」，拜爲「立義將軍」，封關門亭侯。

就在曹操占領漢中後，丞相主簿司馬懿向曹操建議說：「劉備以詐力奪占益州，蜀人還未眞心歸附，而現在他卻遠爭江陵，這是一個絕好的機會。今天克定漢中，益州震動，若我們乘勝進兵，勢必瓦解，此機不可失也。」曹操聽了，搖了搖頭。另一謀士劉曄卻和司馬

《上尊號碑》拓本

三國 魏

原碑在河南許昌。此碑為漢末隸書的代表作，相傳為書法家鐘繇所書。鐘繇為三國時期書法家，被認為發展了楷書，對漢字的定型有很大貢獻。

懿的看法一致，也勸曹操掌握時機對益州用兵，並提醒曹操說：「要是錯過這個機會，時間一拖，諸葛亮明於治國而爲相，關羽、張飛勇冠三軍而爲將，蜀民一安定下來，上下齊心，據險守要，就難辦了。今不取，必爲後憂。」曹操還是搖了搖頭，他感慨說：「人心苦於不知滿足，既得隴，又望蜀，還是算了吧！」

其實，曹操何嘗不想趁兵定漢中之機，乘勝直下巴蜀，然而這時他已得知孫權出動十萬大軍，進圍合肥，而合肥守軍才七千餘人，軍情十分緊急，他哪裡還有心思在西邊再和劉備重開兵釁呢？正是由於近幾年來他收定關隴，用兵漢中，把主要兵力都集中在西邊，要是東南出了差錯，西邊也不會安穩。

曹魏武將（二二一年以後）

大司馬	曹仁 曹休 公孫淵
大將軍	夏侯惇 曹真 司馬懿 曹宇 曹爽 司馬師 司馬昭
驃騎將軍	曹洪 司馬懿 趙儼 劉放 孫資 王昶 趙酆 司馬望 石苞
車騎將軍	曹仁 張郃 公孫恭 黃權 郭淮 孫懿
衛將軍	曹洪 孫資 司馬師 司馬昭 胡遵 司馬望 司馬伷
中軍大將軍	曹真
上軍大將軍	曹真
鎮軍大將軍	陳群 甄德
輔國大將軍	甄溫
撫軍大將軍	司馬師 司馬炎
征東大將軍	曹休 諸葛誕 石苞
征南大將軍	夏侯尚 王昶
鎮東大將軍	諸葛誕
征東將軍	曹休 滿寵 胡質 胡遵 州太
征西將軍	夏侯淵 張郃 趙儼 夏侯玄 郭淮 陳泰 司馬望
征南將軍	曹仁 夏侯尚 王昶
征北將軍	程喜 何曾
鎮東將軍	臧霸 諸葛誕 毌丘儉 王基 石苞
鎮西將軍	曹眞 鄧艾
鎮南將軍	張魯 黃權 毌丘儉 諸葛誕 王基 王沈
鎮北將軍	呂昭 劉靖
前將軍	張遼 滿寵 郭淮 文欽 李輔
左將軍	于禁 張郃 郭淮 毌丘儉 司馬亮
右將軍	樂進 徐晃 夏侯霸 司馬由
後將軍	朱靈 文聘 曹洪 牛金 鍾毓

何況劉備這年一得知曹操兵入漢中時，就急忙和孫權簽訂了湘水之約。在達成了平分荊州的協議之後，就從江陵趕回，立派護軍黃權督師進兵三巴（巴東、巴西、巴郡），擊走了曹操所置的三位太守。接著，劉備又使張飛打敗了曹操派來復奪三巴的張郃。儘管這時曹操已得知張遼在合肥以少勝多擊敗了孫權，但他還是不敢貿然進兵巴蜀，鑑於孫、劉聯盟還繼續存在，只好退讓一步。他於這年十二月自南鄭回師時，以夏侯淵爲都護將軍，督張郃、徐晃等鎮守漢中，並以丞相長史杜襲爲駙馬都尉，留督漢中事。

在兵定漢中的第二年春二月，曹操回到鄴城。五月，漢獻帝下詔進封曹操爲魏王。這可是曹操一生最高的爵位了。要是再往上升，就只好請漢獻帝推位讓國了。耐人尋味的是，儘管曹操做了魏王，他仍以丞相兼領冀州牧如故。由此看來，曹操既重名位，更重實權。只有有權而又有地盤，心裡才會踏實。曹操不失爲三國時代最懂得實力政治的一位權謀家。正因他有實力，皇帝也得聽他擺佈。在漢獻帝進封他爲魏王時，他依例「上書三辭」，漢獻帝下詔「三報不許」，最後又以手詔勸他「勿復固辭」，在做過這些表面文章之後，曹操才心安理得戴上王冠了。

這年七月，匈奴南單于呼廚泉入朝拜賀魏王曹操，曹操留他住在鄴城，而命匈奴右賢王去卑回去替他監理國家。曹操待單于如列侯，允許子孫承襲封號，並把南匈奴分爲左、右、前、後、中五部，安置在并州諸郡，各立其貴人爲帥，而選漢人爲司馬以監督他們。

曹操臣服匈奴，更使他聲威遠播了。次年（建安二十二年，西元二一七年）春天，曹操親統大軍南征孫權。他在迫使孫權與他修好講和之後，四月漢獻帝下詔命魏王曹操設天子旌旗，出入稱「警蹕」（古代天子出稱警，即警戒以行之意；入稱蹕，即清道以止行人），更把曹操的身價提高到接近皇帝的地步了。十月，曹操立五官中郎將曹丕爲王太子。可是就在這一年，劉備開始出兵來和曹操爭奪漢中了。

這年冬天，劉備納法正之策，親自統率趙雲、黃忠、魏延等進兵漢中的同時，並以張飛、馬超、吳蘭等率兵入武都，屯下辯（武都郡治），牽制曹軍，配合主力進攻漢中。曹操得到報告，立即派遣都護將軍曹洪進兵爭奪下辯，同時命夏侯淵嚴守陽平關阻擋劉備。曹操本想親身前往，但他卻非常擔心坐鎮荊州的關羽會配合劉備而從東邊發起進攻。大概這時他也隱約感到許都內部的問題，有人私下爲漢獻帝嗚不平，準備乘機起來反對。因此，他只好坐鎮鄴城，而以丞相長史王必統管御林兵馬督守許都。

這倒被曹操看準了。當時許都確實有人計畫發動政變推翻他。京兆人金禕，字德禕，乃西漢武帝時大臣金日磾（讀密滴）之後，因他家「世爲漢臣」，眼看「漢祚將移」，心不能平。他聯絡了少府耿紀、司直韋晃、太醫令吉本等人，於第二年（建安二十三年，西元二一八年）春正月發動了政變。按他們的政變計畫是，先謀殺王必奪其軍，後挾天子以攻魏，再南引關羽爲支援。儘管他們的計畫不錯，但力量實在太小。當他們乘夜率家兵千餘人突然進攻王必火燒軍營時，儘管王必也中了箭，受了傷，但卻逃走了。第二天一早，王必聯合屯田許下的潁川典農中郎將嚴匡發兵，就把這次政變平定了。後十餘日，王必卻因箭傷發作而死。

曹操在鄴城前後得到急報，先是一喜，後不禁大怒。喜的是這次政變很快就被鎮壓了，怒的是對他忠心耿耿、「心如鐵石」的王必卻因此死了。曹操立即派兵把朝廷百官統統召到鄴城來，傳令叫那晚救火的站在左邊，不救火者站在右邊。眾官多以爲救火的必無罪，都往左邊去。結果曹操下令把左邊站的全都殺了，按他的邏輯是，這些人哪裡是爲救火，而是趁火打劫的，巴不得那晚火愈燒愈旺。經過曹操這次清洗，朝廷漢官幾乎被曹操斬盡殺絕了。不用說，冤枉死了不少人。這一下，曹操總算放心些了，使朝中那些反對他的倖存者不寒而慄，暫時不敢有所異動了。

這年三月，曹操得知曹洪進兵擊斬了吳蘭，迫使張飛、馬超退走，收復了下辯。曹操正在興頭上，忽然傳來代郡烏桓背反的消息，立即派兒子鄢陵侯曹彰率兵往討。臨行時，曹操告戒曹彰說：「居家爲父子，受事爲君臣，動以王法從事，爾其戒之。」在送走曹彰之後，他對漢中戰事極不放心。

七月間，他調集兵馬準備親自西征劉備，但卻又掛記著北邊的戰事。

好在九月他到了長安後，就得到鄢陵侯曹彰平定烏桓又臣服鮮卑的捷報。可是正當他又在興頭上，十月間忽得知宛城守將侯音反了。曹操眞是一時喜來一時憂，怎麼他做了魏王的這一年多來，造反的人反而更多了呢？曹操只好暫時留兵長安觀變，命屯兵樊城的征南將軍曹仁就近回師討伐侯音。

然而就在第二年（建安二十四年，西元二一九年）春正月，曹仁進兵屠宛城斬了侯音之後不久，忽然從漢中傳來噩耗，劉備在定軍山用法正以逸待勞之計，使老將黃忠一戰斬了曹軍主將夏侯淵。曹操得此消息，眞嚇呆了。不要說夏侯淵爲他收定關隴戰功卓著，而且他和夏侯淵還有兄弟之誼。他經常告誡夏侯淵說：「爲將當知有怯弱之時，不可一味恃勇輕敵。將領固然以勇爲本，但還須善用計謀。只知逞勇，不過是匹夫之敵罷了。」曹操思前想後，禁不住落下淚來。

在夏侯淵死後的這年三月，曹操自長安入斜谷，他先派兵把守住要害之處，防備蜀兵攔截，然後趕往南鄭。劉備得知曹操到來，滿懷信心說：「曹公雖來，無能爲也，我必有漢川矣！」曹操本想和劉備見個高低，而劉備卻斂眾據險，不和曹操硬拚。這麼一來，倒使曹操求戰不能，有勁用不上。又過了一個多月，曹操戰守無策，計窮智盡，再加之軍士逃亡不少，心中十分煩悶。這時，曹操很擔心要是在東邊出了事，那就更麻煩了。可是當他打算退兵時，卻又有些不甘心，眞使他感到進退兩難，不知所措了。

一天有人向曹操請示軍中口令，他竟出令爲「雞肋」，身邊的人都不解其意。倒是主簿楊修便動手整理行裝了，大家吃驚問他：「你怎麼知道的？」楊修說：「雞肋是棄之可惜，要吃又沒多少肉，魏王用來比譬漢中，這不是明擺著要撤軍了嗎！」這倒被楊修看準了。這年五月，曹操經過反覆考慮之後，終於放棄了這塊被他比之爲

曹植私開司馬門

《三國志．魏志．陳思王植傳》稱曹植「嘗乘車行馳道中，開司馬門出。太祖大怒，公車令坐死。由是重諸侯科禁，而植寵日衰」。

裴注引《魏武故事》載令曰：「始者謂子建，兒中最可定大事。」又令曰：「自臨菑侯植私出，開司馬門至金門，令吾異目視此兒矣。」據《水經．谷水注》似曹植開司馬門事在洛陽。《三國志選注》認為：「這時漢獻帝都許，曹操封魏王，居鄴，洛陽荒殘，並非政治中心，曹植為何在洛陽開司馬門？」並引清人潘眉根據裴注《魏武故事》載令中「開司馬門至金門」的話，以金門即是鄴城之金明門的說法，認為此司馬門應是鄴城「魏王宮的司馬門」。此說為是。司馬門：即宮門置司馬掌管而得名。值得注意的是，曹植是「乘車行馳道中，私開司馬門」而引起曹操「大怒」的。這裡所說的「馳道」，即中道，又稱御街，是專供天子出入車行之路。曹植以此犯禁違禮，故而失寵。

「雞肋」的漢中要地，拔出漢中之軍退還長安。自此，劉備得漢中。這年七月，劉備稱漢中王。

值得一提的是，曹操得漢中而失漢中，是勢所必然，而劉備之爭漢中而得漢中，亦勢所必然。曹操從張魯手中奪取漢中後，不乘勢進取巴蜀，正如法正對劉備所分析的，並非他「其智不逮，而力不足也」。曹操從當時天下大勢出發考慮，感到進兵巴蜀對他不利。事實上那年孫權趁他用兵漢中之機，以十萬大軍進圍合肥。要是他再直下巴蜀和劉備、諸葛亮兵連禍結，把主力長期膠著在西邊，萬一孫權在東南發起更大的攻勢，一旦突破淮南防線，直迫他的鄴城腹心之地，再加之關羽從荊州北上威逼許都，這種局面要是出現了，曹操實在是難以應付的。所以他在占領漢中後不久，派張郃出兵三巴小試鋒芒吃了敗仗之後，留下夏侯淵鎮守漢中，就「身遽北還」了。

不僅如此，曹操更從漢中所處的戰略地位上考慮，劉備早晚必定傾全力來爭，勝負尚未可知。因此，他在以夏侯淵鎮守漢中的同時，而又以丞相長史杜襲爲駙馬都尉，留督漢中事。這個杜襲的任務非常清楚，他受命「綏懷開導」，軟硬兼施，確實做了一番安撫工作，從而把漢中百姓八萬餘口陸續遷出，安置到洛陽、鄴城。由此看來，曹操對漢中這塊地盤能否守住是早有懷疑的。不然的話，他怎麼會把那麼多的漢中居民遷移出境呢？

大概這次退兵時，曹操更預感到漢中之不可復得，他又擔心劉備北取武都以逼關中，乾脆命雍州刺史張既到武都，把氐人五萬餘落遷居到扶風、天水郡境內。豈知曹操前後這麼做，著實厲害，蜀漢本來就國小民少，這無疑是對蜀漢國力的削弱，直接給後來諸葛亮苦心經營的北伐在漢中感到兵源不足，帶來了後遺症。不用說，曹操之對漢中用兵，得而復失，固然是很大的損失，但從長遠來看，其收穫也是不小的。

就在曹操從漢中撤兵至長安不久，這年七月受封蜀漢前將軍的荊州鎮將關羽舉兵北征，殺奔襄陽、樊城。曹操一得知消息，唯恐襄、樊有失，立即派遣左將軍于禁率領七軍趕去協助曹仁防守樊城，又命平寇將軍徐晃屯兵宛城，聲援曹仁。眼看一場新的戰爭開始了。

這大概是曹操晚年經歷的一場複雜而有趣的戰爭。這場戰爭其所以複雜而有趣，是因爲這場戰爭由蜀發動以攻魏，最後演變到魏、吳聯合以敗蜀，本來是朋友的卻變成了敵人。無疑這場戰爭的結果，對曹操身後的三國形勢產生了極其深刻的影響。

曹植

曹植，字子建，才華橫溢。十歲多即「誦讀詩、論及辭賦數十萬言，善屬文」。曹操曾閱讀他的文章，問道：「你是雇人寫的吧？」曹植跪答：「言出為論，下筆成章，可以面試，怎會雇人？」當時鄴城銅雀臺建成，曹操命諸子登臺，各自為賦。曹植援筆立成，洋洋可觀，曹操十分驚嘆。每次進見，曹操有問，皆應聲而對。加之他的性格脾氣頗有乃父之風——曹操頗具狂放不羈的詩人氣質，裴松之注引《曹瞞傳》有：曹操為人輕佻隨便無威重，好音樂，「倡優在側，常以日達夕。被服輕綃」，自挎小包，以盛手巾細物，經常戴個小帽即見賓客。「每與人談論，戲弄言誦，盡無所隱」，歡悅大笑，乃至於一頭扎進酒菜，任酒水菜湯濺滿巾幘。《三國志．曹植傳》有曹植「性簡易，不治威儀，輿馬服飾，不尚華麗」，「任性而行，不自雕勵，飲酒不節」，所以曹操對曹植「特見寵愛」。一些史料記載曹植「幾為太子者數矣」。後失寵。兄長曹丕即位後，受到猜忌迫害，屢遭貶爵和改換封地。魏明帝時憂鬱而死，年四十一歲。曹植為建安文學中成就最高者，其詩以筆力雄健和詞采畫眉見長，留有集三十卷，已佚，今存《曹子建集》為宋人所編。

曹操幾次差點立曹植為嗣，作為曹植智囊集團中堅的丁儀、丁廙、楊修等人有很大作用。只是丁氏兄弟與曹丕本有私怨——前丁儀之父曾勸曹操迎獻帝，曹操感懷，想把女兒嫁給丁儀，因曹丕勸阻而止，於是丁氏兄弟懷恨在心，支持曹植奪嫡。楊修則可能對曹植這樣一個名聞天下的才子惺惺相惜，而乃加入曹植一方。據說楊修經常為曹植出謀劃策，預先設計一些方案，教曹植應對，博得曹操的歡心。一次，曹操問題還沒說完，曹植便急不可耐說出答案，曹操大疑，一再追問何以知道會提出這個問題，曹植不敢隱瞞，只得供出楊修。從此，曹操更加嫉恨楊修。

四、聯吳敗羽

曹軍拔出漢中之軍退還長安後，把防禦西蜀的戰略據點收縮到

陶案

三國 魏

山東東阿曹植墓出土

關隴一線。他以杜襲爲留府長史，駐長安，鎮守關中。在派遣于禁、徐晃救援襄、樊的這年七月，魏王曹操以夫人卞氏爲王后，並下了一道〈策立卞后〉的命令，稱道卞后有「母儀之德」，要太子和諸侯兄弟及眾大臣前往祝賀。可是就在下一個月，忽然得到從襄、樊前線送來的報告，說關羽水淹七軍，擒降于禁，斬了龐德。這個消息使曹操和身邊的謀士莫不爲之震驚。

曹操在問明情況之後，不禁悵然失色，他環視左右感嘆說：「我和于禁相交三十年，何以到了危急關頭，反而不如龐德呢？」這個龐德，不就是曹操在漢中收降的那個馬超部下的勇將嗎，他如何會到襄、樊前線去了呢？是否如《演義》中所說，他是向曹操討令作先鋒，抬著棺材去和關羽拚死活的？

從史書記載來看，龐德固然不是《演義》中所渲染的：當關羽圍困樊城，曹操命于禁統領七軍救援時，他向曹操討令作于禁的先鋒，抬著棺材去和關羽決一死鬥，示以絕無空回之意。其實，龐德是在這年春天和曹仁領兵鎮壓了宛城叛將侯音之後，就隨曹仁屯駐在樊城的。他並不是七月間隨于禁作先鋒從長安趕去救援的。不過，龐德在這次戰爭中，遭到曹操集團內部的懷疑卻是事實。但不是在長安，而是在樊城。

就在關羽殺奔襄、樊時，樊城諸將因龐德乃馬超舊將，其從兄龐柔現又在蜀中做官，對其頗有懷疑。而龐德卻表示一定要和關羽拚個輸贏，說：「今年不是我殺死關羽，就是關羽殺死我！」于禁領兵至，曹仁讓他和龐德一起屯於樊城之北。八月間一連下了十多天大雨，漢水暴漲，平地水深數丈，關羽乘機乘大船猛攻，于禁被迫率眾投降。而龐德卻在勇鬥之後，浪掀船翻，落水被擒的。龐德立而不跪，關羽勸其投降，龐德不但不降，還斥罵關羽，因而被殺。所以曹操在瞭解這些情況後，他把龐德和于禁加以比較，說了上面那番感嘆的話。

不管怎樣，龐德死了，于禁降了，樊城危急，曹操一面調集兵馬加強徐晃的軍隊，同時又派議郎趙儼參謀曹仁軍事，趕到樊城幫助曹仁。九月間，曹操又忽然得到太子曹丕從鄴城送來的報告，說魏相國鍾繇的西曹掾魏諷「潛結徒黨」，聯絡衛尉陳禕等謀反，陳禕「懼而告之」，曹丕已收誅魏諷，請示下一步該怎麼辦？

曹操得報大驚，鄴城乃王府所在，腹心之地，是曹氏集團的軍政中心，要是這裡出了問題，影響可就大了。曹操立即命令曹丕嚴加鎮壓，格殺勿論。這麼一來，不但舉薦魏諷的魏相國鍾繇免了官，而且

「連坐死者數千人」，這可是曹操生前最後的一次大清洗了。曹操在誅除異己上是從不手軟的。不過，這次卻與當時前線的軍情緊急頗有直接關係，要是後方再出亂子可就麻煩了。

就在曹操命令曹丕鎮壓鄴城謀叛的同時，他又以另一個兒子名重當世的大才子曹植爲南中郎將，行征虜將軍，領兵救援曹仁。臨發之際，曹操派人召曹植來當面「有所敕戒」。不料這位才子將軍喝酒喝得大醉，來是來了，卻「醉不能受命」，致使曹操大怒，「悔而罷之」。曹操本打算叫他這位頗有才名的兒子到前線立點軍功，有利於今後，萬沒想到他這麼不爭氣。

關羽擒將圖

但曹操當時並不瞭解曹植思想上的苦悶，就在之前不久，曹操卻把曹植的好友楊修殺掉了。原因很簡單，曹操因楊修「頗有才策」，又是袁術的外甥，正因他和曹植的關係非同尋常，擔心在他身後出亂子，危及太子曹丕的地位，給他帶來家禍，因而給楊修隨便加上個所謂「交關諸侯」的罪名，就把他收殺了。曹操在殺了楊修之後，還假惺惺給他父親太尉楊彪寫了一封書信（〈與太尉楊彪書〉），強詞奪理推卸責任，又送些禮物表示慰問。這眞是掩耳盜鈴，欲蓋彌彰。曹操本來是很偏愛曹植的，認爲諸兒之中，曹植是「最可定大事」的，曾打算立他爲嗣。可是自曹植私開司馬門違犯禁令之後，就不那麼得寵了。大概楊修之死對曹植刺激太大，更使他「內不自安」了，他哪裡還有心思帶兵打仗呢？當然他也就不能理解曹操讓他建功立業的一番苦心了。

曹操在罷了曹植軍職之後，正要親統大軍趕往東邊指揮戰事時，忽又得知關中營帥許攸（顯然不是自袁紹處來投的那個許攸，此乃另一人）擁眾不服，且有「慢言」。曹操不禁大怒，打算先討平許攸再提兵東出。群臣大多認爲襄、樊戰事吃緊，紛紛向他諫言對許攸宜加招撫，集中力量「共討強敵」。曹操坐在帳內，怒氣不息，橫刀膝上，一概不聽。督守關中的長史杜襲見此光景，想了一想，還是打算進去再勸。豈知杜襲一進帳，未及開口，曹操就堵住他說：「我計已定，你不用再說了？」杜襲胸有成竹說道：「若是殿下的計策好，臣下就幫助殿下取得成功。萬一殿下的計策還不夠周到，雖然也要實行，但宜加修改，怎麼殿下會不讓臣子說話呢？何待下之不明也。」

曹操一聽，氣頓消了些，說：「許攸慢我軍心，如何處置？」杜襲反問道：「殿下認爲許攸是怎樣一個人？」曹操說：「不過是個平凡之人。」杜襲點了點頭，從容說：「這就對了。唯其賢人知賢，聖人知聖，凡人怎麼會瞭解非凡人呢？而今豺狼擋路而先去解決狐狸，恐怕人家會說殿下避強攻弱，攻打他算不得勇敢，不攻打他也稱不上仁慈。我聽說千鈞之弩不會用來射殺小鼠，萬石之鐘也不會因草莖撞擊而發出音響。今天一個微不

十二連枝燈
魏晉
甘肅雷臺出土
在覆缽形燈座上，插樹燈幹。燈幹分三截製作，附有圓環和鏤空花飾，插合成整體。共有三層燈盞，燈盞的尺寸層層遞減，越高越小。

足道的許攸，又何必費殿下勞神呢？」曹操聽了，怒氣全消，就把這件事交給杜襲辦理。於是杜襲對許攸厚加撫納，並曉以利害，許攸很快就歸服了。

這年冬天十月，曹操一到洛陽，鑑於關羽在擒于禁、斬龐德之後，不僅以重兵圍困樊城，並分兵把大將呂常圍困於襄陽，而他所置的荊州刺史胡修、南鄉（分南陽郡置）太守傅方又都投降了關羽。更使他感到不安的是，許都以南不少地方也紛紛起來響應關羽。其中陸渾（屬弘農郡，在今河南嵩縣北）發生民變，首領孫狼殺縣中官吏，「南附關羽」，還接受了關羽的「印號」。這時關羽身價百倍，震動中原，史稱其「威震華夏」。曹操有鑑於此，深感許都受到威脅，他立即召集群臣商議，打算遷都到鄴城，躲避關羽的兵鋒。大家聽了，莫不感到吃驚，怎麼魏王在大敵當前一下又這麼膽怯了呢？

要真的這麼做，不但會使人心動搖，而且後果將不堪設想。但就眼前的現實看，又的確令人擔憂，一時還想不出更好的辦法來勸其不可。

倒是這時做了丞相軍司馬的司馬懿，他在和另一位謀士蔣濟交換意見之後，共同向曹操諫言並提出建議。他們首先從分析當時的戰局入手，指出于禁等人是被水所淹，非爭戰之失，「於國家大計未足有損」，用不著擔心，完全沒有遷都的必要。其次，再進而從劉備、孫權的關係上考慮，認爲他們雙方是「外親內疏」，關羽得志，孫權必不樂意。因此，建議曹操派人到江東，勸孫權襲取江陵，許事成之後，「割江南以封（孫）權」。若能這樣，則樊城之圍就自解了。曹操欣然採納，一面命徐晃進兵救樊，一面派遣使者到江東聯絡孫權。

果不出司馬懿、蔣濟之所料，關羽舉兵北征，進圍襄、樊，軍威大盛，不僅使中原爲之震動，而且也使坐鎮江東的孫權深感不安。曹操使者到來時，孫權正和謀臣武將呂蒙、陸遜等人頻繁商討戰守之策。當曹操使者說明來意之後，孫權決計與曹操聯合，趁機襲取荊州。他一面採納呂蒙之計，拜當時還沒有多大名氣、但卻頗有智謀的陸遜爲偏將軍，右都督，代呂蒙出鎮陸口，以此鬆懈關羽。一面回信給曹操，表示願意效勞，並把偷襲荊州的計畫告訴他，並請嚴守祕密，互相配合。這麼一來，大大出乎曹操的意外，萬沒料到自赤壁之戰以來，孫、劉聯合抗曹的局面爲之一改，因關羽勢力的膨脹，形勢竟演變到他和孫權攜起手來了。這對當時歷史上號稱「萬人敵」的關羽來說，就在他一生最爲得意的時刻，卻演出了一齣驚心動魄的歷史悲劇。

曹操收到孫權的書信，眞是喜不自禁。他立即召開會議，並把孫權之書宣示群臣，以此徵求大家的意見，要不要對孫權的計畫保密。大家都認爲應該如此，唯獨董昭不以爲然說：「這事得根據情況來決定，看對我們到底有沒有利。我認爲最好表面上答應孫權，暗地卻把消息透露出去。關羽一得知情況，必定南返自救，則樊城之圍立解，這對我們不是很有利嗎？而關羽南返，必然與孫權交兵，可使兩賊相對，這對我們來說，又可坐收漁人之利。要是我們祕而不宣，使孫權得意，絕不是上好之計。再說，樊城被圍日久，將士不知有救，計糧度日，心懷恐懼，萬一有變，後果不堪設想。要是我們把這個消息及時告訴他們，就會使其增強信心，堅守下去。可見不管透露給關羽，或是告訴我們被圍的將士，無論從哪方面講，對我們都是很有利的。」

曹操聽了，連連點頭。可是眾人還感到迷惑，董昭笑了笑，說：「大家不必擔心，關羽爲人好勝心強，自以爲樊城指日可破，又恃以荊州後方公安、江陵守備牢固，必不速退，就不會影響到孫權偷襲荊州的安排。」曹操大爲振奮，認爲董昭的分析全面周到，立即採納，依計而行。他一面命令徐晃把孫權書信分別用箭射入樊城和關羽營中。與此同時，他準備親自提兵從洛陽救援曹仁。

就在曹操準備親身南救曹仁時，群臣都催促他速行，擔心去遲了，誤了大事。唯獨侍中桓階卻不以爲然，他問曹操說：「大王認爲曹仁他們能否相機處置好？」曹操斬釘截鐵說：「能！」桓階又問：「大王或許擔心曹仁、呂常兵力不夠，難以堅守吧？」曹操又斷然說：「不是。」桓階再問：「那末大王爲何要親自救援呢？」曹操說：「我擔心關羽兵眾甚多，徐晃之兵難以對付。」桓階從容說：「現在曹仁他們身處重圍之中，而能固城死守下來，是因有大王握重兵在外支援他們。常言道，居萬死之地，必有死爭之心。內懷死爭，外有強救，大王身統六軍之眾以示餘力，何必擔心失敗而非得親自救援不可呢？」

曹操想了想，覺得桓階的話很有道理，要是把全部力量都用上了，萬一失利，就會使內外寒心，志士喪氣，陷入被動的處境，連挽回的餘地都沒有了，甚至會出現不可收拾的局面。於是曹操納桓階之見，統兵進駐摩陂（今河南郟縣東南）觀變。同時，再增派軍隊給徐晃指揮，待機反攻。

正如董昭所料，當徐晃受命把

孫權書信用箭射進樊城內，守城將士更加「志氣百倍」，而關羽得知消息，又果然「猶豫不能去」。徐晃得到援軍後，趁關羽舉棋不定之際，立刻進兵與關羽交戰。徐晃一戰擊敗關羽。當關羽退入設有十重鹿角的營壘時，徐晃又乘勝衝入敵營，「多斬首虜」，連投降關羽的南鄉太守傅方、荊州刺史胡修亦被殺死了。這一仗，挫折了蜀軍銳氣，使其傷亡慘重。

曹操得到捷報，立即下令〈勞徐晃令〉嘉獎徐晃。他在令中首先表彰徐晃「致戰全勝」，突進敵圍的卓著戰績。接著，曹操說他自己用兵三十餘年，以及他所聽到的古代善於用兵打仗的人，都沒有像徐晃這麼長驅直入敵營的。然後，曹操再拿當時襄、樊被圍的嚴重情況，和當年戰國時燕軍圍困齊城莒和即墨的情況相比，說是有過之而無不及，以此稱讚徐晃的功勞，甚至說他超過了春秋名將傑出的軍事家孫武子和司馬穰苴。不言而喻，曹操這麼稱道徐晃，固然有些過甚其詞，但也可以理解當時曹操因徐晃反攻取得勝利的喜悅心情。他這麼稱美徐晃，顯然也爲了鼓舞將士，爭取更大的勝利。

當關羽得知公安守將士仁、江陵守將南郡太守麋芳都先後投降了東吳之後，眼看大勢已去而立即向南撤退時，征南將軍曹仁在樊城召集諸將會商，大家都認爲應趁此關羽「危懼」之際，可追而擒之。倒是參軍趙儼不同意，他說：「孫權利用關羽和我們相爭的機會，想偷襲荊州，可是又擔心關羽還救時我們趁機進攻，乘其兩疲而收漁利。所以他向我們順詞求好，表示願意爲我們效力。其實說穿了，不過是爲了他能從中獲得好處。現在關羽已失去根本，勢孤力窮了，更應存留他危害於孫權。若是深追關羽，就會引起孫權的疑心，使其改變態度，這對我們是不利的。恐怕魏王也必以此爲深慮，不贊成這麼做吧！」

何處尋漳河疑塚

一抔土尚巍然，問他銅雀荒臺，何處尋漳河疑塚；三足鼎今安在？剩此石麟古道，令人想漢代官儀。此聯原係顧復初於清咸豐年間入蜀後，做成都將軍完顏崇石幕僚時所撰書。因原刻佚失，現今掛在墓前寢殿上的這副對聯，是經吳玉章的回憶，由原四川文史館副館長劉孟伉於一九五七年補書而成。聯上有跋語：「此聯舊署長白崇石撰，長洲顧復初書。其實撰書並顧一手所為，原刻已佚，今補。」顧複初，工書畫，尤善詞章，為一代名士。

經趙儼這麼一說，曹仁也就不便下令追擊關羽了，只好等待曹操的指示來決定或行或止。不出趙儼所料，曹操一得到關羽撤兵的消息，果然擔心樊城諸將趁勢追擊，急忙派人趕來敕令曹仁停止進兵，而命令的內容「如儼所策」，和趙儼說的意思完全一樣。

這年十一月，關羽孤窮走入麥城（今湖北當陽縣東南）後，被孫權派兵團團圍住。十二月，關羽從麥城突圍，被吳將潘璋部下司馬馬忠擒獲於臨沮縣之漳鄉（當陽縣西）。他的兒子關平和都督趙累亦一起被擒，同時遇害。孫權使呂蒙奪取了荊州，並以陸遜爲鎮西將軍屯兵夷陵（今湖北宜都縣境），守住峽口，把勢力伸向三峽之東。這就是在曹操生前所經歷的這場聯吳敗羽的戰爭之後，三國的勢力範圍自此從地理上正式固定了。

就在關羽被害後，魏、吳雙方各自都舉行了慶功宴會。孫權在公安大會群僚。而當魏將徐晃振軍耀旅，凱旋回到摩陂時，曹操親自出迎七里。在宴席上，曹操特地舉杯向徐晃勸酒，並稱讚說：「保全樊城、襄陽，乃將軍之功也。」曹操又厚賜桓階，任爲尚書。

這時，諸軍雲集摩陂。曹操巡視諸營時，士兵大多離開營陣，延頸觀望。這大概是

曹操墓

因勝利之後出現的一種輕鬆情緒。可是一到徐晃營中，不但「軍營整齊」，而且將士「駐陣不動」，秩序井然。曹操見此情景，不禁讚嘆說：「徐將軍可謂有當年周亞夫之風矣！」這位被曹操生前讚之爲有周亞夫之風的徐將軍，後來在魏文帝、魏明帝時也立下了卓著戰功。

當時，曹操鑑於荊州經過這場戰爭的浩劫，又痛恨那些附合關羽造反的百姓，打算把他所管轄下的荊州地區內剩下的百姓，及其在襄、樊一帶屯田漢川的民眾，統統遷徙到中原。爲此，司馬懿諫阻說：「荊州的局勢還不穩定，容易發生變亂，況且關羽剛敗，那些附從他爲惡的人都躲藏了，在那裡徘徊觀望。若是把善良的人都遷走，不用說，會傷害他們的感情，而且會使那些逃匿的人就再也不敢回來安居了。這麼一來，後果是不難想像的。請大王詳思慎行。」曹操想了想，覺得司馬懿說得很有道理，於是打消了這個念頭。果然不久，那些逃亡的人都紛紛回來安居樂業了。

這年曹操爲了加強和鞏固魏、吳的關係，同時也是實現他對孫權的許諾，他上表漢獻帝，拜孫權爲驃騎將軍，領荊州牧，封南昌侯。這在名義上也承認了孫權對荊州的統治權。孫權受封後，立即派遣使者到朝廷上貢。不僅如此，孫權還送去了關羽的人頭給曹操，而且又上書向曹操「稱說天命」，表示臣服。

孫權這一手，如何能瞞得過老謀深算的曹操。對此，曹操一面用諸侯的葬禮把關羽之首葬於洛陽城南，一面又把孫權所上之書宣示群臣，說：「孫權這小子想把我放到爐火上烤呵！」侍中陳群、尙書桓階等人還不太瞭解曹操的用意，認爲連孫權都「在遠稱臣」了，此乃「天人之應，異氣齊聲」，勸曹操「宜正大位」，不要再猶豫了。而曹操的心腹兄弟夏侯惇也趁此勸進，稱曹操行兵三十餘年，掃除群雄，「功德著於黎庶」，「應天順民」即帝位，是理所當然的了。曹操搖了搖頭，嘆息說：「若天命在吾，吾爲周文王矣！」

不用說，曹操這麼做，又這麼說，都是給西蜀劉備看的。前不久劉備稱漢中王送來的表章還攻擊他「竊執天衡」，「欲盜神器」。這會兒孫權殺了關羽，奪了荊州，又把他往火上推，他豈能上孫權的當，再去和劉備、諸葛亮兵連禍結，給孫權以可乘之機。何況這時曹操已深感老病纏身，恐怕不久於人世了，還是留給兒孫們去處理身後大事吧！果然就在關羽被害的下一個月，也就是建安二十五年（二二〇年）正月，曹操從摩陂回到洛陽不久，即這個月的二十三日，曹操病逝於洛陽了。這位在三國時代號稱「治世能臣，亂世奸雄」的政治家和軍事家，留下〈遺令〉說：

> 天下尚未安定，未得遵古也。葬畢，皆除服。其將兵屯戍者，皆不得離屯部。有司各率乃職。斂以時服，無藏金玉珍寶。

從這篇〈遺令〉看來，曹操在臨終之時，首先想到的是天下尚未安定的這個客觀實際情況，這也是曹操自陳留起兵從討董卓以來，三十年間企圖盡最大的努力來解決而尚未圓滿解決的一個現實問題。到他臨終時，三分鼎立的形勢已不可逆轉，被他視爲「天下英雄」的劉備已據蜀稱王，而爲他所稱譽的「生子當如」的孫仲謀又虎踞江東。身後之事，實在難以預料。有鑑於此，他對如何料理後事做了具體安排。總體要求，不能按古代的葬禮來爲他辦理喪事，盡量做到簡便。具體規定是，安葬一完畢，就除下孝服。那些駐防各地的將士，都不得擅離營屯，各部門的官吏都要勤於職守。尤其他在〈遺令〉中要求入殮時只穿他平時所穿的衣服，不得用金玉珍寶來陪葬這一點，表明他反對厚葬，提倡節儉治喪，這在當時崇尚厚葬的時代實爲難得，多少有些移風易俗的作用。

就在曹操死的這個月，太子曹丕繼爲丞相，魏王。二月，按曹操的遺命，埋葬在鄴城西面的山崗上，和戰國時做過鄴令的西門豹的祠堂相鄰，史稱「高陵」。這是曹操死前一年多親自選中的墓地。可是關於曹操的墓葬究竟在哪裡，至今還是一個謎。

耐人尋味的是，據元初楊奐所著《山陵雜記》稱，曹操擔心在死後被人發其塚，乃設七十二疑塚於漳河之上。後經《三國演義》的渲染，「七十二疑塚」之說更爲廣泛流傳。無怪乎清代名士顧復初在成都惠陵（劉備墓）寢殿上題寫下「一坏土尚巍然，問他銅雀荒臺，何處尋漳河疑塚」這樣的聯句，顯然這是借題發揮來稱道劉備的墳墓還巍然存在，而在那漳河邊上荒涼的銅雀臺旁，哪裡還能找得到曹操的假墳堆呢？儘管這是宣揚褒劉抑曹的所謂正統觀念，但卻給人以啓迪，曹操一生在歷史上的貢獻是不可否認的，何以後世對他這麼不公允呢？除了長期受小說和傳統戲曲的影響外，不用說曹操自己在歷史上卻也給後世留下了不少令人非議的地方。

當然，我們今天來評論曹操既不能迴避他身上的缺點錯誤，也不能抹殺他所建樹的歷史功勳，對待前者要實事求是，而對後者也要實事求是，只有這樣，才能還曹操以歷史的本來面目。無疑這是一項十分嚴肅的研究工作。

曹操大事年表

東漢		
建安十九年	二一四年	正月，夏侯淵勝馬超，韓遂大敗。三月，漢獻帝使魏公位在諸侯王上，改授金璽、赤紱、遠遊冠。七月，再次征討孫權。夏侯淵平定涼州。十一月，廢黜處死漢皇后伏氏。
建安二十年	二一五年	正月，曹女被漢獻帝封爲皇后。三月，西征張魯。五月，剿滅氐王竇茂軍。七月，夜襲陽平關，大勝張衛軍，張魯潰逃巴中，曹軍入南鄭，收復巴、漢。八月，孫權圍合肥，張遼、李典擊破孫權大軍。十一月，張魯投降，封爲列侯。
建安二十一年	二一六年	五月，進爵爲魏王。十月，再度征討孫權。
建安二十二年	二一七年	二月，進屯江西郝溪。孫權在濡須口築城拒守，曹軍逼攻，孫權退走。三月，引軍北歸。四月，漢獻帝命設天子旌旗，出入稱警蹕。五月，興建泮宮。十月，漢獻帝命魏王帽佩綴十二旒，坐金根車，套駕六匹馬，配置五時副車，立曹丕爲魏太子。
建安二十三年	二一八年	正月，漢太醫令吉朋與少府耿紀、司直韋晃等人謀反，兵敗被殺。七月，西征劉備。
建安二十四年	二一九年	正月，曹仁部屠戮宛城，斬殺叛將侯音。夏侯淵與劉備於陽平大戰，被劉備軍所殺。三月，曹軍自長安出斜谷，緊逼漢中，劉備拒守不出。五月，曹軍撤回長安。七月，以夫人卞氏爲王后。八月，于禁被關羽打敗，關羽圍攻曹仁，徐晃奉命赴援。十月，徐晃大破關羽軍，曹仁部得以解圍。
建安二十五年	二二〇年	正月，孫權襲殺關羽，函首來獻。二十三日，於洛陽去世，年六十六歲，諡武王。二月二十一日，葬於高陵。

第十章 吾爲周文王矣

一、一生功與過

曹操在他臨終之前不久，向臣僚公開宣布：「若天命在吾，吾爲周文王矣！」這是他自己對他一生的事業做了一個總結。即是說，曹操作爲三國時代一位傑出的政治家、軍事家，經過他畢生的努力所能達到的成就只能是如此了。不言而喻，曹操畢生爲之奮鬥的統一事業沒有最終完成，他只取得了當年周文王「三分天下有其二」的功績，所以他也就只好以周文王而自許了。

值得注意的倒是，曹操身當漢末三國亂世，能夠達到這個成就也殊非易事。在漢末群雄爭鬥中，曹操正是一方面以他的雄才大略，「知人善任」的政治、軍事才幹，頑強樂觀戰勝了一個又一個的對手，但同時又展現了他在誅除異己中的殘忍、奸詐，以及其極端的自私和利己。唯其是這樣，千百年來，曹操在人們心目中的地位並不怎麼高尚。但是長期以來，在評論曹操的歷史功過上，除了極個別的對曹操採取完全否定的態度，而極大多數的人都承認曹操的歷史地位是「功大於過」的。

值得指出的是，過去評論曹操，說曹操好話的，總認爲是從所謂正統觀念出發歪曲了歷史，貶低了曹操；相反說曹操不好或不怎麼好的，卻認爲歷史上的曹操本來就具有那許多惡德，做了那麼些壞事，並不是受所謂正統觀念的影響所致。在今天看來，過去人們在評論曹操糾纏於這個所謂正統觀念的問題上，實在沒有多大意義。一個歷史人物的功過是非，本來就是歷史的客觀存在，誰要想誇大或縮小都是不可能的。除了那些對史料的解釋和看法不同，各抒己見，是可以爭辯、允許保留的以外，但爲了達到某種目的，往某個概念上硬套，不惜歪曲歷史事實，那也是經不起時間的檢驗的。

周文王

最明顯不過的是，「四人幫」橫行時期封曹操爲「法家」，凡是反對曹操的，不問當時的歷史眞象如何，一概斥之爲儒家反動勢力。這麼一來，被曹操殺了的當世名士孔融，又平白的添加了一條罪，即就是破壞了曹操的「法家路線」，做所謂復辟倒退。而曹操在用人上提出的「唯才是舉」，主張把那些即便是「不仁不孝而有治國用兵之術」的人舉拔出來，則被說成是曹操要重用那些「被豪強地主所壓制」的「具有法家思想」的人才，更稱說「這是對儒家反動輿論的一個蔑視，具有鮮明的反潮流的精神」，凡此等等。

不用說，上述怪論顯然是出於某種不可告人的目的，來做所謂評價歷史上的曹操。他們對曹操「御軍三十餘年，手不捨書，晝則講武策，夜則思經傳」，不僅探討兵書戰策，而且也精研儒學經典這麼一個客觀事實卻視而不見。像這種災難性的評價歷史人物的時代固然一去不復返了，但對曹操這位長期來頗具爭議性的歷史人物卻有必要辯明是非，做一番清理工作，還其以歷史的本來面目。

總體來說，我們今天評價曹操，既無須用所謂正統觀點來看待曹操，從而貶低曹操；也不必過分誇大曹操的歷史作用，從而提高曹

三分天下有其二

語出《論語·泰伯》。鄭玄《詩譜》稱殷紂王「命文王典治南國江漢汝墳之諸侯，於是三分天下而有其二，以服事殷，故雍、梁、荊、豫、徐、揚之人，咸被其德而從之」。從〈禹貢〉九州之說來看，文王控六州之地，故稱「三分天下有其二」。《資治通鑑》卷六十六獻帝建安十八年（二一三年）：「詔並十四州，復為九州。」十四州，即指司、豫、冀、兗、徐、青、荊、揚、益、涼、雍、并、幽、交。經省併之後的九州是：兗、豫、青、徐、荊、揚、冀、益、雍。胡三省注稱：「復〈禹貢〉之九州矣。」終曹操之世，除揚州、荊州大部分屬孫權及益州屬劉備外，其餘各州皆為曹操所控制，確實取得了「三分天下有其二」的功績。

操的歷史地位。至於曹操對後世產生的深刻影響，是有其歷史淵源的，這並不妨礙我們把曹操置於當時的歷史條件下來加以認識和考察。如果我們眞的這樣做，就會首先發現一個顯而易見的問題，即就是曹操和漢皇室的關係問題。不用說，這個問題既關係到曹操一生事業的成敗，也由此而影響到後世對他的認識和看法。其實說穿了，曹操和漢皇室的這個關係，還直接反映出曹操在他所處的時代環境中在他身上所形成的思想品質和精神道德。這就不必管後世怎麼看待他了。

我們知道，曹操早就被時人視爲「能臣」、「奸雄」，也有人稱道他是能安定天下的「命世之才」，或斥責他是貪殘酷烈的「無道之臣」，足見在當時就有人以「正統」的觀點來品論曹操了。由此可知這個所謂正統的觀念絕非完全是後世有意歪曲歷史，爲貶斥曹操而蓄意製造出來的。一個觀念形態的產生，既有其歷史的因素，也有其現實的內容。一般說來，在古代皇權和國家的觀念是一致的，誰維護皇權，誰就忠於國家，忠君即就是愛國。不難看出，在當時人

官職等級梯形示意表

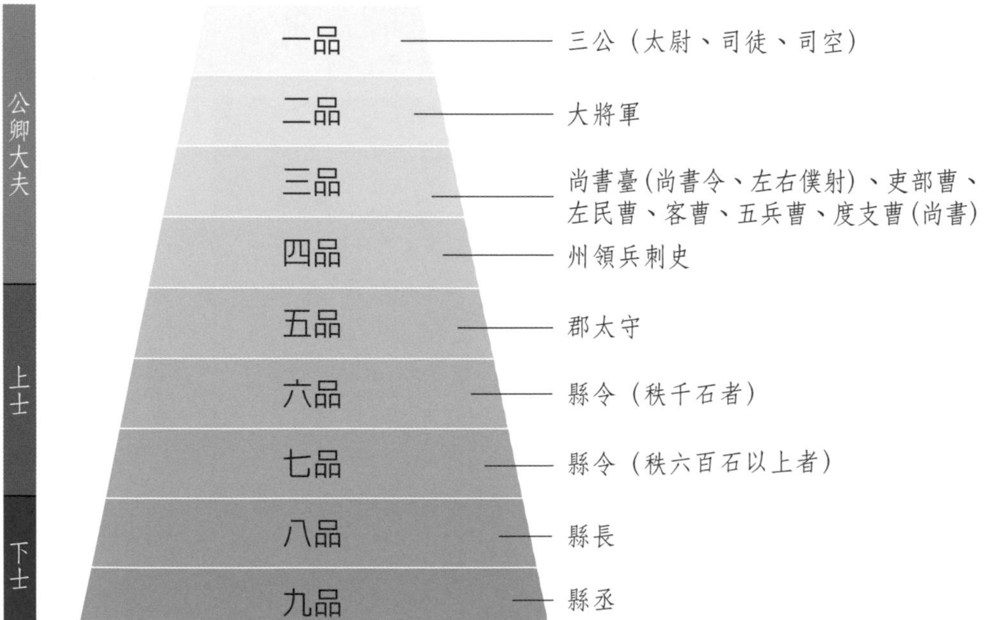

們確實是拿這個尺度來衡量曹操的，無論諸葛亮批評他「挾天子而令諸侯」，抑或周瑜指責他「託名漢相，實爲漢賊」，無一不是以此爲出發點的。

其實，在東漢末年群雄爭鬥的時代，那些擁兵自重的大小豪強，誰個眼中又眞正有漢家天子呢？自黃巾之亂動搖了漢帝國的統治基礎之後，再經董卓的專擅國政和殘暴不仁的統治，帝國的威權早就旁落了。董卓是第一個「挾天子而令諸侯」的地方豪強，正是由於**這個西涼的土霸也竟敢擅興廢立，把持國柄，無**怪乎以袁紹爲首的世族豪強聯絡各地州郡牧守憤而起兵予以討伐。曹操從起兵參加討董聯軍開始，經過十六七年的東西征討，南北轉戰，直到建安元年（一九六年）迎獻帝都許昌，好不容易才造成了又一個「挾天子而令諸侯」的局面。這段期間，曹操打過董卓，又追隨袁紹鎭壓過黑山軍，尤其收編了青州黃巾軍而取得了兗州地盤，然後又征伐過徐州，打敗了呂布，趕跑了袁術，鞏固了兗州根據地。然而就在這個時侯，當他再鎭壓了汝南、潁川黃巾軍而把勢力伸入豫州之後，卻搶先把逃出關中的漢獻帝搶到了手中。迎獻帝都許，這是曹操一生事業上的一個重要轉折點。如果說，此前是曹操在群雄爭鬥中爲求生存、爭奪地盤而戰鬥，那末自此以後，曹操就開始了有計畫有步驟爲擴張而進行的戰爭了。

道理很簡單，作爲國家象徵的漢天子落入曹操之手，這給曹操在政治上造成了極大的優勢。具體來說，論聲望，看地位，講實力，曹操在當時是沒法和袁紹相比的，然而曹操卻以政治家的敏銳眼光，納荀彧之見，搶先迎獻帝都許，把漢天子掌握在自己手中。這件事在當時反響很大，袁紹得知曹操迎獻帝都許後，後悔也遲了，他還想以盟主的身分命令曹操把天子遷到鄄城，靠近他的統治中心冀州鄴城，便於他的控制，曹操卻置之不理。可是當漢獻帝封曹操爲大將軍，而拜袁紹爲太尉時，袁紹再也忍不住了，他怒不可遏斥罵曹操，迫使曹操不得不把大將軍的職位讓給他，而曹操自己只好當了司空。

但這件事並不能說明袁紹的得勢，相反，倒是表明袁紹在政治上的失利。曹操讓官職給他，只不過是權宜之計而已。反正漢獻帝在他手中，條件一旦成熟，官位爵號任他擇要。後來的事實不是充分證明了這一點嗎！袁紹以大將軍的地位可以兼併公孫瓚，但卻終歸敗於司空曹操之手。在官渡之戰前夕，袁紹謀士沮授諫阻說：「曹氏迎天子安宮許都，今舉兵南向，於義則違。」崔琰乾脆以「天子在許，民望助順」爲理由，勸袁紹「不可攻也」。似乎在當時人的眼裡，出兵攻打曹操，就是打天子，所謂「於義則違」，「不可攻也」，這給曹操在政治上帶來多麼巨大的優勢。

毋庸諱言，曹操掌握漢獻帝，對他以後進行兼併戰爭確實方便多了。這一點不獨袁紹一開始就感到後悔，而江東的孫策，在曹、袁官渡激戰時，不是也想趁機襲取許都把漢獻帝搶到手中嗎？惜乎孫策被仇家所殺，計不得逞。由此可見，在漢末群雄紛爭之世，誰都想把皇帝掌握在自己手中來發號施令，以此名正言順擴大勢力，從而達到弱肉強食的目的。足見在當時取得所謂正統的地位是不可忽視的，曹操在這一點上，可算得是慧眼獨具，捷足先登而取得成功了。諸葛亮在隆中評論曹操集團的實力時，對此做了充分的評估，他指出曹操當時「挾天子而令諸侯，此誠不可與爭鋒」的客觀事實，並以此爲出發點來爲劉備作另一番安排的。

看來，英雄所見略同，當時的有識之士對於控制漢皇帝而取得正統地位來進行兼併戰爭這一點是看得很重要的，千萬不可等閒視之。後世論三分之爭，稱曹操「占天時」，就是從這一點上來說的。

問題的關鍵在於，曹操在迎獻帝都許之後，尤其他在進行兼併的戰爭中取得一個又一個勝利的時侯，他在處理自己和漢獻帝的關係上卻暴露了他的「不遜之志」。儘管曹操對此加以解釋，闢謠，但結果卻愈申辯愈糟糕，給人以此地無銀三百兩的感覺。因爲事實勝於雄辯，想想曹操殺董承父女，誅伏后母子的悲慘情景，他眼裡哪裡還有漢家天子呢？無怪乎時人罵他是「**國賊**」（《三國志．蜀志．趙雲傳》），稱他是「篡盜」（《三國志．吳志．甘寧傳》）。**當然，我**們今天來評論曹操的歷史功過，固然可以不必過分強調這一點，主要是看他對當時歷史發展的貢獻**如何**，但正因他在和漢獻帝的關係這個問題上處理不當，不僅使他落得個千秋萬代的罵名，而且對他在當時進行的戰爭也或多或少受到些影響。

不難想像，若果曹操能心口如一，眞正按照毛玠開初向他提出的「奉天子以令不臣」去做，尊奉天子，正確處理好他和漢獻帝的上下關係，或許對他進行的策略會帶來更多的好處。當時那些擁兵自重的豪傑，沒有一個不注視著曹操和漢獻帝的關係這個帶敏感性的問題。要是曹操對漢獻帝有不軌之舉，別人就會以此爲藉口，不但不聽其號令，或許還要對他進行口誅筆伐，稱他爲「無道之臣」，甚至會起兵討伐他以清君側。

最顯明不過的是，官渡之戰

時，袁紹在請陳琳爲他做的那篇〈討曹檄文〉中列舉了曹操的所謂大量「罪惡」之後，竟稱「操以精兵七百，圍守宮闕，外稱陪衛，內以拘執」，簡直把獻帝囚禁起來了，最後歸結爲他起兵是因「懼其篡逆之禍」，是爲解救漢獻帝而討伐曹操的。固然這是藉口，熟悉三國歷史和袁紹其人者，或許還認爲袁紹是在玩弄「作賊喊捉賊」的鬼把戲。不過，由此可見曹操和漢獻帝這個關係確屬是當時一個舉世矚目的問題。後來曹操殺了伏皇后，劉備在蜀爲之「發喪」。

曹操塑像

還有這麼一件事也很能說明這個問題。當曹操大破袁紹之後，「兵威日盛」，建安七年（二〇二年）「下書責權質任子」，要孫權送個兒子到許都，任以官職，作爲人質。孫權和張昭等議，「猶豫不能決」，而孫權自己亦「不欲遣質」，不願意把兒子送去當人質。他帶著周瑜到母親吳夫人跟前商討決定。周瑜從分析當時天下形勢出發侃侃而談，他認爲送質還不是時候，應該根據江東的有利條件，勵精圖治，養成「士風勁勇，所向無敵」，不管誰來也不怕。要是現在就「送質」，豈不「見制於人」，受到曹操的制約，「不如勿遣，徐觀其變」。周瑜最後表明態度說：「若曹操果能以道義治理天下，我們再服從他也不算晚。」吳夫人聽了，連連點頭，說：「公瑾之議是也。」

值得注意的是，連周瑜都勸孫權和他的母親對曹操「徐觀其變」，而且這個「觀變」的內容是看曹操能否以道義治天下。這就把問題點明了，要是曹操能夠尊重皇室，正確處理上下關係，是可以不戰而收復天下的。這雖然是一廂情願，至少說明當時人們是密切注視著曹操和漢皇室的關係的。要是曹操給人以「篡」的感覺，那末你姓曹的可以當皇帝，我姓孫的又何嘗不可以，姓劉的就更理直氣壯了。只是大家都不說出口而已。

在曹操用強權和武力收定中原之後，南下荊州，威逼江東時，周瑜再也不對曹操抱任何幻想了，他在勸孫權聯合劉備共同對付曹操時，直截了當罵曹操是「託名漢相，實爲漢賊」了。既然漢天子落在奸賊之手，就非得拚個你死我活不可了。劉備更視曹操「竊持天衡」，「欲盜神器」，不甘心劉氏天下落入旁人之手。固然，曹、孫、劉三家龍驤虎鬥的局面出現，不能不是漢皇室衰弱的結果。唯其如此，曹操挾天子而令諸侯，儘管在政治上占著巨大的優勢，以正統自居而君臨天下，但卻遭到了孫、劉兩家的聯合抵制，使他一統天下的宿志夙願終於未能實現。終曹操之世，只取得了「三分天下有其二」的功績，所以他在臨終前，也只好以周文王而自許了。

不過，雖然曹操終其一生未能登上九五之尊，但他卻爲兒子準備了必要的條件，並暗示兒子繼續完成他的遺願，做個眞正的周武王。有人說曹操生前本可以當皇帝，但他不當，有意讓給兒子，是謂之「奸」。事實果眞如此嗎？其實，就曹操面臨的客觀形勢來看，他不當皇帝，這正是他的機敏過人之處。想想曹操自「挾」獻帝以來，二十五年間，他牢牢抓住軍權不放，當別人攻擊他有「不遜之志」，他坦率告訴人們，要是他放棄軍權，就會身家性命不保。他更宣稱說，要是國家沒有他，不知有幾人稱帝，幾人稱王。這倒說的是事實，也正是曹操從當時的時代特點，根據自己的才能，並聯繫他的政治抱負來說的。

不難想像，在天下大亂的時代，要勵精圖治，撥亂反正，是非常人行非常事。曹操終其一生，從起兵算起，以其機敏才智，歷三十年之努力，才最後完成了北方的統一，要說是功的話，這就是最大的功了。要是曹操眞想早當皇帝的話，他能否取得這個成就還是一個問號。或許天下會更加大亂了，既然象徵國家統一的漢皇帝不存在了，誰都可以爲所欲爲了，恐怕幾人稱帝、幾人稱王的局面早就出現了。何止於在他生前僅僅出了個短命的袁皇帝而已。

事實不是明擺的嗎，曹操一死，其子曹丕一代漢自立，劉備接著就繼統於西川，孫權隨後也尊稱於武昌，漢家天下不僅在事實上，而且在名義上也正式一分爲三了。要是曹操早就稱帝的話，恐怕稱帝稱王者何止三人，槍打出頭鳥，孫、劉聯盟或許會更加鞏固，團結一致討伐「漢賊」，或許關羽不會失去荊州，劉備不會過早託孤白帝，三國的形勢將會出現另一種局面。

曹操的聰明正在於此，他不但充分運用了漢天子這塊招牌，防止了幾人稱帝、幾人稱王的混亂局面出現，而且在他生前的最後半年間，又機警地利用了關羽北征所造成的「威震華夏」的聲勢，巧妙而成功離間了吳、蜀聯盟，不僅當時在軍事上取得了重大勝利，更爲兒子在他身後順利取代漢朝建立了這麼一個安靜的環境：由於關羽失荊州，吳蜀之間劍拔弩張的爭鬥局面出現了，哪裡還有心思來過問曹氏的所謂「篡逆」之事呢？尤其在他兒子曹丕稱帝後，孫權爲了對付劉備更向魏國「稱藩」。從整個形勢的演變來看，這正是曹操生前不稱帝而取得的成功。要說是奸的話，那就是他處心積慮爲兒子順利取代漢朝建立了一個最好的時機和極爲有利的條件。

不管怎樣，曹操身當亂世，盡了他畢生的努力統一了北部大半個中國，無疑是他對漢末這個由分裂走向統一的歷史轉折時期的最大貢獻。如果沒有像曹操這樣傑出的歷史人物來「削平群雄」，結束當時北部中國的混戰局面，那末人民因戰亂而死所造成的人口銳減，「十裁一在」，生產破壞殆盡的景象，還不知要延續多少年。誰也不會否認北方的統一，是曹操對當時歷史發展的巨大貢獻，也就是他在那個特定的歷史時期所建樹的歷史功績。

問題在於，既然曹操在統一北方的過程中推行屯田制，恢復和發展了農業生產，而且又平定了烏桓、鮮卑，臣服了匈奴，保障了邊境的安寧。尤其他和同時代的諸葛亮一樣，厲行法治，所謂「攬申、商之法術」，「重豪強兼併之法」，打擊豪強，抑止兼併，在一定程度上維護了人民的利益，更有利於生產的恢復和發展。再加之他三下求賢令，拔舉了不少「有治國用兵之術」的人才，扭轉了東漢末年用人講門第的腐朽風氣，使吏治清明，社會秩序得到安定，凡此等等。何以曹操的歷史功績這麼顯著，和他同時代的幾個傑出人物比較起來，其功至大，就其成就和影響及其所起的作用而論，恐怕沒有一個可以比得上他的，然而曹操在當世以及後世所受的待遇卻那麼不理想呢？

其實，對於這個問題是大可不必用所謂「正統」觀念來加以解釋，西晉的陸機在其〈辨亡論〉中一針見血指出：「曹氏雖功濟諸夏，虐亦深矣！其民怨矣！」西晉直接承繼魏統，而離曹操的時代最近，應該說陸機的話是靠得住的，他的感受是眞實可信的。一個對歷史有巨大貢獻的傑出人物，並不等於說在他身上就沒有缺點了，或許在某些方面不僅存在著一般的缺點，甚許還有著較大的錯誤，以至可說是犯下了嚴重的罪過。毋庸諱言，這在曹操身上是非常明顯的。

陸機不是在肯定曹操「功濟諸夏」的前提下，感慨其酷虐的統治爲害不淺，影響甚深，到西晉時人民還在怨恨嗎?現代著名歷史學家吳　先生〈談曹操〉在肯定曹操「是當世最偉大的軍事家，第一流的政治家，第一流的詩人」的同時，也指出曹操「犯了不少罪過，這些罪過排列起來一條條都很大」。唯其如此，千百年來，人們並不因曹操在歷史上有很大的功績，占有重要的地位，就不去指出他的罪過。大概作爲統治者中的傑出人物，曹操所犯的一些罪過極具代表性，又很典型，所以人們久久不能忘懷。後來的統治者和文人用「正統觀念」來貶斥曹操，只不過是推波助瀾的作用而已。常言說，外因通過內因起作用嘛!

說起曹操的罪過，除了在前面分章談到的那些情況外，集中到一點，最爲突出的莫過於曹操的虐殺殘忍。曹操對黃巾軍的殘酷鎮壓和屠殺固然是他一生中的最大污點，是他個人歷史上「最不光彩的一頁」（郭沫若〈替曹操翻案〉）。然而對待曹操所犯的這一罪過，只要我們用歷史的客觀態度，從他所處的時代和局限上來看，是可以正確認識的。但是，曹操從個人私怨出發，大舉進攻徐州，一次就在泗水邊上坑殺男女數萬口，使泗水爲之不流，並且還一連屠了好幾個城池，像這麼慘絕人寰的屠殺無辜，人們也是不會輕易忘記的。當後來曹操準備再度攻打徐州時，手下的第一號謀士荀彧提醒他前次征徐州，因殺戮太重而引起人們的憤恨，必將遭到強烈的抗拒，以此勸他暫時不要再進攻，足見曹操的屠殺在當時的確是影響很壞。曹操在戰爭中還規定了一條「圍而後降者不赦」的軍法。見之於史書記載的，曹操在戰爭中屠城的紀錄不少，光在〈武帝紀〉中記的就有好幾次。

而且曹操對自己的士兵也極其苛嚴，凡「軍征士亡，考竟其妻子」，即是說在戰爭中士兵逃亡，要追究其家屬的責任。就是這樣，曹操還感到「患

《平復帖》

西晉 陸機著

西晉陸機《平復帖》，草書，九行，八十四字，是中國至今保存的最早的墨蹟，相傳為陸機寫給朋友問候疾病的書簡。

魏官僚機構

魏國中央設「三公」，備皇帝顧問諮詢。設「尚書臺」總理全國行政事務，長官為尚書令，左右僕射為其副，有時以錄尚書事總領朝政，為最高政務官。尚書臺分設五曹：吏部曹掌選舉，左民曹掌工程，客曹掌外事，五兵曹掌中兵、外兵、騎兵、別兵、都兵，度支曹掌財政，長官為尚書。尚書令、二僕射、五曹尚書合稱「八座」。曹以下，又分為殿中、吏部、駕部、金部、虞曹、比部、南主客、祠部、度支、庫部、農部、水部、儀曹、三公、倉部、民曹、二千石、中兵、外兵、都兵、別兵、考工、定科、都官、騎兵二十五郎。

其他部門與漢制略同：如太常卿掌禮儀祭祀，光祿勳卿掌宿衛宮殿，衛尉卿掌徼循，太僕卿掌車馬，廷尉卿掌刑法獄訟，大鴻臚卿掌諸侯及四方朝貢，宗正卿掌宗室事務，大司農卿掌錢穀金帛，少府卿掌服御珍膳，執金吾卿掌宮外護衛，將作大將掌土木，都水（臺）使者掌水利灌溉，符節（臺）令掌授節、虎符、使符等。

另，太后轄有衛尉、太僕、少府三卿，皇后有大長秋奉宣旨意，太子學業及太子家事有太子太傅、太子少傅、太子詹事執掌。中央且設「中書省」掌機密，直接發出密詔，不通過尚書臺。設「御史臺」作為中央監察機關，長官為御史中丞，下轄治書侍御史掌律令，治書執法掌奏劾，侍御史掌分曹監察，治書曹掌財政課監察，第曹掌考課，殿中侍御史居殿中察非法，還有禁防御史，三臺（尚書、都水、符節）、五都（長安、譙、許、鄴、洛陽）侍御史等。中央並不定期派出巡御史對地方監察。又設獨立的「祕書省」，專掌藝文圖籍。

皇帝左右另有親近侍從備顧問，參與審議政令，有侍中、散騎常侍、員外散騎常侍、中常侍、給事黃門侍郎、散騎侍郎、給事中、奉車都尉、駙馬都尉、太中大夫、中散大夫、諫議大夫、議郎、黃門冗從僕射、謁者僕射、冗從僕射等官職。

魏國以太尉掌軍事行政，有時設大司馬，地位較太尉為尊，大將軍為最高軍事統帥，加「大都督」或「都督中外軍事」稱號。魏國地方行政分州、郡、縣三級，京都所在的州置司隸校尉，掌察舉百官及京師近郡犯法者，並領司州。一般的州置刺史，或置牧，牧較刺史為尊，刺史多以持節都督兼任，不兼軍職的叫「單車刺史」。郡置太守，京都所在的郡稱「尹」，太守領兵加「將軍」名號。郡有都尉一至二人，掌軍事，大縣置令，小縣置長。縣下有鄉，大鄉置有秩、三老、嗇夫。

猶不息」，要「更重其刑」。拿曹操一死青州兵鳴鼓走散的這件事來說，過去有人認爲是曹操對青州兵一貫寬容所致，我倒以爲這恰好和曹操治兵苛嚴的這個「更重其刑」直接有關。要說曹操在收降之後一段時期內對青州兵寬容，或許不錯，但後來曹操兵勢強大了仍那麼「寬之」，恐怕有些說不過去。大概青州兵因曹操之死感到心上去了一塊石頭，一下輕鬆了，竟自趁機「擊鼓相引去」。倒是主持喪事的諫議大夫賈逵頗爲明智，鑑於「大喪在殯，嗣王未立」，採取了比較穩妥的安撫措置，所謂「作長檄告所在給其廩食」，才把這場風波平息下去了。

其實，就在曹操病逝洛陽的時候，史稱其「士民頗苦勞役，又有疾癘」，以至「軍中騷動」，文武群僚鑑於這種情況，「恐天下有變，欲不發喪」，賈逵卻認爲「不可祕」，不發喪不好辦，可是一發喪就發生了青州兵走散的事。由此可見，**儘管曹操順應歷史潮流**，以其卓越的才能和智略統一了北方，但在他酷虐的統治之下，剛死就發生了兵變。至於在他生前和身後不斷爆發了好幾次亂事，這些情況在此無須贅述了。看來，西晉陸機感慨的「虐亦深矣！其民怨矣」是頗有根據的。

歸總起來看，人們對曹操歷史功過的認識，從大處來說爭議並不大，要說爭議比較大的，倒是集中在曹操對後世的影響上。其實說穿了，長期以來人們看待曹操也並不拘泥於所謂正統觀點，倒是從歷史事實出發來對曹操加以評論的。唯其曹操在歷史上功過分明，功大過也不小，引起了人們的矚目。曹操確實是個非同尋常的歷史人物，他處在非常的時代，既建立了非常之功，也犯下了非常之過。但從曹操一生在歷史上的功過是非來考察他的思想和作風，倒確實是引人思索的。

二、思想與作風

前面提到曹操「晝則講武策，夜則思經傳」，足見他既重孫武子，也重孔夫子。但曹操一生致力於統一大業，他研討兵書戰策，治兵打仗，實施軍國政治，撥亂反正，不講法治行嗎？正因他嚴刑重法，在有些地方過了頭，還出了些亂子。就拿興辦屯田來說，這是曹操之能戰勝群雄而統一北方的一項重大經濟政策。可是就在初開屯田的時候，即出現了「民不樂，多逃亡」的現象，這只能說明屯田制的實行一開始就帶有顯明的強制性。按軍事編組的屯田民失去了過多的人身自由，不允許有任何的所謂越軌行爲，否則將按軍法從事，再加之租額也不算輕，因而發生了「民多逃亡」的這一嚴重情況。大概曹操在聽從了袁渙的建議，改爲「樂之則乃取，不欲者勿強」之後，「百姓大悅」，情況才逐漸好轉了。儘管如此，後來還是發生了屯田客呂並「自稱將軍」，聚兵陳倉的事件。

固然，曹操嚴法治軍自不待言，從他派兒子曹彰領兵討伐代郡烏桓，臨行告誡曹彰「居家爲父子，受事爲君臣，動以王法從事」這段話來看就可想而知了，他是法不徇情的。無怪乎曹操在他臨終留下的〈遺令〉中感嘆說：「吾於軍中持法是也，至於小忿怒，大過失不當效也。」大概人之將死，其言也善，或許曹操這時確實感到冤枉死了不少人吧！不管怎樣，曹操在他生前爲鞏固統治，牢牢掌握軍權，從政治上消滅異己，以及用嚴法打擊豪強勢力，他是從不手軟的。

其實，曹操在勵行法治的同時，他又何嘗不注重禮治呢？要說曹操作爲統治者中的一個傑出人物，他連儒家經典都不重視，何以維護禮法尊卑的上下關係，單靠法治行嗎？至少曹操對待禮法和他對待天命的態度是一致的。

要說曹操不信天命（他口頭上也這麼講）是事實，但說曹操絕對不信天命也不是事實。他在生前最後明確表示說：「若天命在吾，吾爲周文王矣！」這不是很清楚了嗎？史書上稱他「能明古學」，「夜則思經傳」，他這麼「好學明經」（〈失題〉），能說他不懂得禮治、孝道之類對維護統治秩序所起的重大作用嗎？

曹操自己早年也舉過孝廉，再從他一生的言論和所寫的大量文令疏表以及不少詩歌中來看，仁義、忠孝之類的話他沒少說。兗州叛亂時，他因別駕東平人畢諶的母親被張邈擄去，他乾脆叫畢諶隨他母親去好了。而畢諶卻當面向他表示「無二心」。在曹操以此表揚畢諶時，畢諶還「爲之流涕」，十分激動。豈知畢諶背轉身竟連招呼都不打就離開了曹操。及至曹操破滅呂布捉住畢諶時，大家都擔心曹操會殺掉他，可是曹操卻說：「夫人孝於其親者，豈不亦忠於君乎！吾所求也。」曹操不但沒殺他，還讓他到孔子的故鄉做了魯相（治魯縣，在今山東曲阜縣），這該有點意思吧！再說曹操殺孔融，他煞有介事地宣稱孔融「違天反道，敗倫亂理，雖肆市朝，猶恨其晚」（〈宣示孔融罪狀令〉），更見他對維護禮法的態度又何其堅決。

姑不論曹操殺孔融是醉翁之意不在酒。值得一提的是，曹操在寫的詩歌中有讚賞周文王「三分天下，而有其二。修奉貢獻，臣節不墜」（〈短歌行〉其二）的話，而在他那篇〈讓縣自明本志令〉中又再次引此孔子的話來「明志」，所謂「《論語》云：『三分天下有其二，以服事殷，周之德可謂至德矣。』夫能以大事小也。」看來，曹操似乎很重「臣節」，倡聖賢之教，以文王自許而尊奉漢室，他在嘴上說的恐怕並不亞於和他同時代的諸葛亮說的好聽。

常言說，聽其言而觀其行。若眞拿曹操的行爲來檢驗他的思想，那倒的確發人深省而引人思索的。要說曹操的思想僅只屬於哪一家，是既不全面，也很難說清楚的。我倒以爲還是曹操自己說得比較實在，也比較客觀，所謂「以道御之，無所不可」。這句話，當代歷史學家鄭天挺先生〈關於曹操〉解釋得夠入木三分了，他認爲在曹操看來，「只要合乎規律合乎情理的就能左右逢源」。曹操一生行事不就是這樣做的麼！他思想活躍，凡是對他有利的，不管是哪家法寶，都能兼收並蓄，變通使用。他留下畢諶，是倡孝以鼓勵別人對他的忠。他殺孔融，唯因孔融是眞心維護漢室的代表人物，當世的儒學名士，乾脆即以其人之道還治其人之身，加他個「違天反道，敗倫亂理」的莫須有罪名來假戲眞唱。

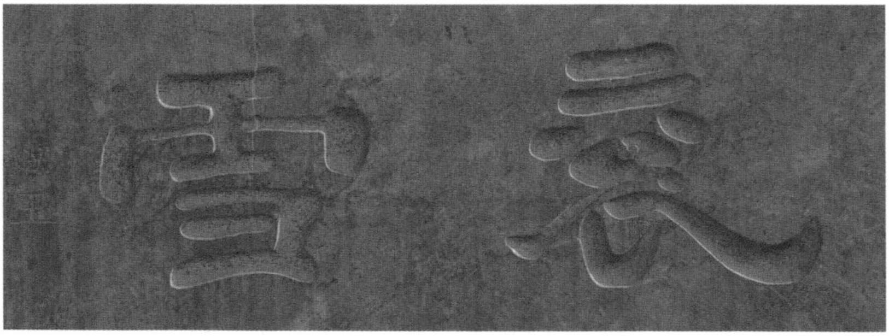

「袞雪」碑

安徽亳州三國運兵地道口曹操手書「袞雪」碑。漢獻帝建安24年（西元219年），曹操駐兵漢中褒谷口運籌國事，見褒河流洶湧而下，水花四濺，猶如滾動之雪浪，便揮筆題寫「袞雪」二字，隨從提醒：「袞字缺水三點。」曹操撫掌大笑：「一河流水，豈缺水乎！」遂成千古美談。

値得注意的是，對曹操殺孔融這件史實，《三國志》作者陳壽不能說不明白這個中奧祕，恐怕他對曹操言行不一的思想作風洞若觀火、明察秋毫的，只不過在他修志時不好表態也不便揭露其事實之眞相，只好迴避不專門爲孔融立傳。可是曹操殺孔融確實又是一件大事，想想曹操南下荊州留兵不前等著要把孔融殺掉的急迫心情，陳壽如何能迴避得了，因而不得不在〈崔琰傳〉後附上一筆，籠而統之地歸之於「太祖性忌」罷了。

唯其曹操「以道御之，無所不可」，他面臨三國之世人才輩出的客觀現實，反映在用人上，他「知人善察，難眩以僞」，他善於識別眞假，使用各類人才，有「至德之人」固然好，但若眞有本事，在治國用兵方面有一技之長的，哪怕你「負污辱之名，見笑之行」，有不光彩的名聲，有被人譏笑的行爲，即便你「不仁不孝」，他都一概歡迎，量才錄用。確如史書所稱，他「拔于禁、樂進於行陣之間，取張遼、徐晃於亡虜之內，皆佐命立功，列爲名將」。至於他廣泛收羅人才，「拔出細微，登爲牧守者，不可勝數」。

正因曹操這麼強調「唯才是舉」，不拘一格選用人才，無怪萬繩楠認爲曹操「在促進禮教思想的破產、人性的解放方面是有貢獻的」（〈對曹操應有的認識〉），也有周一良認爲曹操是「用道家思想來抵制儒家」，「反對禮法、門風、貴賤等級制度」的（〈要從曹操活動的主流來評價曹操〉）。顯然這是從客觀效果來說的，若從曹操主觀上來講，還是他自己那個「以道御之，無所不可」的思想意識直接作用，管你是哪家寶貝，只要對他有利就行。要是對他不利了，哪怕寶貝再好，他也會毫不留情拋棄。孔融當初就是被他請來的，不行了非除掉不可。

如果把曹操和三國時代另一位傑出的政治家、軍事家——諸葛亮加以比較，無疑曹操在事業的成就上勝過諸葛亮，但在個人的思想品格和生活作風方面卻遠遜於諸葛亮。談諸葛亮，人們自然欣賞他的「忠貞不二」、「鞠躬盡瘁」；談曹操，人們難免不責難他的「酷虐變詐」、「不遜之志」。這可不能簡單把它看成是受所謂正統意識的影響所致，更不能籠統地視之爲拿傳統的尺度來衡量曹操。愛與憎固然有其個別屬性，但也深具現實的內涵。今天人們對古代忠臣義士的讚揚，該不能說成是從君王意識出發的吧！要眞的這麼看也無可厚非，但卻絲毫也改變不了人們對曹操的這種責難，而呈現在諸葛亮身上的那種高風亮節，作爲民族的傳統道德卻仍將大放光芒，永照人間。其實，只要我們認眞從曹操當時所處的歷史環境中，去具體考察他的思想和言行，人們對曹操的這種責難，倒也並不怎麼令人感到吃驚的。

在東漢末年這個充滿危機的時代，社會問題嚴重，作爲這個時代傑出的歷史人物曹操，在他身上所表現的思想和作風不能不打上這個時代的烙印，呈現這個時代的特點。不難看出，曹操的才智和他思想作風上的衝突，正是與他身處的這個時代的社會問題直接相關而密不可分的。具體來說，從曹操自二十歲登上仕途，走上政治舞臺，直到黃巾之亂爆發的十年之間，曹操已深感這個帝國的政治腐敗，社會問題日益加深。可貴的是，他自己雖出身於宦官、官僚家庭，但他一入仕途就銳意改革弊政，振興國家，把矛頭指向操縱政權的宦官集團。他不僅在洛陽北部尉任上蔑視權貴，棒殺了宦官蹇碩的叔父，使「京師斂跡」，秩序肅然。而且他在任議郎後又上書指出當時「奸邪盈朝」的現狀，並爲曾被宦官陷害的陳藩、竇武辯冤。可見這時的曹操把革除弊政的希望寄托在帝國皇帝的身上，這如何能成功呢？等他在現實中碰了壁，他的主觀幻想破滅之後，知「不可匡正」，也就「不復獻言」了。

黃巾之亂爆發後，三十歲的曹操被拜爲騎都尉，直接參加了鎮壓大軍，並以軍功升任濟南相。儘管這時曹操對帝國皇帝不抱希望了，但他不負初衷，卻仍然堅持在所管轄的範圍內推行其改革弊政的措施，做一番救時補偏的事業。不料他「除殘去穢」的結果，卻得罪了宦官諸常侍，引起了豪強貴戚的不滿。他擔心危及自身，大難臨頭，並因此而帶來「家禍」，只好託病辭職了。應該說，曹操自二十歲初登仕途到他三十歲後辭官歸鄉這十多年間，以他的親身經歷感受到漢帝國統治的黑暗腐敗，但在他回鄉過著春夏讀書，秋冬射獵，以自娛樂的悠閒生活時，卻並沒有消沉下來，改變他準備用世的志向。這期間他拒絕了參與王芬等人在條件不成熟時就準備政變的陰謀。從他那篇〈拒王芬辭〉來看，這件事顯然不能看成是曹操對帝國皇帝的忠心，只能說明他講求實際，不願去做冒險的事情而危及自身。

就在他被朝廷起用爲典軍校尉重登政治舞臺的第二年（中平六年，西元一八九年），漢靈帝死了。他又親身經歷了東漢王朝最後一次宦官與外戚之爭。何進的無能不僅自遭橫禍，而且因召董卓入京，使政權落入董卓之手，從此漢帝國名存而實亡了。曹操看不起董卓，不願與之同流合污，儘管董卓竭力拉攏他，並表舉爲驍騎校尉，但他不辭而別，改變姓名，間行東歸。這件事說明曹操當時耳聰目明，他既聽見朝廷內外對董卓的怨聲載道，也親眼看見了董卓的種種惡行，因此，他不但不依附董卓，他還決心起兵聯合關東州郡共同來討伐董卓。

其實，曹操之所以這麼做，一則鑑於董卓的所作所爲大失人心，必遭失敗。二則曹操也深感從此天下大亂，「豪傑並起」，他決心在亂世中走出一條自己的路來。事實上，曹操自這年冬天於陳留己吾起兵從討董卓開始，歷經三十年的戎馬征伐，由弱變強，戰勝了一個又一個的對手，最終取得了統一北方的卓著功績。

不難看出，曹操自討董卓起，他從嚴酷的現實中，一方面感到漢帝國的威權喪失了，但同時他又覺得只有維護這個威權才能名正言順發展自己的勢力，走出一條自己的道路來。所以，當袁紹、韓馥謀立幽州牧劉虞爲帝而來拉攏他時，遭到了他義正辭嚴的拒絕，明確表示「諸君北面，我自向西」，決意擁戴被董卓劫持到西邊的漢獻帝，而不願追隨袁紹等人改弦更張在北面另立新君。這事固然因遭到曹操等人的抵制和劉虞本人堅決不願做而未能實現，但在這件事上確乎反映了曹操維護統一、反對分裂的思想和主張。

儘管分裂在當時是客觀存在的，但曹操卻看到了分裂割據給國家民族帶來的巨大災難，這在他自己寫的詩歌〈蒿里〉中是有深刻反映的。唯其如此，他更看到了安定是人心所向，是歷史發展的必然趨勢。他不但在當時抵制了袁紹等人分裂漢室的密謀，而且不久在他初定兗州之後，立即採納了毛玠向他提出的「奉天子以令不臣，修耕植以畜軍資」的兩大方針，把他維護漢室的思想主張作爲方針政策加以固定，積極爭取安定。在他把勢力伸向豫州之後，於建安元年（一九六年）迎獻帝都許的同時，他又在許下興辦屯田，積蓄軍資，第二年就開始有計畫掃除群雄，進行他素志早定的結束分裂的戰爭了。

由此可見，曹操身當亂世爲謀求統一而進行的戰爭，他的思想出發點是非常清楚的。他明知皇室衰落，「幼主微弱」，而他偏偏要與名門世家的袁紹唱對臺戲，你袁紹要拋棄這個衰落的皇室，我曹操卻偏要擁戴它。在認識客觀形勢這一點上，曹操卻是慧眼獨具勝過袁紹的。想想「自董卓已來，豪傑並起」的情況，當時身處隆中的諸葛亮無疑是看得很清楚的，他對曹操注重「人謀」，以弱爲強，最終戰勝勁敵袁紹所走的「挾天子而令諸侯」的這條道路是非常重視的。唯其是這樣，諸葛亮爲劉備設計了另一條暫時避開曹操鋒芒而走取荊定益的可行之路。足見曹操這一手非常成功，在政治上占居了主動地位，尤其在戰勝袁紹之後所開創的興旺局面，連諸葛亮也認爲是「此誠不可與爭鋒」了。

不過應該看到，曹操與諸葛亮對待漢室的態度在本質上是完全不同的。諸葛亮是從眞心維護漢室的立場出發，以「興微繼絕」擔當起復興漢室的重任；而曹操卻不然，他的擁戴漢室是從當時客觀形勢的需要出發。想想自黃巾之亂以來，在鎮壓的血泊中膨脹起來的豪強割據勢力，他們各自擁兵自重的情況，再想想自董卓造亂之後，關東豪強聯軍討伐董卓，進而又火拚廝殺、戰亂不休的情況，曹操既參加了鎮壓大軍，也參加了討伐董卓的戰爭，繼之又投身於搶占地盤的割據戰爭，他深感戰爭長期帶給人民的苦難，他順應了人們在苦難中「人心思漢」的潮流，決意走「奉天子以討不臣」的道路，來盡快結束分裂割據的戰爭。應該說，曹操的擁戴漢室僅是爲他自己建立「王霸之業」的一種策略而已。

唯因曹操是從利己主義思想出發來「奉天子」或「挾天子」的，也許他一開始這麼做的時候，就在心中產生了某種欲望，無怪乎他和荀彧初次見面一番交談之後，就情不自禁稱荀彧是「吾之子房也」，大概是他這種欲望思想的自然流露。這與他在臨終之前所宣稱的「苟天命在吾，吾爲周文王矣」的眞實內容倒是一脈相承的。我們今天來探討曹操在歷史上這方面的表現似乎沒多大意義，然而曹操在他當時所處的時代，以及在其後漫長的歲月裡，他確實贏得了「奸雄」、「奸凶」、「奸賊」、「奸臣」之類的等等惡名。和他同時代的諸葛亮比較起來，不管怎麼說，在忠與奸、眞與僞、誠與欺的問題上形成了多麼鮮明的對比。我們可以不必追究曹操在這些問題上所反映的時代內容，但卻無論如何也迴避不了從曹操身上在這些問題上所表現出來的思想與作風。

陶耳杯
山東東阿曹植墓出土

如果說諸葛亮公忠體國、鞠躬盡瘁的高風亮節，使他在後世贏得了「名垂宇宙」的崇高聲譽，那末曹操奸詐欺世、唯材是用的種種行爲，至今也爲人們所不齒。當然，曹操也並非沒有誠實待過人，他拯救蔡文姬回來和放關羽歸劉就是這麼兩件值得讚許的美事。不過應該指出，曹操救文姬純屬是出於他和蔡邕的故交情誼所致。至於放關羽歸劉，一則是因關羽爲他斬將立了功，二則感於關羽重信義而歸舊主，他在明知關羽留不住的情況下，想以此爲鏡，讓他的部下也學學關羽，像關羽忠於劉備那樣來忠於他。這顯然是自有其深意的。即便如此，曹操在歷史上所做的這類美事和他與此相反而做的許多壞事相比，似乎給人以瑜不掩瑕之感。

就拿那位被曹操稱之爲「吾

伯夷、史魚之風直

《孟子·萬章下》：伯夷，殷末孤竹君長子。孤竹君死後，與其弟叔齊互相推讓，棄國而逃。孟子稱他「目不視惡色，耳不聽惡聲。非其君不事，非其民不使」，又說他「當紂之時，居北海之濱，以待天下之清。故聞伯夷之風者，頑夫廉，懦夫有立志」，所以孟子讚美伯夷是「聖之清者也」。曹操藉此以稱道崔琰之清廉可嘉。

《論語·衛靈公》：史魚，字子魚，春秋衛國大夫。臨死時，他因衛靈公不納其忠諫，任用「不肖」的彌子瑕而不用賢才蘧伯玉，遺命不在正堂治喪。死後，其子遵命照辦。衛靈公得知後，立即改正，進用蘧伯玉而罷免了彌子瑕，並移史魚於正堂治喪。時稱「屍諫」。後來孔子稱讚說：「直哉，史魚！邦有道如矢，邦無道如矢。」曹操藉此稱道崔琰忠直剛正。

之子房」的荀彧之死來說，實在死得太冤枉了。說起來，荀彧是因不同意曹操做魏公，備九錫，而活活被曹操逼死的，對此後世頗有議論。這位曹操手下的第一號謀士，以他對曹操之忠心，為曹操開創基業出謀劃策確實立下了大功，何以一時冒犯了曹操就反臉無情非得要置之死地不可呢？

耐人尋味的倒是，荀彧勸曹操不要進爵國公的理由還是正大堂皇的，他鑑於天下尚未統一，希望曹操「秉忠貞之誠，守退讓之實」，不要讓政敵抓住辮子。如果說荀彧勸曹操對漢室「忠貞」，保持謙虛「退讓」的謹慎作風也得了罪，也就可想而知，曹操在當時人們的眼裡到底是怎樣的一個人了。史稱荀彧「行義修整而有智謀」，又「好推賢進士」，因此在他死後，「時人皆惜之」。當時人們對荀彧之死感到惋惜，不正是說明對曹操虐殺忠義之士的有功之臣而感到憤慨嗎！

再拿曹操賜死崔琰來看，更顯其為人之忌刻、欺詐。曹操自定冀州得崔琰之後，對其十分器重。他

執金吾即中尉

《通鑒》胡三省注：「中尉，秦官，漢因之，至武帝改為執金吾。今操復置中尉，實則漢執金吾之職也。」可見中尉乃曹操做魏公後，魏國復置。職掌巡察官外，負責宮室周圍的治安保衛工作。

針灸畫像石
東漢
山東微山兩城出土
華陀在中國醫學上的主要貢獻是麻醉學。史書上記載，華陀發明了一種名為「麻沸散」的麻醉藥物，華陀曾熟練地做過腹腔腫瘤摘除手術和胃腸部分切除吻合手術，其手術切口四五天即可癒合，與現代手術的癒合期一致。此畫像石中層，刻一人面鳥身的神醫正為病人做針灸刺治療。

先任崔琰爲冀州別駕輔佐曹丕守過鄴城。後來他擔任丞相後，又任崔琰爲東曹掾，主管政府和軍中二千石官吏的升降事宜，曹操還專門爲此下了一道表彰崔琰的教令（〈授崔琰東曹掾教〉），稱道他有「伯夷之風」、「史魚之直」，說貪夫因敬慕他而會變得清廉，壯士因崇敬他而會勤奮自勉，稱他堪爲當時之表率，擔任東曹掾這個職務太合適不過了。事實上，崔琰在輔佐曹氏的十餘年間，在舉拔「文武群才」方面做了不少的工作。史稱崔琰「清忠高亮」，「正色立朝」，說他在典選人才上，「多所明拔」，量才錄用，從不講情面，以致「朝廷歸高，天下稱平」，使他享有很高的聲譽。

曹操做魏公時，拜崔琰爲尚書。這時，曹操爲立嗣的問題傷盡腦筋。長子曹昂早已死在宛城，以下四子即卞氏所生的曹丕、曹彰、曹植、曹熊。而曹操當時最喜歡頗有才學的曹植，所謂「臨菑侯植有才而愛」，打算立爲嗣子。但曹操卻對此心裡很不踏實，不知這麼做到底合不合適，於是以信函密問百官，令他們各自陳述意見，密封以答。唯獨崔琰「露板」（不封板牘）公開回答說：「據《春秋》之義，立子以長，何況五官將（即曹丕）仁孝聰明，宜承正統。我願以死恪守正道。」曹操見此分外驚異，曹植乃崔琰的姪女婿，他這麼大公無私對待，不禁使曹操「貴其公亮，喟然嘆息」，並升遷崔琰做了中尉。可是在曹操進位魏王時，崔琰卻被人誣陷下獄，遭曹操賜死了。

值得注意的是，何以當時做了魏王的曹操竟那麼輕信旁人對崔琰的所謂「傲世怨謗」的誣蔑呢？像崔琰這位忠直耿介的大臣，能說曹操對他還不夠瞭解嗎？恐怕唯其曹操對他瞭解之深，以至不能容他了。追本溯源來看，從崔琰在冀州初投曹操時，因責難曹操不「存問風俗」，而關心得「甲兵」多少，致使曹操「改容謝之」，或許眞如胡三省在《資治通鑑》注上所稱，是否自那時起就種下了「不能不害崔琰」的根子呢？很難說。其實，陳壽不僅在史傳中早已點出「太祖性忌」，並稱崔琰被害後，「最爲世所痛惜」。

曹操不僅害了崔琰，並且還因此而牽連到那個曾經和崔琰一起「並典選舉」同樣受到過曹操讚許的毛玠。這個毛玠，正是在兗州向曹操提出「奉天子以令不臣，修耕植以蓄軍資」兩大根本方針的那個治中從事。崔琰死的時候，他官至尚書僕射。他是因感傷崔琰「無辜」致死，心甚「不悅」而被人告密的。好在曹操把他下獄之後，侍中桓階、和洽這兩位大臣出來爲他抱不平，請求曹操「按實其事」，查明事實眞相，而曹操卻不願「窮治」，只好把毛玠罷官歸家養老了事。

雖然毛玠到底比崔琰的下場要好些，可是那個曾經追隨曹操從征荊州，後又隨曹操破馬超立下不少功勞的婁子伯卻也死得冤枉。唯因婁子伯立功「爲多」，曹操常嘆息說：「子伯之計，孤不及也。」後來被人告密，因而被誅。由此看來，《曹瞞傳》中說曹操「持法峻刻，諸將有計畫勝出己者，隨以法誅之，及故人舊怨，亦皆無餘」的這段話不是沒有根據的。曹操之疑忌殺人，在歷史上是不鮮其例的。楊修之死，也是顯明的例子。

尤其曹操出於一己之私，無端殺害當時身懷「絕技」的一代名醫華佗，更引起後世人們對他的憤恨。無怪乎《演義》的作者根據這件史實作了驚人的加工創造，先以華佗爲關羽刮骨療毒顯示其高超的醫術，後以其爲曹操治療頭風，提出要砍開曹操的腦袋來根治而遭殺害。這更顯示出華佗的醫術不凡而被曹操殺掉令人惋惜。其實，根據史書記載，華佗在關羽進行襄、樊戰役之前早已被害，而這時爲關羽刮骨療毒的當是另一位高明的醫生。不過，歷史上的華佗之死，倒很能說明曹操疑忌奸詐的性格和他那「寧我負人」、唯我是用的處世哲學，並由此而落得個欺人害己的結局。這到底是怎麼一回事呢？

可惜《三國志》、《後漢書》裡都沒有記下這位名醫死的確切年代，但卻記載他被曹操殺害的事實眞相，顯然與小說中渲染的華佗要在曹操腦袋上動手術而遭疑被殺的情況完全不一樣。曹操常患頭風是事實，但也並非在臨死前因病發才派人把華佗找來的。他早就聽說華佗醫術高明而請來做了他的侍醫，只要頭風病一發，華佗爲他一扎針就好了。

值得一提的是，華佗生性不喜歡迎合別人，難以得意，且又以做侍醫感到可恥，老是爲一個人治病，不能爲更多的人消災。他以回家取藥方爲理由，向曹操請了假。回家後，又以妻子有病續假不歸。曹操一再去信催促，又敕令郡縣官吏打發他上路，可是華佗卻自恃醫術高明，討厭侍候別人，還是不肯轉去。這麼一來，曹操大怒，派人調查，原來是他妻子裝病，就把他收捕下獄了。荀彧向曹操求情說：「華佗醫術實在高明，關係人之生死，宜加寬容，應留下他的性命。」曹操怒氣不息說：「用不著擔憂，難道天下就再無此等鼠輩了嗎？」於是把華佗殺掉了。

1957年四川成都天回山出土的一件陶俑，袒胸露腹，著褲赤足，左臂挾鼓，右手舉槌，神態詼諧，動作誇張，一副活生生的俳優說唱形象，也說明當時蜀地說唱表演頗為流行。俳優在漢代的家庭宴會中很普及，這在出土的陶樓中多有反映。

更爲值得注意的是，華佗臨死時，拿出一卷書來交給獄吏說：「此可以救人之命。」獄吏怕犯法而不敢受，華佗也不勉強他，就要了火來付之一炬了。華佗之死，對

繼承中國醫學遺產不能不是一個重大的損失。曹操殺害華佗，是對中國醫學科學的一次摧殘。可笑的是，華佗死後，曹操的頭風並未治癒，時有發作，大概他身邊有人爲此對華佗死去而感到惋惜，曹操卻自我解嘲說：「華佗雖能治我的病，但他卻故意不爲我治好，欲以此自重。即使我不殺他，他亦不願爲我除去病根。」不料建安十三年（二〇八年），即在曹操南征荊州的這一年，他最疼愛的小兒子倉舒（曹沖字）病重時，曹操倒眞想起華佗來了，他嘆息說：「我後悔殺了華佗，使此兒不能得救了。」可見華佗之被曹操殺害，最遲也在建安十三年（二〇八年），絕不會到建安二十四年（二一九年）還爲關羽刮骨療毒，其後再爲曹操治病遭害。這純屬小說的藝術加工。

由此看來，曹操殺荀彧，殺崔琰，罷毛玠，誅婁子伯，殺華佗，無處不表現他「寧我負人」、唯我是用的處世哲學。在漢末群雄爭鬥的歷史舞臺上，曹操不失爲一個特出的權謀家，在他身上呈現著這個時代爾虞我詐、弱肉強食的特點，他爲了自身的存在和自己的切身利益，必要時可以犧牲一切，哪怕你是他的有功之臣也在所不惜。誰要是引起了他的疑忌之心，他是早晚非要除掉不可的。在這一點上，與其說他的用人標準是唯才是用，還不如說是唯我是用。這大概也是曹

操以他自己在歷史上的行爲，給後世留下了一個「奸雄」的形象。

至於歷史上記載的那個曹操馬踏青苗、「割髮代首」的故事，倒頗耐人尋味的。據說有一次行軍，路經麥地，曹操出令云：「士卒無敗麥，犯者死。」命令一下，將士皆下馬護麥以行。不料曹操自己的馬突然受驚竄入麥地，踏壞了一片麥苗。曹操立刻召來主簿議罪。主簿認爲：「以《春秋》之義，罰不加於尊。明公乃一軍之主，怎麼能定罪呢？」曹操正色說：「我制法而自犯之，何以服眾？雖然我爲軍帥，不可自殺，但可自罰。」說完就拔劍割髮代首，置於地下。這個故事固然反映了曹操嚴法治軍和他的「重農」思想，但卻也給後世留下了一個曹操善於行權用詐的生動形象。

其實，曹操的權詐不僅表現在行軍打仗、消除異己上，而且還滲透在他個人生活和維護自己權威等多方面。有一次他大白天睡午覺，告訴寵姬：「須臾覺我。」過一陣就叫醒他。而到時這位寵姬卻見他睡得很香，不忍心喊醒他，讓他多睡一會兒。豈知這一下，這位寵姬弄巧成拙，惹了大禍，及至曹操自己醒來，不問青紅皀白就把她「棒殺」了。此事聯繫他因曹植妻子「違制」穿錦繡衣服而被活活「賜死」的這件事來看，倒眞是無獨有偶，他在家庭中說的話也是絕對權威，不可違犯的。雖然他是因提倡節儉而處死了曹植之妻，但他這種動輒殺人的行爲，也未免過於殘忍了。

還有這麼一件事，也很能說明曹操「酷虐變詐」的殘忍之性。在一次戰爭中，眼看軍糧接濟不上了，他私下問主管軍糧的人說：「軍糧不濟了，你有甚麼好辦法嗎？」主管的人說：「可以小斛充之。」曹操點頭稱「善」。這來，營中紛紛議論，說曹公「欺眾」，剋扣軍糧。曹操得知情況，他不動聲色把那位出主意的糧官召來，直接對他說：「我要借重你的頭來服眾，不然事情就不好處置。」說完就命武士把他斬首了，並題寫其罪名是：「行小斛，盜官穀，斬之軍門。」這的確平息了當時眼看就要釀成的一場兵變風波，

名家品曹公詩

南朝梁人鍾嶸《詩品》：「曹公古直，甚有悲涼之句。」宋人敖陶孫《臞翁詩評》：「魏武帝如幽燕老將，氣韻沉雄。」明代胡應麟《詩藪》外編卷一：「魏武雄才崛起，無論用兵，即其詩豪邁縱橫，籠罩一世，豈非衰運人物！」

但卻也給後世人們認識曹操的酷虐變詐提供了又一個典型的事例。

當然，我們今天認識曹操，也絕不僅僅看他在歷史上這些酷虐變詐的種種行爲，這只不過是認識曹操這位傑出歷史人物的一個次要方面。耐人尋味的是，〈曹瞞傳〉上描寫曹操爲人輕佻，舉止不莊重，他愛好音樂，「倡優在側，常以日達夕」。他平時穿著薄絹製成的便服，隨身配帶著盛手巾細物的小囊，戴著帢帽接見賓客。尤其他在與人交談時，「戲弄言誦，盡無所隱」，絲毫沒有顧忌，想怎麼說，就怎麼說，也不管對方受得了受不了，反正自己盡興稱意就行。而在宴席上，他常常「歡悅大笑，至以頭沒杯案中」，竟把腦袋伏在桌上去了，以至一席佳餚，「皆沾汙巾幘」，他自己也滿不在乎，「其輕易如此」。歷史上攝下的這個鏡頭，倒是難能可貴的。這給我們認識三國時代這位傑出的歷史人物頗有質感。曹操確乎是一個極富戲劇性的歷史人物，他有著鮮明的個性、獨特的思想意識和典型的生活作風。

浣花溪公園內三曹雕像

儘管如此，這些都是認識曹操的次要方面。

而更主要的方面，還是他順應了歷史的潮流，以其卓出的政治、軍事才幹完成北方的統一，對推動當時社會的前進和歷史的發展是有一定貢獻的。而在個人生活方面，王沈《魏書》中說他「雅性節儉，不好華麗，後宮衣不錦繡，侍御履不二采，帷帳屏風，壞則補納，茵蓐（床褥）取溫，無有緣飾」，傅玄在《傅子》中更稱他「以天下凶荒，資財乏匱，擬古皮弁（冠），裁縑帛以爲帢（便帽）」，合於簡易隨時之義，以色別其貴賤」，凡此等等，這些又確屬是值得稱道的。以曹操的地位，他這麼以身作則提倡儉樸之風，無疑對魏國的統治集團有著直接的影響，以至拿「儉節」來作爲衡量官吏好壞的尺度，出現了如上一章裡和洽談到的一些「難堪之行」，這大概有點矯枉正了吧！不管怎樣，從總體來看，這對扭轉東漢末年崇尚奢侈浮華的腐朽社會風氣來說，總是一件好事。而且曹操還推動了當時社會文化繁榮和進步，也有相當的貢獻。

曹操本人有較高的文化修養，他愛好廣泛，多才多藝。他既擅書法，又長於音樂，並且還精通圍棋，尤其在文學方面更是不同凡響，造詣很深。史稱其「御軍三十餘年，手不捨書」，並說他「登高必賦，及造詩歌，被之管弦，皆成樂章」。他在反映社會現實，抒發個人抱負方面，以樂府舊題寫出了不少格調清新，質樸感人，很有氣魄的優秀詩篇。後世品論他的詩，有「古直」、「悲涼」之概，又有「氣韻沉雄」之讚，還有「豪邁縱橫，籠罩一世」之譽。當代歷史學家范文瀾先生《中國通史》特別讚賞曹操的四言樂府詩，稱它「立意剛勁，造語質直」，並說《詩三百篇》之後，堪稱「獨步」。曹操在三國時代確乎是一位了不起的大詩人，而且曹操的文章也寫得很好，眞是文如其人，他想說便說，「想寫的便寫出來」，在形式和內容的結合上有所突破，形成他「清峻」、「通脫」的獨特風格，他那篇〈讓縣自明本志令〉堪稱其代表作。無怪乎魯迅先生稱他「是一個改造文章的祖師」（《魏晉風度及文章與藥及酒之關係》），給予了極高的評價。

曹操的兩個兒子在文學方面也是出類拔萃的人物。曹丕是文學評論家，也是詩人，他在詩歌的創新和文學理論的探討方面有突出的貢獻，他的《典論．論文》是我國第一篇文學批評專著。曹植給後世留下的作品最多，除散文、辭賦外，還有詩八十多首，無愧於當世最有成就的大詩人。正是在三曹父子的倡導下，開創了我國建安時代文學中興的局面。毋庸諱言，以曹操當時所處的地位，無疑對此是起了很大作用和影響的。

從曹操在歷史上的主要活動來看，無論他在政治、軍事、文化方面的貢獻，都應該給予充分的肯定，誰也不會否認他是三國時代的政治家、軍事家、文學家，一個傑出的歷史人物。但人們也確實忘不了曹操在歷史上的一些劣行（或罪過），儘管這是次要的方面，卻對他在後世人們心目中的形象頗有直接的影響。

像曹操這麼一位家喻戶曉的歷史人物，千百年來，人們對他的議論已經夠多了。我始終堅持這麼一個信念：人們對認識曹操，不能說主要靠的是藝術加工或某種需要，從歷史的角度來說，假的東西是沒有生命力的，終歸是要被人識破的；但眞的東西要想掩飾，也終歸是辦不到的。

國家圖書館出版品預行編目 (CIP) 資料

曹操 / 章映閣著 . -- 第一版 . -- 臺北市：風格司
藝術創作坊出版：知書房出版 , 2021.05
面；　公分 . -- (知書房頂尖人物)

ISBN 978-986-84311-0-2(平裝)

1.(三國) 曹操 2. 傳記

782.824　　97006823

知書房頂尖人物
曹操

主　　編：章映閣
責任編輯：苗　龍
發　　行：知書房出版
出　　版：風格司藝術創作坊
地　　址：235 新北市中和區連勝街 28 號 1 樓
Tel：（02）8245-8890
總 經 銷：紅螞蟻圖書有限公司
Tel:（02）2795-3656　Fax:（02）2795-4100
地　　址：台北市內湖區舊宗路二段 121 巷 19 號
http://www.e-redant.com
版　　次：2021 年 5 月初版　第一版第一刷
訂　　價：300 元

ISBN　978-986-84311-0-2　　Printed in Taiwan